国家自然科学基金重大项目

我国重大基础设施工程管理的理论、
方法与应用创新研究系列专著

重大工程组织模式与组织行为

乐云　胡毅　李永奎　何清华　施骞　陆云波/著

科学出版社

北京

内 容 简 介

　　工程组织作为工程管理的核心，是影响工程投资、质量、安全和环境等目标实现的关键。如何认识过去几十年中我国重大工程组织管理经验，推动我国重大工程组织模式创新，是一个亟须研究的重要科学问题。本书结合我国改革开放的大国情和"政府-市场二元作用"的动力机制，对中华人民共和国成立以来我国重大工程组织的制度改革背景、典型组织模式演化及政府职能演变发展进行了系统性分析，对重大工程组织行为中的高层领导团队、个体领导力、跨组织关系网络、良性行为、异化行为等方面的重要问题进行了深入的研究，开发了重大工程组织计算实验模型，揭示了我国重大工程组织模式创新发展过程中所形成的制度改革经验、基本规律与发展趋势。

　　本书既可作为建设管理、工程管理、项目管理、系统工程等学科专业的研究生参考用书，也可供从事工程项目管理的专业管理部门和人员参考。

图书在版编目（CIP）数据

重大工程组织模式与组织行为 / 乐云等著. —北京：科学出版社，2018.8

（我国重大基础设施工程管理的理论、方法与应用创新研究系列专著）

ISBN 978-7-03-056259-3

Ⅰ. ①重… Ⅱ. ①乐… Ⅲ. ①重大建设项目-项目管理-研究-中国
Ⅳ. ①F282

中国版本图书馆 CIP 数据核字（2018）第 003187 号

责任编辑：魏如萍 / 责任校对：宁辉彩
责任印制：霍　兵 / 封面设计：无极书装

科　学　出　版　社 出版
北京东黄城根北街 16 号
邮政编码：100717
http://www.sciencep.com
中国科学院印刷厂 印刷
科学出版社发行　各地新华书店经销

＊

2018 年 8 月第　一　版　　开本：720×1000　B5
2018 年 8 月第一次印刷　　印张：24 1/2
字数：500 000

定价：220.00 元

（如有印装质量问题，我社负责调换）

序 一

"水之积也不厚，则其负大舟也无力；风之积也不厚，则其负大翼也无力。"重大基础设施工程（以下简称重大工程）是国家强盛必不可少的物质基础，也是现代社会赖以发展的重要支柱。

近年来，我国重大工程建设取得了举世瞩目的成就。从三峡工程到南水北调，从青藏铁路到港珠澳大桥，从"五纵七横"国道主干线到令全世界羡慕的高速铁路网，重大工程建设者创造了一个又一个"世界奇迹"，彰显着"领跑"之志、印证着大国实力、承载着民族希望。重大工程跨域式发展的硕果实现了从量的积累到质的飞跃，从点的突破到系统能力的提升，为经济建设、社会发展、民生改善提供了强大保障。然而，重大工程的大规模、开放性、多元化，以及新技术运用等，使得工程复杂性越来越突出，延伸性影响越来越显著，急需我国重大工程管理的科学研究产出创新性成果。在国际化、信息化和可持续发展时代背景下，传统的以项目管理知识体系为核心的工程管理理念、方法与技术驾驭重大工程管理复杂性的能力日渐式微，管理科学界迫切需要重新审视重大工程管理的本质内涵，激发学术创新，以促进工程管理的科学发展、推动工程行业的整体进步。

欣喜的是，由南京大学、哈尔滨工业大学、同济大学、华中科技大学和上海交通大学学者组成的团队在国家自然科学基金重大项目"我国重大基础设施工程管理的理论、方法与应用创新研究"的支持下，在重大工程管理的基础理论、决策分析与管理、组织行为与模式创新、现场综合协调与控制以及社会责任、产业竞争力与可持续发展方面开展了深入的研究，取得了一系列有价值的成果。

这套系列专著汇集了该团队近五年来的相关研究，作者立足于我国重大工程的管理实践，运用创新的学术话语体系对我国重大工程管理实践经验进行了深度解读和理论抽象，为形成具有中国特色的重大工程管理理论体系进行了积极的探索。

在重大工程管理的基础理论方面，作者在科学描绘国内外工程管理理论研究历史演进的基础上，通过对重大工程管理知识图谱的精细描绘及对重大工程管理理论形成路径的基本规律的揭示，基于系统科学与复杂性科学，构建了重大工程管理基本理论体系架构和基本内容，以具有中国特色和原创性的学科体系、学术体系、话语体系进行了深入的理论思考和学术创新。

在重大工程决策分析与管理方面，作者面向重大工程决策方案大时空尺度有效性与工程–环境复合系统动态演化行为的深度不确定性，系统提出了情景鲁棒性决策基本理论和方法、情境耕耘技术的完整范式和流程，并以港珠澳大桥工程选址、太湖流域水环境治理工程和三峡工程航运等实际决策问题为研究对象进行了验证和研究，开拓了关于重大工程决策大时空情景下复杂整体性的新认知及其方法论创新，并且对重大工程决策治理体系与治理能力现代化、工程战略资源管理决策等做了专门研究。

在重大工程组织行为与模式创新方面，作者详细剖析了我国"政府–市场"二元制度环境对重大工程组织模式的主导作用，从高层领导团队、领导力、跨组织关系网络、良性行为、异化行为等众多角度描述了重大工程组织行为的多元交互、多层复合及动态适应性，并利用组织计算试验模型和技术实现了对独特的"中国工程文化"形成的组织场景和复杂的社会经济系统环境的科学表述，对改造和更新现有工程管理组织模式具有重要作用和方法意义。

在重大工程现场综合协调与控制方面，作者针对重大工程现场管理的空间广度、影响深度和协调难度，从新的角度探讨了重大工程现场资源供应的协调与优化，在集中供应模式下的大宗材料安全库存设置与分拨决策、预制件供应商培育与生产的激励机制以及生产与装配的协同调度、关键设备资源共享与优化配置和考虑空间资源约束的工程调度优化等问题上给出了整体的解决方案，为深刻理解重大工程现场管理范式创新与行为变迁提供了科学的指导。

在重大工程社会责任和可持续发展方面，作者围绕重大工程的可持续发展战略，提出了重大工程社会责任论题，构建了社会责任"全生命期—利益相关者—社会责任"三维动态模型理论、治理框架和评价体系，辨识了驱动和阻滞要素，探究了互动、传导、耦合机理及多层次协同机理和溢出效应，对重大工程未来发展路线图进行了全面思考，体现了深厚的人文关怀精神，为建立系统的重大工程社会责任管理理论奠定了坚实的基础。

从前瞻性出发，作者还提出了"互联网+"时代的智能建造模式，研究了该模式下的工程建造服务集成、工程协同管理、智能工程建造管理和工程建造信息支撑环境，并介绍了"互联网+"环境下工程质量管理、工程现场安全管理和工程材料供应管理等的变革。

"凡是过去，皆为序章。"我国重大工程的伟大实践正孕育着强大的理论创新活力，积极参与具有重大学术价值的重大工程管理理论问题的自主性和原创性研究并贡献中国智慧是当代我国工程管理学者的历史责任。

这套系列专著体现了我国工程管理学界多年来努力对源于我国重大工程管理实践的理论思考，标志着中国工程管理学界在学术研究基本模式和路径上出现从"跟着讲"到"接着讲"的重要转变、从以"学徒状态"为主到"自主创新"为主的重要转变。同时，我们要看到，重大工程管理实践如此宏大和复杂，科学问题始终在发展，相应的理论也在不断升华，所以，希望这套系列专著为学术界提供的若干理论创新的开场话题能激发更多学者积极、深入地开展具有自主性、原创性的重大工程管理研究，用"中国话语"把重大工程管理理论、方法和应用讲新、讲好、讲透，这不仅能有力地推动我国重大工程管理科学技术的发展，同时也能为人类重大工程管理文明的进步做出积极贡献。

基于此，本人欣之为序。

中国工程院院士

2017 年 12 月

序　二

　　重大基础设施工程是国家社会经济持续发展的基础性平台与环境保障。过去几十年，我国重大基础设施工程建设取得了举世瞩目的成就，截至 2016 年底，我国高铁运营里程已经超过 2.2 万千米，占世界高铁运营总里程的 60% 以上；长度排名前列的全球长大桥梁中，我国占据了一半以上；三峡枢纽、青藏铁路、西气东输、南水北调等超级工程不断提升了我国重大基础设施工程的建设与管理能力，不仅积极促进了我国重大工程建设的科技进步，也成为我国重大工程管理创新研究的巨大推动力。

　　应该看到，由于重大基础设施工程的复杂性，我们对重大工程管理内涵与管理的认知需要不断提高、对工程管理实践经验的总结需要不断深化，而源于国外的项目管理和工程管理理论虽然在我国重大工程管理实践中发挥了重要作用，但也出现了"水土不服"和解决复杂性管理问题时的实际能力日渐式微等问题，因此，我们既要借鉴国外理论，更要结合中国管理实践，运用中国智慧，在新的学术思想与哲学思维指导下，开展重大工程管理理论、方法与应用创新研究。

　　令人欣慰的是，我国重大基础设施工程的伟大实践为这一创新研究提供了丰沃的土壤，也是推动我国工程管理学界开展重大工程管理创新研究的新动能。

　　近几年来，由南京大学、哈尔滨工业大学、同济大学、华中科技大学和上海交通大学的学者组成的研究团队，在国家自然科学基金重大项目"我国重大基础设施工程管理的理论、方法与应用创新研究"的支持下，紧密依托我国重大基础设施工程管理实践，对重大基础设施工程管理的基础理论、工程决策、组织、现场和社会责任等关键问题进行了深入研究，提出了原创性理论体系以及一系列创新性管理方法与技术，并在实践中进行了成功应用，取得了一系列高水平成果，这套系列专著即该研究团队研究成果的系统展示。

　　在基础理论方面，作者立足于系统科学和复杂性科学思想，初步构建了重大基础设施工程管理基础理论体系，为重大基础设施工程管理研究提供重要理论支撑；在重大工程决策方面，作者抓住了重大工程决策所面临的根本性问题，包括情景深度不确定性和决策鲁棒性理论、评价重大工程决策方案质量的鲁棒性度量技术，以及重大工程决策治理体系建立和治理能力现代化、工程战略资源管理决策等，为提高我国重大工程决策质量提供了重要理论依据与关键技术；在重大工程组织方面，作者基于我国独特的体制机制背景，提炼出重大工程组织模式的主要范式和设计逻辑，这对于形成适应我国国情的重大工程组织模式具有重要意义；在重大工程现场管理方面，作者对重大工程现场资源供应的协调与优化提出了新方法，并提出了"互联网+"时代的智能建造模式，讨论了该模式下的工程建造服务集成、工程协同管理、智能工程建造管理和工程建造信息支撑环境和工程质量、安全和工程材料供应管理等方面的变革；在重大工程社会责任治理方面，作者从一个全新的视角提出了重大工程社会责任的新论题，这也是新时代我国重大工程绿色、和谐发展的基本问题，进一步丰富了重大工程可持续性理论，开辟了重大工程管理理论和实践发展的新方向。

　　以上这些系列成果对于我们深刻认识重大工程管理规律具有基础性和引导性作用，是当前我国工程管理学者对重大工程管理理论、方法与应用创新的重要贡献和突出标志，必将为进一步提高我国重大基础设施的管理水平发挥重要作用。

　　随着全球社会、经济的不断发展，重大基础设施的内涵和外延也在不断拓展：从关注单个重大基础设施工程建设到强调基础设施的互联互通；从铁路、公路、机场等传统基础设施到重大科技基础设施、互联网、物联网及信息通信等更广泛的基础设施；从我国国内的基础设施到"一带一路"的全球重大基础设施网络。重大工程管理主体、对象和外部环境的变化对重大工程管理理论的研究提出了更高的要求，因此，希望这套系列专著展现的成果能为重大工程理论界和工程界点燃更多的创新火花，激发更多学者广泛、深入开展具有自主性的重大工程管理学术研究，产出更多原创性成果，并通过我国重大工程管理研究取得的更高水平成果，为世界重大工程管理文明做出更大贡献！

中国工程院院士

2017 年 12 月

前　　言

重大基础设施工程（简称重大工程）是一类对政治、经济、社会、科技等领域发展具有深刻影响的国家战略工程，具有投资大、影响大、风险大、技术和管理复杂等特征。过去几十年中，我国开展了历史上最大规模的基础设施工程建设活动，成为推动我国城镇化建设、经济发展、人民生活水平提升的强大动力。工程组织作为重大工程管理的核心，是影响工程投资、质量、安全和环境等目标实现的关键。

从理论角度来看，重大工程组织是指由工程多主体在一定的规则和程序规定下，为了实施全过程各种管理功能而形成的网络系统。其实施组织管理是影响工程投资、质量、效益和可持续发展等工程目标实现的重要因素。随着重大工程建设环境日益开放、主体多元化以及技术集成要求高等所造成的工程整体复杂性日益突出，重大工程组织模式、组织行为及其关联的组织效能日益受到整体复杂性的挑战，具体表现在三方面：①我国"政府-市场"二元制度环境对重大工程组织模式起着主导作用。因此，如何在全面深化改革的背景下，结合我国独特的体制及制度情境，推动政府与市场二元协同作用的持续进化，是实现重大工程组织模式创新所面临的关键挑战。②我国重大工程组织目标具有多元性、社会性和环境敏感性。重大工程往往是影响生产生活和社会秩序以及经济和环境可持续发展的"社会工程"，除了安全、质量、投资、进度等目标外，还必须满足环境与可持续、社会稳定性与抗风险能力等新的目标要求。③我国重大工程组织行为具有多元交互、多层复合、动态适应性。重大工程全生命期过程情景复杂、组织层级多且规模大、临时性和开放性强。整个决策、计划、管理和协调过程是多行为主体矛盾利益互动的过程，组织间和组织内部都具有复杂关系，且具有独特的"中国工程文化"，形成了特定的组织场域和复杂的社会经济子系统。如何对这些影响重大工程组织系统的整体复杂性进行有效的治理成为当前重大工程组织模式创新的一项重要挑战。

另外，长期以来对工程组织的理论研究还主要依赖传统项目管理学科的理论体系和研究范式，这与中国工程管理实践快速发展的现状不相匹配，难以完全满足当下重大工程组织对于整体复杂性管理的需求。与此同时，长期以来主要依靠实践驱动的工程管理学科也走到了研究范式变革的"紧张点"（tension point），亟须利用组织科学的视角改造和更新现有的工程管理研究范式。对此，世界各国学者形成一致的共识：重大工程组织研究不仅仅是一个传统工程管理研究的程度延伸，它本质上更是一类新的科学问题；对于这个问题的研究将引领下一代工程管理研究范式的转型和变革。而中国当前持续涌现的重大工程实践为学科的研究范式变革提供了天然的试验场和重要的应用平台。如何持续推动和创新中国情境下的重大工程组织研究，为全球工程管理研究范式的转型发展贡献中国经验和智慧，共同推动全球范围内的工程管理研究范式的历史性突破，对于中国重大工程研究学者来说，仍然是任重而道远。

20 世纪 50 年代以来，同济大学工程管理学科团队有着参与重大工程实践的特色和传统，从 20 世纪 50 年代的治淮工程，到改革开放后、20 世纪 80 年代初上海的地铁一号线、浦东机场建设等，直至近年来的上海世博会园区建设等数十项重大工程建设管理组织实践。在这些重大工程实践的基础上，同济大学复杂工程管理研究院课题组先后承担了国家自然科学基金重大项目选题"重大基础设施工程的组织行为与模式创新研究（71390523）"及多项国家自然科学基金项目（71501142、71471136、71571137 和 71471147）。2014 年以来，项目课题组重点对我国 1949 年以来的重大工程管理实践开展了长周期、大规模、多视角的重大工程案例研究，通过制度理论（institutional theory）的视角，系统地梳理了我国 1949 年以后重大工程制度演变和典型组织模式创新演化进程；突破传统研究理论基础、研究方法的单一性，综合集成全景式质性分析、跨案例归纳分析、结构方程实证建模、情境耕耘计算实验、Agent 组织仿真等多种前沿研究方法，对重大工程组织模式、组织行为及组织计算实验仿真建模等方面的若干关键问题进行了深入的研究。

乐云、胡毅、李永奎、何清华、施骞、陆云波共同负责全书的整体章节策划和内容安排。全书可以分为三部分：第一部分包括第 1 章到第 3 章，主要归纳总结我国重大工程组织模式的制度改革背景、典型组织模式演化以及政府职能过程转变；第二部分包括第 4 章到第 9 章，深入分析重大工程组织行为中的高层领导团队、领导力、跨组织关系网络、良性行为、异化行为及其对组织效能的影响；第三部分主要是第 10 章，提出重大工程组织计算实验模型。

全书章节内容和撰写分工如下：第 1 章系统地梳理我国重大工程制度变革历程，由李永奎、曹玲燕撰写；第 2 章归纳总结我国重大工程在不同历史时期的主要组织模式及特征，由李永奎、张艳撰写；第 3 章分析重大工程组织中政府职能的演变，由乐云、翟翌、胡毅、谢坚勋撰写；第 4 章分析重大工程高层领导团队中领导兼任和政治激励机制，由乐云、白居、李永奎、王怡心撰写；第 5 章剖析重大工程中领导风格、团队影响机理及培育机制，由施骞、沈嘉璐、周易坤、柳洋、甘甜入撰写；第 6 章分析重大工程组织网络的特征和演化机制，由李永奎撰写；第 7 章考察重大工程组织间关系行为（relationship behavior）的形成、驱动及作用机制，由乐云、郑弦、胡毅撰写；第 8 章研究重大工程良性组织行为重大工程良性组织行为（good organizational behavior in construction megaprojects，MGOB）的驱动机制、效能涌现与培育策略，由何清华、王歌、杨德磊撰写；第 9 章分析重大工程组织中异化行为的诱因、结构特征和监管治理策略，由乐云、张兵、胡毅、单明撰写；第 10 章提出并开发重大工程组织计算实验模型和技术，由陆云波、阚洪生、乐云、胡毅撰写。

　　本书的大纲拟定和写作过程得到了南京大学盛昭瀚教授、华中科技大学王红卫教授、上海交通大学曾赛星教授、哈尔滨工业大学安实教授和薛小龙教授的指导和建议，在此表示最诚挚的感谢！

　　本书的写作还得到了同济大学郭重庆院士、中国航天工业集团有限公司于景元研究员及中国科学院徐伟宣研究员的指导和帮助，在此一并表示感谢。

　　由于作者水平有限，书中难免存在不妥之处，敬请专家、读者不吝指正。

著者作于同济园

2017 年 12 月

目　　录

第 1 章　重大工程治理制度演化

1.1　制度理论与重大工程治理

由于重大工程突出的社会嵌入性，制度理论已成为研究和解释重大工程关键问题的新视角。研究认为，大型工程组织管理需要考虑行政、市场以及二者的综合作用（Ruuska et al.，2011）。如果工程组织模式与制度环境不匹配，会出现许多意外事件、冲突争议、项目延误，甚至项目被取消等情形（McAdam et al.，2010）；即使是相同的工程组织模式，在面对不同的政治体制、产业结构、地方制度体系及不同的历史文化时，也会产生显著的差异。英国巨项目研究中心在2010 年通过对 10 个国家或地区的 30 个高铁、高速公路、地铁、隧道等项目的研究指出：制度环境要素对保证工程可持续性起到关键作用，需要政府层面制定政策整合公共部门及私人投资组织的资源（Dimitriou et al.，2010）。在"一带一路"及"工程走出去"的背景下，我国会参与越来越多的国际工程，和一般性国内重大工程不同的是，这些工程所面临的制度差异更大，由此所导致的项目风险也更大。因此，研究制度理论对重大工程组织的影响，有着特别重要的理论和现实意义。

1.1.1　制度理论

制度理论采用了一个开放系统的组织观：组织深刻地受到环境的影响，而这个环境从某种程度上来说，是历史社会建设不断沉淀的结果（Clegg，1981）。在这种环境里，制度是个人和组织治理社会交易的"游戏规则"（North，1990）。Luhman 和 Cunliffe（2013）认为"制度理论所关心的是合法性的问题，即组织如何适应环境和管理其可信性"。制度理论已有相当长的发展历史，主要强调外部制度环境对组织行为的重要影响，认为组织行为选择往往往会由制度环境中的规制、规范、文化认知等要素所决定（DiMaggio and Powell, 1983；Meyer and Rowan, 1977），目的是追求组织在环境中的合法性（Dacin, 1997）。从合法性机制出发，Meyer 和 Rowan（1977）提出了组织被组织外部制度环境所塑造并与之趋同和相似的命题，即组织的同构（isomorphism），而在同构化过程中发挥作用的各种制度性压力则被称为同构化压力（isomorphic pressures）（DiMaggio and Powell, 1983）。在组织行为过程中，同构化压力既可源于正式化的规制，如法律、规范、强制性要求等；也可来源于非正式的约束，如文化、传统、期望等。在这个基础上，DiMaggio 和 Powell（1983）将同构化压力进一步划分为三种类型：强制性压力（coercive pressures）、模仿性压力（mimetic pressures）、规范性压力（normative pressures）。其中，强制性压力是指来自于组织"所依靠的那些组织所施加的正式或非正式的压力"；模仿性压力主要是指组织竞争对手（或同类组织）的"合法"或成功行为对组织所施加的影响；规范性压力则主要是指那些专业化机构之间所形成的共识对组织所施加的影响或约束。

组织行为和组织形式都是由制度塑造的，组织行为的同构性可能与组织内部的技术效率毫无关系（DiMaggio and Powell, 1983；Meyer and Rowan, 1977）。在社会环境中，制度要素强调可以通过形成新的承诺形式和规则遵守或规范服从来解决复杂组织情境中集体行动问题的协同机制（Powell and Bromley, 2013）。DiMaggio 和 Powell（1983）提出了制度化扩散和同构过程中的非正式力量，即模仿性同构、规范性同构和强制同构。通过这三种途径，组织会产生相应的思想和行动。三种非正式制度力量构成了制度的三个既独立又相互关联的要素，即规制性要素、规范性要素和文化-认知要素。制度的三种要素对组织行为产生同构影响的过程是相互独立的，甚至可能相互矛盾（Scott, 2012）。Zucker（1977）认为，制度化是层次化的过程，同构作用导致的组织行为扩散是制度化的结果而不是原因。关于这个过程，Galaskiewicz 和 Wasserman（1989）认为，组织之间的关系网络实际上为组织制度化的传播提供了一种渠道，如关于制度模仿的同构过程，社会关系网络是决定决策者究竟会模仿谁的重要因素，决策者将会去模仿他们基于关系网络认识和信任的人。制度的三大基础要素、制度同构作用与合法性机制之间的对应关系见表1.1。

表1.1 制度的三大基础要素、制度同构作用与合法性机制之间的对应关系

项目	规制性要素	规范性要素	文化-认知要素
遵守基础	权宜性应对	社会责任	视若当然、共同理解
秩序基础	规制性规制	约束性期待	建构性图示
扩散机制	强制	规范	模仿
逻辑类型	工具性	适当性	正统性

续表

项目	规制性要素	规范性要素	文化-认知要素
系列指标	规则、法律、奖惩	合格证明、资格承认	共同信念、共同行动逻辑、同形
情感反应	内疚/清白	羞耻/荣誉	确定/惶惑
合法性基础	法律制裁	道德支配	可理解、可认可的文化支持

在重大工程领域，Scott（2012）从全球大型项目的跨国制度差异性等研究着手，提出应该关注外部制度环境对重大工程项目参建方行为的影响，认为可以通过混合（hybrid）和匹配治理机制来应对制度变迁的挑战，如强化合同法律治理机制、规范和文化-认知治理机制，实现程序上的公平和打造强大的项目文化。Morris（2013）在 *Reconstructing Project Management*（《再造项目管理》）一书中也明确指出，与制度有关的行为逻辑应当成为项目管理的基本问题，并认为制度理论视角是实现项目管理理论重建并使其发展成为一门学科的重要工具。这一点已经得到了其他学者的支持和发展。例如，Bresnen（2016）指出，传统的项目管理思想长期以来一直是实践推动的，来自于实践需求和从业人员的经验，Morris 的制度视角可以确保实践发展在严谨的学术研究中得到有力的支持；Mahalingam 和 Levitt（2007）使用制度理论解释了印度地铁项目中的冲突行为，并强调从制度理论出发，可以清晰地识别重大工程中众多复杂问题的关键症结所在，从而相对容易地找到问题的解决方案。可见，制度理论关于外部环境如何驱动组织行为的观点具有较强的解释能力。

1.1.2 重大工程治理

组织治理在重大工程的执行中扮演重要的角色，已经被看成影响项目绩效的决定性因素（Li et al.，2015）。多种原因的存在，如项目参与方之间的差异和交互作用、组织关系的复杂性、建设周期较长带来的个人行为动态性和不确定性，致使重大工程组织治理困难重重。不合适的组织治理会导致重大工程发生许多意外事件，如成本超支、进度延误或者失去控制（Gordon，2008）。

对于如何理解和定义项目治理存在广泛的差异，通常取决于研究者的技术背景和研究领域（Bekker，2015）。Müller（2009）将项目治理定义为"……允许项目实现组织目标和促进内部、外部利益相关者及企业自身利益实现的价值体系、职责、流程和政策"。Garland（2009）将项目治理简单地定义为"项目决策制定的框架"。美国项目管理协会（Project Management Institute，PMI）将项目治理定义为"指导项目管理活动的框架、功能和过程，以创建独特的产品、服务或结果，并满足组织的战略和运营目标"。有学者认为治理的目的是确保代理人

（如项目经理）能遵从委托人的利益，进而项目治理是一个既能促进透明、责任性和角色的定义，又能支持项目目标实现的系统（Tirole，2001）。Turner（2009）认为项目的治理提供了一个结构，通过这种结构设定项目的目标，确定实现该目标及监督项目绩效的方法。

与一般项目不同，重大工程是较为复杂的，它们的治理有"例外"特性和"特别体制"，甚至与国家的干预主义水平有关（Müller，2011）。重大工程治理的主要目标是在动荡的环境下提供确定性的管理过程，能够实现过程透明、引入问责机制和明确角色的作用（Müller，2009），同时允许项目灵活地适应正在发生的变化（Clegg et al.，2002）。通常，治理结构不能提供足够的灵活性，因为它们构建在一个纯粹关注监督和控制机制的模型上，主要受传统公司治理形式的影响，如委托代理理论。然而，重大工程和治理结构的配置应该是一致的，要为组织创造价值，并使具体的操作实践适应时下的变化（Miller et al.，2000）。在重大工程中，良好的治理结构必须允许项目结构的设计能够触发紧急预案，来面对不断变化的环境，这被称为"可治理性"（Clegg et al.，2002）。Lundin 等（2011）认为新制度理论应该被用于临时性的组织，如项目。基于Scott（2004）的研究和Giddens（1984）的结构化概念以及代理与结构之间的关系，Lundin 等（2011）认为，"新制度主义比以往任何时候，都能对项目和其他形式的临时组织研究提供更好的支撑。

新制度经济学认为，制度安排的特征和方式要受到制度环境的作用和影响。一个重大工程包含了政治、经济、社会等复杂性因素。如果将重大工程治理看作由项目参与方自发选择、自主决定的结果，就可以将这些项目治理看作一种制度安排，而这些制度安排可以由微观主体的策略活动内生地演变出来。重大工程治理作为一种制度安排，它的出现、变迁与演化，内生于其所处的社会环境和制度环境。制度的发生、确立等过程，是参与人不断重复、确认的结果。一项制度安排在特定社会经济背景下的确立，是复杂和反复的过程，与该社会的政治经济文化等各方面紧密联系、相互影响和制约。由此可见，制度理论是重大工程治理研究的重要理论基础。

1.2 中国重大工程治理的外部情境：建筑业市场化演变

重大工程不是一个孤岛，无法脱离行业情境的影响。对我国建筑业市场化演变的考察，有利于了解我国重大工程治理的外部情境变化，亦即政府与市场二元作用的趋势性变化规律。同时，作为重大工程治理的外部情境，建筑业市场化的演变对重大工程的治理结构和治理机制也有着至关重要的影响。

建筑业是我国率先推进市场导向改革的行业之一。自 1984 年国务院发布《国务院关于改革建筑业和基本建设管理体制若干问题的暂行规定》以来，我国建筑业进行了长期而深入的市场化改革进程，一系列制度的制定使我国建筑业的管理模式发生了根本性的变化，相应的市场规则和运行机制也在不断地健全和完善。1992 年建设部发布了《建设部关于加快建筑市场改革步伐的通知》，旨在建立一个开放统一、平等竞争、规则健全、高效有序的建筑市场，使建筑市场在建设领域发挥主导作用。随着我国经济转型和市场化进程的加快，以及"新公共管理"思想的影响，政府不断放松对建筑业的管制，充分发挥市场主体的创造性和积极性（罗森布鲁姆和克拉夫丘克，2002）。从实际效果来看，近年来建筑业总产值已经成为继工业、农业和商业之后的第四大支柱产业，对我国 GDP（国内生产总值）增长的贡献巨大，从而检验了市场化改革的效果。这里试图通过构建一套适用于建筑业市场化进程测度的指标体系，对政府行为规范化、建筑业市场化进程状况和程度加以测度并分析其发展趋势。

1.2.1　建筑业市场化进程测度指标体系

市场是企业运行的社会环境及宏观调控信息的载体，很多信息通过市场传递，如价格信息、供求信息，掌握这些信息将有助于企业合理设定经营发展的目标与方向。所有产品市场、要素市场以及中介市场的价格、利润构成比等，都反映了经济体制的市场发育度（董晓宇和郝灵艳，2010）。这里构建的三个一级指标分别是政府行为规范化、企业多元所有制和主体自由化、市场发育程度。同时将每个一级指标按照测量内容再细化为不同的二级指标，政府行为规范化细分为政府规模合理化和政府经济资源配置规范化，企业多元所有制和主体自由化细分为非国有经济的发展和所有制的多元化，市场发育程度细分为要素市场发育、产品市场发育和中介市场发育，二级指标共 7 个。最后从实际测量的角度将二级指标下的 19 个三级指标作为基础的测量指标。建筑业市场化测度指标体系如表 1.2 所示。

表 1.2　建筑业市场化测度指标体系

一级指标	二级指标	三级指标	指标类型[1]
1 政府行为规范化	1a 政府规模合理化	1a1 建筑业政府消费占建筑业总产值的比重	逆
		1a2 建筑业固定资产投资国家预算资金占固定资产投资的比重	逆

一级指标	二级指标	三级指标	指标类型[1]
1 政府行为规范化	1b 政府经济资源配置规范化	1b1 建筑业财政收入占建筑业总产值的比重	逆
		1b2 建筑业预算外收入占建筑业总产值的比重	逆
		1b3 建筑业企业税金总额占建筑业总产值的比重	逆
2 企业多元所有制和主体自由化	2a 非国有经济的发展	2a1 非国有建筑业产值占建筑业总产值的比重	正
		2a2 非国有建筑业从业人员占建筑业从业人员的比重	正
	2b 所有制的多元化	2b1 建筑业企业实收资本中非公有制企业实收资本所占比重	正
		2b2 建筑业总产值中非公有制企业产值所占比重	正
		2b3 建筑业企业资产中非公有制企业资产所占比重	正
3 市场发育程度	3a 要素市场发育	3a1 建筑业固定资产投资来源中外资、自筹和其他资金所占比重	正
		3a2 建筑业实际利用外商直接投资金额	正
		3a3 建筑业劳动生产率	正
		3a4 建筑业企业技术装备率	正
	3b 产品市场发育	3b1 建筑业总承包企业特、一级利润比例	正
		3b2 建筑业专业承包一级利润比例	正
		3b3 中国对外承包工程营业额	正
	3c 中介市场发育	3c1 建筑中介机构（勘察设计、监理）从业人员比重	正
		3c2 建筑中介机构（勘察设计、监理）收入比重	正

1）指标类型是指根据指标对建筑业市场化的作用方向将其分为正向指标和逆向指标，它们与市场化水平分别正向或反向相关

1）政府行为规范化

计划经济体制下，政府通常会直接组织工程建设，如成立工程建设指挥部，参与建筑相关事务。相应地，建设行政部门通常拥有许多的直属单位和事业单位（周耀东和余晖，2008）。而市场经济体制中，政府行政管理的角色正在逐步改变，建设行政机构不再直接参与工程建设，如代建制的设立，从组织者转变成建筑行业的管理者：一方面，修正原计划经济下行政管理的问题，简政放权，下放给市场和企业；另一方面，构建适宜于市场经济体制下的制度、秩序和体系。在测量建筑业政府行政管理的行为规范化程度时，所采用的衡量指标包括以下5个。

1a1. 建筑业政府消费占建筑业总产值的比重。

1a2. 建筑业固定资产投资国家预算资金占固定资产投资的比重。

1b1. 建筑业财政收入占建筑业总产值的比重。

1b2. 建筑业预算外收入占建筑业总产值的比重。

1b3. 建筑业企业税金总额占建筑业总产值的比重。

1a的两个指标1a1和1a2主要测量政府的支出规模。长期以来，政府一直通过直接支出配置社会资源，其支出规模不仅体现了政府集中资源掌握的情况，而且反映

了政府对经济发展的努力情况。1b1 和 1b2 主要测量政府收入的规模，其规模大小体现了社会结构和公平正义程度，收入规模过大将挤压居民福利和企业的生存空间。同时，由于税收是政府收入重要的方式，1b3 是从税收的角度进行补充测量。

2）企业多元所有制和主体自由化

改革期间的一项显著变化就是以市场为导向的非国有企业获得了迅速发展，因而市场配置手段在整个经济体制中得到越来越广泛的运用。这里采用如下两个指标。

2a1. 非国有建筑业产值占建筑业总产值的比重。

2a2. 非国有建筑业从业人员占建筑业从业人员的比重。

2a1 从产值的角度通过计算非国有建筑业所做贡献的大小来衡量其经济发展情况。2a2 从扩大就业的角度通过计算非国有建筑业就业人数所占比例的大小来衡量其规模的发展情况。非国有经济的比重越大，越显示出所有制结构向着更符合现阶段生产力状况的方向演进。

改革开放以来另一项显著变化是我国经济的所有制结构从过去单一的公有制变成以公有制为主体多种所有制并存的多元化所有制结构。非公有制经济得到了前所未有的迅猛发展，为进一步解放生产力、提高人民生活水平提供重要支撑。这里采用以下 3 个指标测量所有制多元化。

2b1. 建筑业企业实收资本中非公有制企业实收资本所占比重。

2b2. 建筑业总产值中非公有制企业产值所占比重。

2b3. 建筑业企业资产中非公有制企业资产所占比重。

2b1 用来确定非公有制经济成分所占比重，2b2、2b3 分别从不同的角度对其进行补充。市场经济主体多元化大量出现的企业，如各种经济联营体、股份制企业、合伙制企业、私营企业等，构建了市场经济多样化的微观结构基础。

3）市场发育程度

对于市场的测度，这里将从要素市场、产品市场和中介市场的发育程度三方面进行综合考虑。

（1）要素市场方面。传统的建筑业属于劳动密集型或技术密集型产业，随着技术进步及市场化改革步伐加快，劳动力和技术装备已发生显著变化（刘炳胜等，2011）。与此同时，市场经济中资本的作用也进一步凸显，从某种程度上决定了企业的实力。可见，伴随一步步的市场化改革，劳动力、技术和资本三项要素所扮演的角色具有愈来愈重要的影响力。这里已经采用的有以下 4 项指标。

3a1. 建筑业固定资产投资来源中外资、自筹和其他资金所占比重。

3a2. 建筑业实际利用外商直接投资金额。

3a3. 建筑业劳动生产率。

3a4. 建筑业企业技术装备率。

3a1 考虑资本的来源，认为外资、自筹和其他资金三种获取资金的方式相比较能够体现更高的市场化水平，通过计算其合计所占比例考察建筑业投资资本获取时所反映的市场化程度；3a2 是对 3a1 的补充，反映建筑业引进外资的程度，较高的外商投资反映较完善的市场环境；3a3 和 3a4 从劳动力要素、技术要素角度衡量市场化程度。

（2）产品市场方面。采用以下 3 项指标。

3b1. 建筑业总承包企业特、一级利润比例。

3b2. 建筑业专业承包一级利润比例。

3b3. 对外承包工程营业额。

3b1 和 3b2 从利润的角度通过对建筑业产业组织结构的分析，测度了总承包市场和专业承包市场的市场化进程（刘炳胜等，2011）。众所周知，激烈的市场竞争可以推动市场化水平提高，而激烈的竞争意味着市场上势均力敌、实力相当的企业较多，也就是说大型企业的数量增多，其利润比例自然会得到提高。3b3 旨在反映对外承包市场的市场化进程，伴随着国内建筑市场竞争加剧与产能过剩，很多建筑企业把"走出去"作为提升企业发展空间，再加上"一带一路"政策的扶持，企业通过对外承包工程以进一步挖掘利润空间，同时加强培育企业的核心竞争力，建立差异化的竞争优势，以期能在激烈的市场化竞争中立于不败之地。这里采用我国对外承包工程营业额，测量建筑业对外承包工程业务的发展状况。

（3）中介市场方面。随着市场化改革的深化，建筑业市场从原来的甲乙双方单一的承发包关系逐步发展为有一些中介机构介入，监理公司、勘察设计公司、招投标代理公司、测量师行、物业估价所、律师事务所等专业服务机构纷纷进入市场。这里以市场上最常见的勘察设计公司和监理公司作为代表，测度中介机构的市场化进程，采用以下两个指标。

3c1. 建筑中介机构（勘察设计、监理）从业人员比重。

3c2. 建筑中介机构（勘察设计、监理）收入比重。

3c1 和 3c2 分别从不同的角度测量中介机构市场发育程度。中介机构作为建筑市场的第三方，它们掌握更全面的专业知识、技术规范和有关的法律法规，对建筑业的健康发展起着不可忽视的作用。

1.2.2 建筑业市场化实证测度结果分析

研究认为，我国改革开放几十年来，经济体制的市场化改革分别经历了起步、初步进展、全面推进和进一步深化四个阶段，每个阶段具有各自最重要的主题。从 2002 年开始我国进入第四个阶段——社会主义市场经济体制的完善时期，市场化改革进一步深化（李晓西等，2008）。同时，从建筑业看，21 世纪以来政府大力推进建筑业市场化改革，完善市场机制和市场自组织管理，加强建筑业行政管理，以保证建筑业的市场秩序和高速发展。为此，这里选择 2003~2012 年为建筑业市场化进程的观察期。数据来源于 2004~2013 年《中国统计年鉴》、《中国建筑业统计年鉴》和中国商务部外资统计数据，以及相关行业研究报告。

根据上述计算方法，在获得了所有指标数据后，转换成相应的指标评分，然后进一步合成市场化总指数，计算结果如表 1.3 所示，以下对其中的结果进行详细评析。

表 1.3　建筑业市场化进程计算结果（2003~2012 年）

指标		2003 年	2004 年	2005 年	2006 年	2007 年	2008 年	2009 年	2010 年	2011 年	2012 年
1a1 建筑业政府消费占建筑业总产值的比重	数值	14.75%	13.97%	14.27%	14.11%	13.51%	13.29%	13.40%	13.29%	13.35%	13.75%
	评分	0	5.34	3.25	4.35	8.50	9.95	9.21	10.00	9.58	6.87
1a2 建筑业固定资产投资国家预算资金占固定资产投资的比重	数值	8.22%	8.10%	7.13%	7.03%	7.91%	12.49%	14.83%	17.12%	17.93%	16.57%
	评分	8.92	9.02	9.91	10.00	9.20	5.00	2.85	0.75	0	1.25
1b1 建筑业财政收入占建筑业总产值的比重	数值	15.99%	16.51%	17.11%	17.92%	19.31%	19.53%	20.10%	20.70%	21.96%	22.57%
	评分	10.00	9.20	8.29	7.06	4.95	4.62	3.75	2.84	0.93	0
1b2 建筑业预算外收入占建筑业总产值的比重	数值	3.36%	2.94%	3.00%	2.96%	2.57%	2.11%	1.88%	1.44%	—	—
	评分	0	2.19	1.89	2.07	4.14	6.53	7.70	10.00	—	—
1b3 建筑业企业税金总额占建筑业总产值的比重	数值	3.29%	3.30%	3.36%	3.37%	3.36%	3.65%	3.45%	3.49%	3.32%	3.20%
	评分	8.02	7.62	6.48	6.13	6.44	0	4.31	3.54	7.33	10.00
1 政府行为规范化指数	评分	5.38	6.67	5.96	5.92	6.65	5.21	5.56	5.42	4.46	4.52
2a1 非国有建筑业产值占建筑业总产值的比重	数值	73.75%	74.76%	75.60%	77.82%	79.17%	80.28%	80.22%	81.10%	82.45%	83.29%
	评分	0	1.06	1.93	4.26	5.68	6.85	6.78	7.70	9.12	10.00
2a2 非国有建筑业从业人员占建筑业从业人员的比重	数值	78.28%	81.31%	82.22%	83.75%	85.00%	85.76%	85.87%	86.13%	88.45%	89.27%
	评分	0	2.76	3.59	4.98	6.11	6.80	6.91	7.15	9.25	10.00
2b1 建筑业企业实收资本中非公有制企业实收资本所占比重	数值	58.15%	65.63%	66.59%	70.38%	72.58%	77.64%	78.82%	81.58%	82.04%	83.82%
	评分	0	2.92	3.29	4.76	5.62	7.59	8.05	9.13	9.31	10.00

指标		2003 年	2004 年	2005 年	2006 年	2007 年	2008 年	2009 年	2010 年	2011 年	2012 年
2b2 建筑业总产值中非公有制企业产值所占比重	数值	59.58%	65.26%	67.45%	70.83%	72.99%	75.10%	75.95%	77.30%	78.75%	79.70%
	评分	0	2.82	3.91	5.59	6.67	7.71	8.13	8.80	9.53	10.00
2b3 建筑业企业资产中非公有制企业资产所占比重	数值	53.76%	59.84%	62.34%	66.85%	68.21%	71.45%	73.27%	75.72%	76.65%	77.16%
	评分	0	2.60	3.66	5.59	6.17	7.56	8.34	9.38	9.78	10.00
2 企业多元所有制和主体自由化指数	评分	0	2.43	3.28	5.04	6.05	7.30	7.64	8.43	9.40	10.00
3a1 建筑业固定资产投资来源中外资、自筹和其他资金所占比重	数值	75.66%	83.86%	81.29%	86.66%	83.00%	87.68%	80.87%	79.62%	83.72%	78.73%
	评分	0	6.82	4.68	9.15	6.11	10.00	4.33	3.30	6.71	2.56
3a2 建筑业实际利用外商直接投资金额/亿元	数值	50.64	61.40	37.48	50.49	28.77	62.61	39.92	79.65	45.11	56.62
	评分	4.30	6.42	1.80	4.27	0	6.65	2.19	10.00	3.21	5.47
3a3 建筑业劳动生产率/（元/人）	数值	17 476	20 036	22 149	23 975	25 643	27 230	31 816	32 993	34 126	43 459
	评分	0	0.99	1.80	2.50	3.14	3.75	5.52	5.97	6.41	10.00
3a4 建筑业企业技术装备率/（元/人）	数值	9 957	8 948	8 767	8 484	8 184	8 322	8 527	7 812	9 337	10 121
	评分	9.29	4.92	4.14	2.91	1.61	2.21	3.10	0	6.61	10.00
3b1 建筑业总承包企业特、一级利润比例	数值	33.78%	42.42%	44.91%	47.52%	49.25%	47.48%	51.96%	52.76%	54.17%	55.13%
	评分	0	4.05	5.21	6.44	7.25	6.42	8.52	8.89	9.55	10.00
3b2 建筑业专业承包一级利润比例	数值	24.34%	26.23%	27.46%	29.13%	31.80%	29.50%	29.23%	34.27%	38.29%	42.55%
	评分	0	1.04	1.71	2.63	4.10	2.83	2.68	5.45	7.66	10.00
3b3 中国对外承包工程营业额/亿元	数值	1 145	1 392	1 664	2 201	2 693	3 244	4 485	5 026	5 088	5 586
	评分	0	0.55	1.17	2.38	3.48	4.73	7.52	8.74	8.88	10.00
3c1 建筑中介机构（勘察设计、监理）从业人员比重	数值	4.27%	4.73%	5.60%	5.57%	5.39%	5.40%	5.05%	5.04%	6.47%	6.90%
	评分	0	1.74	5.04	4.95	4.26	4.31	2.97	2.94	8.36	10.00
3c2 建筑中介机构（勘察设计、监理）收入比重	数值	9.52%	9.72%	10.00%	10.38%	10.74%	11.10%	10.36%	11.65%	13.01%	13.89%
	评分	0	0.46	1.11	1.97	2.80	3.60	1.91	4.88	7.99	10.00
3 市场发育程度指数	评分	1.51	3.00	2.95	4.13	3.64	4.95	4.30	5.57	7.26	8.67
总指数	评分	2.30	4.03	4.06	5.03	5.45	5.82	5.84	6.48	7.04	7.73

1. 一级指标测定结果分析

为分析市场化不同方面的演进状况，图 1.1 列出了建筑业市场化总指数以及政府行为规范化指数、企业多元所有制和主体自由化指数、市场发育程度指数三个方面指数的总体走势及变动趋势。

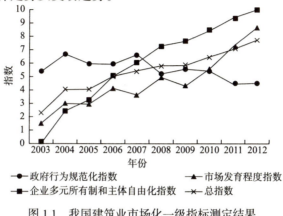

图 1.1　我国建筑业市场化一级指标测定结果

1）总体趋势

图 1.1 是我国建筑业市场化总水平的发展趋势。由图 1.1 可以看出，我国建筑业的市场化改革显示着稳定而又持续发展的态势。总指数从 2003 年的 2.30 增长至 2012 年的 7.73，复合增长率达 14.42%，总指数评分整体上呈现快速且逐步上升的趋势，市场化水平得到提高，说明 21 世纪以来我国建筑业的市场化改革取得了一定的成效，当然这距离改革的目标还有一定的距离，政府与市场关系还需要进行长时间的检验，需要以更大的努力继续推进。从增长速率看，自 2003 年起到 2009 年均有较大幅度的波动，增长速率时快时慢时大时小，造成整个建筑业市场发展的不平缓，这也从侧面表明由于这几年市场化程度较低，存在的改善空间还很大，因此不管是政府措施还是市场完善或者企业发展，对市场化均具有较大的影响。而 2010~2012 年由于市场化水平已经达到一定的阶段并呈现稳定增长的趋势，增长率保持在 10% 左右。

分年度看，2003 年到 2004 年我国建筑业市场化指数从 2.30 上升到 4.03，在 2003~2013 年的十年间上升最快，增长速度为 75.22%。这与进入 21 世纪以来我国加快改革与发展建筑业及配套产业的战略性部署息息相关。2001 年，建设部先后颁布《房屋建筑和市政基础设施工程施工招标投标管理办法》《建筑工程施工发包与承包计价管理办法》[①]。2002 年 1 月 10 日，建设部同有关部门又发

---

① 后者已于 2013 年废止，被《建筑工程施工发包与承包计价管理办法》（住房和城乡建设部令第 16 号）取代。

布了《建设部建筑工程项目管理规范》①，随后 3 月发布《关于健全和规范有形建筑市场的若干意见》，6 月发布《建设部建筑节能"十五计划纲要"》，9 月建设部与对外贸易经济合作部联合发布《外商投资建筑业企业管理规定》和《外商投资建设工程设计企业管理规定》，12 月发布《建设工程勘察质量管理办法》②。这一系列的管理办法及规定的颁布，对我国建筑市场的快速、健康发展起到了极大的促进作用。

2005~2006 年，我国建筑业市场化指数从 4.06 上升到 5.03，增长速度仅次于 2004 年，达 23.89%。2006 年建筑业市场化指数之所以能获得快速提高，很大程度上是因为 2005 年 7 月六部委针对建筑业的进一步深化改革联合颁布了《关于加快建筑业改革与发展的若干意见》。该文件在操作层面对建筑业持续改革与发展提出了八项涵盖各方面的新要求，指导建筑业未来发展的方向与发展方式的转变，从宏观层面进一步调控资源的优化配置。

2008~2009 年，我国建筑业市场化指数从 5.82 升至 5.84，增长速度为 0.34%，这也是 2003~2013 年的十年间市场化指数增长幅度最小的一次。通过对三个一级指标进行比较后发现，增速较慢的原因主要是市场的发育程度有所降低，进一步地，是要素市场发育程度的降低。这可能是受 2008 年金融危机影响，经济发展放缓、投资力度有限，这些情况实际上是与建筑业市场化的要求相背离的，不利于市场化的顺利推进。

2）与经济总体市场化相比较

按照樊纲等（2011）的估计，中国经济整体市场化在 2003 年的总指数达到 5.5，此后每年增加 5%~10%，到 2009 年评分已经达到 7.34。尽管樊纲等（2011）对 2010 年以后的市场化指数并没有继续测算，但有学者基于其 1997~2009 年测算的市场化指数总得分数据运用回归方法估算得到了 2010~2012 年的计算值，这里借鉴此估算数据，用于与建筑业市场化做比较分析。

如图 1.2 所示，根据这里所测算的我国建筑业市场化水平，与樊纲等（2011）所测算的我国经济总体市场化水平比较，建筑业市场化指数一直处于樊纲市场化指数的下方，即我国建筑业市场化水平一直低于整体经济市场化水平，建筑业市场化水平与全国整体经济市场化还存在一定差距，我国建筑业市场化整体水平还处于相对落后的位置。探讨其背后的原因，主要是因为建筑业在我国经济发展过程中的基础性作用，其作为支柱性产业关系到多个行业的发展，既关系到生产，又关系生活，其内容涵盖了建筑产品的生产以及与生产相关的所有咨询和服务，所涉范围之广注定建筑业的改革必须按部就班、循序渐

---

① 该规范分别于 2006 年、2007 年进行了更新，现行标准编号为 GB/T50326-2017。
② 该办法于 2007 年进行了修改。

进，不可能一蹴而就。

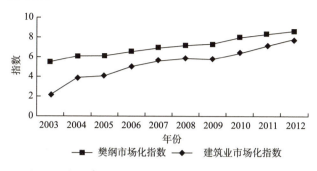

图 1.2　我国建筑业市场化与整体经济市场化指数比较

尽管如此，从图 1.2 也可以看出建筑业市场化与经济总体市场化的差距在缩小，说明我国建筑业市场化进程要快于经济总体市场化进程，建筑业发展的步伐明显加快。这主要归功于 21 世纪以来，我国处于加快城市化的历史进程中，为建筑业发展提供了有利时机。目前我国仍处于社会主义初级阶段，属于发展中国家，在国民经济的"三驾马车"——投资、消费和进口中，投资仍然起着主导作用。而加大投资对于建筑业来说是一个很好的发展契机，不管是何种类型的固定资产投资均可以给建筑业带来机会。再加上一系列发展战略如"西部大开发"以及鼓励企业"走出去"等战略，均与建筑业密切相关，这为建筑业的快速发展提供了机遇。

2. 二级指标测度结果分析

如图 1.1 所示，三个二级指标表现出明显不同的市场化进程波动趋势，除政府行为规范化外，其他两个二级指标均呈上升趋势。此结果说明有必要对这三个二级指标进行分别的深入讨论，以获得其各自在市场化改革过程中的演变情况，从而分别对建筑业市场化过程进行解释。

1) 政府行为规范化指数

2003~2010 年政府行为规范化指数评分 2004 年最高（6.67），其次是 2007 年评分（6.65），其余年份指数评分均为 5~6 分，说明政府在培育、扶持与发展市场经济时各年行为的规范化程度并没有明显差距。而 2011 年和 2012 年评分均在 5 分以下，是受到自 2011 年起政府取消预算外管理制度的影响，虽然评分上由于并未测算"建筑业预算外收入占建筑业总产值的比重"这一指标，其结果偏低，但此后我国进入了新一轮的全面综合预算管理阶段，全部预算外资金收发全过程均在人大的监督范围之内，说明政府实际上变换了另一种方式切实做到规范管理。由此可见，转轨期利用政府的介入进行宏观调控是市场经济发展的客观需求，已被我国改革开放以来的实践经验所证实，但政府不规范介入也会破坏市场经济秩序，甚至损害社会公共利益。

"建筑业政府消费占建筑业总产值的比重"测量政府规模的合理程度，结果显示，各年的指数评分波动较大，有涨有跌。但从指标值本身来看，观测期中2008年和2010年比重最低，为13.29%，2003年最高，比重为14.75%。这与世界银行公布的数据，政府的消费比重自1980年起一直保持在13%~15%的水平是基本吻合的，也证明长期以来政府购买货物及服务的经常性支出相对稳定，所占比重一直不高且变化不大。

"建筑业财政收入占建筑业总产值的比重"反映政府对经济的调控和社会资源配置的能力，结果显示指标评分逐年下降，指标数值从2003年的15.99%上升到2012年的22.57%，反映出由政府配置的资源比重逐年上升，相应地，市场配置资源的职能被逐步削弱。

这虽然与提倡更多的由市场来配置资源的市场经济有所背离，但通过该指数也不难分析出我国政府管制的加强，恰好体现了政府为社会提供富足公共服务的能力逐渐增强。然而此指标也应当控制在合理的水平：过高则说明政府集中的财产过多，挤占纳税人的利益；过低将对政府正常履行其各项职能造成影响，导致其优化配置社会资源的能力被削弱。

2）企业多元所有制和主体自由化指数

根据表1.3，企业多元所有制和主体自由化指数逐年显著上升，2003年评分为0，2012年评分为10.00。同时，五个单项指标也表现出相同的上升趋势，这体现了我国建筑业市场化改革在此方面的突出成绩。

结果显示，建筑业非国有经济得到了充分发展：产值所占比重由2003年的73.75%增长到2012年的83.29%，年均增长1.36%，可见建筑业非国有经济的贡献率不断提高；从业人员所占比重从2003年的78.28%增长到2012年的89.27%，显示出非国有企业的相对规模也在进一步扩大。

所有制结构方面，国有与集体企业在行业中的主导地位相对降低，非公有制企业逐渐成为中国建筑业主要的力量：实收资本所占比重从2003年的58.15%上升到2012年的83.82%，总产值所占比重以及资产所占比重均在2003年的水平上提高了至少20个百分点。可见建筑业所有制多元化的格局已经形成，非公有制企业如民营企业、外商投资企业在建筑业中的地位越来越重要。

3）市场发育程度指数

根据图1.3，市场发育程度指数总体上表现出上升趋势，从2003年的1.51提高到2012年的8.67，显示出我国市场发育度不断提高，市场的运行机制和规则不断地改善和健全。然而2005年、2007年和2009年这三年的评分均在上一年的基础上有所下滑，但均属于小幅度的波动。深入分析发现，市场发育程度指数的波动主要受要素市场评分的涨跌影响。2007 年和 2009 年测量要素市场发育程度的 4 个单项指标中，均有半数以上指标下滑。说明目前我国要素市场发育呈现不稳定的情况，需要进一步采取有效措施加强对要素市场的改革，使其平稳发展。

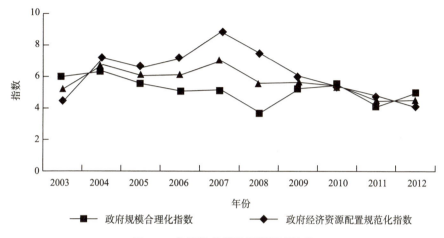

图 1.3　市场发育程度指数测度结果

进一步地，要素市场包括资本市场、劳动力市场和技术市场。资本方面，建筑业固定资产投资来源中外资、自筹和其他资金所占比重测量投资市场化程度，外资所占比重从 2003 年的 1.41%下降到 2012 年的 0.36%，自筹是资金来源的主要渠道，所占比重先上升后略微下降，其他资金所占比重较少且呈下降趋势。建筑业实际利用外商直接投资金额反映引进外资的程度，其测量指标出现较大波动，其中 2007 年最低，为 4.30 亿美元，2010 年最高，为 10 亿美元。劳动力方面，测度指标表现出良好的市场化进程趋势，2003 年最低，2012 年最高。技术方面，2003~2010 年建筑业企业技术装备率各年数值相差不大，技术状况并未明显提高，而 2011 年和 2012 年技术进步迅速，技术装备率显著上升。

从产品市场看，2003~2012 年建筑业总承包企业特、一级利润比例和建筑业专业承包一级利润比例均呈现出上升的趋势，这说明随着市场化改革总承包和专业承包的市场地位在进一步提高。建筑业总承包企业特、一级利润比例从 2003 年的 33.78%增加到 2012 年的 55.13%，显示出建筑业特、一级总承包的主导地位在增强。整个建筑业产业结构逐步向由大型总承包、专业承包组成的专业化分工布局转变。而中国对外承包工程营业额从 2003 年开始持续上涨，说明中国建筑业企业"走出去"战略已经逐渐步入快速发展的轨道，建筑企业通过对外承包工程在国际市场上已经树立了一定的信誉与口碑，并建立起了良好的合作关系。

从中介市场看，中介机构收入比重呈上升的趋势，而从业人员比重却出现较大的波动。但进一步分析，从业人员的人数逐年上涨，而建筑业从业人员各年的涨幅超过了中介机构的涨幅，其比例就显示出波动性，因此我国建筑业中介机构还有待进一步发展和壮大。中介机构作为建筑市场的第三方，它的发展和壮大一方面要靠自身努力获得社会的认可，另一方面也有待于各种客观条件的成熟。

1.2.3　建筑业市场化演变对重大工程治理的启发

自从我国进行市场导向的经济体制改革以来，建筑业也开始了市场化改革之路，但其并非一蹴而就。为准确把握我国建筑业市场化进程动态演化过程，本节设计了一个涵盖政府行为规范化、企业多元所有制和主体自由化、市场发育程度三个方面7个二级指标19个三级指标的市场化进程测度指标体系，测算了我国建筑业2003~2012年的市场化相对指数，可得到如下结论。

第一，我国建筑业市场化改革成效显著，2003~2012年市场化总指数呈现上升的趋势。但相对于全国经济市场化程度来说，建筑业市场化程度仍然处于较低的水平，市场机制和市场组织内部的其他治理机制还不完善。在这一背景下，重大工程治理也体现为以政府行政方式为主，以市场手段为辅的方式。虽然从全球范围看，由于重大工程的特殊性地位，政府介入明显较一般工程深入，但市场手段的缺乏可能导致重大工程低绩效，甚至重大决策和管理风险。

第二，市场化进程中各方面表现出不同的发展进程：政府方面，其行为规范化程度各年差距不大，提高不明显；企业方面，非国有经济得到了充分发展，非公有制企业逐渐成为我国建筑业主要的力量；市场方面，发育度不断提高，市场规则和运行机制不断健全和完善，但要素市场发育呈现不稳定的情况，需要进一步采取有效措施，使其平稳发展。这三方面的差异性与波动性在一定程度上反映出我国建筑业自身特殊性以及市场化改革的复杂性。

但是，由于该项研究只研究广义上的建筑业市场化程度，而没有单独将重大工程抽离出来，故重大工程领域中的政府与市场演化趋势结论还需要谨慎的分析。从总体上看，在市场作用方面，由于重大工程的规模巨大、技术复杂，需要调用大量的社会资源来完成，又往往具有一次性，故过度的政府参与虽然可能提高项目推进效率，但也可能导致资源使用效率的下降，甚至浪费。基于契约的市场机制被认为是资源高效配置的基础性治理手段。但这一机制同样是复杂的，基于交易成本理论的研究认为，单纯的合同治理（正式治理）无法有效解决重大工程的不确定性问题，会带来项目决策和实施的低效率，基于信任和合作的关系治理（非正式治理）是提高项目绩效的重要中介变量。同时，市场手段在工程组织中应用必须有相应的配套制度条件来保障，当市场制度环境不完善时，一些大型企业会通过加强内部关系来确保其竞争优势，并可能出现信息不对称、公平失范、寡头垄断和项目低效等市场失灵现象。因此，需要通过组织间良好的制度、合同、关系等治理结构设计，来构建高效的重大工程组织运作机制，以提高项目的综合绩效。

1.3　中国重大工程治理的制度变迁

1.3.1　中国重大工程治理制度变迁历程

1949 年以来，重大工程一直在中国的经济和社会发展中处于关键地位，但受到政治和经济体制改革的外部情境影响，其治理机制一直在不断演化。中国重大工程治理模式是随经济体制改革而变迁的，从 1949 年到现在，中国经历了计划经济（1949~1978 年）、体制转轨（1979~2003 年）和市场经济初期（2004 年至今）3 个阶段，在不同的阶段对应有不同的政府投资项目管理模式。

1949~1978 年是中国的计划经济时期，实行计划经济体制。中华人民共和国成立后，由于自身技术体系和工业体系存在着重大结构缺陷和规模限制，中国利用苏联贷款进行了 156 项工业和国防的重大工程建设，这些项目以苏联模式为蓝本，建立了政府主导资本化的建设模式，利用"集中力量办大事"的计划管理办法保障"计划体制的工业革命"。20 世纪 60 年代后，中国开展以"三线"建设为代表的有组织、有计划和有规模的国防、科技、工业和交通基本建设，其主要管理组织是"基本建设指挥部"。在这一时期，重大工程建设仍然采用由中央政府直接主持、中央财务拨款、倾全国之力进行的国家集中开发和管理体制。

1953~1965 年，中国学习苏联模式，实行"甲、乙、丙三方合同制，并以建设单位为主导"，即由政府主管部门负责组建建设单位作为甲方，负责建设项目的全过程管理，设计单位（乙方）及施工单位（丙方）分别由各自的主管部门进行管理。1961 年国家计划委员会（简称国家计委）发布《关于成立基本建设指挥部》的通知，明确了指挥部模式的概念，规定重点项目要组织建设、设计、施工单位成立指挥部，指挥部模式也因其能有效利用政府的力量，以及权力集中、协调能力强等优势，在中国的重大工程中沿用至今。中央政府主导全社会固定资产投资一直持续到 20 世纪 70 年代末，也引发了一系列问题，从而开始了"调整、整顿和改革"。总体来看，1949 年后的 30 年，重大工程的投资和治理主要采用以下方式：国家直接投资，通过集权化的计划经济体制将人、财、物集中于国家经济亟须的重要领域，并通过行政方式进行直接管理。

1978 年改革开放后中国建立起社会主义市场经济体制。国务院在总结过去历史经验教训的基础上做出了一系列关于基本建设管理体制改革的决定。1982 年的鲁布革工程中，中国首次利用世界银行贷款进行建设，率先采用招标承包和以业主为中心的项目管理模式，并取得了投资省、工期短、质量好的效果。鲁布革工程的成功拉开了中国工程管理模式改革的序幕。1984 年 9 月，国务院印发《国务院关于改革建筑业和基本建设管理体制若干问题的暂行规定》，明确指出"各部门、各地区都要组建若干个具有法人地位、独立经营、自负盈亏的工程承包公司，并使之逐步成为组织项目建设的主要形式"。1988 年，国务院颁布《关于投资管理体制的近期改革方案》，将拨款改为基金并通过新成立的六大投资公司投放。1992 年，党的十四大召开，决定建立社会主义市场经济体制，明确了企业作为投资主体的改革方向。在此背景下，重大工程的管理体制开始了一系列改革，如前期项目经理负责制（1983 年）、招标投标制（1985 年）、建设监理制（1988 年）、业主责任制（1992）、项目法人制（1996 年）、合同法（1999）和重大项目稽查制（2000 年）等制度的推行。因此，1979~2003 年的 20 余年，重大工程的投资管理体制和治理模式开始探索由政府直接投资和管理转变为投资主体多元化、资金来源多渠道、投资方式多样化和建设实施市场化的新模式，中国工程治理制度日益丰富和规范化，这标志着中国重大工程治理模式处于"行政-市场"二元共同作用状态，政府和市场共同治理呈现一定程度上的均衡。

2004 年，《国务院关于投资体制改革的决定》印发，强调在国家宏观调控下充分发挥市场配置资源的基础性作用，确立企业在投资活动中的主体地位，规范政府投资行为等，推行代建制，引入社会资本（social capital），试行特许经营。2014 年颁布的《国务院关于创新重点领域投融资机制鼓励社会投资的指导意见》要求建立健全政府和社会资本合作（public-private-partnerships，PPP）机制，这标志着中国重大工程项目 PPP 时代的到来。2016 年发布的《中共中央 国务院关于深化投融资体制改革的意见》提出着力推进供给侧结构性改革，充分发挥市场在资源配置中的决定性作用和更好地发挥政府作用。至此，中国重大工程行政-市场二元作用机制向纵深方向发展，市场机制将起到越来越重要的作用。

综上，中国不同历史时期的工程治理体制如图 1.4 所示。

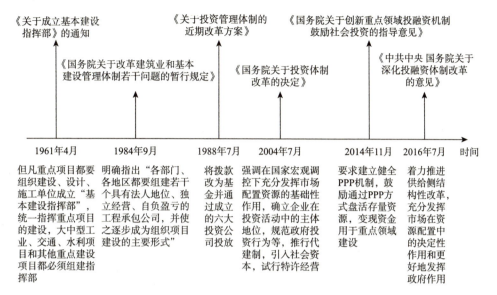

图 1.4　中国不同历史时期的工程治理体制

图 1.4 对中国不同历史时期的工程治理体制及重要制度进行了梳理总结，可见中国重大工程治理的外部制度环境变迁具有以下特征：①制度情境的特殊性。中国重大工程治理机制具有历史上的特殊性，也具有独特优势，和欧美国家具有根本性区别。随着社会经济情境的变化，过去几十年的成功经验无法再简单复制，而需要立足中国国情进行突破性创新和改革。②制度体系的路径依赖性。中国重大工程投融资和管理制度脱胎于苏联体制特别是"斯大林模式"，在很大程度上决定了其具有强烈的起点敏感的第一级路径依赖。从长周期看，重大工程投融资模式和治理体制一直以来"锁定"在政府财政发挥主导作用的"源初环境"，具有一定的路径依赖性和制度惯性。受此制约，虽然中国近几年改革力度不断加大，但政府和市场的关系改革依然未达到预期，社会资本"挤出效应"和"国进民退"的问题依然普遍存在。③制度的阶段跃迁性。改革一直是中国经济和社会发展的根本动力，在重大工程领域同样如此。外部社会和经济体制的重大改革、重大典型事件和标志性工程的最佳实践等往往成为制度突变性跃迁的诱因。例如，供给侧改革对 PPP 的推动以及"4 万亿计划"对基础设施投资的刺激等。④制度体系的成熟度及差异性。任何新制度体系的成熟都有一个过程，甚至是相当漫长的过程。例如，虽然中国自 20 世纪 80 年代即开始探索实施 PPP，但制度建设非常不成熟，2014 年以后出现了 PPP 推行规模和制度成熟度不匹配的情况，呈现"一刀切"和"一窝蜂"的乱象（李永奎，2017）。从总的趋势来看，在重大工程治理方面，政府行政性、指令性运作机制在逐渐减弱，市场运作机制在增强，运作机制从政府直接实施、组织、管理，向中央顶层决策、政府行政协

调、充分运用市场机制转变。运作方式随着重大工程治理机制的逐步完善而日益规范。

1.3.2 中国重大工程治理制度变迁的动因分析

制度变迁是多种因素共同作用的结果，资源稀缺导致相对价格的提高，潜在获利机会的出现，以及资源供求的环境条件变化和其他制度体系的变迁，都可能引起新制度的需求，从而导致制度变迁的发生。根据国内外相关研究成果，中国重大工程治理制度变迁是政治经济体制变革、行业变革、典型工程与重大事件、技术发展和管理创新等共同作用的结果。

1）政治经济体制改革是制度变迁的顶层动因

重大工程不是一般工程的"放大版"，而是一个社会工程，是极度复杂的社会经济系统。政治体制改革是对政权组织、政治组织的相互关系及其机制的调整和完善，对经济社会发展发挥着重要的保障和促进作用。政治经济体制改革是制度变迁的顶层动因，不同的政治经济体制下对应有不同的重大工程治理制度。政治经济体制变革次数虽然较少，但是影响深远，而且对治理制度的影响周期较长。

1949~1978 年是中国的计划经济时期，实行的是计划经济体制。重大工程的治理主要采用以下方式：通过集权化的计划经济体制将人、财、物集中于国家经济亟须的重要领域，并通过行政方式进行直接管理。1978 年十一届三中全会做出的改革开放的重要决策，对中国产生了深刻影响。重大工程的治理模式开始探索逐渐由政府直接管理转变为投资主体多元化和建设实施市场化的新模式。2004 年以后，国家开始强调市场配置资源的基础性甚至决定性作用，进一步规范政府行为。重大工程项目法人在统筹项目策划、实施和运营的市场化运作方面的重要性进一步提升，政府的主要职能转变为协助和支持项目法人的各项工作，逐步向项目的主要投资方、重大决策制定方等顶层治理角色转变。

2）行业变革是制度变迁的直接动因

重大工程无法脱离行业情境的影响。作为重大工程治理的外部情境，行业变革是制度变迁的直接动因。自1984年国务院发布《国务院关于改革建筑业和基本建设管理体制若干问题的暂行规定》以来，中国建筑业进行了长期而深入的市场化改革，一系列制度的制定使中国重大工程的治理模式发生了根本性变化。

1992 年，国家计委颁发《关于建设项目实行业主责任制的改革方案》，项目业主责任制得到推行；1996 年国家计委印发《关于实行建设项目法人责任制的暂行规定》，要求国有单位经营性基本建设大中型项目在建设阶段必须组建项目法人。先后出台的《中华人民共和国合同法》《中华人民共和国招标投标法》《建设工程监理范围和规模标准规定》《中华人民共和国政府采购法》等多部法律法规亦为中国政府投资项目的法律环境提供保障。20 世纪 90 年代中期，基本形成招标投标制、建设监理制和项目法人责任制"三项制度"，标志着中国与社会主义市场经济体制相适应的建设市场体系已基本形成。与之相应的项目法人制、代建制等工程组织模式得到了极大的发展。

3）典型工程与重大事件是制度变迁的诱发动因

制度的形成既有主动地设计，以形成制度的连续性；也有被动的设计，以解决产生的新问题。例如，"豆腐渣"工程问题引发了质量管理制度的出台。另外，一些典型工程的成功往往也会形成创新示范效应，推动新制度的产生。例如，1982 年的鲁布革工程中，中国首次利用世界银行贷款进行建设，率先采用招标承包和以业主为中心的项目管理模式，并取得了投资省、工期短、质量好的效果。1991 年 9 月，建设部提出了《关于加强分类指导、专题突破、分步实施全面深化施工管理体制综合改革试点工作的指导意见》，鲁布革工程的成功拉开了中国工程管理模式和制度改革的序幕。典型工程与重大事件的发生具有一定的偶然性，是制度变迁的诱发动因。

4）技术发展和管理创新是制度变迁的适应动因

技术发展和管理创新能在部分范围内发生规模报酬递增，使交易成本的降低成为可能。经济社会的高速发展促使科学技术不断进步，其对重大工程治理的要求也越来越高，从而促使重大工程治理制度发生变迁。例如，中国工程建设行业从 2003 年开始引进 BIM（building information modeling，建筑信息模型）技术，开始以设计单位的应用为主，到 2012 年前后 BIM 技术应用逐步兴起。随着 BIM 技术的理念和技术深入发展，政府和企业已认识到 BIM 技术是未来建筑业转型发展的基础技术。国务院办公厅与住房和城乡建设部等在 2010 年前后相继出台相关规划和政策文件，此外，上海、北京、广东等 10 余个省（自治区、直辖市）都陆续发布了推进 BIM 应用的政策规定、行动计划或工作指南。BIM 技术已经推动了工程管理组织模式以及政府工程治理模式的转变，如集成交付模式的出现、质量监管模式的转变等。此外，如 PPP 的推行，也极大地改变了政府对重大工程的治理模式，PPP 也成为重大工程政府-市场二元作用发生根本性改变的试金石。最后，建筑业新的生产模式的转变（如装配式建筑）、大数据及互联网技术的应用，都在深刻改变重大工程的治理模式，建筑业供应链出现了新的特征，工程组织模式呈分布式和网络型，这些都会引发重大工程更深层次的制度变迁。

1.4　中国重大工程外部制度环境演化：投融资视角

1.4.1　重大工程投融资制度阶段划分

新型城镇化建设的快速推进、国家"一带一路"倡议的提出掀起了新一轮重大工程建设和投资的高潮。因此，系统地回顾和梳理近几十年来伴随政治经济体制改革的投融资模式演进情况，对于下一阶段制定更符合发展规律的相关制度具有重要意义。

本节梳理了 1979~2016 年中国投融资制度的变迁历程，探索重大工程投融资模式演进中政府与市场双方的行为选择及其对投融资制度的反馈作用。制度变迁的动因是制度不均衡和制度所受的多方面压力。几十年来，中国通过制度创新促进了重大工程投资模式的转型，然而民间投融资制度成本高、市场进入难等问题依然存在，需要逐步通过制度改革从根本上解决这些问题。"制度"可理解为包括影响参与者（尤其是政府私有团体）之间关系的因素和激励结构（Kessides，1993），在确保基础设施不出现过度私有化而损害公共利益的前提下激发市场投资的意愿和潜能（Kirkpatrick et al.，2006），通过制度塑造基础设施提供者行为的激励措施（Leitmann and Baharoğlu，1999），是制度设计的重要目标。

重大工程相对于一般基础设施而言，具有建设规模大、投资力度强、开放程度高、风险因素多及社会影响大的特点，其投融资模式具有时代性，同时其本身的模式创新与演进又引领整个基础设施投融资模式的发展方向，因此，本书的研究对象集中于重大工程。

基础设施投融资模式是对基础设施建设项目进行投融资时可供效仿和重复运用的方案。1993 年 11 月，十四届三中全会通过《中共中央关于建立社会主义市场经济体制若干问题的决定》，提出培育市场体系、加快金融体制改革、组建国家开发银行等措施；1997 年国务院下发《关于投资体制近期改革方案》，确定了地方政府融资平台作为基础设施投资主体的地位；2002 年建设部发布《关于加快市政公用行业市场化进程的意见》，鼓励社会资本和外国资本采取独资、合资、合作等形式参与市政公用设施建设，建立特许经营制度；2005 年国务院发布《国务院关于鼓励支持和引导个体私营等非公有制经济发展的若干意见》，允许非公有资本以股权融资、项目融资等方式进入基础设施领域；2010 年国务院发布《国务院关于鼓励和引导民间投资健康发展的若干意见》，进一步鼓励和引导民间投资进入市场化运作的基础产业和基础设施领域，这些政策的发布标志着基础设施投融资制度发展的新突破。参照已有文献划分方式并结合相关标志性政策的出台时间，本节将 1979~2006 年中国基础设施投融资制度改革细分为 5 个主要阶段，详见表 1.4。

表 1.4　1979~2016 年中国基础设施投融资制度发展阶段划分

阶段	时间	标志性政策	投融资制度主要变化
I	1979~1992 年	《关于基本建设投资试行贷款办法的报告》《基本建设贷款试行条例》	试行基本建设拨款改贷款、基本建设基金制等
II	1993~1997 年	《中共中央 关于建立社会主义市场经济体制若干问题的决定》	尝试利用资本市场进行融资，确立市场改革方向
III	1998~2002 年	《关于投资体制近期改革方案》	开展贷款改投资、组建政策性基础设施建设投融资公司、固定资产投资领域向市场机制转轨
IV	2003~2010 年	《关于加快市政公用行业市场化进程的意见》《国务院关于鼓励支持和引导个体私营等非公有制经济发展的若干意见》《国务院关于投资体制改革的决定》等	全面建立和推行政府特许经营制度，允许非公有资本进入垄断行业和领域、公用事业和基础设施领域以及社会事业领域
V	2011~2016 年	《国务院关于鼓励和引导民间投资健康发展的若干意见》《国务院关于创新重点领域投融资机制鼓励社会投资的指导意见》《中共中央 国务院关于深化投融资体制改革的意见》等	鼓励和引导社会资本以独资、合资、合作、联营、项目融资等方式，参与经营性的公益事业、基础设施项目建设

1.4.2　政府与市场二元作用的演化

投融资模式会影响到项目的治理机制，反过来治理机制也会影响到投融资的吸引（Müller，2011）。由于重大工程的特殊地位，政府对工程治理的干预和作用是国际普遍现象，以保证工程战略目标的实现、公共利益的保护、生态环境的可持续，甚至政治声誉的维护等。例如，索契冬奥会场馆建设采用的国家干预（state dirigisme）模式（Müller，2011）、厄勒海峡连接线的业主分别由丹麦和瑞典的政府拥有（Russell，2017）等。但由于重大工程需要调动大量社会资源，专业性较强，又需要借助市场手段，通过企业化运作实现管理的规范化和资源运用的高效化，故呈现出"政府-市场"二元交互作用和一定程度上的均衡。

中国重大工程政府和市场关系的演化过程与制度演化具有相关性。如前所述，1949 年以后，伴随着"一五"计划的展开，中国在苏联专家协助下形成了"集中主要力量进行以苏联帮助设计的 156 个建设项目为中心"的重大工程建设组织模式，其显著特点是在中央层面通过建筑工程部、铁道部、重工业部以及第二机械工业部等国家机构组织，成立筹备处或工程局领导项目实施活动。到 20 世纪 60 年代中期，为了加强和改进重大工程决策管理，加强基本建设领域的集中统一和指令性计划管理，国家计委于 1961 年发出通知成立重大工程"基本建设指挥部"，统一指挥设计、施工、物资供应等工作。基本建设指挥部形成一个有权威的领导班子，协调各方关系，加强协作配合，保证工程建设顺利进行，其主要负责人大多由当地党政领导干部担任，或由上级领导机关指派。

改革开放之后，国家一方面强调重大工程建设必须依靠国家计划调节，另一方面也开始着力消除吃大锅饭的弊端，建立中央和地方的分工负责制。在此基础上，组建了具有法人地位、独立经营、自负盈亏的工程承包公司，并实行政企职责分开。政府主要强化部署重点工程的建设职责，而企业则实行建设项目法人负责制来推动重大工程建设项目的进行。项目法人全面负责重大工程项目建设有关筹建、建设管理等相关实施工作，其与工程指挥部属于"两块牌子，一套班子"。指挥部履行建设期项目法人职能，项目法人则负责建设资金的筹措、工程建成后的运营、债务偿还和资产保值增值等。这种模式直到现在仍然在部分项目上采用，在项目推进和组织协商上显示出一定优势（Zhai et al., 2017）。

进入 21 世纪后，伴随着市场经济地位的确立，地方政府取代中央政府成为重大工程投资的主体，社会资本也开始参与到重大工程建设中，逐步建立了政府与市场合理分工合作的管理组织体系。中央和地方政府逐渐从原来包揽一切过渡到政府加强组织和协调，强调政府主导和社会参与相结合，通过特许经营、投资补助、政府购买服务等多种形式，全面落实建设单位项目法人责任制，并逐步向独立核算、自主经营的企业化管理模式转变。特别是最近几年，随着供给侧改革以及 PPP 模式的推进，如何确立企业的市场地位以及如何界定政府的行为边界，成为重大工程投融资和治理的关键问题。但从历史看，社会资本来源从最初的部分外资企业到部分民营企业，再到占绝对主导地位的国有企业，显示出这一问题仍然没有得到很好的解决。

可见，重大工程的组织治理环境及其演化具有以下特征：①多种模式的共存性。由于重大工程类型多样、战略重要性差异大、投融资模式多样、地区发展水平不一致等，重大工程治理的组织模式呈现多样性，传统的指挥部模式依然存在，代建制和 PPP 等新的模式不断涌现，多样化模式在各个阶段都呈现共存性。②治理的多层次性。重大工程多为战略性工程，因此组织治理呈现从中央、地方到项目公司、参建单位的多层次治理体制和机制。③政府的主导性。尽管自改革开放以来，中国一直在大力推动重大工程的企业治理模式，但实践证明，政府仍然在绝大部分领域具有主导地位，一些机构或项目型公司仍然具有强烈的政府或准政府属性。④制度惯性和路径依赖性。重大工程一直是中国经济、社会和城市发展的关键支撑，由此也形成了一些最佳经验、制度体系和惯常做法，要破除这些制度和经验藩篱，需要一个过程，在一定程度上可能会出现未预期问题,如 PPP 推行中的"国进民退"现象以及指挥部模式的设置等。因此,重大工程治理结构的设计不能假设是"真空",必须考虑这些情境的延续性。

1.5 本章小结

新制度经济学认为,制度安排的特征和方式要受到制度环境的作用和影响。重大工程的治理作为一种制度安排,它的出现、变迁与演化,内生于其所处的社会环境和制度环境。如果治理模式与制度环境不匹配,会导致许多意外事件、冲突争议、项目延误,甚至导致项目被取消等情形。

首先,从制度理论出发,制度理论主要观点强调外部制度环境对组织行为的重要影响,认为组织的行为选择往往会受到制度环境中的规制性要素、规范性要素和文化-认知要素的影响。结合我国重大工程治理的内容和特征,如项目参与方之间的差异和交互作用、组织关系的复杂性,表明了制度理论的适用性。

其次,利用相关统计数据测算我国 2003~2012 年的建筑业市场化相对指数。结果显示,我国建筑业市场化改革成效显著,2003~2012 年市场化总指数呈现上升的趋势。但相对于全国经济市场化程度来说,建筑业市场化程度仍然处于较低的水平,这一外部环境对重大工程治理产生了一定影响。

再次,梳理了我国自 1949 年以来,重大工程治理制度的变迁历程。从总的趋势来看,重大工程治理方面,政府行政性、指令性运作机制在逐渐减弱,市场运作机制在增强;运作方式随着重大工程治理机制的逐步完善而日益规范。分析了重大工程治理制度的动因,包括政治经济体制改革、行业改革、典型工程与重大事件及技术发展和管理创新等。

最后,从投融资视角,梳理了 1979~2016 年我国投融资制度的变迁历程,探索重大工程投融资模式演进中政府与市场双方的行为选择及其对投融资制度的反馈作用。几十年来,我国通过制度创新促进了重大工程投资模式的转型,然而民间投融资制度成本高、市场进入难等问题依然存在,需要逐步通过制度改革从根本上解决这些问题。

过去几十年,我国重大工程大多靠政府推动,"集中力量办大事"的体制优势使我国重大工程取得了举世瞩目的成就。然而,我国重大工程取得的成就在一定程度上掩盖了其制度缺陷,包括决策模式不规范、招投标制度僵化、项目交付模式单一、市场机制不健全等。未来需要进一步分析现有制度情境下的制度障碍，提升重大工程的复杂性治理和面向环境变化的复合能力，这对于我国提升重大工程治理能力，为"工程走出去"及"一带一路"提供能力保障，具有重要的现实意义。

参 考 文 献

董晓宇，郝灵艳. 2010. 中国市场化进程的定量研究：改革开放 30 年市场化指数的测度. 当代经济管理，32（6）：8-13.

樊纲，王小鲁，朱恒鹏. 2011. 中国市场化指数——各地区市场化相对进程 2011 年报告. 北京：经济科学出版社.

李晓西，刘涛，刘一萌，等. 2008. 改革开放 30 年重大理论问题的讨论与进展. 财贸经济，（11）：11-25.

李永奎. 2017. 重大工程 PPP 模式适应性提升路径：基于制度理论和复杂性视角. 南京社会科学，（11）：68-75.

刘炳胜，王雪青，李冰. 2011. 中国建筑产业竞争力形成机理分析——基于 PLS 结构方程模型的实证研究·数理统计与管理，30（1）：12-22.

罗森布鲁姆 D H，克拉夫丘克 R S. 2002. 公共行政学：管理、政治和法律的途径. 张福成，等译. 北京：中国人民大学出版社.

周耀东，余晖. 2008. 市场失灵、管理失灵与建设行政管理体制的重建. 管理世界，（2）：44-56，188.

Russell H. 2017. 伙伴关系——厄勒海峡通道项目管理成功之道. 李英译. 北京：人民交通出版社.

Bekker M C. 2015. Project governance—the definition and leadership dilemma. Procedia-Social and Behavioral Science，194：33-43.

Bresnen M. 2016. Institutional development，divergence and change in the discipline of project management. International Journal of Project Management，34（2）：328-338.

Clegg S. 1981. Organization and control. Administrative Science Quarterly，26：545-562.

Clegg S R，Pitsis T S，Rura-Polley T，et al. 2002. Governmentality matters：designing an alliance culture of inter-organizational collaboration for managing projects. Organization Studies，23（3）：317-337.

Dacin M T. 1977. Isomorphism in context：the power and prescription of institutional norms. Academy of Management Journal，40（1）：46-81.

DiMaggio P J，Powell W W. 1983. The iron cage revisited：institutional isomorphism and collective rationality in organizational fields. American Sociological Association，48（2）：147-160.

Dimitriou H T，Harman R，Ward E J. 2010. Incorporating principles of sustainable development within the design and delivery of major projects：an international study with particular reference to major infrastructure projects. Report Prepared for the Institution of Civil Engineering and Actuarial Profession as Part of the OMEGA-RAMP Study，OMEGA 3 Project. OMEGA Centre London：University College London.

Galaskiewicz J，Wasserman S. 1989. Mimetic processes within an interorganizational field：an empirical test. Administrative Science Quarterly，34（3）：454-479.

Garland R. 2009. Project Governance：A Practical Guide to Effective Project Decision Making.

London：Kogan Page Publishers.

Giddens A. 1984. The Constitution of Society. Cambridge：Polity.

Gordon A F. 2008. Ghostly Matters：Haunting and the Sociological Imagination. Minneapolis：University of Minnesota Press.

Kessides C. 1993. Institutional Options for the Provision of Infrastructure. Washington, D.C.：World Bank.

Kirkpatrick C, Parker D, Zhang Y F. 2006. Foreign direct investment in infrastructure in developing countries：does regulation make a difference? Transnational Corporations, 15（1）：143-171.

Leitmann J, Baharoğlu D. 1999. Reaching Turkey's spontaneous settlements：the institutional dimension of infrastructure provision. International Planning Studies, 4（2）：195-212.

Li Y K, Lu Y J, Li D Y, et al. 2015. Meta-network analysis for project task assignment. Journal of Construction Engineering and Management, 141（12）：04015044.

Luhman J T, Cunliffe A L. 2013. Key Concepts in Organization Theory. London：Sage.

Lundin R A, Arvidsson N, Brady T, et al. 2011. Managing and Working in Project Society：Institutional Challenges of Temporary Organizations. Cambridge：Cambridge University Press.

Mahalingam A, Levitt R E. 2007. Institutional theory as a framework for analyzing conflicts on global projects. Journal of Construction Engineering and Management, 133（7）：517-528.

McAdam D, Boudet H S, Davis J, et al. 2010. "Site fights"：explaining opposition to pipeline projects in the developing world. Sociological Forum, 25（3）：401-427.

McGrath S K, Whitty S J. 2015. Redefining governance：from confusion to certainty and clarity. International Journal of Management Projects in Business, 8（4）：755-787.

Meyer J W, Rowan B. 1977. Institutionalized organizations：formal structure as myth and ceremony. American Journal of Sociology, 83（2）：340-363.

Miller R, Lessard D R, Michaud P, et al. 2000. The Strategic Management of Large Engineering Projects：Shaping Institutions, Risks, and Governance. Cambridge：MIT Press.

Morris P W G. 2013. Reconstructing Project Management. New York：Wiley-Blackwell.

Müller M. 2011. State dirigisme in megaprojects：governing the 2014 Winter Olympics in Sochi. Environment and Planning A, 43：2091-2108.

Müller R. 2009. Project Governance. Wales：Gower Publishing, Ltd.

North D C. 1990. Institutions, Institutional Change and Economic Performance. Cambridge：Cambridge University Press.

PMI. 2016. Governance of Portfolios, Programs, and Projects：A Practice Guide. Newtown Square：Project Management Institute.

Powell W W, Bromley P. 2013. New institutionalism in the analysis of complex organizations. International Encyclopedia of Social and Behavioral Sciences, 2：1-13.

Ruuska I, Ahola T, Artto K, et al. 2011. A new governance approach for multi-firm projects：lessons from Olkiluoto 3 and Flamanville 3 nuclear power plant projects. International Journal of Project Management, 29（6）：647-660.

Scott W R. 2004. Institutional theory：contributing to a theoretical research program//Smith K G, Hitt M A. Great Minds in Management：The Process of Theory Development. Oxford：Oxford University Press.

Scott W R. 2012. The institutional environment of global project organizations. Engineering Project Organization Journal, 2（1~2）：27-35.

Tirole J. 2001. Corporate governance. Econometrica, 69（1）：1-35.

Turner J R. 2009. The Handbook of Project-based Management：Leading Strategic Change in

Organizations. 3rd ed. New York：McGraw Hill.

Zhai Z，Ahola T，Le Y，et al. 2017. Governmental governance of megaprojects：the case of EXPO 2010 Shanghai. Project Management Journal，11（1）：37-50.

Zucker L G. 1977. The role of institutionalization in cultural persistence. American Sociological Review，42：726-743.

第2章　中国重大工程组织模式的形成及演化

2.1　重大工程组织模式

2.1.1　重大工程组织模式的内涵

工程组织是为了实现工程目标，根据建设环境而建立的对工程建设实施管理和控制的系统（盛昭瀚等，2009）。而重大工程组织则可视为：由工程多主体在一定的规则和程序规定下，为了实施全过程各种管理功能而形成的系统网络。其中，重大工程组织的参与主体既包括政府机构等公共权力部门，也包括投资主体、建设单位、勘察设计单位、施工单位、供货单位及专业咨询单位（如工程咨询、工程监理、招标代理）等工程建设参与主体，还包括社会公众等其他利益相关者及外部关联组织。

模式是从实践经验中经过抽象和升华提炼出来的核心知识体系，是主体行为一般性、可重复性、稳定性、结构性和可操作性的方式，也是解决某一类问题的方法论。就组织模式而言，其概念有狭义和广义之分。狭义的组织模式即组织结构，是指为了实现组织目标，在组织理论的指导下，经过组织设计所形成的组织内部各个部门、各个层次之间固定的排列方式，即组织内部的构成方式。广义的组织模式还包括组织之间的相互关系类型，如经济联合体、专业化协作、企业集团等。在工程环境下，工程组织模式可界定为：在工程环境中，组织内主体关联结构、事权配置及各类管理资源整合转换方式等的规律和规则，包含了静态的组织构成、组织形态和组织要素，以及动态的项目交付和资源整合方式、治理机制和运作机制等方面。

2.1.2 重大工程组织模式的特征

与一般工程组织相比，重大工程的战略意义和公共产品属性决定了其组织模式具有"政府-市场"二元性这一突出特征。

实际上，二元性已经逐渐成为管理研究中的一种新范式（刘洋等，2011）。关于二元性的探讨最早可以追溯到 Duncan（1976）的研究，他提出二元机制可以通过帮助平衡和协调不同的冲突目标或能力来提升绩效。随后，学者们开始将其运用在组织学习、组织适应管理活动中。现在，二元性已经逐渐拓展到组织行为、战略管理、组织变革、创新管理等诸多领域的研究中。情境的二元性意指存在本质差异的两种情境因素，其作为两种独立存在的情境因素，会各自影响处于其范围内的组织行为，并产生差异性影响。然而，针对一些特定的组织行为或活动，情境因素之间可能会存在一定程度的重叠，并形成较为复杂的交互关系。二元情境的假设前提是强调情境因素之间的交互关联，并通过有效的协调使彼此的作用效益得到兼顾。

制度环境是基于组织外部的多边关系，以形塑组织运作方式和市场交易模式来影响其社会行为的规则集合。制度环境一旦形成，则可以在相应范围内约束组织参与社会活动的行为（North，1990）。当前中国社会制度呈现出多元化特征，即多种制度逻辑相互共存和竞争的现象，最为鲜明的莫过于政府主导的计划经济思维和市场导向的市场经济思维的相互碰撞，政府和市场关系的处理是新一轮体制机制改革的关键。重大工程因其规模巨大、目标多元化、实施周期长、不确定性因素多、新技术集成复杂、创新性高和产业关联性强等特殊属性对经济、社会具有举足轻重的影响（Egan，1998；Bourne et al.，2013）。在重大工程建设过程中，一方面，受到政府的管控、调配和规范，政府的各项行政职能发挥了不可取代的作用。另一方面，我国重大工程建设组织身处于社会经济环境之中，其实施过程必然受到市场规律影响。因此，在重大工程建设领域，"政府-市场"二元制度环境对组织模式起着主导作用，如何在中国独特的体制及制度情境下，解决政府与市场二元协同问题，是实现重大工程组织模式创新所面临的关键挑战。

此外，卡斯特和罗森茨韦克（2000）认为，不存在一成不变的组织模式，其会随着环境的变化而发生变化。同样地，盛昭瀚等（2009）也提出，任何工程组织都是工程环境的产物，随着工程环境的变化，工程组织形态也会发生变化，没有固定不变的工程组织模式。

2.1.3　重大工程典型组织模式

长期以来，为了应对重大工程组织管理的现实挑战，我国工程实践者和理论研究者引进、消化和吸收了许多国外先进理念、方法和手段，同时结合中国国情进行了独特性创造，在适应中国生产力的情况下，逐步探索出一系列具有中国特色的组织实践模式，形成了基建处、工程建设指挥部、代建中心等多种组织模式，制定了项目法人责任制、工程招标投标制、建设工程监理制、合同管理制等多项建设工程管理制度，为解决重大工程遇到的突出现实问题做出了诸多努力。

我国重大工程组织模式有多种分类形式。按照政府在工程管理中的角色分类，重大工程组织模式分为纯政府主导型、"政府主导+企业参与型"和"政府主导+企业主体型"。按照政府在工程管理机构成立过程中的作用来分，重大工程组织模式分为政府组织专门机构进行管理和政府委托专业机构进行管理两种模式，其中由政府组织专门机构进行管理的典型城市有重庆、珠海、深圳等，政府委托专业机构进行管理的典型城市有上海、厦门等。从治理的角度出发，我国治理模式包含行政代理模式、市场代理模式两种，传统政府投资项目管理模式是一种行政代理模式，本质在于政府部门的内部委托代理关系，行政代理模式下的典型项目管理组织模式包含项目法人制、工程指挥部模式、基建处型、政府机关型等。市场代理模式下典型的工程组织模式为代建制。

总的来说，我国重大工程组织模式丰富且存在若干种组合模式。基于最新研究成果，下面主要围绕 3 种典型组织模式的内涵特征、运作机制、治理结构等内容展开介绍。

1) 项目法人制

项目法人制，是指设立有限责任公司（包括国有独资公司）或股份有限公司，对项目的筹划、资金筹措、建设实施、生产经营、债务偿还和资产的保值增值等，实行全过程负责。项目法人制的提出，明确了我国政府投资项目建设过程中的责、权、利关系。

1995 年水利部发布《水利工程建设项目实行项目法人责任制的若干意见》，要求新建生产经营性项目实行项目法人责任制；其他类型的项目应积极创造实行项目法人责任制的条件；并提出项目法人可以是独资公司、有限责任公司、股份有限公司或其他项目建设组织。实行项目法人责任制后，在项目管理上要形成以项目法人为主体，项目法人向国家和各投资方负责，咨询、设计、监理、施工、物资供应等单位通过招标投标和履行经济合同为项目法人提供建设服务的建设管理新模式。进一步地，1996 年国家计委颁布《关于实行建设项目法人责任制的暂行规定》，明确项目法人（业主）是项目建设的中心和主体，是项目投资的受益者，同时也是项目投资风险的承担者。项目法人可按《中华人民共和国公司法》（简称《公司法》）的规定设立有限责任公司（包括国有独资公司）或股份有限公司，对项目的筹划、资金筹措、建设实施、生产经营、债务偿还和资产的保值增值等，实行全过程负责。法人在享有投资决策权的同时，必须承担相应的投资风险责任。

项目法人制具有两个典型特征。

（1）经济契约、契约链接为主导。项目法人制以契约链接为主导，作为自负盈亏的主体，通过公平竞争与市场其他主体签订经济契约。

（2）具有完善的公司治理结构。项目法人制以公司为运作主体，具有完善的公司治理结构，建立起明确的责、权、利体系，对项目建设全过程负责。

项目法人制在建设工程项目中的应用，可有效扩大政府投资的经营性或准经营性项目的资金来源，吸引外资和民营资本等非政府投资主体的资金；促进政府投资管理职能转变，使长期以来作为经营性或准经营性项目直接投资者和建设管理者的政府（行业主管部门）转变为投资与建设的裁判者和游戏规则的制定者；有助于打破行政性垄断，实现投资主体的多元化；增加项目建设的透明度，为非政府投资主体提供更多的投资项目信息和投资机会；引入竞争机制，有助于提高基础设施的运营效率（周望，2010）。

尽管有上述多项优点，但是项目法人制在实施过程中仍存在以下一些不足。

第一，对项目法人制的适用范围盲目扩大，非营利性项目没有收益，不能成立公司来运营。

第二，项目公司名义上独立于政府，实际上易受政府的控制。项目公司负责人一般由政府官员兼任，使其不能灵活管理，易滋生腐败。

第三，分散管理，不利于经验的积累和专业化水平的提高（张伟和朱宏亮，2007）。

2）工程指挥部模式

为组织协调某项建设工程而设置的临时性议事协调机构，通常由政府相关部门提出计划，从相关部门抽调人员组建工程指挥部，工程指挥部发挥跨部门议事协调作用（彭敏，1989）。工程指挥部模式是非法人模式的典型代表，也是我国特有的政府投资重大工程时业主方的管理模式，从 20 世纪 60 年代初开始实行至今，其间虽然出现过各类组织模式，但工程指挥部仍然是目前最常见的一种组织方式，如南水北调工程、虹桥交通枢纽、青藏铁路、众多跨区域的高速公路和桥梁，以及一些大学城的建设等重要基础设施、重大片区、工业集中区、跨区域类重大工程，都是采用工程指挥部的管理模式（乐云等，2017）。

工程指挥部模式包含如下特征。

（1）与顶层行政组织类似，工程指挥部同样呈现出以行政权力为主导的政府治理。工程指挥部以行政权力为主导，自上而下地对工程项目进行主导和控制，主要通过政策、指令、命令等方式对项目实施管理，其本质是一种行政控制，具有巨大的治理能量。

（2）具有十分鲜明的职权链接关系。工程指挥部模式具有很强的等级性、强制性、排他性等特点。等级制意味着在重大工程项目组织顶层的领导者、中层管理者及执行层管理者之间，是具有层级划分的；强制性意味着对于上一级管理者下达的命令下级需无条件服从；排他性意味着领导的唯一性，避免了多头领导，符合统一指挥统一作战的原则，低一级的管理者服从上一级管理者的指挥与命令。

（3）具有极强的统筹、组织、协调能力。基于前述两大特点使工程指挥部在管理职能上具有极强的统筹、组织、协调能力。由于指挥部的负责人主要从政府有关部门抽调，权力集中，有利于采纳各方面的意见，集中力量打歼灭战，较快地完成项目，同时具有很强的指令性和协调能力，能有效地解决征地、移民、地区利益协调等社会问题（张伟和朱宏亮，2007）。

（4）临时性和非专业性。工程指挥部多为一次性业主，即计划部门下达基本建设计划后，由政府有关部门牵头，从各相关部门中抽调人员，组建一个临时性的基建班子，统一指挥项目的实施，待基建任务完成后，基建班子解散，编制收回（张伟和朱宏亮，2005）。

工程指挥部模式下的组织结构图如图 2.1 所示。

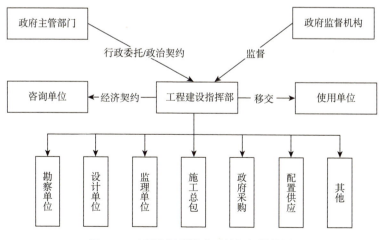

图 2.1　工程指挥部模式下的组织结构图

同时工程指挥部也有着十分明显的缺陷，主要包括以下几个方面。

第一，缺乏明确的责、权、利机制，所有者缺位，缺乏完善的激励机制及约束机制（Cleland and Kerzner，1985），由此带来易超支、易滋生腐败、不利于对项目质量进行责任追诉等问题。指挥部随工程立项而成立、随工程交付使用而解散，指挥部下属各部门成员均为临时从政府相关部门抽调或者紧急从社会上招聘的专业人才。随着工程交付，指挥部解散后，有些会回到原工作单位，有些则借此契机另谋发展，人员去向较为无序。

第二，临时性机构不利于工程经验的积累，职能也不全面。工程指挥部多为临时性机构，按照政府机关的行政管理方式管理，职能范围仅局限于工程施工过程这一时间段，不具备其他行政职能。

第三，专业性不足。工程建设管理具有很强的专业性，传统指挥部模式中所组建的临时建设项目班子人员参差不齐，专业水平欠缺，出现"外行管内行"的问题，不利于建设项目的管理。

3）代建制

根据国家发展和改革委员会（简称国家发改委）起草、国务院原则通过的《投资体制改革的决定》，代建制是指通过招标等方式，选择专业化的项目管理单位负责建设实施，严格控制项目投资、质量和工期，竣工验收后移交给使用单位的制度。代建期间，代建单位按照合同约定代行项目建设的投资主体职责，有关行政部门对实行代建制的建设项目的审批程序不变。

代建制模式包含如下特征。

（1）代建制管理方式一般用于政府投资的非经营性项目，即由政府单独或者主要是由政府财政性资金投资建设不以营利为目的的项目。通过实施政府投资项目管理的代建制，一定程度上完善了该类项目的决策机制，使项目决策更加科学深入，同时可规范政府行为，促进政府职能的转变和依法行政。

（2）代建管理的主体应该是代建企业。项目代建管理制度设立的初衷，是为了解决政府权力和市场资本距离过近的问题，是在政府法人与企业主体之间人为增加一个市场的环节。通过委托专业项目管理企业实施管理的方式来隔离行政权力与资本市场，以防止其发生腐败现象，提高管理的效率；而受托代建的项目管理企业，也可以通过项目管理从政府公共财政获得相应的管理报酬（代建费用）并承担相应的项目风险。

（3）代建企业的选择主要是用市场竞争方式，通常是通过招投标的方式予以确定。

（4）代建实施的法律机制应当是特殊的委托合同。代建企业的管理权限来源于政府业主的委托，代建企业可以依据合同获取代建费用并应当对代建项目的风险承担相应责任。

2.1.4　重大工程组织模式的选择

有研究表明，重大工程的组织模式如果选择合适，则能够使基础设施建设成本降低 5%（王学通等，2013），但是当前我国组织模式的决策很大程度依赖于经验直觉。科学决策组织模式需要考虑多种影响因素，是一个十分复杂的管理行为。但是从不同的出发点确定出的组织模式决策因素也会有所不同。

最早的研究是从重大工程管理的特征出发，认为组织模式的选择应考虑项目因素、业主因素和市场因素三个方面。后来有学者在此基础上补充了第四方面——各方关系因素。随着研究的细化，涉及的因素主要包含建设速度、成本确定性、灵活性、质量水平、复杂度、风险避免、价格竞争力和责任分配等。到了 21 世纪，组织模式决策因素的研究着眼于项目要求及项目客观情况两大方面，并归纳为项目、组织和环境三个层面。项目层面上，决策因素与工程项目属性密切相关，包含工程规模、工程技术难度、设计深度、施工受干扰程度、工期要求、质量要求和投资控制要求等；组织层面上，决策因素包含业主方的管理能力与经验、业主人员构成、业主参与度及跨文化管理能力等；环境层面则涉及地域性、建设条件、承包人竞争性、信息发展、法规完善程度和市场诚信度等因素。

在对组织模式决策方法研究中，部分学者针对某些特定项目的特征进行分析并构建组织模式的选择框架、决策矩阵等，尝试探索组织模式决策的一般规律。有部分学者从针对组织模式决策过程需要考虑工程多方面属性的角度出发，利用层次分析法（analytic hierarchy process，AHP）、多属性理论、模糊理论等分析方法对组织模式的决策方法进行了研究。除此之外，基于知识积累的多案例推理方法亦是决策过程中使用较多的一种方法。实践中往往每种决策方法都不尽完美，存在一定的适用性，因此不少学者开始尝试综合集成多种方法对组织模式进行决策。Cheung 等（2001）利用多属性效用法对组织模式进行客观分析，再结合层次分析法综合决策者对项目特殊情况的了解、个人偏好等主观性因素对决策标准权重进行确定，构建出"客观+主观"相结合的决策模型。

2.2　重大工程组织模式的形成

2.2.1　重大工程组织模式形成的外部制度情境

重大工程多为公共工程，投资大、影响大、技术复杂，和社会、经济、环境、政治等紧密相关，是一个开放的社会经济系统，涉及历史、环境、制度、政策、个人价值观以及更广泛的结构框架，甚至是一个政治符号（Li et al.，2017）。因此，重大工程的战略意义和公共产品属性决定了其组织模式具有一个突出特征："政府-市场"二元性，即重大工程同时受到外部政治和经济影响，具有政府和市场的二元治理作用。

在政府作用方面，Levitt（2011）认为，政府在重大工程建设中的角色及重要性是不可取代的，尤其是在基础设施和重大事件工程领域，政府必须起到引导作用。在这一背景下，政府对资源的控制、政府的直接干预都会对重大工程的组织模式产生影响。尤其在我国，指挥部等准政府组织仍然是重大工程建设的重要组织模式，在推进工程进度和提高工程效率上具有显著成效（Zhai et al.，2017）。但同时，过度的政府参与也遇到了如权责分配失衡、以权谋私、社会矛盾激化以及寻租等政府作用失灵现象（Chang and Shen，2014；Zhai et al.，2017）。因此，如何通过制度安排，构建重大工程的顶层治理机制，平衡工程效率与抑制行为异化之间的关系，就成了重大工程组织模式设计的关键制度性问题。

在市场作用方面，市场多元化对工程建设企业组织模式、组织资源分配以及组织不同参与方的风险均有直接影响（Ng and Loosemore，2007；Warsame，2009；Kim and Reinschmidt，2011）。由于重大工程的规模巨大、技术复杂，需要调用大量的社会资源来完成，又往往具有一次性，故过度的政府参与会降低项目的成功率（Zhang et al.，2015；Zhai et al.，2017）。基于契约的市场机制被认为是资源高效配置的基础性治理手段。但这一机制同样是复杂的，基于交易成本理论的研究认为，单纯的合同治理（正式治理）无法有效解决重大工程的不确定性问题，会带来项目决策和实施的低效率，基于信任和合作的关系治理（非正式治理）是提高项目绩效的重要中介变量。但是，市场手段在工程组织中的应用必须有相应的配套制度条件来保障（Miller et al.，2000），当市场制度环境不完善时，一些大型企业会通过加强内部关系来确保其竞争优势（Ahola et al.，2013），并可能出现信息不对称、公平失范、寡头垄断和项目低效等市场失灵现象（杨耀红和汪应洛，2006）。因此，需要通过组织间良好的治理设计，来构建高效的重大工程组织运作机制，以提高项目的综合绩效。

综上，从重大工程的制度理论视角看，重大工程组织管理需要考虑行政、市场以及二者的综合作用（Ruuska et al.，2011），是垂直治理和水平治理的整合。如果组织模式与制度环境不匹配，会导致项目意外事件、冲突争议、项目延误等问题（Mcadam and Levitt，2010）；同样，即使是相同的组织模式，在不同的政治体制、产业结构、地方制度体系以及不同的历史文化下，也会产生显著的差异，制度环境要素对工程的成败起到关键作用，需要制定政策以整合公共部门和私人投资组织的资源，来保证项目的成功（Dimitriou et al.，2013）。

2.2.2 重大工程组织模式形成的内部复杂性情境

外部的制度情境因素决定了重大工程组织模式的多样性、差异性和动态性，但同时，因其参与单位多，利益相关者多，相互之间利益不一致，所以其系统内部更为复杂，是典型的复杂巨系统（Bertelsen，2003；Locatelli et al.，2014）。例如，He 等（2015）测度了上海世博会建设项目的复杂性，认为其显著高于全球六个重大工程案例的复杂性的平均水平。随着复杂性科学的逐渐成熟，相关理论和方法也逐渐应用到重大工程组织研究中，成为一个重要视角，以研究重大工程组织的复杂性及复杂性管理（Li et al.，2017）。

但是，有关重大工程复杂性的研究并没有得到统一的结论，包括影响复杂性的因素、复杂性的维度、复杂性的测度和复杂性管理策略等。不过，即使如此，现有对重大工程组织复杂性的研究仍然对于认识重大工程组织模式内部影响的复杂性具有很大帮助。表 2.1 为当前对重大工程组织复杂性研究的几个关键方面。

表 2.1 重大工程组织复杂性的研究认识

维度	观点
构成复杂性	组织内要素的数量和组织中子系统的数量众多，描述了组织结构的错综复杂和多样（Moldoveanu and Bauer，2004）。组织的构成复杂性可分解为三个维度：水平复杂性、垂直复杂性和空间复杂性。其中空间复杂性是水平和垂直复杂性的一种扩展（Daft，1992）
关系复杂性	重大工程项目涉及土建、市政、水利等众多专业和领域，也涉及资源开发、工程建设、项目融资等各职能部门，跨部门、跨职能、跨组织现象明显（李慧等，2009）。各组织之间互相影响，相互之间具有的各种物质流、信息流和知识流的复杂联系，从而增加了重大工程项目的关系复杂性（Lu et al.，2015）
功能复杂性	重大工程项目往往由成百上千个组织共同参与，由成千上万项在时间和空间上相互影响、相互制约的活动共同构成。不同层级的组织需要解决不同性质的问题，它们具有各自的组织功能，这使其具有较强的功能复杂性（Burkhard and Meier，2004）
环境复杂性	环境复杂性是指项目运营背景的复杂性，如自然状况、市场、政治和监管环境的复杂性。这种复杂性可能受到项目利益相关者的复杂性的影响，同时，其利益相关者的利益和需求也受环境影响（Baccarini，1996；Bosch-Rekveldt et al.，2011）

从项目复杂性看，组织复杂性是项目复杂性的构成部分，而项目复杂性的维度更多，研究视角也更为多样。例如，Baccarini（1996）根据项目中各相关要素的区别与联系程度，提出项目复杂性主要由组织复杂性和技术复杂性构成；Bosch-Rekveldt 等（2011）在其基础上考虑了环境对项目复杂性的影响，增加了环境复杂性，构建项目复杂性 TOE［technology（技术）、organization（组织）、environment（环境）］框架结构，项目复杂性从项目本身扩展到外界环境。

综上，从我国重大工程的特性出发，其复杂性主要体现在六个方面，如表 2.2 所示。其中，和外部影响因素相比，这里的制度主要是指直接影响项目的政策、程序和规定，而前者更偏重宏观性的体制、机制、法制和文化等因素。这些研究对于认识和理解我国重大工程组织模式的复杂性和多样性具有极大帮助。

表 2.2　重大工程项目复杂性的关键维度

维度	具体内涵	示例
项目构成复杂性	项目构成复杂性主要是指工程项目不同要素、不同子系统间以及它们与系统环境间作用方式的多种可能性和性质复杂性。项目的复杂性结果取决于各子系统复杂性构成因素的交互作用，其中每一子系统复杂性构成因素又由若干项目复杂性因子构成	上海世博会工程的单体项目累计超过 300 个，涉及场馆建筑、市政工程、园林绿地、公建配套等多种建设工程类型，还涉及穿越园区的越江隧道、轨道交通等市政配套项目，其项目构成具有极度复杂性
进度复杂性	重大工程设计要求高，工序多，活动之间的协调关系复杂，工作流程表现出反复性和循环性，再加之重大工程项目往往具有战略性，进度目标要求高，导致项目进度的复杂性	上海世博会工程场馆建设与市政建设之间的相互制约、园区建设与轨道交通及越江隧道之间的影响等对顺利实现 2010 年 5 月 1 日开幕的刚性进度目标提出了挑战
技术复杂性	重大工程往往突破现有工程经验，具有技术上的极大挑战性，技术需求和技术供给存在突出矛盾，需要突破一系列的关键技术，进行技术集成，并实现技术上的创新	青藏铁路工程格尔木至拉萨段海拔高于 4 000 米，最高点 5 072 米，是世界上海拔最高的铁路工程。工程建设面临多年冻土、高寒缺氧、生态脆弱三大世界性工程难题，具有很强的技术复杂性
制度复杂性	制度环境和制度逻辑是项目制度复杂性产生的根本原因。在中国的特定情境下，中央与地方利益的不一致导致制度环境纵向冲突；多种制度逻辑的目标差异导致制度环境横向冲突；正式的、非正式的制度之间的不同取向导致制度环境的内容冲突。这些都会导致制度复杂性的产生	港珠澳大桥是世界上唯一跨越三个司法管辖区域的重要桥梁，粤港澳三地在"一国两制"的框架下，公共工程的管理制度及管理体制、方式及工作程序具有很大不同，相关的法律制度、政府管理以及社会环境与文化也存在较大差异，这导致了多元体制下制度复杂性的产生
组织复杂性	项目的执行由项目组织进行，其涉及项目成员、组织结构和各参与方。项目参与组织的构成复杂、属性多元及其之间的关系具有正式和非正式的复杂关系	港珠澳大桥工程建设管理采用"专责小组-三地委-项目法人"三个层面的组织架构，这使其工程项目的组织具有很强的复杂性
利益相关者复杂性	重大工程项目在组织、设计及施工过程中涉及多个利益主体，如政府、工程项目主管部门、承包商、施工方、移民拆迁户等。项目利益相关者之间存在复杂的利益分配、发展冲突及社会公平等方面的问题	南水北调工程是国家在全国范围内进行水资源合理配置的战略性工程。所涉及利益相关方众多，包括投资主体、工程项目法人、分销商、材料供应商、贷款人、非政府组织、水源区居民、工程移民等

2.2.3　重大工程组织模式的"政府-市场"二元作用机理

由于重大工程的特殊性地位，"政府-市场"的二元作用是一个国际普遍现象。但不可否认的是，在我国，外部政治经济的体制、机制和制度情境又具有特殊性，因此相应组织模式也具有中国情境性。例如，上海世博会的案例研究表明，准政府性质的指挥部模式对重大工程资源的整合、调配以及公共利益的协调具有积极意义，这并不同于国际上的普遍认识（Zhai et al.，2017）。

为了研究中国情境下重大工程组织模式的"政府-市场"二元作用机理，采用基于多案例的方法，遵循"复制"逻辑，对研究发现进行扩展和反复验证。在案例选择方面，基于重大工程案例研究和数据中心，选择西气东输工程、青藏铁路工程、长江三峡工程、南水北调工程、京沪高铁工程、港珠澳大桥工程等 6 个我国重大工程典型案例作为目标组；选择川气东输、苏通长江公路大桥（简称苏通大桥）、虹桥交通枢纽、上海世博会、洋山深水港、南宁高铁站等 6 个案例作为验证组，进行验证性交叉研究，典型案例概况及数据来源见表 2.3。主要考虑以下几个方面：第一，这些案例较大程度上涵盖了我国重大工程的主要类型，在相应领域也具有代表性；第二，这些重大工程项目时间跨度涵盖 1958~2017 年，地区涵盖范围广，时空代表性强。另外，为了更好地进行交叉案例分析，研究针对案例进行了结构化处理，每个项目包括外部情境、工程背景、项目特征、组织策略、工程绩效及实践经验等部分。

表 2.3　典型案例概况及数据来源

项目	工程名称	工程类型	总投资额/亿元	时间跨度	地区跨度	数据来源
目标组	西气东输工程	能源项目	3 000	2002~2007 年	西起塔里木盆地的轮南，东至上海，覆盖中原、华东、长江三洲洲地区	文档及文献
	青藏铁路工程（一期）	基础设施（铁路）	258	1958~2006 年	东起西宁，西至格尔木	文档及文献
	长江三峡工程	能源项目	1 800	1986~2009 年	从重庆市到湖北省宜昌市	文档、文献及调研
	南水北调工程	基础设施（水利）	已累计达 2 541	2002 年至今	将长江流域水资源分东、中、西三线抽调到华北与淮海平原和西北地区	文档、文献及调研
	京沪高铁工程	基础设施（铁路）	2 209	2008~2011 年	从北京市到上海市	文档、文献及调研
	港珠澳大桥工程	基础设施（桥梁）	约 1 100	2010~2017 年	连接香港大屿山、澳门半岛和广东省珠海市	文档、文献及调研
验证组	川气东输	能源项目	626.76	2007~2010 年	西起四川普光气田，跨越四川、重庆、湖北、江西、安徽、江苏、浙江、上海等省（直辖市）	文档及文献
	苏通大桥	基础设施（桥梁）	64.5	2003~2008 年	跨越长江，连接苏州（常熟）和南通两座城市	文档及文献
	虹桥交通枢纽	基础设施（综合）	474	2006~2009 年	东起外环线 A20，西至铁路外环线，北至北翟路，南至沪青平高速，面积 26 平方千米	文档、文献及参与
	上海世博会	重大事件（综合）	286	2006~2010 年	世博园区规划用地范围 5.28 平方千米	文档、文献及参与
	洋山深水港	基础设施（港口）	700	2002 年至今	位于杭州湾口外的浙江省嵊泗崎岖列岛，港区面积25 万平方千米	文档、文献及参与
	南宁高铁站	基础设施（交通）	138.27	2012~2014 年	位于南宁市青秀区凤岭北路北侧，总建筑面积达 26.75 万平方米	文档、文献及参与

通过对典型案例的研究发现，政府和市场机制对重大工程组织模式的作用形式、路径和作用手段既具有共性也具有差异性，其作用机理如图 2.2 所示。其中，作用形式具有多层次性，从中央到省（自治区、直辖市）属于政府治理的范畴，多采用的是垂直的行政治理手段，属于政府式委托代理，治理方式采用的是制度治理方式，是系统他组织问题。相对地，在项目实施层面，则采用更多的是水平的市场治理手段，是一种合同式委托代理，治理方式采用的是交易治理方式，包括合同治理和关系治理的双重方式，是系统自组织问题。但各个项目也存在差异性，如青藏铁路，采用了国务院青藏铁路建设领导小组、青藏铁路建设总指挥部和青藏铁路公司的多层治理模式，并根据建设进度不断调整；而三峡工程则采用了国务院三峡工程建设委员会和中国三峡总公司模式，其中三峡总公司在完成三峡工程后还承担了其他水利水电枢纽的开发和建设。在多层治理架构中，最复杂也最特殊的是介于政府和市场化参建主体之间的项目机构，即边界对象组织，其具有模式的多样性，如事业法人、企业法人、指挥部或混合性质等，其在组织架构、人事性质、采购行为、项目治理机制等方面存在显著的差异性。此外，边界对象组织的二元属性还受到如项目性质（如战略重要性程度）和投融资模式（如 PPP）的影响。

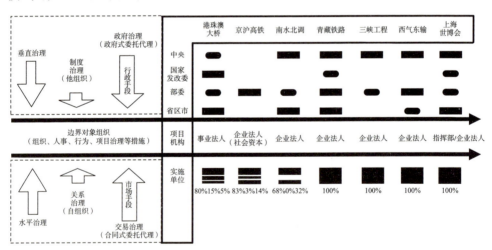

图 2.2　重大工程组织模式的"政府-市场"二元作用机理及案例验证

政府层面不同填充形状代表各级政府部门介入的深度不同。███代表介入深度较深，██次之，■代表介入深度较浅；实施单位自上而下分别代表国有企业、外资企业和其他企业的比例关系

2.2.4　重大工程组织模式的形成机制

我国重大工程的项目类型多样、行业分布多样、发展历史多样、模式成熟度多

样等特征，导致了重大工程组织模式生成路径的多样性，但主导模式的形成和选择仍然具有一定的规律性。这种规律特征涉及重大工程组织场域的形成与重构，模式的形成、构建与生成以及模式的适应性演化等。

场域是一个社会学概念，由法国社会学家布尔迪厄提出，是社会文化再生产过程中的各种参与者的总和及其动态关系（Bourdieu，1971）。在此基础上，学者 DiMaggio 和 Powell（1983）进一步明确了组织场域的概念，即组织场域是由与企业产出密切关联的各利益相关者按照特定的逻辑共同建设且参与相关活动的场所。场域中各种力量之间的关系决定了参与者的场域地位，反映了场域影响力及其拥有或支配的资源规模。组织场域的制度环境保证了成员之间实现稳定和持续的交互，明确了成员的行为规范及场域边界；场域成员的行为只有与制度环境匹配才能获得组织合法性，为资源可得性提供基本条件。可以说，场域是具有不同目的但有共同议题的参与者汇聚在一起，形成的一个由特定议题所聚合的社区空间，这个空间是不同参与者之间协商对话的平台，反映了场域中不同参与者之间的互动关系。重大工程的整个决策、计划、管理和协调过程是多行为者矛盾利益互动的过程，组织间和组织内部都具有复杂关系，形成了特定的组织场域（Scott et al.，2011）和复杂的社会经济子系统，而这种组织场域的形成（或重构）、固化和同形就构成了组织模式的生成基础。

依据组织和制度理论（鲍威尔和迪马吉奥，2008），组织模式的构建和生成途径包含模仿性同形、规范性同形和专业性同形等。组织同形、制度规范和最佳案例示范效应，使不同工程领域具有不同的主导模式。例如，一段时期内的高铁建设采用了标准化的指挥部模式。多样化的生成路径，再加上外部环境的复杂性，使组织模式不断进行适应性演化，从而形成了多种维度的组织模式，整个生成和选择机制如图 2.3 所示。

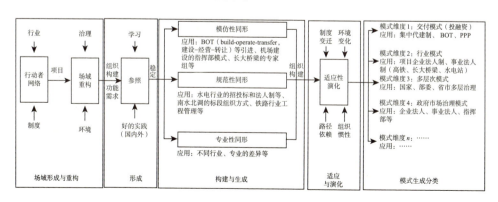

图 2.3　重大工程组织模式的生成与主导模式选择机制

2.3 重大工程组织结构

2.3.1 重大工程组织多层次功能

重大工程往往是影响生产生活和社会秩序以及经济和环境可持续发展的"社会工程",除了安全、质量、投资、进度等目标外,还必须满足环境与可持续、社会稳定性与抗风险能力等新的目标要求。同时,和一般项目不同的是,重大工程内外部环境变化极其剧烈,项目失败的代价十分巨大,因此还要求组织必须具有极强的外部环境适应能力和变化的控制能力,这也是复杂适应性系统的根本特征。因此,其组织体现出不同于一般工程的多层次功能,包括以下几个方面。

(1)协同功能:宏观战略管理、顶层统筹和协同功能,如国务院三峡工程建设委员会除指挥工程建设外还要负责庞大的移民工作的高层次决策。

(2)协调功能:各参建单位组织、协调和协作功能,如比一般工程规模更大、关系更为复杂、情景更为多变的勘察设计单位、施工单位、供货单位和专业咨询单位的协调。

(3)协商功能:外部单位和利益相关者的沟通和协商功能,如大规模征地拆迁、受影响居民及企业和团体的安置、确保社会稳定和避免恶劣国际影响等。

我国重大工程组织的多层次功能特征如图2.4所示。这种"协同-协调-协商"的总体框架形成了我国重大工程组织功能的基本框架,并在客观上反映了我国重大工程组织具有的"政府-市场"二元属性(如工程指挥部和建设单位的"两个牌子,一套班子"的典型模式)。此外,随着工程不断推进,在前期决策、勘察设计、招投标、施工、竣工验收和移交等不同阶段,上述功能内涵和重点将不断演变。

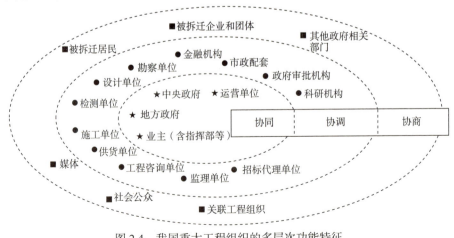

图 2.4 我国重大工程组织的多层次功能特征

2.3.2　重大工程组织复合性能

依据系统科学和复杂性适应性理论，为了应对外部复杂性环境，组织需要具备面向变化的被动稳定能力和主动应变能力，即具备一种复合性能，以保证重大工程的成功。这种性能框架不是单一的，依据能力层级维度和外部环境的变化剧烈程度，包括刚性（rigidity）、鲁棒性（robustness）、柔性（flexibility）及弹性（resilience）等性能。重大工程组织复合性能框架内各性能的特点、适用情境、组织参照及具体应用或案例如表 2.4 所示（李永奎等，2018）。

表 2.4　重大工程组织复合性能框架内各性能的特点、适用情境、组织参照及具体应用或案例

性能	特点	适用情境	组织参照	具体应用或案例
刚性	当组织所处的外部环境稳定，且有成熟的惯例和经验参照时，组织利用现有结构和资源良好应对稳定环境的适应能力	外部环境稳定，有成熟的惯例和经验参照	传统项目组织	项目管理、施工管理、合同管理（几乎所有案例）
鲁棒性	构建的组织结构能够处理一系列所期望的使命任务，在整个动态环境中无须改变其结构就能获取满足要求的组织性能	外部可能存在突发事件或未知因素，且事件所带来的影响和破坏性大，需要提高冗余度	灾害应急组织	专家小组+国际顾问+联合体+科研（如港珠澳大桥）
柔性	组织应对动态变化环境的一种有意识的适应能力	外部环境多变，缺乏惯例参照，组织依托系统构成要素的多功能和冗余对环境变化做出适度反应，实现系统功能低成本快速稳定变化，进而持续适应环境变化	网络组织	技术小组、顾问小组、临时小组（如上海世博会总体项目管理、虹桥交通枢纽进度总控）
弹性	组织在遭受扰动时能吸收干扰和重组，并仍能保持基本相同的功能结构、特性和反馈的能力	外部环境多变，突发事件多，未知性事件所带来的影响和破坏性大	复杂组织	领导小组、国际顾问、联合体等（如三峡工程）

在工程复杂性测度的基础上，组织通过"政府-市场"二元手段构建具有复合性能的重大工程组织模式，并不断调整和适应，采用权变和适应性策略，来应对和管理重大工程复杂性。通过对青藏铁路、港珠澳大桥、京沪高铁、南水北调中线一期、三峡水利枢纽等 7 个案例的对比发现，在应对项目构成、进度、技术、制度、组织和利益相关者复杂性方面，不同项目所采用的组织模式和组织构成会有一定的差异，但通过复合组织性能来保证组织适应性是这些案例共同的特征。

2.3.3　重大工程复合动态组织结构

重大工程管理涉及战略问题、跨域协调、外部利益相关问题、移民和拆迁、

环境影响问题、跨组织项目协同问题以及项目高效协作问题等多种任务，因此组织功能十分复杂，这必然要求组织结构具有纵向上的多层次性，其中 3~4 层是常见形式。在组织结构的横向上，往往具有多样化的结构模式，在政府职能管理和市场化效率导向下，既涉及传统的职能结构，也涉及线性层级和矩阵式结构，体现出混合结构形态（Lundrigan et al.，2015）。但很显然，组织之间的关系并非仅仅体现于正式的组织结构形式中，合同关系、行政管理、社会网络、战略联盟等各种组织间关系会渗透到重大工程组织结构中，使组织结构呈现出复杂网络特性（李永奎等，2011）。此外，随着外部环境、工程阶段、项目采购、目标调整等一系列的变化，尤其是在论证期、决策期、准备期、实施期和运行期，工程组织的结构一直处于动态调整中。这样一来，要实现重大工程的战略层面和实施层面目标，就需要对纵向上多层次的组织进行垂直集成，对横向上的跨地域、跨组织和跨部门的组织构成进行水平集成，并由此形成重大工程组织的多层次结构和功能，如图 2.5 所示（李永奎等，2018）。

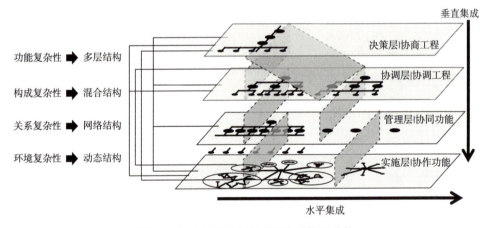

图 2.5　重大工程组织的多层次结构和功能

2.4　重大工程组织模式的演化

2.4.1　重大工程组织模式演化历史沿革

回顾中国重大工程的建设发展，从中华人民共和国成立之初的计划经济，经历"大跃进"运动、"文化大革命"、改革开放直到今天市场经济高速增长时期，其间经历了许多的挑战和挫折，但仍成功组织实施了一系列的重大工程项目，取得了令世人瞩目的辉煌成就。例如，为跨越长江天堑、贯通长江两岸、完善我国交通要道而先后建立起的武汉长江大桥、重庆白沙沱长江大桥、南京长江大桥等特大型桥梁基础设施工程；为加强我国国防实力、增加国际影响力而完成的两弹一星、载人航天工程等；为均衡我国资源、促进经济增长而建设的三峡工程、南水北调工程、青藏铁路、港珠澳大桥工程等。

我国重大工程组织模式随着经济、社会的变革不断地演化和发展，如表 2.5 所示。计划经济时代投资决策权来自国家发展管理部门，组织模式主要采用工程指挥部模式，统一决策、指挥重大工程项目建设，并随着工程建设任务完成而宣布解散。工程指挥部模式缺乏完善的投资约束机制，决策管理混乱，形成大量的盲目投资和重复投资。建设项目贯彻执行项目法人责任制后，政府投资的重大工程项目实施过程的管理真正变成了企业行为。随着社会发展和建设管理体制以及管理方法不断完善，市场竞争机制被引入建设市场，重大工程日益表现出以投资主体多元化、决策科学化等为特征的新局面。

表 2.5　我国重大工程组织模式阶段性演化

阶段	时期	投资模式	项目管理模式	投资主体	特点
第一阶段	20世纪50年代初~20世纪70年代末	国家集中计划的投资模式	工程指挥部模式，建设单位自营制模式，建设单位为主的甲、乙、丙三方合同制，投资包干，等等	中央、地方政府投资	各自为政，多头管理，投、建、管、用不分
第二阶段	20世纪70年代末~20世纪90年代初	投资主体多元化	工程指挥部模式、项目法人责任制、总承包模式（推行合同制、设计取费制度、投资项目评估审议制度、招标投标制）	中央、地方政府投资和企业投资	集中计划模式开始裂变，市场经济投资管理体制萌芽，开始与国际惯例接轨
第三阶段	20世纪90年代初至今	投资主体更加多元化	总承包模式、工程指挥部模式、代建制（专业机构建设）、招标投标制、建设监理制、项目法人责任制、工程合同管理制、工程质量负责制、重大项目稽查制度	中央、地方政府投资，企业投资，外国投资者等	专业化管理、政府投资项目工程采购进入市场

2.4.2　重大工程组织模式演化动因

科学合理的组织模式为重大工程的成功建设提供了基础，而组织模式受到工程管理体制、经济体制和项目特征等因素的影响。

1）工程管理体制改革

计划经济体制下我国长期实行政府主导的甲、乙、丙三方合同制，与之对应的工程组织模式为基建处模式和工程指挥部模式。1982 年鲁布革工程的成功经验拉开了我国工程管理模式改革的序幕，使招标投标制得到了广泛推行。1984 年 9 月，国务院发布《国务院关于改革建筑业和基本建设管理体制若干问题的暂行规定》，明确了工程承包制的法律地位。随后的 1992 年，国家计委颁发《关于建设项目实行业主责任制的暂行规定》，项目业主责任制得到推行；1996 年国家计委印发《关于实行建设项目法人责任制的暂行规定》，要求国有单位经营性基本建设大中型项目在建设阶段必须组建项目法人。

《中华人民共和国合同法》《中华人民共和国招标投标法》《建设工程监理范围和规模标准规定》《中华人民共和国政府采购法》等多部法律的出台标志着我国与社会主义市场经济体制相适应的建设市场体系已基本形成。与之相应的项目法人制、代建制等工程组织模式得到了极大的发展。

2）经济体制改革

1949 年以来直到 20 世纪 70 年代末，我国长期处于计划经济时期，实行计划经济体制。直到 1978 年的十一届三中全会提出了改革开放，我国才逐步转向市场经济体制。但改革开放初期，国内的企业仍沿袭公有制的成分，生产资料依旧由国家统一调配，我国的基础设施建设依旧采用行政主导的基建处及工程指挥部模式。

1992 年，中央政府在十四大上正式提出要建立和完善社会主义市场经济体制，大力发展社会主义市场经济。随着市场经济体制的确立，以及我国在鲁布革工程实践中的成功探索，招标投标制得到了推行，与此同时，政府投资项目的建设资金由"拨"改"贷"，并提出投资包干责任制，进而发展到业主责任制，在业主责任制的基础之上，我国于 1996 年提出了建设项目法人责任制。

我国在改革开放的过程中亦积极吸收西方的先进理念，积极探索政府采购制度，进行投资体制的改革，等等。引进西方发达国家政府投资项目管理模式中的 PPP，在政府投资项目中敞开了私人投资的通道，近些年来 BOT 模式在收费性的高速公路、地铁项目，甚至是在北京奥运会的场馆建设中均得到了较好的运用。

3）项目特征

项目特征因素反映在项目本身的公共物品属性、公益属性、经营属性、项目目标、项目本身的技术难度等方面。

重大工程项目的复杂性及其公共物品属性的本质特征决定了其建设难度远超一般项目。公共项目的特殊性决定在其治理的过程中，不能以合同治理完全替代权威治理。因而完全公益性的项目不适合交由以营利为主要目的的社会化企业进行建设，应由政府承担。涉及国防科技重要秘密的项目，亦不适合交由社会化企业进行建设，应由政府承担。具有极大的技术难度，以及社会公众影响力巨大，涉及移民、拆迁等问题的重大工程项目，亦不适合完全交由社会化企业进行建设，应由政府为主进行推动。

基于重大工程项目公共物品属性的本质，在组织模式的选择过程中始终离不开政府的主导作用。因而在我国的重大工程项目的建设过程中极少出现完全的项目法人制模式，即使是国有企业主导的工程建设亦离不开政府治理的共同作用。

2.4.3　重大工程组织模式演化路径分析

1. 重大工程组织模式随管理体制的演变

工程管理体制对我国重大工程组织模式存有影响，基于文献研究，梳理出如图 2.6 所示的演变过程（乐云等，2017）。其中，工程组织模式的编码（同时应用于下文）有：纯政府主导的指挥部模式编码为 H、"政府主导+法人参与型"组织模式编码为 H+P、"政府主导+法人主体型"组织模式编码为 P+H、"法人主体+行政监督型"组织模式编码为 P。

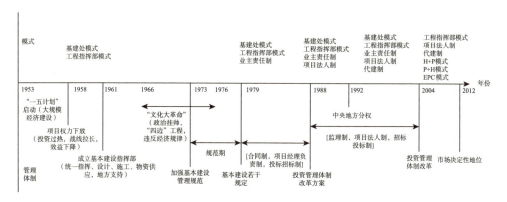

图 2.6　组织模式随工程管理体制的演变分析

EPC 全称为 engineering procurement construction，工程总承包

从图 2.6 可以看出，1979 年之前，我国的工程管理体制以行政为主，多采用基建处和工程指挥部两种模式；1978 年《关于基本建设程序的若干规定》提出到1988 年《关于投资管理体制的近期改革方案》期间，合同制、项目经理负责制、招标投标制在我国得到推行，这个时期出现了业主责任制的组织模式；1988 年后，随着监理制、项目法人制、招标投标制的提出及完善，政府投资工程中出现了项目法人制及代建制的组织模式；2004 年《国务院关于投资体制改革的决定》使我国的政府投资重大工程组织模式进入了多元化、多模式组合的时期。

以下采用案例来验证组织模式随工程管理体制演变的路径。搜集 1949 年以来的 28 个案例数据并按照时间顺序进行编号。案例数据编码按照 GLTZ（管理体制的拼音首字母缩写）进行编码，梳理出如表 2.6 所示的数据。

表 2.6　工程管理体制与重大工程组织模式关系案例梳理

编号	案例名称	时间	模式	体制
GLTZ001	武汉长江大桥	1953~1957 年	H	计划经济体制
GLTZ002	大庆油田	1959~1963 年	H	
GLTZ003	南京长江大桥	1960~1968 年	H	
GLTZ004	上海石油化工厂	1972~1978 年	H	
GLTZ005	辽河化肥厂	1973~1976 年	H	
GLTZ006	唐山陡河电站	1973~1975 年	H	
GLTZ007	京津唐高速公路	1973~1975 年	H	体制接轨期：法人制
GLTZ008	葛洲坝水利枢纽	1974~1988 年	H	
GLTZ009	胜利油田	1974~1989 年	H	
GLTZ010	宝钢工程	1978~1991 年	H	
GLTZ011	辽宁石油化纤工程	1975~1980 年	H	
GLTZ012	鲁布革工程	1981~1991 年	H	
GLTZ013	上海地铁 1 号线	1983~1990~1995 年	H	
GLTZ014	三峡工程	1993~2009 年	P+H	市场经济体制：项目法人制、招标投标制、政府采购制、监理制等
GLTZ015	浙江舟山连岛工程	1999~2009 年	H+P	
GLTZ016	西气东输工程	2000~2004 年	P+H	
GLTZ017	青藏铁路工程	2001~2009 年	P+H	
GLTZ018	南水北调工程	2002~2012 年	P+H	
GLTZ019	2008 年北京奥运会	2003~2008 年	H+P	
GLTZ020	杭州湾跨海大桥	2003~2008 年	H+P	
GLTZ021	苏通大桥	2003~2008 年	H+P	
GLTZ022	上海长江隧桥	2004~2009 年	H+P	
GLTZ023	溪洛渡水电站	2005~2015 年	P	
GLTZ024	武广铁路	2005~2009 年	P+H	
GLTZ025	向家坝水电站	2006~2014 年	P	
GLTZ026	2010 年上海世博会	2006~2010 年	H+P	
GLTZ027	福建厦漳大桥	2008~2013 年	P	
GLTZ028	港珠澳大桥工程	2009~2017 年	P+H	

这里所定义的政府主导为包含工程指挥部、工程领导小组、工程委员会、工程局等在内的所有政府派出机构。

由表 2.6 的统计结果可知，政府投资重大工程项目组织模式随着管理体制的变迁而演化。其演化路径为：纯政府主导型（指挥部模式）—政府主导+法人参与型—政府主导+法人主体型—法人主体+行政监督型。

2. 重大工程组织模式随投融资环境的演变

改革开放以来，随着我国市场经济体制的不断建立健全，我国重大工程项目投融资环境亦发生着变化。在西方发达国家，随着其国家政府投资项目管理模式的演进，私人部门参与公共项目的机会增大，参与程度亦不断加深，通过在政府投资项目中引进私人部门的社会化资本并借鉴市场化的私人部门高效的管理技术，可以大大提高政府投资项目的管理水平和投资效益。

我国政府投资项目在计划经济时期，完全以政府财政拨款进行投资建设；1982 年的鲁布革工程中，我国首次利用世界银行贷款进行建设，政府投资项目的建设资金由"拨"改"贷"，其投资形式有了根本性的创新，与此同时，招标投标制得到推广。

随着世界闻名的英法海峡隧道采用 BOT 模式成功建成，政府投资项目中的经营性项目开始积极探索新的投资方式，使得在政府投资项目中私人投资成为可能。我国率先引进 BOT 模式是在 1995 年的广西来宾电厂二期工程项目中，工程总投资 6.16 亿美元，由法国电力国际和通用电气阿尔斯通公司按照 6：4 的比例对项目公司出资，获得 18 年的项目特许经营期。广西来宾电厂二期工程是中国引进 BOT 模式的一个里程碑节点，1995 年后至今，BOT 模式在我国得到了极大的发展。例如，2008 年北京奥运会工程鸟巢的建设就采用了 BOT 模式，以及上海延安东路隧道复线、深圳地铁 4 号线、大部分的收费高速公路等的建设也采用了 BOT 模式。

1992 年，英国在政府投资项目中，首次采用了引入社会化资本的 PPP 模式；随后的 1994 年，智利为平衡基础设施投资引进 PPP 模式，葡萄牙自 1997 年启动 PPP 模式应用于公路网的建设。国外投资体系的积极探索取得了极大的成功，国外环境的改变亦影响着我国的政府投资项目。2015 年 3 月 10 日，国家发改委、国家开发银行联合印发的《国家发展改革委　国家开发银行关于推进开发性金融支持政府和社会资本合作有关工作的通知》，对发挥开放性金融积极作用、推进 PPP 项目顺利实施提出了具体要求。

投融资环境的演变是我国政府投资重大工程组织模式演变的外部因素之一，尤其是社会化资本的加入使项目法人制模式成了必然选择。图 2.7 反映了投融资环境下，我国重大工程组织模式的演变过程。1949~1978 年，在完全政府投资的单一投资主体的环境下，重大工程组织模式为政府行政主导的基建处模式及工程指挥部模式；1978~1996 年，随着国内外政府投资环境的演变，重大工程组织模式亦随之改变，逐步出现业主责任制、项目法人制；1996~2004 年，我国政府投资项目中积极探索新的渠道及组织模式，出现了代建制的组织模式；2004 年至今，随着社会化资本引进政府投资项目以及 PPP 模式在国内的发展，打破了传统的单一主体及单一模式，逐渐出现了多种模式并存的局面。

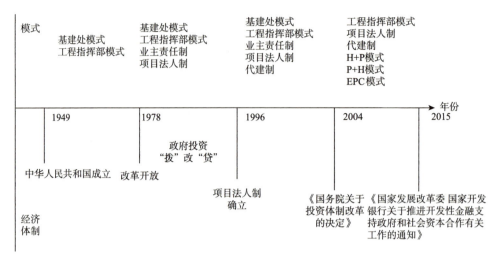

图 2.7　组织模式随投资环境的演变分析

为探究投融资环境的变化对重大工程项目的组织模式有何种影响，选取满足研究深度的 61 个重大工程案例（表 2.7），分析其投资构成，探究投融资环境演变对组织模式的影响。

表 2.7　重大工程案例表

编号	案例名称	时间	投资构成	模式
TZHJ001	上海地铁 1 号线	1990~1995 年	政府贷款、国外政府贷款	H
TZHJ002	三峡工程	1994~2009 年	三峡建设基金、企业发电收益、银行贷款、国外出口信贷、发行企业债券	P+H
TZHJ003	浙江舟山连岛工程	1999~2009 年	社会化资本投资、财政专项拨款	H+P
TZHJ004	北京财富中心一期	2000~2003 年	企业自筹资金	P
TZHJ005	上海卢浦大桥	2000~2003 年	城市基建投融资平台、企业自筹资金	P+H
TZHJ006	国家大剧院	2001~2007 年	财政专项拨款	H
TZHJ007	上海轨道交通 8 号线一期工程	2001~2007 年	企业自筹资金	P
TZHJ008	青藏铁路格尔木至拉萨段工程	2001~2006 年	财政专项拨款	H
TZHJ009	南水北调工程	2002~2012 年	财政专项拨款、银行贷款	H+P
TZHJ010	广州大学城	2002~2004 年	财政专项拨款、银行贷款	H
TZHJ011	东海大桥	2002~2005 年	财政专项拨款、银行贷款	H
TZHJ012	上海洋山深水港一期港区工程	2002~2005 年	财政专项拨款、银行贷款	H
TZHJ013	上海南站	2002~2006 年	企业自筹资金、财政专项拨款	H+P
TZHJ014	北京奥运会 "2008" 工程	2003~2008 年	财政专项拨款、城市基建投融资平台、银行贷款、社会化资本	H+P
TZHJ015	宁夏宁东能源化工基地工程一期	2003~2010 年	企业自筹资金、财政专项拨款	P+H

续表

编号	案例名称	时间	投资构成	模式
TZHJ016	苏通大桥	2003~2008 年	财政专项拨款、城市基建投融资平台	H+P
TZHJ017	杭州湾跨海大桥	2003~2008 年	社会化资本投资、财政专项拨款	H+P
TZHJ018	上海长江隧桥	2004~2009 年	财政专项拨款、城市基建投融资平台、银行贷款	H+P
TZHJ019	首都国际机场 T3 航站楼	2004~2007 年	企业自筹资金、财政专项拨款、社会化资本、银行贷款	P+H
TZHJ020	武汉天兴洲长江大桥	2004~2008 年	企业自筹资金、财政专项拨款、银行贷款	P+H
TZHJ021	厦门翔安海底隧道	2005~2009 年	银行贷款、企业自筹资金、财政专项拨款	P+H
TZHJ022	南京地铁 2 号线	2005~2010 年	财政专项拨款、企业自筹资金	H+P
TZHJ023	锦屏一级水电站	2005~2013 年	企业自筹资金	P
TZHJ024	上海浦东国际机场二期工程	2005~2008 年	企业自筹资金、社会化资本投资、城市基建投融资平台	H+P
TZHJ025	北京南站	2005~2008 年	财政专项拨款、银行贷款	H
TZHJ026	溪洛渡水电站	2005~2015 年	企业自筹资金、银行贷款、财政专项拨款	P
TZHJ027	昆明长水国际机场	2005~2012 年	财政专项拨款、企业自筹资金、银行贷款	P+H
TZHJ028	武广铁路	2005~2009 年	财政专项拨款、银行贷款	P+H
TZHJ029	武英高速	2006~2009 年	财政专项拨款、银行贷款	H+P
TZHJ030	武汉地铁 2 号线一期工程	2006~2012 年	财政专项拨款、银行贷款、企业自筹资金	P
TZHJ031	向家坝水电站	2006~2014 年	企业自筹资金、银行贷款	P
TZHJ032	青岛海湾大桥	2006~2011 年	企业自筹资金、银行贷款	P
TZHJ033	广西钦州千万吨级炼油项目工程	2006~2010 年	企业自筹资金、社会化资本投资、银行贷款	P
TZHJ034	秦山核电二期扩建工程	2006~2012 年	银行贷款	P
TZHJ035	2010 年上海世博会工程	2006~2010 年	土地储备金、城市基建投融资平台、财政专项拨款、银行贷款	H+P
TZHJ036	川气东送工程	2007~2009 年	企业自筹资金、社会化资本投资、银行贷款	P+H
TZHJ037	辽宁红沿河核电站一期工程	2007~2015 年	企业自筹资金、财政专项拨款、银行贷款	P+H
TZHJ038	广东省对口援建汶川灾后重建项目	2008~2010 年	财政专项拨款	H
TZHJ039	福建厦漳大桥	2008~2013 年	社会化资本投资、财政专项拨款	P
TZHJ040	上海中心大厦	2008~2014 年	城市基建投融资平台、企业自筹资金	P
TZHJ041	成都双流机场扩建工程	2008~2011 年	企业自筹资金、社会化资本投资、银行贷款	P+H

编号	案例名称	时间	投资构成	模式
TZHJ042	京沪高速铁路	2008~2011 年	银行贷款、财政专项拨款、城市基建投融资平台	H+P
TZHJ043	山东对口支援北川灾后重建项目	2008~2010 年	财政专项拨款、城市基建投融资平台	H
TZHJ044	上海市对口支援都江堰市灾后重建项目	2008~2010 年	财政专项拨款	H
TZHJ045	北京市对口援建什邡灾后重建项目	2008~2010 年	财政专项拨款	H
TZHJ046	上海虹桥综合交通枢纽	2008~2010 年	土地储备金、城市基建投融资平台、财政专项拨款、银行贷款	H+P
TZHJ047	崇启大桥	2008~2011 年	财政专项拨款、城市基建投融资平台	H+P
TZHJ048	浙江省对口援建青川灾后重建项目	2008~2010 年	财政专项拨款	H
TZHJ049	江苏省对口援建绵竹灾后重建项目	2008~2010 年	财政专项拨款	H
TZHJ050	宁波市地铁 1 号线一期	2009~2014 年	财政专项拨款、城市基建投融资平台、银行贷款	H
TZHJ051	海南文昌航天发射场	2009 年至今	企业自筹资金	P+H
TZHJ052	港珠澳大桥	2009 年至今	政府投资、银行贷款	H+P
TZHJ053	山东海阳核电站一期	2009 年至今	银行贷款、企业自筹资金	P
TZHJ054	长沙轨道交通 2 号线	2009~2014 年	银行贷款、财政专项拨款、土地储备金	P+H
TZHJ055	南京禄口国际机场二期	2010~2014 年	股东出资、机场自有资金、银行贷款	P
TZHJ056	宁波新火车南站	2010~2013 年	财政专项拨款、银行贷款、城市基建投融资平台	H
TZHJ057	长河坝水电站	2010 年至今	企业自筹资金、银行贷款	P
TZHJ058	武汉鹦鹉洲长江大桥	2010~2014 年	城市基建投融资平台、社会化资本、银行贷款	H+P
TZHJ059	南宁火车东站片区基础设施项目	2011~2014 年	企业自筹资金、银行贷款、土地储备金	H+P
TZHJ060	天津滨海国际机场扩建工程	2011~2014 年	企业自筹资金、财政专项拨款、社会化资本投资、银行贷款	P+H
TZHJ061	宝钢湛江钢铁项目	2013~2015 年	企业自筹资金	P

由表 2.7 可知，但凡引入社会化资本的重大工程项目，均组建项目法人。不同工程间重要性程度、公益性程度、营利能力以及社会化资本的比例构成等不同，以及工程组织的主导者不同，导致不同项目采用的组织模式不同。投融资环境的改变使政府主导+法人参与型、政府主导+法人主体型、法人主体+行政监督型 3 种组织模式得到发展。

3. 重大工程组织模式和治理机制的共同演化

与经济、社会、政治和生物系统等一样，重大工程也具有强烈的变化和依赖特征，如非线性动力学、阈值效应、级联效应和有限的可预测性等，是一种复杂适应性系统。最新的演化治理理论（evolutionary governance theory，EGT）认为，治理干涉应始于对情境的深度理解，应认识到共同体和治理情境都是高度动态的，所有的治理要素（如情境、目标、行动者、制度、知识、权力及结构、构成、治理技术等）都是状态依存的，这些要素和它们之间的关系都会不断演化（Beunen et al.，2015；Li et al.，2018）。而传统的项目治理理论较偏重于一个组织范围内的静态问题，存在理论和实践的"紧张点"，需要借助治理理论的最新发展，拓展甚至构建重大工程组织模式中的演化治理理论。

以上海世博会为例，该项目是国家和上海市的战略项目，具有强烈的政治、经济和社会符号意义，受到国家和地方政策、法律、体制和文化等多种因素影响，利益相关者众多且复杂，PESTLE［political（政治）、economic（经济）、social（社会）、technological（技术）、legal（法律）、environment（环境）］的每一个情境变量在项目全过程都在变化，甚至是发生根本性变化。例如，政府换届对后期开发规划的影响。项目的目标优先权也在不断调整，如申办和筹办阶段进度目标具有极大压力，从而导致了该阶段的治理结构最为复杂。在组织层级和组织构成方面，边界对象核心组织——上海世博会事务协调局（简称上海世博局）也在持续变化，前后进行了 19 次调整，以适应项目实际需要。图 2.8 为上海世博局的组织机构调整过程（Li et al.，2018）。在治理配置的构成要素方面，不同层级的行为者会采用不同层次的制度和政策来规范参与方组织行为，甚至突破现有政策限制。例如，一些标志性项目的项目经理会拥有更多权力以及较快的升职机会。而在演化路径和治理技术的变化方面，政治体制、同类项目的经验和初期的治理机制设计往往影响后期的变化轨迹，核心人事的变动在一定程度上保持连贯性和稳定性，以平衡既有惯例的执行、应对新的复杂情境以及实现长期目标。"政府-市场"二元治理技术在案例中也在不断变化。在申办期，往往依靠政府的行政力量和措施，而筹办和运营期则需要采用行政和市场的双重措施，后期开发则更多采用的是市场化手段。因此，从该案例可以看出，重大工程组织模式和运作机制不断变化并具有共同演化特征，以适应项目的内外部环境的变化。

虽然不同项目的治理演化过程不同，如港珠澳大桥工程从前期工作协调小组到专责小组的成立，再到三地联合工作委员会及大桥管理局的成立；三峡工程从 1984 年中国三峡工程开发总公司筹建处成立，到 2009 年中国长江三峡集团公司成立经过了多次组织调整，但通过案例研究发现，和上海世博会类似，这些重大

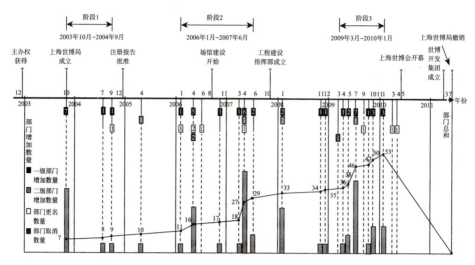

图 2.8　上海世博局的组织机构调整过程

项目的治理目标、治理机制、治理环境、治理要素等同样具有极度动态性和共同
演化性特征，重大工程治理的演化特征具有普遍性。

2.5　典型的重大工程组织模式应用：
以指挥部为例

2.5.1　指挥部模式的形成与演化

"指挥部"的概念源于军事学，是指军队指挥机关对所属部队的作战和其
他军事行动进行的特殊的组织领导活动。植根于我国 1949 年后的特殊情境，
"指挥"概念也广泛应用于社会各界的管理层面，意指上级对所属下级各种活动
进行的组织领导活动（江林，2002）。

指挥部作为一种组织管理模式应用到我国建设项目管理领域，始于 20 世
纪 50 年代的计划经济时期（盛昭瀚，2007）。1961 年 4 月，国家计委正式发
出《关于成立基本建设指挥部》的通知，规定重点项目要组织建设、设计、施
工单位成立指挥部，统一指挥重点项目的建设。因此，大中型工业、交通、水
利项目和其他重点建设项目都组建了指挥部。指挥部的主要负责人大多由当地
党政领导干部担任，或由上级领导机关指派。指挥部多数以建设单位为主要组
织，也有的以施工单位为主，建设、设计、施工单位都有负责人参加，也有当

地的计划、建设、物资、银行等有关部门代表参加，形成一个有权威的领导班子，协调各方关系，加强协作配合，保证工程建设顺利进行（彭敏，1989）。

作为我国重大项目建设组织的最重要模式，政府主导的临行性建设指挥部在我国 20 世纪 50 年代至 80 年代初期重大项目建设中发挥了巨大的作用。20 世纪 60 年代"一五"至"三五"计划时期重大项目建设中，建设指挥部主要承担现场施工组织和指挥的职能；70 年代"四五"计划时期重大工业基地项目建设中，中央部委和地方政府牵头组建的建设指挥部还往往承担区域协调职能，实现对责任区域内所有工业项目建设的总体领导和统一管理（张俊杰和刘毓山，1993）。在计划经济时期，政府作为经济生产计划制订和经济资源统筹配置的主体，也将重大项目建设作为政府经济计划工作的重要内容。因此，这类项目建设组织，政府往往通过设立临时性的跨职能、跨部门组织机构——"指挥部"，进行部门协调、资源统筹和现场实施指挥。建设指挥部一方面要代表政府对重大项目生产活动进行全面统筹和计划，协调和配置经济物质资源；另一方面又要履行项目业主现场管理职能，计划和组织现场施工安排，指令调度各参建单位的现场作业，确保工程项目顺利完成。在这一时期，重大项目建设组织手段主要是通过政府计划和行政指令。

随着 20 世纪 80 年代初我国市场化经济体制改革工作的推进和市场经济发展的需求刺激，再加上一系列有利于建筑市场发展的制度改革的助力，我国工程建设市场实现了从无到有、从小到大的快速发展，并在 90 年代末基本确立了建设项目实施的市场运作机制的基础性地位，初步建立了全国统一的工程建设市场。在改革开放政策实施以来，我国工程建设市场逐步发展、日益成熟，而重大项目作为重要的建筑市场化制度改革创新的实验平台，积极参与多项的政府市场化制度改革的试点，使建设指挥部模式本身经历了重大的转变和发展，政府部门在相关组织中的职能分工也发生了巨大的变化。随着建筑市场逐步建立、发展和成熟，我国重大项目建设指挥部组织模式也在持续地演化发展，历经了不同的演化形态（乐云等，2014）。但由于我国区域间的政治、经济、社会和技术发展水平不均衡，不同类型建设指挥部在当前不同地区间的重大项目建设中仍然是并存的，即便是同一地区不同类型的重大项目，同类型建设指挥部组织形态也往往有所差别。究其本质，是由重大项目建设内外部日趋增加的复杂性对项目实施主体的组织能力需求差异所造成的。

总体来看，指挥部是指为组织协调某项建设工程而设置的临时议事协调机构，并且指挥部常常与重点建设项目联系在一起，发挥跨部门的议事协调作用，由政府相关部门提出计划，再从相关部门抽调人员。从 1949 年到目前为止，指挥部仍然在重大工程的建设中发挥着重要作用。但是随着当前重大项目建设规模持续扩大、新技术和工艺复杂性渐增、政治社会环境敏感性加剧等内外部复杂性因素的变化，建设指挥部模式也面临着日趋严重的组织能力瓶颈，由此引发许多项目实施中项目效能效率不高的风险，难以达到预设的目标。

2.5.2 指挥部组织模式的阶段性演化路径

我国重大项目建设指挥部模式伴随着国家工程建设市场的改革和发展，主要经历了两大转变。

第一个转变是在 20 世纪 80 年代至 90 年代末，通过总结 80 年代鲁布革工程的经验，中央政府决定通过引入竞争性市场机制，改变以往政府工程项目中"建设效率不高"的痼疾。通过在 20 世纪 90 年代的三峡工程中开展相关试点，设立企业项目法人，积极探索招标投标、工程监理和合同管理等基本市场机制的运作。在此项目试点成功经验的基础上，相继颁布了 1992 年的《关于建设项目实行业主责任制的暂行规定》、1996 年的《关于实行建设项目法人责任制的暂行规定》、1997 年的《中华人民共和国建筑法》、1999 年的《中华人民共和国合同法》以及《中华人民共和国招标投标法》等一系列法律法规，全面推进工程项目实施市场化运作体系的制度改革，全面确立项目法人制、招标投标制、工程监理制和合同管理制在我国工程建设组织模式中的基础性地位。项目法人的设立、市场的快速发展以及市场化制度的日趋完善使政府开始将现场实施的指挥和监管工作委托给项目法人，由其通过竞争性市场机制选择和管理项目参建主体，签订交易合约，依照合约对提供产品或服务的市场主体进行管理和协调。

第二个转变是在 20 世纪 90 年代末，通过总结 90 年代来宾 B 电厂工程的经验，国家针对部分经营性项目投资效益不高的问题，通过引入 PPP 机制，开展了一系列制度改革和重大项目试点。结合西气东输工程的成功经验，国务院在 2004 年颁布了《国务院关于投资体制改革的决定》，全面推动国有企业作为经营性项目法人的经验推广，明确了重大项目 PPP 模式中投融资、风险约束、投资决策、责任追究等机制的相关要求。这个转变使政府进一步将部分项目策划和资源统筹的任务交托给项目法人，使政府或建设指挥部将更多项目开发和经营的职能交托给项目法人，而项目法人作为承担项目策划、开发和经营的市场主体，从市场需求和经济效益出发，进行项目资产市场化运作的策划和资源统筹，降低了政府部门及其指挥部机构的负担，促进和发挥了市场机制在项目资产社会化、市场化过程中的作用。这些制度改革和机制的创新极大地促进了我国在城建、交通、能源等领域中重大项目的快速发展，提升了重大项目资产投资和经营的效益。

综上所述，与计划经济时期相比，改革开放以后建设指挥部组织形态伴随着工程建设市场改革发展，主要产生了两方面的变化。一方面，建筑市场的逐步建立和成熟，使当前建设指挥部逐步开始采用市场手段管理设计、施工、材料设备供应等主要项目参建单位，具体现场管理和协调工作也大多转移给项目法人企业、监理咨询企业或代建机构等；另一方面，随着 PPP 等项目资产社会化的制度改革，重大项目法人在统筹项目策划、实施和运营的市场化运作方面的重要性进一步提升，政府的主要职能转变为协助和支持项目法人的各项工作，逐步向项目的主要投资方、重大决策制定方等顶层治理角色转变。尤其是在 2016 年《中共中央 国务院关于深化投融资体制改革的意见》发布后和推进国企混合制改革的大趋势下，这一转变表现得尤为明显。

进一步采用案例方式对指挥部组织模式的阶段性演化路径展开研究。案例研究的数据来源于同济大学复杂工程管理研究院的重大工程案例库。该案例库中有指挥部的重大工程案例共计 124 个，其中满足本次研究深度的案例共计 36 个：案例时间跨度涵盖 1948~2011 年，几乎包含我国 1949 年以来的各个发展阶段；案例类型包括工业类项目 11 个、能源类项目 7 个、重大事件类项目 2 个、基础设施项目 18 个，各类型案例都有涉及。

结合 36 个案例的基本情况，追溯我国指挥部模式的演变历程，根据重大工程指挥部在不同时期呈现出的不同特点，可分为五个阶段（乐云等，2014），如表 2.8 所示。

表 2.8　指挥部的五个发展阶段

阶段	类型	职能
阶段一 （1953~1957 年）	现场施工型	指挥部以现场施工组织为重点，辅以协调甲、乙、丙三方关系，指挥部的主要领导人由上级主管部门委派，该阶段以武汉长江大桥为代表
阶段二 （1957~1978 年）	区域协调型	指挥部除指挥工程建设以外，并对整个地区范围内的工程建设实行统一领导和管理，是由主管部委与地方政府牵头的区域管理型指挥部，该阶段以攀枝花钢铁工业基地为代表
阶段三 （1978~1983 年）	全面管理型	指挥部的功能除了组织协调以及现场指挥施工建设外，并对建设资实行统一管理，对整个过程控制。指挥部的主要负责人来自主管部委和地方政府，并由建设单位、施工单位、设计单位、设备制造供应单位四方领导共同组成，该阶段以宝钢工程为代表
阶段四 （1983~2000 年）	全面组织型	指挥部的功能仍是组织协调以及指挥施工建设，但具体操作层面，更多由专业的企业负责，并且指挥部的职能部门更加细化，分工明确，该阶段以北京西客站为代表
阶段五 （2000 年至今）	行政协调型	指挥部的功能更多集中在具有行政管理职能性质的跨地区、跨部门的组织协调和征地拆迁方面，并且逐渐弱化了其对现场施工建设等细节方面的管理，该阶段以北京奥运会场馆为代表

利用纵贯案例分析法分析重大工程指挥部的演化。结合典型案例，从项目所

处时代、项目基本背景、组织场域变化、治理结构变化、运作机制变化、组织构成变化、核心功能变化、序主体（总指挥）变化等八个维度对重大工程指挥部演化阶段进行对比，如图 2.9 所示。

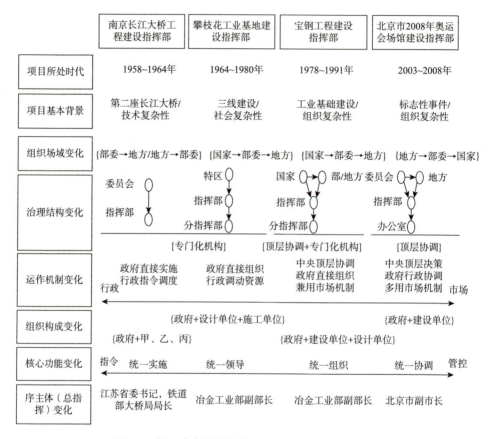

图 2.9　基于跨案例分析的重大工程指挥部演化路径

结合重大工程指挥部演化机理，从图 2.9 可以看出其演化过程有以下特点。

一直以来，指挥部是我国重大工程推进的顶层治理模式之一。但从历史上看，指挥部的治理结构、运作机制、组织构成、核心功能和序主体一直在变化。虽然序主体会发生变化，但仅会在中共党委、中央政府或地方政府范围内变化，这证明行政性是其根本属性。

重大工程指挥部的组织模式、功能、运作机制等与项目特征、政治经济体制，以及工程建设管理体制具有较大关联，宏观制度环境和项目复杂性决定了重大工程组织模式和基本的运作机制。

从总的趋势看，政府行政性、指令性运作机制在逐渐减弱，市场运作机制在增强，指挥部核心功能从直接实施、统一领导、统一计划向统一领导、统一组织和统一协调变化。随着市场机制的逐步完善，指挥部的职能范围在逐步减小，将更多的组织管理职能移交给市场，更多专注于当前体制中市场难以处理的问题。

运作机制方面，从政府直接实施、组织、管理，向中央顶层决策、政府行政协调、充分运用市场机制转变；运作方式随着工程建设管理体制的逐步完善而日益规范，这有利于克服指挥部的缺点。

组织构成方面，从政府和甲、乙、丙三方共同组织的强计划经济特征，向政府和建设单位共同构成的计划和市场相结合机制转变，这使工程建设中的权、责、利更加明确，有利于工程建设。

在重大工程指挥部的组建方式方面，部委与地方结合是各类指挥部构成的常见方式，牵头方随着政治经济体制变化和项目特征不同而有所区别。总体趋势是逐步弱化中央政府或部委的地位，让地方政府自行负责，但也会受到项目的复杂程度和重要程度的影响。

2.5.3　指挥部模式案例分析——以京沪高速铁路为例

京沪高速铁路是目前世界上一次建成里程最长（1 318 千米）、技术标准最高的高速铁路，也是中华人民共和国成立以来一次投资规模最大（2 023 亿元，不包括动车组购置）的建设项目。项目由京沪高速铁路本线、南京大胜关长江大桥及南京枢纽相关工程、北京南站改扩建工程三部分组成。京沪高速铁路工程除技术标准高、地理环境特殊、重难点工程多等特点外，施工组织难度极大，参建单位多，包含 5 家设计单位、30 家施工企业、22 家监理咨询单位。

在党中央、国务院的决策部署下京沪高速铁路建设项目采取"国家建设领导小组提供组织保证、领导小组成员单位协调支持、公司负责筹资提供资金保障、总指挥部实施建设管理"的项目法人责任制与工程指挥部制相结合的建设管理模式。

国务院于 2010 年 10 月成立京沪高铁建设领导小组，国务院副总理任组长，16 个国家部委和北京、天津、河北、山东、安徽、江苏（含南京）、上海为成员单位，统筹指导京沪高铁建设工作，协调解决建设中的重大问题，以及铁路沿线征地拆迁等铁道部和高铁公司自身难以解决的问题。领导小组下设办公室（京沪办），负责日常事务，研究提出需要由领导小组决策的建议方案，督促落实领导小组议定事项，加强与有关部门和地区的沟通协调，收集和掌握建设的有关信息。项目法人为 2008 年 1 月成立的京沪高速铁路股份有限公司，负责高铁的建设组织和管理工作。铁道部成立京沪高速铁路建设总指挥部，铁道部副部长兼任指挥长，与京沪高速铁路股份有限公司属于"一个机构、两块牌子"，以调动全路各部门资源，开展建设管理工作。高铁公司设置综合部、计划财务部、工程管理部、安全质量部和物资设备部，严格实行招标投标制、工程监理制和合同管理制；另设置天津（土建一标）、济南（土建二标和三标）、蚌埠（土建四标）、南京（大胜关大桥和南京枢纽）和苏州（土建五标和六标）5个指挥部，坚持在第一线组织管理建设。

2.6 中国重大工程组织模式发展趋势

重大工程作为开放的社会经济系统，投资规模大、技术复杂且影响深远而广泛等特点致使重大工程的管理面临巨大挑战，并逐渐成为跨组织的复杂行为。当前，重大工程组织具有强烈的动态性和演化性，同时其组织问题也具有强烈的制度和文化情景依赖性。因此，重大工程组织模式的发展趋势问题研究难度大，需要我们进行多因素、多视角的思考。

1）更大组织场域下的重大工程组织模式

尽管改革开放以来，我国一直在大力推动重大工程的企业治理模式，但实践证明，政府仍然在绝大部分领域具有主导地位，一些机构或项目型公司仍然具有强烈的政府或准政府属性。重大工程多为战略性工程，其组织治理也呈现从中央、地方到项目公司、参建单位的多层次治理体制和机制。但是，以往的重大工程组织模式研究集中关注项目组织模式，而没有将政府机构纳入工程项目组织中，只是将政府的作用作为制度环境来进行研究。因此，从重大工程项目组织扩展到更大的组织场域显得十分必要。

就我国重大工程管理组织而言，更大组织场域不仅涵盖项目实施层面的实施单位，还应包括中央、部委及省（自治区、直辖市）在内的政府治理层面的组织。此外，还应认识到，工程组织不仅仅是临时性伙伴，更多情况下会呈现出长期联盟的特点。重大工程不是一个孤岛，项目组织网络只是更大组织网络的一部分。这种更大组织场域的形成（或重构）、固化和同形将会促进多样化、多维度为特征的组织模式的生成。

2）融资模式变革下的重大工程组织模式

进入21世纪后，伴随着市场经济地位的确定，地方政府取代中央政府成为重大工程投资的主体，社会资本也开始参与到重大工程建设中，逐步建立了政府与市场合理分工合作的管理组织体系。中央和地方政府逐渐从原来包揽一切过渡到政府加强组织和协调，强调政府主导和社会参与相结合，通过特许经营、投资补助、政府购买服务等多种形式，全面落实建设单位项目法人责任制，并逐步向独立核算、自主经营的企业化管理模式转变。特别是最近几年，随着供给侧改革及

PPP 等模式的推进，树立企业的市场地位以及界定政府的行为边界，成为重大工程投融资和治理的关键问题。但从目前来看，社会资本的介入力度与国际大型公共工程相比仍有较大差距。以 PPP 模式为例，从历史上看，PPP 社会资本来源从最初的部分外资企业到部分民营企业再到国有企业占绝对主导地位，显示出关键问题仍然没有得到很好的解决。同时，在政府的强力推动下，我国 PPP 推行也存在过热过快现象，忽视了制度情境和项目特征的复杂性，出现了"一刀切""一窝蜂"等乱象和问题（李永奎，2017）。

PPP 模式是一种优化的项目融资与实施模式，以各参与方的"双赢"或"多赢"作为合作的基本理念。在经济新常态背景下，为解决工程融资和专业化管理等问题，进一步平衡政府和市场的关系，2014 年国务院颁布了《国务院关于创新重点领域投融资机制鼓励社会投资的指导意见》，要求建立健全 PPP 机制，标志着我国重大工程项目 PPP 时代的到来。2016 年国务院发布《中共中央 国务院关于深化投融资体制改革的意见》，着力推进供给侧结构性改革，充分发挥市场在资源配置中的决定性作用和更好地发挥政府作用，从而进一步推动了 PPP 的实施热潮。

但是，重大工程不是一般工程的"放大版"，它是一个"社会工程"，是极度复杂的社会经济系统。因此，在从传统投融资模式向 PPP 转型时，其面临着制度障碍这一外部挑战以及项目复杂这一内部挑战。制度缺陷主要包括决策模式不规范、招投标制度僵化、项目交付模式单一、市场机制不健全等，社会资本介入重大工程缺乏实践空间。而项目复杂性是 PPP 模式实施挑战的内部根源。在面对项目的多维复杂性时，民营企业体现出能力不足的缺点，很难发挥自身优势。相反，政府和国有企业则优势更强。一是因为国有企业实力强，具有调动优秀资源应对复杂性的能力；二是国有企业抗风险能力高，是承担重大工程风险最后的屏障，由此多被决策者优先采用。因此，这种复杂性导致了长期以来重大工程管理以政府或国有企业为主，社会资本没有动力或者无法主导重大工程的决策、建设和运营。另外，由于重大工程存在长期风险，政府和社会资本责任界面不清晰，各方长期履约的信用不确定性强，容易引起合作关系变化甚至是异化。

要想实现重大工程 PPP 模式的成功，需要形成适合我国实际情境的复合能力模式，即 PPP 的"中国模式"，这也是重大工程组织模式发展的一个趋势。基本思路包含：①基于不同地区、不同行业的制度成熟度，形成差异性模式；②针对不同类型的 PPP 项目，形成多样性模式，甚至"混合"模式；③基于项目复杂性，形成适应性模式；④基于重大工程组织能力复合性，形成多元性模式。

3）交付模式变革下的重大工程组织模式

当前建筑业中传统的几种交付模式（如 DBB、CM、DB[①]、EPC 等）在应对我国重大工程的管理时暴露了诸多不适应，存在着若干弊端：组织内部创新受到阻碍，计划缺乏系统性，设计与施工相分离，无法使各参与方形成有效的、牢固的伙伴关系，风险过于集中，而结合了传统交付模式优点及精益建设理论的集成项目交付（intergrated project delivery，IPD）模式为解决重大工程建设的问题提供了新的生机，也成为我国重大工程组织模式适应性创新的新趋势之一。

2010 年，美国建筑师学会（American Institute of Architects，AIA）对 IPD 的定义为："IPD 是一种建立在统一所有参与方商业利益的合同协议基础之上的项目交付模式，该合同协议至少应该纳入业主、施工方和设计单位。IPD 通过将利益相关者的成功与项目的成果结合在一起，促进了整个设计和建造过程中的合作，并包括一些合同原则（要求的特征）和行为原则（期望的特征）。"

对于重大工程的组织问题而言，传统的组织工具很难准确地表达重大工程系统的复杂组织结构，各参与方之间能否协调合作成为决定重大工程项目能否顺利完工的关键，此时 IPD 模式就表现出了它的优势。在项目前期各参与方之间通过签订关系合同来保证项目各方利益的同时明确参与方之间的指令关系，使项目组织结构更加扁平化，强化了信息交流和工作效率。建立相应的组织体系并体现在合同文件中是 IPD 模式最关键的环节。由于 IPD 的合同与传统的项目合同不同，故相对应的团队组建方式、项目的组织结构、决策方式也与传统的组织结构有较大的区别。IPD 模式下的组织结构由项目前期规划阶段的核心成员和项目在实施阶段各专业团队组成，核心成员和非核心成员之间信息共享，共同参与决策项目的重大事务。到目前为止，IPD 模式主要有三种组织结构形式，分别对应多方独立型的 IPD 模式、多方合同型的 IPD 模式和 SPE（single purpose entity，单一目标公司）型的 IPD 模式。

4）信息化技术变革下的重大工程组织模式

我国重大工程管理的外部环境在不断变化，变革性技术和管理创新不断涌现。根据 2017 年住房和城乡建设部公布的《建筑业 10 项新技术（2017 版）》，BIM、大数据、云计算、互联网及物联网等 9 项信息化技术对当前建筑业影响深远。其中，BIM 技术的推行在近几年内，更是出现了井喷之势。工程建设信息化的发展趋势是基于 BIM 的数字化建造，在此基础上建筑业的生产组织形式和管理方式必将发生与此趋势相匹配的巨大变革。因此，以下以 BIM 为例探析信息化技术对重大工程组织模式发展变革的影响。

---

① DBB 全称为 design-bid-build，设计-招标-建造；CM 全称为 construction management，施工管理；DB 全称为 design-build，设计-建造。

BIM 技术是近年来发展迅速的一种多维（3D、4D、5D 和 nD）模型信息集成技术，其根本价值是能极大改善建筑业在过程、专业、组织等方面的割裂问题，通过提高各方面协同集成水平，提高建筑业的生产效率，最终目的是实现协同和集成。BIM 的应用已涵盖到重大工程建设项目的全生命周期，即包括项目决策期、实施期与运营期。BIM 技术可为项目各参与方（投资方、开发方、政府管理方、设计方、施工方、工程管理咨询方、材料设备供货方、设施运行管理方等）服务，并为其提供一个高效的协同工作平台。因此，BIM 技术应用促使组织向集成化方向发展。组织集成是指在信息技术的支持下，从全生命周期角度出发，使各参与方能提前介入项目或者继续向后延伸，以项目目标为导向，参与项目决策、实施、运营维护阶段的管理，各参与方协同工作，确保实现项目全生命周期的目标，其本质是对参与主体之间的信息进行集成。

BIM 对组织集成的影响是通过信息集成实现的，其应用使重大工程项目组织结构趋于扁平化，增强了参与方之间的协调性，为参与方之间的协同工作打下坚实的基础，使决策者可以更广泛地参与决策。同时，BIM 的应用为组织应对项目复杂多变的内外部环境提供技术支持，为集成化组织提供一个可视化的决策平台，通过模型的可视化，分析环境变化可能造成的影响，提前采取相应措施实现事前控制。

5）建造模式变革下的重大工程组织模式

在现浇施工技术帮助中国建筑行业取得蓬勃发展的同时，其所带来的环境污染和质量安全问题也层出不穷，资源消耗及浪费巨大，且利润不断下降，生产模式的变革成为我国建筑行业新的突破点。

2016 年 9 月 14 日，国务院总理李克强主持召开国务院常务会议，部署加快推进"互联网+政务服务"，以深化政府自身改革，更大程度利企便民，决定大力发展装配式建筑，推动产业结构调整升级。

《国务院办公厅关于大力发展装配式建筑的指导意见》也指出，发展装配式建筑是建造方式的重大变革，是推进供给侧结构性改革和新型城镇化发展的重要举措。该意见强调，装配式建筑原则上应采用 EPC 模式，可按照技术复杂类工程项目招投标。工程总承包企业要对工程质量、安全、进度、造价负总责。要健全与装配式建筑总承包相适应的发包承包、施工许可、分包管理、工程造价、质量安全监管、竣工验收等制度，实现工程设计、部品部件生产、施工及采购的统一管理和深度融合，优化项目管理方式。鼓励建立装配式建筑产业技术创新联盟，加大研发投入，增强创新能力。支持大型设计、施工和部品部件生产企业通过调整组织架构、健全管理体系，向具有工程管理、设计、施工、生产、采购能力的工程总承包企业转型。相应地，工程组织模式也会随着此转型趋势的变化发生适应性演化。

2.7 本 章 小 结

重大工程组织作为项目目标能否实现的决定性因素，其组织模式更是项目成功的根本性保证。

重大工程组织是由工程多主体在一定的规则和程序规定下，为了实施全过程各种管理功能而形成的系统网络。工程组织模式是在工程环境中，组织内主体关联结构、事权配置及各类管理资源整合转换方式等的规律和规则，包含了静态的组织构成、组织形态和组织要素，以及动态的项目交付和资源整合方式、治理机制和运作机制等方面。重大工程的战略意义和公共产品属性决定了其组织模式具有"政府-市场"二元性这一突出特征，即重大工程同时受到外部政治和经济影响，具有政府和市场的二元治理作用。本章采用基于多案例的方法，研究政府和市场机制对重大工程组织模式的作用形式、路径和作用手段，并进一步分析重大工程组织模式的形成机制。

组织结构是组织模式最重要的内容。重大工程往往是影响生产生活和社会秩序以及经济和环境可持续发展的"社会工程"，除了安全、质量、投资、进度等目标外，还必须满足环境与可持续、社会稳定性与抗风险能力等新的目标要求。因此，重大工程组织体现出不同于一般工程的多层次功能，主要包含协同功能、协调功能和协商功能。其组织性能框架也不是单一的，依据能力层级维度和外部环境的变化剧烈程度，应包括刚性、鲁棒性、柔性及弹性性能等。重大工程组织功能及性能的复杂性导致了其组织结构的复合动态性，纵向结构层次化，横向结构模式多样化。

我国重大工程建设管理组织模式随着经济、社会的变革不断地演化和发展，大致上经历了三个阶段的演化。同时，其演化受到工程管理体制、经济体制和项目特征等因素的影响。

在重大工程组织模式的发展趋势的研究问题上，我们需要进行多因素、多视角的思考。不仅如此，我们还应从研究对象系统、研究边界、研究视角、研究方法、研究问题、理论基础等方面超越传统的工程组织研究范式，形成新的范式和创新理论成果，从而更好地指导工程实践活动。

参 考 文 献

鲍威尔 W W，迪马吉奥 P J. 2008. 组织分析的新制度主义. 姚伟译. 上海：上海人民出版社.

江林. 2002. 军队指挥的科学：军队指挥学基础理论. 北京：军事科学出版社.

卡斯特 F E，罗森茨韦克 J E. 2000. 组织与管理——系统方法与权变方法. 傅严，等译. 北京：中国社会科学出版社.

乐云，张云霞，李永奎. 2014. 政府投资重大工程建设指挥部模式的形成、演化及发展趋势研究. 项目管理技术，12（9）：9-13.

乐云，黄宇桢，韦金凤. 2017. 政府投资重大工程组织模式演变分析及实证研究. 工程管理学报，31（2）：54-58.

李慧，杨乃定，郭晓. 2009. 复杂项目系统复杂性构成研究. 软科学，23（2）：75-79.

李永奎. 2017. 重大工程 PPP 模式适应性提升路径：基于制度理论和复杂性视角. 南京社会科学，（11）：68-75，121.

李永奎，乐云，卢昱杰. 2011. 基于 SNA 的大型工程项目组织总控机制及实证. 同济大学学报（自然科学版），39（11）：1715-1719.

李永奎，乐云，张艳，等. 2018. "政府–市场"二元作用下的我国重大工程组织模式：基于实践的理论构建. 系统管理学报，（1）：147-156.

刘洋，魏江，应瑛. 2011. 组织二元性：管理研究的一种新范式. 浙江大学学报（人文社会科学版），41（6）：132-142.

彭敏. 1989. 当代中国的基本建设. 北京：中国社会科学出版社.

盛昭瀚. 2007. 大型复杂工程建设管理主体与综合集成——兼论我国工程建设指挥部模式. 《中国工程管理环顾与展望》编委会. 中国工程管理环顾与展望：首届工程管理论坛论文集锦. 北京：中国建筑工业出版社：168-172.

盛昭瀚，游庆仲，陈国华，等. 2009. 大型工程综合集成管理：苏通大桥工程管理理论的探索与思考. 北京：科学出版社.

王学通，谢壁林，陆文钦. 2013. 工程项目管理模式决策研究综述. 工程管理学报，27（4）：67-71.

杨德向，张俊杰，刘毓山. 1993. 钢铁工业工程建设现代管理方式研究. 北京：经济管理出版社.

杨耀红，汪应洛. 2006. 大型基建工程项目业主等方合谋的博弈分析. 管理工程学报，20（2）：126-129.

张伟，朱宏亮. 2005. 政府工程管理模式综述及改革方向. 建筑经济，（7）：19-23.

张伟，朱宏亮. 2007. 我国政府投资项目管理的制度变迁. 土木工程学报，40（5）：79-84.

周望. 2010. 中国"小组机制"研究. 天津：天津人民出版社.

Russell H. 2017. 伙伴关系——厄勒海峡通道项目管理成功之道. 李英译. 北京：人民交通出版社.

Ahola T, Kujala J, Laaksonen T, et al. 2013. Constructing the market position of a project-based firm. International Journal of Project Management, 31（3）：355-365.

Baccarini D. 1996. The concept of project complexity—a review. International Journal of Project Management, 14（4）：201-204.

Bertelsen S. 2003. Construction as a complex system. Conference of the International Group for Lean Construction.

Beunen R. van Assche K, Duineveld M. 2015. Evolutionary Governance Theory：Theory and Applications. Berlin：Springer International Publishing.

Bosch-Rekveldt M, Jongkind Y, Mooi H, et al. 2011. Grasping project complexity in large engineering projects：the TOE（technical, organizational and environmental）framework. International Journal of Project Management, 29（6）：728-739.

Bourdieu P. 1971. Systems of Education and Systems of Thought. London：Collier-Macmillan.

Bourne M, Mills J, Neely A, et al. 2013. Performance measurement system design：testing a process approach in manufacturing companies. International Journal of Business Performance Management, 1（2）：154-170.

Burkhard R, Meier M. 2004. Tube map: evaluation of a visual metaphor for interfunctional communication of complex projects. Proceedings of I-KNOW'04.

Chang A S, Shen F Y. 2014. Effectiveness of coordination methods in construction projects. Journal of Management in Engineering, 30 (3): 04014008.

Cheung S O, Lam P T I, Wan Y W, et al. 2001. Improving objectivity in procurement selection. Journal of Management in Engineering, 17 (3): 132-139.

Cleland D I, Kerzner H. 1995. A Project Management Dictionary of Terms. New York: Van Nostrand Reinhold.

Daft R L. 1992. Organization Theory and Design. Stanford: Cengage Learning.

DiMaggio P J, Powell W W. 1983. The iron cage revisited: institutional isomorphism and collective rationality in organizational fields. American Sociological Association, 48 (2): 147-160.

Dimitriou H T, Ward E J, Wright P G. 2013. Mega transport projects—beyond the "iron triangle": findings from the OMEGA research programme. Progress in Planning, 86: 1-43.

Duncan R B. 1976. The ambidextrous organization: designing dual structures for innovation. Management of Organization Design, (1): 167-188.

Egan J. 1998. Rethinking construction: the report of the construction task force. Department of the Environment, Transport and the Regions.

He Q H, Luo L, Hu Y, et al. 2015. Measuring the complexity of mega construction projects in China—a fuzzy analytic network process analysis. International Journal of Project Management, 33 (3): 549-563.

Kim H J, Reinschmidt K F. 2011. Association of risk attitude with market diversification in the construction business. Journal of Management in Engineering, 27 (2): 66-74.

Levitt R E. 2011. Towards project management 2.0. Engineering Project Organization Journal, 1 (3): 197-210.

Li Y K, Lu Y J, Taylor J E, et al. 2017. Bibliographic and comparative analyses to explore emerging classic texts in megaproject management. International Journal of Project Management, 36 (2): 342-361.

Li Y K, Lu Y J, Ma L, et al. 2018. Evolutionary governance for mega-event projects (MEPs): a case study of the World Expo 2010 in China. Project Management Journal, 49 (1): 57-78.

Locatelli G, Mancini M, Romano E. 2014. Systems engineering to improve the governance in complex project environments. International Journal of Project Management, 32 (8): 1395-1410.

Lu Y K, Luo L, Wang H L, et al. 2015. Measurement model of project complexity for large-scale projects from task and organization perspective. International Journal of Project Management, 33 (3): 610-622.

Lundrigan C P, Gil N A, Puranam P. 2015. The (under) performance of mega-projects: a meta-organizational perspective. Academy of Management Annual Meeting Proceedings, (1): 11299.

McAdam D, Boudet H S, Davis J, et al. 2010. "Site fights": explaining opposition to pipeline projects in the developing word. Sociological Forum, 25 (3): 401-427.

Miller R, Lessard D, Michaud P, et al. 2000. The Strategic Management of Large Engineering Projects: Shaping Institutions, Risks, and Governance. Cambridge: MIT Press.

Moldoveanu M C, Bauer R M. 2004. On the Relationship between organizational complexity and organizational structuration. Organization Science, 15 (1): 98-118.

Ng A, Loosemore M. 2007. Risk allocation in the private provision of public infrastructure.

International Journal of Project Management, 25（1）: 66-76.

North D C. 1990. Institutions, institutional change, & economic performance. Journal of Economic Behavior & Organization, 18（1）: 142-144.

Ruuska I, Ahola T, Artto K, et al. 2011. A new governance approach for multi-firm projects: lessons from Olkiluoto 3 and Flamanville 3 nuclear power plant projects. International Journal of Project Management, 29（6）: 647-660.

Scott W R, Levitt R E, Orr R J. 2011. Global Projects: Institutional and Political Challenges. Cambridge: Cambridge University Press.

Warsame A. 2009. Organizational modes in the residential building sector in Sweden. Construction Management & Economics, 27（2）: 153-163.

Zhai Z, Ahola T, Le Y, et al. 2017. Governmental governance of megaprojects: the case of Expo 2010 Shanghai. Project Management Journal, 11（1）: 37-50.

Zhang Y, Pan E, Song L, et al. 2015. Social network aware device-to-device communication in wireless networks. IEEE Transactions on Wireless Communications, 14（1）: 177-190.

第3章 重大工程政府治理模式

对于常规工程项目而言，由于投资方与参建方是私有企业，其与政府或政府部门之间的联系存在于前期获取各项资质许可以及接受相关部门监管等阶段，此时政府的角色既是执法者也是市场行为的激励者（Koontz，2006）。而重大工程一般是政府投资的基础设施项目或具有重要社会意义的公益项目，具有公共性的特征，政府在其中扮演的不仅仅是第三方的监管者角色，更是直接参与了重大工程的建设，兼备多重身份，对重大工程的作用通过直接投资、政策刺激、制度约束等多种方式实现。本章从政府的角度出发，结合治理理论和制度主义等理论，研究重大工程中的政府治理模式。

3.1 政府治理与重大工程政府治理

3.1.1 政府治理概述

在现代社会，政府首先是公共主体，除此之外又是经济主体（Grindle，1997），它并不是凌驾于经济之上，而是直接渗透在经济结构当中。这表明，政府既调控经济，又参与经济，是市场经济的主体之一，具有社会经济管理者和市场经济活动参与者双重身份。政府在经济活动中的介入行为是一把双刃剑，政府既可以是"帮助之手"，也可以是"掠夺之手"（Brown et al.，2009）。

不管是发达的西方资本主义国家，还是处在改革深化期的中国，社会经济、政治、文化和环境都在不断发生变化，社会变得更加具有多样性、动态性和复杂性，政府也在不断适应这一变化。为了更好地解释政府的角色与行为，治理理论逐渐得到广泛使用。治理理论的框架既涉及国家治理、区域治理和城市治理，也包括政府、社会与市场的多维度互动。有学者认为治理过程中的权力机制是相互割裂的，其围绕主权、权力和合法性展开，是一个统治的过程

（Sending and Neumann，2006）。从狭义来看，治理的重点集中在国家和政府身上，关注的是政治权力的使用方式和效果；而近年来出现的"善治"等概念，涉及社会公众与政府的关系，体现了社会认同和价值观念产生的政治过程，以及提供公共服务的相关规则被制定、改变和执行的能力（Brown et al.，2009）。

由于中西方制度环境的不同，对于治理的理解也有所不同。西方对治理的研究在以市场为主导的背景下，认为政府是与市场、社会并行的主体；而中国学者是在政府主导的经济转型环境下来研究治理问题，认为治理的主体主要为政府，致力于如何发挥政府主导力量来解决公共治理问题（王浦劬，2014）。不同的制度变迁过程形成了各自的治理模式发展路径，西方可能形成政府、市场、社会较为制衡的博弈关系，所以治理本身的研究就反映了这一平等性。而中国政府主导是制度变迁的起点，在形成的治理结构中，依然是以政府为主导，通过政府的力量来塑造市场和社会。因此，在治理研究的本土化过程中，"政府治理"是比较适合中国语境的概念，体现了政府通过行使公共权力而管理社会事务，解决公共问题，创造公共价值的过程。

政府治理通常具有单向性，其具有家长式的角色，习惯于通过命令和控制来处理社会问题。基于组织理论，尤其是经济学中有关不完全契约和新产权的理论，有学者提出了"控制权"理论（周雪光和练宏，2012），用于解释不同层级政府的权力分配，为分析各类政府治理模式提供了理论框架，从而在这些治理模式的相互联系中认识政府行为。也有研究者认为不同层级和不同部门的政府机构是碎片化的，不构成一个统一行为体（米格代尔，2012），政府治理的治理机制分为行政路径（即具有强制性的规章制度）、市场路径（即通过使用经济原则和市场意识来推动理性决策）和社会路径（通过影响人们的集体利益和愿景来间接制定政府的决策）（Dean，2010）。随着经济全球化的发展，政府既要为市场体系的有序运行创造良好外部环境，还要保障社会公平，决定制度供给的方向、速度、形式和战略安排，具有公共事务管理和经济管理的双重基本管理职能。

因此，政府治理体现了政府对社会的一种治理方式，这一过程实际上整合了政府本身和其治理的心态（mentality）。20 世纪 70 年代，法国哲学家米歇尔·福柯将"治理术"（governmentality）这一概念狭义化为对国家权力的研究，治理开始得到广泛的重视（福柯，2010）。福柯（2010）认为，治理是维持政治主权运转的有效方式，是政府实施的一种战略逻辑。随着政府职能的转变，治理不再是强加的，而是服务于社会的，但其出发点仍是基于国家理性，目标是达成"善治"。

中国的政府治理理论范式吸收了西方治理理论，经过了本土化的改造，在政府、市场与社会的互动关系框架中探讨多中心治理、网络化治理和整体性治理的合理内涵。但与西方治理理论指向公共治理的理论范式有所不同，中国的政府治理理论凸显了政府（包括党委）在由政府、市场和社会等多元治理主体组成的模式中处于核心和主导地位，培育市场机制和社会机制（包国宪和霍春龙，2011；何增科和陈雪莲，2015）。中国的政府治理研究主要集中在两大类别上：一类是基础理论研究，重点在于解释政府治理的含义、特征以及与其他方面治理的关系；另一类是探讨政府治理的实现路径，包括政府治理机制、政府治理的工具、政府治理范式的变迁以及政府治理评估等问题（何增科和陈雪莲，2015）。

3.1.2　重大工程政府治理

政府职能的实现路径之一是向社会提供公共产品和服务，而对重大工程这一类公共项目的投资与管理，是政府服务于社会的重要载体。对于一般工程来说，政府属于外部利益相关方（Winch，2007），广义来看，包括了监管机构、法律机关、政府机构和部门，它们的共同目标是通过建设项目来实现社会目标，而且对项目有着基于道德的推动动机。与一般工程不同，重大工程由于其特殊性，其历史起源就是基于政府主导的，政府是直接的参与方，会对工程产生重大影响（Aaltonen and Sivonen，2009）。

一般工程更倾向于追求经济利润，而重大工程建设的主要目标是确保项目对社会政治环境有益，或者至少是无害的（Henisz et al.，2012）。政府在重大工程中的角色可以通过权力、合法性和诉求紧迫性来理解（Aaltonen and Sivonen，2009）。在西方研究语境下，政府行为的合法性来自于其受到了多数选民的支持，其对工程的监督和管控权力主要通过规范性和强制性的法律法规来实施，并有权通过各种方式限制或者实施重大工程（Sallinen et al.，2013）。在中国情境下，政府对重大工程的管理途径与西方类似，由于其合法的地位和拥有较大的权力，政府对项目的诉求统筹能够得到其他参建方最快速的响应。

政府在重大工程建设项目中的角色（图 3.1），通常可以归纳为两个类型：基于政策权力的指挥者和基于市场经济的执法者（Peterman et al.，2014）。作为指挥者，政府可能出于种种原因取消以前做出的决定和承诺（Miller and Hobbs，2005），从而导致项目的拖延并影响参建单位的利益。在中国的情境下，政府承担并演变成多个角色，往往是直接参与者，但同时又是指挥者和激励者。在承担执法者角色时，政府采取措施来规范项目参建方应当做什么和不应该做什么，但通常由于政治压力，执法行为的社会成本和环境成本被大大低估。在指挥跨区域建设的重大工程时，一个高级别的协调部门是不可或缺的，否则会缺乏有效的执法基础，造成协调失败（Henisz and Levitt，2011）。

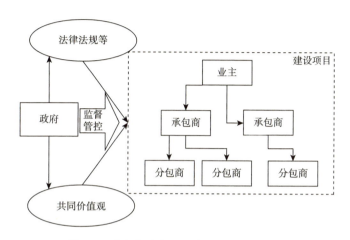

图 3.1　政府在重大工程建设项目中的角色

西方对重大工程中政府过多的参与多持负面态度。理论上来说，工程交易活动中独立和公正的第三方监督可以降低复杂且不完善合同导致的风险。当出现争议时，合同的一方或者双方会通过各种直接或间接的手段来影响解决争议的过程，使其向对自己有利的方向发展，如通过政治介入。但是，无论是美国收费公路建设的争议（Henisz et al.，2012），还是中非石油管道建设的争议（Miller and Lessard，2000）等案例都证明，如果过多地引入政治力量，都会导致失败。

3.1.3　我国重大工程的政府治理

我国政府在重大工程中的投资一直呈现稳步增长的趋势，这与发达国家（如美国）的情况也基本一致。重大工程治理不同于一般项目，其治理的特殊性突出表现为政府行政力量的介入使项目在依赖正式制度环境的同时，会探寻合同之外的文化认知层面的治理手段。纵观 1949 年以来的历史，我国重大工程治理模式经历了传统的基建处模式、指挥部模式等，改革开放以后，为了与国际市场接轨，以鲁布革工程为标志，开展了一系列的市场化改革与制度创新，开始从完全的计划经济体制向市场经济体制转变。在这一过程中，政府对重大工程的介入程度虽有降低但从未缺席。

　　计划经济时期，政府是社会经济活动的组织者和领导者，统一计划、统一组织、统一指挥。重大工程建设从决策阶段到建设阶段，政府始终是核心角色，具有绝对的权力和权威。国家有计划的集中管理是重大工程组织的基本依据和原则，由中央各部委和地方政府建立集中统一的基本建设管理体制，政府集中调配资源，政府集中管理建设资金。但长期以来强势的政府主导作用，在取得重大工程成就的同时也引发了权责分配和资源分配失衡（市场内部垄断）、滥用职权、以权谋私、社会矛盾激化及寻租等政府治理失灵问题。

　　20世纪80年代以来，经过近四十年的努力建设，我国对外开放的总体格局基本形成，经济体制改革取得突破性进展，初步建立了有中国特色的社会主义市场经济体制。在学习和引进西方市场经济经验的基础上，逐步建立和推行了招标投标制、工程监理制、项目法人责任制及合同管理制。虽然有国家层面的立法支撑（如《中华人民共和国招标投标法》《关于实行建设项目法人责任制的暂行规定》等），也有各种地方法规的约束，但是，实际上这些机制在重大基础设施建设中并没有完全实现。例如，业主方自行管理是我国长期以来的基本建设管理模式，包括基建处和指挥部模式等，改革开放以后，在学习、借鉴西方管理模式成功经验的基础上，我国尝试引入委托专业化项目管理服务这样一种新型管理模式，但是在引进、消化过程中，根据我国国情进行了调整和变化，依然保留了政府的一席之地。在这一阶段，政府仍然起主导作用，同时，随着市场化改革在经济领域的蓬勃开展，市场起到了辅助作用。我国重大工程的政府治理有其必然性。

　　首先，我国的重大工程项目具有天然的自然垄断。重大工程提供的产品具有公共品性质，建成后对社会公众影响巨大，具有较强的外部性，而公共性和外部性会导致市场机制配置资源的非效率性和分配的不公正性（萨缪尔森和诺德豪斯，2008），需要政府作为社会大多数成员利益的代表，通过制定适当的规制政策修复市场机制，以维护社会秩序和社会稳定。而我国目前的建设单位依然有不少是依托行业的发展而发展起来的，尽管这些建筑企业在进行本行业的建筑任务时具有丰富的经验和技术成本的优势，但是同时也形成了竞争不足、行业壁垒和行政壁垒的局面。这也使得政府的介入和协调成为必需。

　　其次，专门化的常设管理机构的缺失。重大工程建设的管制过程涉及多个部门。在我国已有的法规中，没有一个确定的、明确的、具有相当独立性的规制机构，因此颁布的法规难以得到公正、有效的执行。例如，我国投资中介服务市场发育不够，引入专业化的第三方咨询机构参与政府投资项目的规制工作才刚刚起步。当有重大工程要上马时，只能由政府在短时间内搭建一个临时性的"指挥部"性质的组织，并委任政府官员来兼职管理。

3.2　重大工程的制度压力与治理挑战

面对复杂的建设环境，如何组织与完成重大工程的建设对于中央和地方政府以及承担具体建设任务的项目管理者而言都是巨大的挑战。重大工程中的低效问题一直是国际学者的普遍共识（Flyvbjerg，2011；Ruuska et al.，2011），但是我国的重大工程项目尤其是基础设施项目，大都能高速且成功地完成。20 世纪 80 年代后，市场经济的作用逐渐显现，重大工程除了有传统的国有企业参与外，私有企业（以及国外资本）的作用也开始增大。发达国家市场经济成熟，有学者认为，工程项目不应该政治化（Kharbanda and Pinto，1996），政府的作用仅限于项目的外部参与者（Winch，2007），过度的政府参与会降低项目的成功率，但在社会主义市场经济制度下，政府不仅是项目的监督者，更是直接参与者，正是一定程度的政治化，才有了如国家体育馆——鸟巢等项目的成功（Manzenreiter，2010）。

从世界范围内来看，重大工程都面临着类似的问题，如工程超期、超预算及质量安全问题频出等（Flyvbjerg，2011），这些通常与项目规划或执行活动中的问题有关。而重大工程面临的另一类挑战是指项目没有实现目标功能、利益或社会贡献。这一类失败相较一般的可以由技术层面解决的问题来说，发生在更高的管理层面上，而且发生在项目的早期。由于重大工程的复杂性和不确定性，以及多个利益相关方的目标各不相同，很难用简单和普遍的指标来定义其是否成功，或是如何实现成功。为了更好地理解这些问题，本书总结了五部经典著作中重大工程中出现的问题及解释，见表 3.1。

表 3.1　经典著作中对重大工程面临问题的总结

作者（年份）	关注点	类别	面临的挑战
Morris 和 Hough（1987）	项目成功的不同类别	项目管理	·人为错误 ·项目目标及其有效性 ·政治影响 ·政府担任多重角色 ·财务问题
Collingridge（1992）	大型组织中的决策过程	决策管理	·管理者驾驭复杂性的能力 ·问题随时间不断变化 ·技术的不灵活性 ·变化是昂贵且痛苦的 ·严格的审查制度
Miller 和 Lessard（2000）	制度背景、决策和治理	项目治理	·处理项目环境中的波动 ·机会主义行为 ·决策不完全合理 ·协调与合作 ·制度框架设计

续表

作者（年份）	关注点	类别	面临的挑战
Flyvbjerg 等（2003）	更合理的决策和沟通，制度安排，责任追究及风险管理	项目治理	·应用了错误的方法 ·掌握的数据不够 ·外界因素的意外变化 ·意外政治事件及对政策的错误认知 ·项目高层管理者的偏见
Altshuler 和 Luberoff（2003）	重大工程的政治逻辑	项目政治	·管理者能力有限且没有经验传递 ·管理行为和管理角色复杂 ·公共部门的领导角色 ·地方政府与中央政府的冲突 ·项目融资模式

这些经典研究为重大工程中的成功或失败提供了有价值的解释。这五部书分析了一系列实证案例，从各自采用的理论框架出发阐述了重大工程中出现的问题，每项研究都指出了一系列的问题，包括普遍存在的以及一些项目所特有的挑战。Miller 和 Lessard（2000）根据 60 个大型工程项目的案例研究提出，此类项目的失败在于其高度复杂性、不可逆性及动态的变化。Altshuler 和 Luberoff（2003）通过总结高速公路、机场和城市轨道交通三类重大工程发展历史过程中政府角色的变化、公共政策的变化过程及影响这些巨型项目发展背后的各种因素，提出政府财政与商业联盟的联合是巨型项目成功的重要因素之一。

重大工程项目虽然充满技术挑战，但其主要的失败因素常常不是因为技术问题而无法克服。这些工程项目的主要治理挑战有以下四种（Miller and Lessard，2000；Levitt et al.，2010）。

（1）达到高效的挑战：重大工程项目一般为政府投资主导的公共项目，但政治体制往往没有妥当的激励机制来引导有效率的决策和行政流程。尤其在策划阶段，项目决策者受到心理和组织压力，如为追求政治目的，对项目获益和成本的预估常常过度乐观（Flyvbjerg，2011）。而且，此类项目涉及的巨额投资提供了许多投机的机会，吸引寻租行为。这些因素皆导致重大工程的效率低落。而传统的效率评价指标、评价方法以及为实现效率而在全寿命周期中的控制与管理均需要在新形势下进行拓展。

（2）满足公共合法性（public legitimacy）的挑战：重大工程支持着社会和经济活动，与生活品质息息相关，因此往往受到外界团体如国内国际环保组织、融资集团、社会媒体及公众的高度关注，承受社会压力和风险，必须接受严格及复杂的法规规范管制。因此公共合法性是此类工程项目重要的成功因素（Miller and Lessard，2000；Javernick-Will and Scott，2010），必须重视社会与公众的参与在项目治理中所扮演的角色。

（3）职能权责错位的挑战：目前重大工程项目的组织形式依据不同项目生

命周期阶段和专业分工而被切割。前期决策者所进行的规划设计已经为后期建设和运营奠定了基础，但是负责建设和运营的项目参与者却往往在规划设计阶段缺位，无法提出他们的任务和成本效益考量，亦难以贡献他们的专业知识使决策最佳化。换句话说，前期决策的权力大，缺乏为项目后期工作任务成本利益考量的激励和能力，但决策后果却是后期参与者承担；更严重的问题是，工程项目全生命周期的绩效被完全忽视了，而整体的成本和资源的浪费也提高了（Winch，2007）。这一问题必须借由组织顶层设计来予以克服。

（4）知识和能力建设的挑战：大型工程项目具备许多独特性，每一个项目都是特别设计的产品。加上此类项目数量较少及项目组织的临时性，使知识积累特别困难（Javernick-Will and Scott，2010）。知识积累、队伍建设和人才培养与全产业的可持续发展息息相关，并和组织模式有密切的关系，必须借由适当的顶层设计和制度建设来实现。

3.3 重大工程政府治理的理论建构

很多研究认为，政府作为政治性极强的参与者，是建设项目中不符合任何典型类别的利益相关者，需要单独讨论其行为与角色（Sallinen et al.，2013；Aaltonen and Kujala，2016）。重大工程中的政府治理是一种制度安排。这一制度安排不仅包括正式的组织和制度，还包括非正式的组织、制度、规则和文化关系等。政府是治理的一个分支，其行动具有权威性，并产生正式的约束关系。政府在重大工程中一直处于重要的地位，虽然其作用的程度随经济体制的变化而发生了转变，即由完全的基于法律法规产生的作用，逐渐转移到通过共有文化背景或工作经验来作用于工程，后者是难以直接观察到的（Henisz et al.，2012）。

但是，我国的"政府-市场"二元体制转变的特殊情境使上述这种转变的内在规律较西方发达国家而言，有着较大的差异，难以直接借鉴国外的历史经验（乐云等，2017）。在研究政府在重大工程中的隐性作用时，西方也有类似的案例，如美国某快速交通项目（Levitt，2011），为了防止隧道渗水带来的后期可能由政府承担的修复费用，联邦政府在设计文件中要求了远超过需要的规格标准，增加了承包方的成本。这一行为即政治力量介入重大工程，虽提升了政治家的政治资本却损害了参建方利益的典型案例（Levitt et al.，2010）。

对于重大工程中政府行为难以用正式协议来解释的治理挑战，经济学和社会学视角的组织研究都不约而同地越来越聚焦于有利于持续发展各方关系的关系型治理机制（Chan and Levitt，2011），从而降低投机行为，促进合作。我国制度历史所形成的政府与国企的特殊关系，有力地动员了项目所需的人力物力，并有效地应对项目规划建设过程中的诸多不确定性与新挑战。但这也使这些企业维持合法性与生存资源来源的关键受众只有政府，而非它们所应服务的公众，因而形成互补利益的横向协调、内部协商模式。

3.3.1　政府治理的理论基础

Scott（2008）的组织制度理论构建了三类制度，可以用来解释工程建设相关行为的规范化。Henisz 等（2012）据此将项目治理与制度理论联系起来，认为制度理论对项目治理提供了规制性、规范性和文化认知性的理论支持。

规制性制度通过拥有政策权力的政府或被正式授权的私人组织对违反者的强制性制裁而在"交易中"得到强制性执行。严格来说，制度必然是规制性的，因为它们意味着对组织或个体的行为产生限制与约束。但这里的规制性主要强调，制度所体现的法规颁布、政策制定、规则调整，以及相关的监控、督察与制裁等明确、可见的规章制定过程。在这种规章制定的过程中，包含了对组织或个体进行引导、规约和控制的期望与能力。比较典型的情况便是，许多组织的变革是直接回应政府命令的结果。规制性制度支持依赖于特定的契约机制，提供合法性和经济上的激励来降低机会主义行为。基于交易成本理论，规制性的治理机制可以通过统一的治理结构或通过引入第三方干预和担保来缓和高风险。

规制性治理机制依赖于正式过程来产生合作，而规范性和认知性机制依赖于需要共同规范和共同价值观的非正式过程。专业规范性制度是指人们对社会交换过程、正当行为等的共同预期。违反规范性制度的人，会被他周边的其他人通过如嘲笑、孤立或排斥等社会性手段进行制裁。专业规范并不局限于具体工作岗位之职业道德的描述与规定上，更体现为专家观点的影响力。也就是说，专业知识分子开始成为维持或转变特定规范的重要力量。相比较而言，文化认知制度更强调参与者的共同身份、信念或连接不同利益和价值的概念框架。人们如果做了严重违背他们自己信念的行为，会受到来自他们自己内心的惩罚，如严重的"认知错乱"等内心煎熬。作为对规制性治理的补充，规范性和认知性机制支持着从反复交流、共同价值观和身份、共同协议、社会规范和功能等方面产生的关系治理（Poppo and Zenger，2002）。

三种制度要素的划分并不简单地对应于三种类型的制度，而是同一制度的不同方面，或者说是某种制度比较突出的一面。不同的制度要素往往还与特定的对象相联系，这也使得它们的合法性来源会有所不同。其中，规制性制度要素常常与法规、政策、规则的制定部门相关，其典型代表便是政府及相关的行政部门；

规范性制度要素则主要与社会公众、专业组织或特定群体相关；文化认知性制度要素涉及范围最广，它主要发生在社会层面。

在制度环境中，组织被认为"根植于社会与政治环境之中，其结构与实践反映了环境的规则与惯例"（Scott，2008）。与组织一样，重大工程项目也在制度环境的需求下运行。这些复杂项目影响了公众健康和安全、环境可持续性与生活质量，因此，项目需要遵守严格的管制要求。从这层意思上来说，大型项目需要遵守已有的"博弈规则"和法律层面的制度。然而，这种观点对于捕捉大型项目如何根植于制度环境是不够的，因为它没有考虑到更隐性和抵抗变化的规范制度和文化制度影响（Scott，2008），而这正是能够在实践中观察到的重要因素（Javernick-Will and Scott，2010）。一项在澳大利亚开展的长达五年的关于伙伴式联盟的跟踪研究结果表示，如果"勤勉地"应用规范性治理机制和认知性治理机制，它们几乎可以完全替代强制性治理机制（Clegg et al.，2011）。但是这个结论具有很强的环境依赖性，并不一定能推广到所有国家的治理解释中。

建设项目的参建方是彼此相互依赖的，这些参建方构成的项目组织受到制度环境的影响，又对制度有所应对（Scott，2012）。政府作为其中最关键的一个利益相关方，其对项目的影响基于法律。因此，这种影响是可以被社会接受的，企业不服从政府诉求会导致受到制裁，如罚款或被吊销许可等。这是政府强制性的权力的来源。在制度分析中，规范性制度和文化认知制度三个层面不应该单独讨论，而是始终与项目实践和价值观相关联（Javernick-Will and Scott，2010；Scott，2012）。

3.3.2　政府治理的分析框架

基于上文中对政府治理机制的识别和制度理论基础，本节提出一个政府治理结构与过程的分析框架，如图 3.2 所示。

制度层面	法规政策制度	专业规范制度	文化认知制度
制度驱动力	法规及政策控制	行业规范及标准	文化和认知驱动
政府治理机制	治理结构	政府与其他方的关联	基于信任的价值观构建
跨制度层面因素	能力、知识、技术、信息等		

图 3.2　政府治理结构与过程的分析框架

根据制度理论和政府角色的描述，我们认为重大工程中的政府治理机制在不同制度层面均可以得到解释。由于制度要素是相互依赖的，如果在政府治理机制某一层面有所缺失，那么其他两个层面的表现一定会相应地增强

（Mahalingam and Levitt，2007）。例如，法律法规的合法性是由上自下的，但是在现实中总是需要通过适当的实践与共同的价值观来支持。文化认知制度可以被定义为一套信念，它具体化为人们的价值观念、伦理道德规范以及个人与国家关系的观念等方面。它不仅可以蕴含其他非正式制度的内容，而且可以在形式上构成某种正式制度的理论基础或最高准则。人们对制度变迁过程的价值认同感越强，就越愿意暂时放弃某些个人利益，参与、支持这一过程；反之，认同感越弱，就越不愿意放弃个人利益。在治理过程中，高层管理者通过在组织网络中建立更大的共同价值观来寻求多方合作并减少机会主义的发生率（Henisz and Levitt，2011）。政府在正式的行政手段和合同手段之外，会通过各种途径来宣传重大工程的政治意义、社会效益、经济效益等积极信息，从而在更大的范围内构建一个共同的价值观。中国的大型项目的治理机制不仅包括了社会主义体系下已有的社会和政治结构，还包括了对民族荣誉和自豪感的共同认知。由于这些项目都是一些高度引人瞩目的项目，参建企业会利用机会来获取其自身在市场上的地位，参建的个体出于责任感和民族自豪感，会更加努力地投入项目中（Zhai et al.，2017）。

3.4 重大工程政府治理案例：上海世博会项目

2010年上海世博会项目整个园区规划控制范围6.68平方千米，总建筑面积约200万平方米，总投资规模达220亿元左右。整个建设过程有近300家公司、超过2万名工人和管理人员参与。上海世博会项目已经超出了传统项目的范畴，表现出高度的复杂性和重要的政治意义，作为2008年北京奥运会后中国又一大事件，受到政府的重视与支持。中国政府在整个世博会建设的过程中处在绝对的主导地位；同时，由于涉及大量的国外场馆，国外资本的大量介入，国外企业在中国制度环境下会与中国的参建方出现矛盾与冲突，故上海世博会案例是一个非常特殊的案例，是一个理想的进行政府治理机制深入考察的案例。

3.4.1 上海世博会项目的政府治理组织

尽管我国经济发展迅速，但仍实行集权的政治结构，尤其是有政治意义的基础设施建设项目，全部由政府投资并经营。此类项目的监管框架基于一系列的法律规则、行业标准和办法，如在1996年颁布了《国家重点建设项目管理办法》，这符合国家和地方政府在重大工程项目中的协调、指导、监督的角色。

从总体看来，由于上海世博会项目包括了 52 个投资方和超过 100 家承包商，其组织可以被定义为复杂项目组织。如何对这些参与者进行高效的管理是业主方也就是政府面临的重大难题。图 3.3 展示了上海世博会项目的顶层治理组织结构。

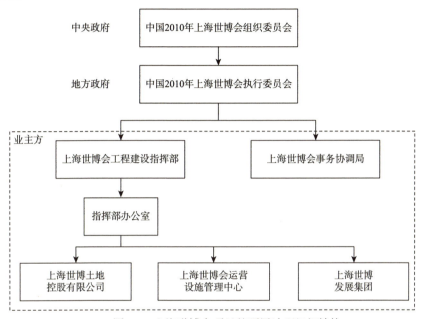

图 3.3　上海世博会项目的顶层治理组织结构

2003 年 10 月 30 日，上海世博局成立，具体负责世博会的筹备、组织、运作和管理。由于上海世博会有严格的完工时间要求，为了保证工程能够完成，政府层面成立了两级委员会来进行管理。组织委员会为中央政府级别，由包括国务院副总理在内的 46 位政府官员组成；执行委员会为地方政府级别，由上海市委书记、市长及 46 家成员单位组成，执行委员会受组织委员会领导，负责执行组织委员会下达的工作任务。政府级别的指导委员会显示了国家对上海世博会项目的重视。

然而，直到 2006 年，上海世博局的主要工作还停留在规划层面。基础设施均未开工，动迁只进行了少部分工作，彼时的协调单位是上海市重大工程建设办公室，上海世博局成立了工程部来专门进行具体操作。到了 2007 年，工程建设越发紧迫，300 多个子项目的拆迁、审批、建设、协调等工作同时进行，上海世博局在同年 4 月成立了工程部，但工程部人员配置远不符合对如此多的项目进行统一协调管理，急需一个级别更高的专设机构。

因此，工程建设指挥部（简称指挥部）于 2007 年 10 月 1 日正式成立，并将上海市发展和改革委员会（简称发改委）、城市建设和交通委员会（简称建交委）、相关的委办局都纳入指挥部。指挥部负责协调整个上海市围绕该工程建设的各项工作。指挥部总指挥由上海市副市长亲自挂帅，市政府副秘书长担任常务副总指挥，另有市发改委、市建交委主管工程的副主任，以及上海世博局工程部部长分别担任副总指挥，其成员的组成如表 3.2 所示。指挥部是世博会项目建设的"大业主"，是整个项目系统实施的总策划者、总集成者和总组织者。上海世博会指挥部成立的宗旨就是对上海世博会所有相关项目的建设进行统一管理和统一协调，全面支持上海世博会项目建设的各方面协调工作。

表 3.2　上海世博会指挥部人员组成

序号	岗位	所在单位	所在单位职务
1	总指挥	上海市政府	副市长
2	常务副总指挥	上海市政府	副秘书长
3	副总指挥	市发改委	副主任
4	副总指挥	市建交委	副主任
5	副总指挥	上海世博局	副局长
6	指挥部成员	市委宣传部	副部长
7	指挥部成员	市公安局	副局长
8	指挥部成员	市水务局	副局长
9	指挥部成员	市环保局	副局长
10	指挥部成员	市规划局	副局长
11	指挥部成员	市房屋土地管理局	副局长
12	指挥部成员	市市政局	局长
13	指挥部成员	市绿化局	局长
14	指挥部成员	市市容环境卫生管理局	局长
15	指挥部成员	浦东新区区政府	副区长
16	指挥部成员	黄浦区区政府	副区长
17	指挥部成员	卢湾区区政府	副区长
18	指挥部成员	上海世博土地控股有限公司	董事长
19	指挥部成员	市城投公司	总经理
20	指挥部成员	上海世博集团	董事长
21	指挥部成员	申通地铁公司	副总裁

通过表 3.2 可以看出，指挥部的成员均由政府或国企领导兼职组成，主要职能是在本职工作之外对上海世博会项目进行指挥与协调，因此，又下设指挥部办公室，将其作为开展具体工作的单位。指挥部办公室主任由上海世博局局长兼任，上海世博局副局长任指挥部办公室常务副主任。指挥部办公室的核心

职责是，采用强矩阵式组织模式，包括 11 个部门和 11 个项目部，来实施具体的管理工作。指挥部办公室在每个项目部配备 2~3 名专业人员作为核心团队，通过招标，"购买"管理咨询公司服务人员加入项目部，使管理团队和业主团队合二为一。同时，借助国有大型企业，以其为总承包单位，辅助进行管理，从而强有力地全面推进整个工程。

　　指挥部办公室的前身即上海世博局的工程部，其中上海世博局编制的员工只有 3 人，其他大多是通过行政指令从上海市 30 多个单位"借调"的专业人才（薪水由原单位支付，且工程结束后回原单位工作），其与指挥部领导之间并无上下级关系。从人员架构来看，指挥部办公室是一个临时性的组织。

　　指挥部办公室各职能部门对指挥部办公室实施项目及园区内其他投资主体负责建设的项目进行控制、督促和协调。

　　对于其他投资主体投资的项目，如外国自建馆、世博演艺中心等项目本身具备项目管理团队，指挥部不直接参与其项目管理工作，但指挥部的职能部门对其负有管理的职能。

　　对于与上海世博会项目配套的大市政项目，由于项目涉及上海世博会项目地块，与上海世博会项目具有交界面，因此也纳入指挥部办公室管理的范畴。由于其项目规模较大，其本身就设置了项目建设指挥部，因此，指挥部办公室职能部门对大市政项目只是进行协调工作。上海世博会工程建设指挥部办公室与其他投资主体项目组织关系如图 3.4 所示。

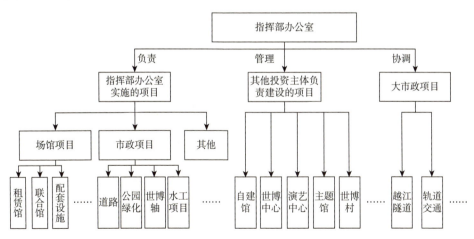

图 3.4　上海世博会工程建设指挥部办公室与其他投资主体项目组织关系

　　总之，指挥部是一个临时的、高层管理的组织，代表政府进行重大项目的建设与协调工作。它由政府官员组成，通过行政干预管理重大项目。指挥部办公室是指挥部的实际工作部门，其驻扎现场工作，并以业主身份发挥主要作用。指挥部是针对特定的一个项目（群）而专门创建的，在项目完成时停止工作。在该案例中，2010 年 10 月上海世博会展览结束后，指挥部也解散，其人员大部分回到原单位继续参与后世博建设。上海世博局也于 2012 年 4 月 14 日正式撤销。

3.4.2 上海世博会项目的政府治理策略

1. 集成政府各部门功能

我国的重大工程项目审批流程非常复杂，如果某一个子项目在报批时遇到重大问题，整个项目也会延迟。在 2007 年指挥部成立时，面临着需要在不到 1000 天的紧迫时间内完成所有建设任务的情况，这为管理者带来了极大的压力。因此，指挥部专门为上海世博会开发了一个并行审批平台，要求多个机构和单位同时工作，加快完成审批任务，并会不定期举行联合会议，将有关的审批部门聚集在一起，集中讨论审批手头的问题，争取在最短时间内保证项目程序合法。

指挥部的这种集中的工作方式能够保证项目在遇到紧急事项时尽快得到解决。例如，2010 年 4 月上旬，大量的建筑垃圾堆积在园区，而当时上海市规定所有建筑垃圾不能出门，为了保证 20 日的试运营时间，指挥部办公室副主任直接请示上海市市长，由市长出面请环卫局支持，请各个区支持。浦东新区的环卫处长、环保局长坐镇，在浦东新区寻找到一片空地作为垃圾中转点，每天通宵运送垃圾，高峰的一天仅 30 吨卡车就有 72 辆，终于确保了 20 日正常试运营，并在 5 月 1 日正式开园之前将所有的垃圾出清。

当有需要时，指挥部会组织业主、投资方和其他利益相关方召开协调会，这些会议并不是有计划的，而是针对当时的突发事件、重大事件而采取的临时性安排，而且，指挥部的政府性质使其下达的指令有行政效力，指挥部领导在会议上具有最终决定权，决议的会议纪要具有明确的法律约束力，重要决议甚至会以政府红头文件形式下发。会议是整个建设过程的重要的协调机制。

总之，政府通过行政手段协调政府机构与指挥部、各参建方的工作和关系，打破固定程序以提升审批效率，从而使上海世博会的建设以比正常项目更快的速度进行。虽然公众对上海世博会项目存在"用钱买工期"的质疑，但是，根据国家审计署 2011 年发布的上海世博会的审计报告，运营加主体建设成本 317 亿元，相对于预算费用的 304 亿元来说在合理范围内，且这些额外费用是由于材料价格上涨、应用创新技术，以及设计变化等，而不单是为了加快工期而产生的非正常费用。

2. 影响承包商选择和资源配置

上海世博会建设的几个主要的承包商在与政府合作方面有丰富的经验。上海建工集团作为与当地政府有着长期合作关系的大型国企，承担了世博园区 80%的场馆建设任务。上海建工集团的前身为成立于 1953 年的上海建筑工程局，1988年改为上海建筑工程管理局，1994 年整体改制为国有集团型企业。上海建工集团自成立以来完成了大量具有里程碑意义的项目，其中包括上海东方明珠电视塔、卢浦大桥（世界上最长的钢拱桥）、东海大桥（国内第一条外海大桥）、上海环球金融中心等。而上海世博会其他的主要承包商包括上海宝冶集团和宏润建设集团，均为大型国有企业。

为了举办一个高质量的上海世博会，政府制定了严格的合同条款，以限制能力不够突出的承包商的参与。例如，其中一个要求是，世博中心的建设标准要达到鲁班奖的标准和美国 LEED（Leadership in Energy and Environmental Design，领导能源与环境设计）绿色建筑评估体系认证要求，如果没有实现这一目标，承包商将会受到惩罚。考虑到这一要求，设计师和工程师需要在其工作中遵循非常高的标准。上海建工集团调配公司的优势资源，以确保合同条款的实现。

在我国的制度环境下，与政府保持良好、长久的关系对企业具有特殊的意义。参加上海世博会的承包任务，有了上海世博会的成功经验后，它们未来获得新项目的机会将会更加乐观。上海建工集团将其最优秀的人员从 17 个子公司和13 个业务部门调配至上海世博会项目。为了加强与政府的合作，上海建工集团也在现场成立了自己的项目指挥部，工作上直接与政府方的指挥部对接，以确保现场项目团队能够随时准备应对任何不可预见的事件。

工程建设过程中，如果行政手段过度干预会容易出现腐败问题。在这一方面，政府做出了巨大的努力，确保选择供应商的过程是透明的。根据公开的信息，从建设阶段到现在，在上海世博会中没有记录到被起诉的腐败案件。为了防止腐败，规范工程招投标，上海世博局专门成立了招投标领导小组。招投标领导小组由上海世博局党委副书记、纪委书记兼任组长，副局长任副组长。上海世博局层面的法务部、监察审计部、资金财务部、综合计划部全都参与到招投标领导小组之中，每个月会审，每个月检查上个月公开招投标的情况。在选择承包商和供应商时，指挥部与来自 42 个国家的 648 家承包商和供应商签署了"廉政协议"，并且内部的项目部在签订责任状的时候也要签署廉洁协议，并与参展的139 家公司签署了"建设廉洁世博"协议。

3. 提高领导者的责任感

上海世博会项目的领导者面临着管理大型团队的挑战，包括不同级别的代理商、承包商、供应商、投资商、运营商和公众。而业主和承包商的高层领导除了企业身份外，多具有行政级别。项目组织的执行领导对该项目负个人责任。当一个项目需要协调和决策时，来自上级官员的行政指示被认为是至关重要的。

上海世博会能够进行得如此迅速且高效，领导者的作用不可忽视，他们在建设过程中表现出了承担责任和确保其团队承诺的能力。遇到困难时，领导总是遇难而上，充满了对项目的激情和热爱。

上海世博会项目的领导者都是采取主动的工作方式，以身作则来号召其他人参与公共工作。当领导能够全身心致力于他们的工作时，很大程度上可以调动下属的工作积极性，从而使整个团队的精力用于按时高效高质量地完成建设任务。政府层面的领导者直接或间接参与上海世博会项目，管理并监督承包商和业主的关系，提高了工作的透明度。

4. 利用特有的民族价值观

上海世博会项目形成了自己独特的文化，一系列价值观得以形成。中国经济的快速发展造成了重大工程建设与获得国际认可、提升国际地位和经济发展密切相关的现象。同样，上海世博会具有巨大的政治意义，其不可更改的开幕日期是政府在建设过程中的一个重要战略杠杆，以确保项目参与方做出必要的工作。在我国的重大项目建设历史中，孕育出了一种以中国价值观为特色的文化，即"项目利益高于一切"。在这种文化中，每个参与者的主要关注点是有效地完成上海世博会项目并遵循高质量标准。

当工程项目被赋予重要的意识形态和政治意义时，价值驱动的承诺就会被放大。在上海世博会开园倒计时 100 天时，指挥部组织 300 多人召开了誓师大会，所有的项目部立下"军令状"，以 4 月 20 号为界，全面完成世博工程建设。

不仅是项目的直接参建方，当地居民和企业在上海世博会的成功中也发挥了重要作用。根据《中国经济周刊》的报道，为了给上海世博会提供建设场地，大约 270 家企业和 17 000 户家庭需要动迁。为了补偿项目对当地居民和企业造成的困扰，政府出台了一系列的补偿措施。例如，动迁家庭获得了更大的住宅空间和资金补偿，搬迁的公司获得了国家对其经营业务的政策补贴。此外，场地周围的数千居民被高强度的建设造成的噪声和灰尘打扰。为了缓和居民情绪，项目建设人员与街道办搞了"共建"活动，争取相互理解，居民为工人组织心连心送温暖活动，而施工单位也尽一切可能降低施工带来的噪声和粉尘污染。

3.4.3 政府治理的启示

通过上海世博会的典型案例分析可以看出，我国与一些西方国家的实践研究不同，后者认为政府在重大工程中的作用相对来说并不积极（Ruuska et al.,

2011；Sallinen et al.，2011），多是通过立法和法规来间接影响重大工程，而我国政府在重大工程的实施过程中，会在法律法规允许的范围内，有针对性地选择合适的企业（多为大型国有企业）来实施项目建设工作，并进一步影响其资源配置，协调各个参与者之间的关系。这一结论对现有项目治理结构研究中私人参与者的作用进行了补充，也符合 Lizarralde 等（2013）对发展中国家和发达国家项目治理差异的比较分析，即"发展中国家业主机构的顶层管理者（正式或非正式地）扮演了有更重要影响力的角色"。事实上，重大工程的所有者［如 Ruuska 等（2011）研究中涉及的核电站所有者］单独控制项目的假设可能是错误的；在现实中，所有者和政府共享控制权，政府除了通过立法等方式间接控制项目以外，还通过影响整个项目组织来积极地行使其权力。这与 Miller 和 Hobbs（2005）的研究结论类似，他们认为大型工程项目需要建立能够适应其社会环境的特定治理机制，以尽量减少与监督和工作协调有关的问题。此外，Brady 等（2006）将大型项目的治理描述为一个集体活动，除了业主之外，还涉及其他重要参与方，如总承包商等。Levitt 等（2010）认为，"几乎所有管辖区域的政府都没有能力执行与基础设施生命周期相关的一些任务，因此一个统一治理的方法是创建公司合作伙伴关系"。早期的研究多认为政府参与重大工程主要会产生负面作用，如增加成本和拖延工期、限制承包商获取必要资源（Aaltonen and Sivonen，2009）等。然而，与 Fassin（2009）的结论一致，本节对 2010 年上海世博会的分析解释了政府如何通过权力对整个项目组织施加影响，确保项目的进展并推动社会的利益，即使部分公众不得不忍受自身利益的损失（如搬迁等）。

首先，面对工期有严格要求的重大工程时，政府会动用行政权力，将与项目有关的政府机构整合在一起，以加快审批速度。这种方式不仅仅发生在我国，如 2012 年伦敦奥运会这样级别的重大工程，管理方建立了一个高度的集成系统，整合各个级别和各个子系统资源，以协调所有利益相关者的工作（Davies and Mackenzie，2014）。伦敦奥运交付管理局（The Olympic Delivery Authority in London）是由伦敦政府任命的一个公共部门客户组织，而 2010 年上海世博会指挥部是一个临时的政府机构。这反映了在中国目前的制度环境下，行政权力会影响到经济建设过程。

其次，政府通过指挥部行使权力，来集成各参与方的优势资源。这也符合以往的研究成果，作为承包商的高层管理人员，其更愿意与政府决策者建立和保持长期的合作关系（Li et al.，2011）。更重要的是，由于垄断优势和政府背景，国有企业在处理与政府有关的业务和谈判方面具有较高的地位，政府自然有选择国有企业的强烈倾向（Cheng et al.，2016）。在其他国家的研究中也有类似行为，基于项目的公司积极努力发展与私人和政府组织、公共组织之间的关系（Ahola et al.，2013）。在韩国，与国家关系密切的大型私营公司在竞争时会呈现出比市场上其他公司更多的优势。而在我国的工程建设领域，处于领先地位的公司大多是国有企业。国有企业无论是物质资源还是公共资源都更加丰富，即使在上海世博会这样的项目上，它们可能无法获得短期的经济利益，但是从长期看来，得到了政府和公众的信任，能够提高未来获得更多合同的可能性，这一现象也支持了早期的一项对比中国与西方国家企业公私关系重要性的研究（Chen and Partington，2004）。

再次，政府通过提升项目领导者的个人责任感，来确保其对工程的充分承诺。受访者在访谈过程中都强调了领导在治理机制中的价值，这也反映了我国的传统文化，即团队领导者把自己视为团队的"父亲"，他们有责任成为榜样，以便团结所有成员来共同奋斗（Chen and Partington，2004）。除了 Lenfle 和 Loch（2010）强调了奥本海默博士在曼哈顿计划中的核心作用外，早期对于这种领导者的个人作用在治理机制中作用的研究相对较少。悉尼在 2000 年奥运基础设施项目中，成立了一个项目联盟领导团队（Project Alliance Leadership Team），以解决突发事件，并确保项目实现其目标（Pitsis et al.，2003）。我国重大工程中的领导人与西方国家相比，还通常在政府中担任职务，这就允许他们能从更多的渠道来施加影响。同时，重大工程的成功还会给高层管理者带来仕途的提升（乐云等，2016），这也促进了领导者更多的投入。

最后，我们识别出了政府是如何积极地促进公众对项目的社会重要性的认可，以确保参与个体的投入并减少公众对项目的反对。这一结果可以理解为通过培育项目文化氛围来提升项目成功的可能性（Aronson et al.，2013）。政府对共同价值观的构建可以在个人、组织和制度层面上完成（Wang，2014）。政府作为一个"中介"，将自己的合法利益和社会的道德利益结合起来（Sallinen et al.，2013）。在我国，这种治理手段的使用早已与国家荣誉和个人价值观相联系，并且在如鸟巢和北京首都国际机场等重大工程中有所体现（Chi et al.，2011）。但与西方研究的"培育"项目文化不同，我国的这种对重大工程认可的文化是已有的，其来源于计划经济时期人们对重大工程政治意义的认可。早期的西方研究还表明，公众对大型项目的反对，对其进程而言可能是非常有害的（Aaltonen and Sivonen，2009），强调了必须确保受项目影响的所有利益相关者的支持，从而减少项目实施的不利因素。民族文化是组织选择治理机制的决定性因素之一（Toivonen A and Toivonen P U，2014）。在我国发展的过渡期，成功举办北京奥运会、上海世博会等项目，与其政治认知、国际关系、经济发展紧密相关，这就放大了这种价值导向的承诺（Chi et al.，2011），重大工程因此有了意识形态和政治意义。

不过，没有一个重大工程是毫无缺陷的，上海世博会项目也是如此。除了大面积的拆迁带来的一些负面消息，公众的质疑在上海世博会后期也不断爆发。例如，审计报告显示，上海世博会工程实际成本与预算投资相比确实发生了超支，这一事实也与其他研究一致，即世界范围内大多数重大工程都面临着超支问题（Flyvbjerg，2011）。但是这一问题仍然需要得到重视，因为重大工程实际上消耗了非常大的公共资源，需要对公众有所交代。此外，出现在我国大型建设项目中的腐败问题对执政党乃至国家都造成了声誉损害（Shan et al.，2015），有一些声音对上海世博会项目提出了质疑。尽管如此，在目前的公开资料中，尚未有显示上海世博会项目中出现了腐败现象。

3.5　本章小结

我国的重大工程项目创造了许多"奇迹"，不断刷新着"中国速度"，这些成功的重大工程，体现了中国特色社会主义制度集中力量办大事、办好事、办实事的优势。但是，政府治理在我国重大工程历史中所发挥的正面作用，一直以来都没有进行系统性分析和总结。本章首先结合福柯的治理思想分析了重大工程中的政府角色与我国重大工程政府治理的特殊性，阐述了重大工程遇到的制度压力和治理挑战，基于制度理论构建了重大工程政府治理的分析框架。最后以一个典型的重大工程为例，识别出政府治理的结构与过程。结果涵盖了治理的三个层次，即如何采用委员会、事务协调局、指挥部进行资源的整合和调配，如何充分发挥政府与国有企业间天然联系的优势，以及确保公众和个人层面与项目的利益协调。政府治理与制度环境紧密相关，国际研究中有一些论调认为，发展中国家的建筑业"缺乏健全的项目管理方法"。例如，Rwelamila 和 Purushottam（2012）认为："协调项目参与方在发展中国家是一种挑战，这会降低项目的绩效。"但是，我们认为在中国情境下，如果模式得当，政府式治理既能有效推进项目，也能有效平衡公共利益冲突，但如果机制失灵，也可能产生行为异化。

参 考 文 献

包国宪，霍春龙. 2011. 中国政府治理研究的回顾与展望. 南京社会科学，（9）：62-68.
福柯 M. 2010. 安全、领土与人口. 钱翰，陈晓径译. 上海：上海人民出版社.
何增科，陈雪莲. 2015. 政府治理. 北京：中央编译出版社.
乐云，白居，李永奎，等. 2016. 中国重大工程高层管理者获取政治激励的影响因素与作用机制研究. 管理学报，13（8）：1164-1173.
乐云，黄宇桢，韦金凤. 2017. 政府投资重大工程组织模式演变分析及实证研究. 工程管理学报，31（2）：54-58.

米格代尔 J S. 2012. 强社会与弱国家. 张长东，朱海雷，隋春波，等译. 南京：江苏人民出版社.

萨缪尔森 P A，诺德豪斯 W D. 2008. 经济学. 第 18 版. 萧琛译. 北京：人民邮电出版社.

王浦劬. 2014. 国家治理、政府治理和社会治理的基本含义及其相互关系辨析. 社会学评论，2（3）：12-20.

周雪光，练宏. 2012. 中国政府的治理模式：一个"控制权"理论. 社会学研究，（5）：69-93，243.

Aaltonen K, Sivonen R. 2009. Response strategies to stakeholder pressures in global projects. International Journal of Project Management, 27（2）：131-141.

Aaltonen K, Kujala J. 2016. Towards an improved understanding of project stakeholder landscapes. International Journal of Project Management, 34（8）：1537-1552.

Ahola T, Kujala J, Laaksonen T, et al. 2013. Constructing the market position of a project-based firm. International Journal of Project Management, 31（3）：355-365.

Ahola T, Ruuska I, Artto K, et al. 2014. What is project governance and what are its origins? International Journal of Project Management, 32（8）：1321-1332.

Altshuler A A, Luberoff D E. 2003. Mega-projects: The Changing Politics of Urban Public Investment. Washington D.C.: Brookings Institution Press.

Aronson Z H, Shenhar A J, Patanakul P. 2013. Managing the intangible aspects of a project: the affect of vision, artifacts, and leader values on project spirit and success in technology-driven projects. Project Management Journal, 44（1）：35-58.

Brady T, Davies A, Gann D, et al. 2006. Learning to manage mega projects: the case of BAA and Heathrow Terminal 5. IRNOP Ⅷ Project Research Conference.

Brown J D, Earle J S, Gehlbach S. 2009. Helping hand or grabbing hand? State bureaucracy and privatization effectiveness. American Political Science Review, 103（2）：264-283.

Chan H, Levitt R E. 2011. To talk or to fight? Effects of strategic, cultural, and institutional factors on renegotiation approaches in public-private concessions//Scott W, Levitt R, Orr R. Global Projects: Institutional and Political Challenges. Cambridge: Cambridge University Press: 310-348.

Chen P, Partington D. 2004. An interpretive comparison of Chinese and Western conceptions of relationships in construction project management work. International Journal of Project Management, 22（5）：397-406.

Cheng Z, Ke Y J, Lin J, et al. 2016. Spatio-temporal dynamics of public private partnership projects in China. International Journal of Project Management, 34（7）：1242-1251.

Chi C S F, Ruuska I, Levitt R, et al. 2011. A relational governance approach for megaprojects: case studies of Beijing T3 and Bird's Nest Projects in China. Engineering Project Organizations Conference, Estes Park, Colorado.

Clegg S, Bjørkeng K, Pitsis T. 2011. Innovating the practice of normative control in project management contractual relations//Morris P W G, Pinto J, Söderland J. The Oxford Handbook of Project Management. Oxford: Oxford University Press: 410-437.

Collingridge D. 1992. The Management of scale: Big Organizations, Big Decisions, Big Mistakes. London: Routledge.

Davies A, Mackenzie I. 2014. Project complexity and systems integration: constructing the London 2012 Olympics and Paralympics Games. International Journal of Project Management, 32（5）：773-790.

Dean M. 2010. Governmentality: Power and Rule in Modern Society. London: Sage Publications Ltd.

Fassin Y. 2009. The stakeholder model refined. Journal of Business Ethics，84（1）：113-135.

Flyvbjerg B. 2007. Policy and planning for large-infrastructure projects：problems，causes，cures. Environment and Planning B：34（4）：578-597.

Flyvbjerg B. 2011. Over budget，over time，over and over again：managing major projects//Morris P W G，Pinto J K，Söderlund J. The Oxford Handbook of Project Management. Oxford：Oxford University Press：321-344.

Flyvbjerg B，Holm M K S，Buhl S L. 2003. How common and how large are cost overruns in transport infrastructure projects?Transport Reviews，23（1）：71-88.

Grindle M S. 1997. Getting Good Government：Capacity Building in the Public Sectors of Developing Countries. Cambridge：Harvard University Press.

Henisz W J，Levitt R E. 2011. Regulative，normative and cognitive institutional supports for relational contracting in infrastructure projects. Working Paper 55.1，Collaboratory for Research on Global Projects，Stanford University.

Henisz W J，Levitt R E，Scott W R. 2012. Toward a unified theory of project governance：economic，sociological and psychological supports for relational contracting. Engineering Project Organization Journal，2（1~2）：37-55.

Javernick-Will A N，Scott W R. 2010. Who needs to know what? Institutional knowledge and global projects. Journal of Construction Engineering and Management，136（5）：546-557.

Kharbanda O P，Pinto J K. 1996. What Made Gertie Gallop? Lessons from Project Failures. New York：Van Nostrand Reinhold.

Koontz T M. 2006. Collaboration for sustainability? A framework for analyzing government impacts in collaborative environmental management. Sustainability：Science，Practice，& Policy，2（1）：15-24.

Lenfle S，Loch C H. 2010. Lost roots：how project management came to emphasize control over flexibility and novelty. California Management Review，53（1）：32-55.

Levitt R E. 2011. Towards project management 2.0. Engineering Project Organization Journal，1（3）：197-210.

Levitt R E，Henisz W，Scott W R，et al. 2010. Governance challenges of infrastructure delivery：the case for socio-economic governance approaches. Construction Research Congress 2010，Banff.

Li S X，Yao X T，Sue-Chan C，et al. 2011. Where do social ties come from：institutional framework and governmental tie distribution among Chinese managers. Management and Organization Review，7（1）：97-124.

Lizarralde G，Tomiyoshi S，Bourgault M，et al. 2013. Understanding differences in construction project governance between developed and developing countries. Construction Management and Economics，31（7）：711-730.

Mahalingam A，Levitt R E. 2007. Institutional theory as a framework for analyzing conflicts on global projects. Journal of Construction Engineering and Management，133（7）：517-528.

Manzenreiter W. 2010. The Beijing games in the western imagination of China：the weak power of soft power. Journal of Sport & Social Issues，34（1）：29-48.

Miller R，Lessard D R. 2000. The Strategic Management of Large Engineering Projects：Shaping Institutions，Risks，and Governance. Cambridge：MIT Press.

Miller R，Hobbs B. 2005. Governance regimes for large complex projects. Project Management Journal，36（3）：42-50.

Morris P W G，Hough G H. 1987. The Anatomy of Major Projects：A Study of the Reality of Project

Management. Chichester: Wiley.

Peterman A, Kourula A, Levitt R. 2014. Balancing act: government roles in an energy conservation network. Research Policy, 43（6）: 1067-1082.

Pitsis T S, Clegg S R, Marosszeky M, et al. 2003. Constructing the Olympic dream: a future perfect strategy of project management. Organization Science, 14（5）: 574-590.

Poppo L, Zenger T. 2002. Do formal contracts and relational governance function as substitutes or complements? Strategic Management Journal, 23（8）: 707-725.

Ruuska I, Ahola T, Artto K, et al. 2011. A new governance approach for multi-firm projects: lessons from olkiluoto 3 and flamanville 3 nuclear power plant projects. International Journal of Project Management, 29（6）: 647-660.

Rwelamila P D, Purushottam N. 2012. Project management trilogy challenges in Africa—where to from here? Project Management Journal, 43（4）: 5-13.

Sallinen L, Ahola T, Ruuska I. 2011. Governmental stakeholder and project owner's views on the regulative framework in nuclear projects. Project Management Journal, 42（6）: 33-47.

Sallinen L, Ruuska I, Ahola T. 2013. How governmental stakeholders influence large projects: the case of nuclear power plant projects. International Journal of Managing Projects in Business, 6（1）: 51-68.

Scott W R. 2008. Institutions and Organizations: Ideas and Interests. 3rd ed. Los Angeles: Sage Publications.

Scott W R. 2012. The institutional environment of global project organizations. Engineering Project Organization Journal, 2（1~2）: 27-35.

Sending O J, Neumann I B. 2006. Governance to governmentality: analyzing NGOs, states, and power. International Studies Quarterly, 50（3）: 651-672.

Shan M, Chan A P C, Le Y, et al. 2015. Investigating the effectiveness of response strategies for vulnerabilities to corruption in the Chinese public construction sector. Science and Engineering Ethics, 21（3）: 683-705.

Toivonen A, Toivonen P U. 2014. The transformative effect of top management governance choices on project team identity and relationship with the organization—an agency and stewardship approach. International Journal of Project Management, 32（8）: 1358-1370.

Wang P. 2014. Government intervention and the empowerment process: citizen involvement in the 2010 Shanghai World Expo. Journal of Public Affairs, 14（2）: 130-141.

Winch G M. 2007. Managing project stakeholders//Morris P W G, Pinto J K. The Wiley Guide to Project, Program, and Portfolio Management. Hoboken: Wiley: 271-289.

Zhai Z, Ahola T, Le Y, et al. 2017. Governmental governance of megaprojects: the case of Expo 2010 Shanghai. Project Management Journal, 11（1）: 37-50.

第4章 重大工程的高管团队

现代组织理论将组织中的领导者和高级管理层界定为高层管理团队（top management team，TMT）（简称高管团队），特指组织中主要承担战略决策职责的高层管理者所组成的团队，是组织发展到一定阶段，为了适应复杂多变的环境而出现的一种新型核心决策群体（core decision group，CDG）组织形态（Hambrick and Mason，1984；Siegel and Hambrick，2005；Nielsen，2010）。围绕这一特定组织对象，大量理论和管理实践证实，相比于组织中的领导者个体，高管团队对组织运作、任务推进和取得管理绩效具有更显著的影响（O'Reilly et al.，1993；Pearce and Conger，2002）。因此，从领导者个体过渡到对高管团队的研究成为组织理论发展的趋势，并因此发展出相应的高阶梯队理论（upper echelons theory，UET）。

牛津大学重大工程项目管理中心（BT Centre for Major Programme Management）Flyvbjerg（2014）教授有过一个形象的比喻："如果管理常规工程需要一名汽车驾驶员，那么驾驭重大工程则需要一整个喷气式飞机管理团队。"

在重大工程组织模式研究中，大量学者认为，相比于中小型工程，重大工程复杂的管理内容和长达几年甚至几十年的建设过程，更依赖于团队而非个人来实现管理工作。重大工程的管理难度被认为并不单纯源于工程规模的成倍增长和工程技术难度的显著提高，而在于项目的高管团队驾驭重大工程的能力是否充足（Flyvbjerg et al.，2003；van Marrewijk et al.，2008；Davies et al.，2009；Jennings，2012；Flyvbjerg，2014）。

同时，对重大工程高管团队的研究还应结合中国的具体情境。中国通常针对具体项目，会组建一支由专职人员和借调人员构成的专门组织机构，如建设管理委员会、指挥部、项目公司等来实施项目的管理工作（乐云等，2014）。该组织通常采用集体领导机制，其领导人通常被冠以指挥长、总负责人、总经理以及常务副总指挥、副主任等称谓，其兼任机制、岗位配置、激励机制具有一定的中国特色。

因此，本章结合中国的具体管理情境，借助高阶梯队理论来研究重大工程的高管团队问题，为寻找从高管团队层面提升重大工程管理能力，改善工程绩效提供新的分析视角。

4.1　重大工程高管团队的概念界定

高管团队的理论基础根植于高阶梯队理论之上，该理论由 Hambrick 和 Mason 于 1984 年在 *Academy of Management Review* 上率先提出。经过多个阶段的理论完善，纳入有限理性假设（Finkelstein and Hambrick，1990；Carpenter et al.，2004；Hambrick，2007），该理论为理解特定组织环境中高管特征、团队运作过程、战略选择与组织绩效产出间关系提供了理论框架。基于该理论的高管团队研究已经在党政组织、企业组织、教育组织中广泛展开（Yielder and Codling，2004；孙海法等，2008；Talke et al.，2010；Nielsen B and Nielsen S，2013），但在工程组织领域则存在研究洼地。

从功能化的角度出发，高管团队学术定义的内涵十分清晰，特指组织中主要承担战略决策职责的高层管理者所组成的团队，是组织发展到一定阶段，为了适应复杂多变的环境而出现的一种新型核心决策群体组织形态（Hambrick and Mason，1984；Siegel and Hambrick，2005；Nielsen，2010）。但高管团队的外延，则需要结合具体组织情景加以确定。表 4.1 列出了不同学者对企业组织、教育组织、党政组织高管团队的界定，这些不同组织情景下的界定方式对于重大工程高管团队的边界划定具有借鉴意义。

表 4.1　不同组织情景中高管团队的外延

文献	外延	组织情景
Hambrick 和 Mason（1984）；Li 等（1999）；Finkelstein 和 Boyd（1998）	指公司高层经理的相关小群体，包括首席执行官、总经理以及直接向他们汇报工作的高级经理	企业组织
Wiersema 和 Bantel（1992）；Hambrick 等（1996）；Geletkanycz 和 Hambrick（1997）；Tihanyi 等（2000）	包括董事会主席及副主席、首席执行官、首席作业（经营）主管、总裁、资深副总裁和执行副总裁等	企业组织
Yielder 和 Codling（2004）；Bleiklie 和 Lange（2010）；孟晓华等（2012）	在高等院校中主要指校级领导团队，包含校董事会成员、校长、副校长等，在中国还包括校级党委组织中的书记、副书记等领导成员	教育组织
孙海法等（2008）	党政组织高管团队成员包括党的书记和业务一把手	党政组织

在本书中，重大工程高管团队的内涵特指在工程建设业主方顶层组织结构中承担工程战略决策与重要管理事务的高级管理者所组成的团队。其外延特指在我国针对重大工程所组建的领导小组、建设管理委员会、指挥部、项目公司等业主方顶层组织系统中，担任主任、指挥长、总经理以及副主任、副指挥、副总经理等职位的高级管理者所构成的领导集体。以南水北调东线一期工程江苏段为例，图 4.2 绘制了

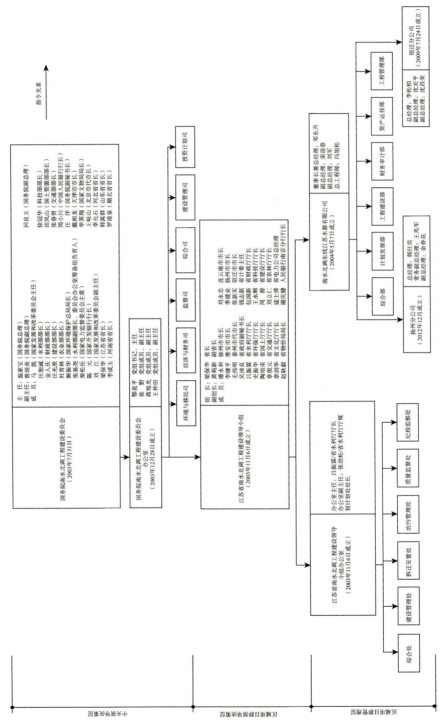

图 4.1 南水北调东线一期工程江苏段顶层组织结构与人力资源配置图

该项目的业主方顶层组织结构和人力资源配置图。南水北调东线一期工程江苏段高管团队特指由江苏省南水北调工程建设领导小组、领导小组办公室及南水北调东线江苏水源有限公司组成的团队。

需要说明的是，在以上重大工程顶层组织系统中虽然存在不同层级的子系统，但在中国工程组织情景中"两块牌子，一套班子"的工作思路（盛昭瀚等，2009；卢春房，2014），以及在关键领导岗位上的相互兼任关系使各子系统能够作为统一的项目高管团队进行整体高效运转。

4.2 重大工程高管团队的兼任机制

由于工程项目本身的临时性，我们观察到，政府和市场主体在组建一个新的重大工程高管团队时存在大量的兼任现象。这些兼任现象被认为既包含独特的中国智慧，也包含大量"潜台词"，是分析中国重大工程组织模式的一个独特入口，可以从中窥视"政府-市场"二元作用模式下的人事安排逻辑和资源调配方向。

例如，上海市政府委派原副市长杨雄兼任上海世博会工程建设指挥部总指挥；江苏交通控股有限公司任命姚蓓兼任苏通大桥有限责任公司总经理。除政府和市场主体通过兼任的方式向重大工程输送管理力量外，其组织内部也存在大量兼任现象，如京沪高速铁路股份有限公司总经理李志义兼任铁道部京沪高速铁路建设总指挥部常务副指挥长。由此可见，中国情境下的"政府-市场"二元体系在重大工程组织中通过兼任者的人事安排，将行政和市场力量注入重大工程中共同发挥作用。

因此，本节从兼任这一视角出发来理解重大工程中"政府-市场"二元体系的参与方式和相互间关系，按照重大工程的组织类型及兼任形式两个维度，构建了重大工程高层管理者兼任现象的系统性分析框架，概括出四类典型的兼任模式，并基于现行"条块"体制、委托代理理论、"政府-市场"二元体系等视角分析各类兼任的规律特征及作用内涵，进一步提出"政府-市场"作用模式的改革方向，为重大工程的良性运转提供组织保障。

4.2.1 重大工程兼任机制的分析框架

如图 4.1 所示，以重大工程项目为边界将各类组织划分为重大工程内部组织及外部组织，其中重大工程内部的业主方组织系统包括代表行政的组织体系（行政主体）和代表市场的组织体系（市场主体）两类。其中行政主体是指由政府力量成立的工程建设委员会、领导小组、指挥部、管理局等议事协调机构，而市场主体则是承担工程投融资、建设和运营的公司化市场主体。

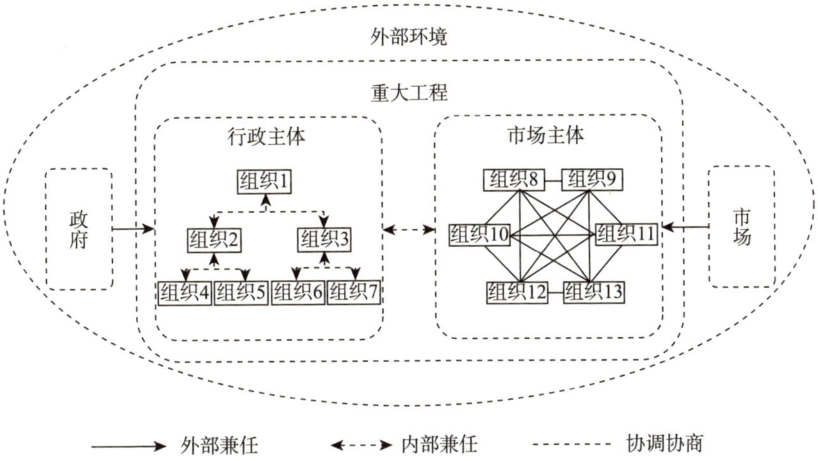

图 4.2　基于"政府-市场"二元体系的兼任机制分析框架

这两类主体在各自系统内部、相互之间、与外部组织的联系之间都存在一种特殊现象——兼任。

（1）行政主体外部兼任。行政主体一般采用兼任的方式，通过外部政府机构向这些临时性组织输入人力资源，并"重新组合"设立出新的机构以承担某一时期内的工程管理任务。

（2）行政主体内部兼任。行政主体内部还存在多个组织纵向层级间的兼任，该兼任作为衔接各层级行政主体的特殊方式发挥着重要作用。

（3）市场主体外部兼任。与行政主体类似，外部市场主体可能向重大工程组织内部市场主体输入兼任的高层管理者。与行政主体有所区别的是市场主体内部各组织之间相对独立，更多地呈现协调协商的关系，一般不进行内部兼任。

（4）行政-市场内部兼任。在重大工程组织系统内部还存在另一种更为关键的兼任，即行政主体和市场主体间的跨组织兼任方式。这是沟通行政力量和市场力量的重要渠道，是"政府-市场"二元体系的突出体现。

4.2.2　行政主体外部兼任

1. "条块"体制下的行政主体外部兼任

当前中国政府的组织结构呈现鲜明的层级化和职能化特征（周振超，2009），层级化将整个行政区域划分成不同层级的地方政府（块块），职能化则将中央至基层的各层级政府划分成不同的职能部门（条条），由此形成条块结合的中国政府治理体系。这一"条块"体制有利于指令的逐级传递和形成清晰的任务划分，但在应对临时性任务，且需要多方协调与资源整合时存在合作壁垒（周望，2010）。

重大工程建设正是这一类型的任务。因此，需要一种机制破解我国"条块"体制所导致的沟通协调问题，建立议事协调机构成为解决重大工程组织问题的一种选择，并在我国工程建设史上发挥重要作用，如三峡工程建设委员会、港珠澳大桥管理局、北京"2008"工程建设指挥部等。

为了强化重大工程组织对相关行政职能部门的协调能力，我国选择上级领导兼任议事协调机构召集人，并将相关各职能部门或下级地方政府领导通过"兼任"纳入议事协调机构，以此充分发挥高层级领导的巨大权威性，借用其原有权力来协调政府组织间关系，有效整合各类行政资源，从而破解条块关系阻隔问题，提高重大工程建设效率。

2. 行政主体外部兼任的规律及特征

议事协调机构由领导人员、成员单位及办事机构三部分组成，主要依据其与该工程的关联程度"定向选取"确定。

（1）正职领导。议事协调机构的正职领导均由政府常设机构的相关领导兼任，通常根据其原有业务分工出任。在中央一级中，正职领导一般由国务院总理、副总理或相关部委负责人兼任，具体职务与工程类型、规模和复杂性有关。在地方一级中，以省级为例，正职领导一般由省级政府正职领导或主管建设的副职领导兼任，在部分工程中也可能由党委书记或副秘书长等兼任，如图4.3所示。

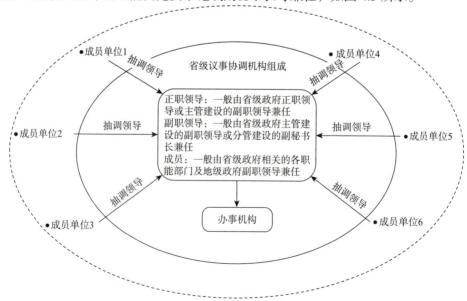

图4.3　省级议事协调机构组织结构图

　　正职领导的权力皆来自原有职权，其职务级别直接影响到议事协调机构职能的有效发挥，反映了重大工程在国民经济社会体系中的重要程度。同时，兼任正职领导并不是一成不变的，而是与工程建设阶段相关。在图 4.4 中，国务院三峡工程建设委员会及国务院南水北调工程建设委员会的正职领导在项目建设期内均发生了相当程度的调整。在初成立时担任兼任正职领导的职务级别普遍较高，随着重大工程的建设任务步入尾声，继续保留原有高级别的领导已不再必要，而由职务相对较低的接替者来担任兼任。

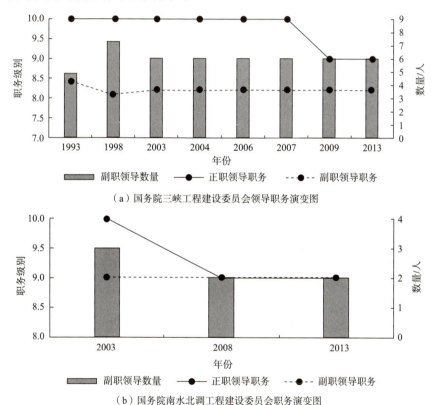

（a）国务院三峡工程建设委员会领导职务演变图

（b）国务院南水北调工程建设委员会职务演变图

图 4.4　三峡工程及南水北调工程领导职务演变图

按照我国行政级别划分标准，国家级正职=10，国家级副职=9，逐级递减；若副职领导有多个，则取其行政级别的平均值

　　（2）副职领导。议事协调机构的副职领导一般为兼职领导，兼任者视正职领导行政职位及项目特点而定。在中央一级，若正职领导由国务院总理或副总理担任，则副职通常由国务院副总理、副秘书长、相关省市政府或部委正职兼任。若正职领导为相关部委负责人，则副职领导通常为部委副职。在省一级，副职领导一般由省级政府主管建设的副职领导或分管建设的副秘书长兼任，如果某部门

与工程关联性特别高，则可能由该部门抽调领导兼任副职领导。

副职兼任领导的数目和行政职务同样呈现出动态化特征，在工程建设项目全生命周期内会发生一系列调整。从图 4.4 中我们发现：副职领导在工程建设前期阶段数量较多，这可能是由于前期存在较多复杂的协调事项，而随着工程进展到稳定建设阶段，副职领导数量减少并趋于稳定。

（3）成员单位。除正副职领导外，非领导成员也采用兼任方式，以此将众多相关政府部门或工程投资主体吸纳为议事协调机构的成员单位，成为其开展工作的重要组成部分。中央一级的议事协调机构成员单位往往涵盖了工程相关的国务院部委局办及地方政府，省一级则一般由相关省级政府厅局委办及下级地方政府构成，可能还包括某些重要的投资主体。各成员单位通常派出成员单位内分管工程相关工作的副职来兼任其非领导成员，与工程相关性较高时也可能派出正职领导作为成员。

4.2.3　市场主体外部兼任

1. 市场主体外部兼任的表现形式

除上述行政主体外，工程组织体系中的另一重要参与方为采用公司治理的市场主体。其职责包括：建设资金的筹措，建设过程中的协调管理，建成后的运营管理、债务偿还和资产保值增值。

这些公司性质的市场主体按照《公司法》和现代企业制度的要求，设置股东会、董事会、监事会和经理层，形成各司其职、协调运转和有效制衡的公司治理结构。

（1）股东和股东会。股东是公司的出资人或投资人，按照出资数额享有资产受益、重大决策和选择管理者等权利（杨红英和童露，2015）。基于重大工程的公共品属性，现阶段国有资本占据主导地位，其股东主要分为三类：一是各级政府或政府职能机构，如国务院国有资产监督管理委员会（简称国资委）；二是事业单位，如土地储备中心；三是最为常见的从事基础设施投资和运营的国有企业，如基础设施投资金融机构、城投集团等。全体股东构成股东会，作为公司最高权力机构对重大事项进行决策，一般由股东按照出资比例行使表决权。

（2）董事会和董事长。董事会作为公司治理结构的核心，代表股东意志进行科学决策，在战略制定、经理人员选聘等方面发挥重要作用（杨红英和童露，2015）。重大工程市场主体的董事往往由股东单位委派，大股东在董事会中占据较多董事席位。例如，在图 4.5 中，苏通大桥的项目法人——江苏苏通大桥有限责任公司，在 2014 年共有 9 名董事，持股 60.64% 的大股东江苏交通控股有限公司委派了

5 名董事。

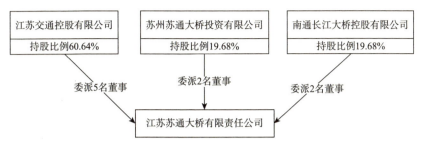

图 4.5　2014 年苏通大桥工程项目法人的董事构成

　　董事长一般由董事会选举产生，以董事会召集人身份行使《公司法》与公司章程赋予的权力。在重大工程中，由于董事会中大股东处于优势地位，选举产生的董事长通常来自大股东委派或提名，并且很可能在大股东单位任职，由其董事长、总经理或副总经理等兼任。例如，虹桥综合交通枢纽工程项目法人——上海申虹投资发展有限公司的董事长由公司大股东——上海机场（集团）有限公司的董事长及总裁吴念祖兼任，如图 4.6 所示。

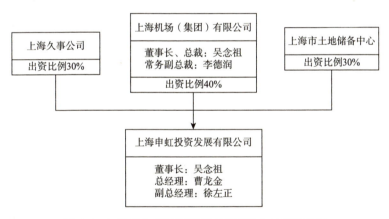

图 4.6　虹桥综合交通枢纽工程项目法人的外部兼任

　　（3）经理层和总经理。经理层作为公司的日常经营机构辅助董事会执行业务，由董事会聘任。总经理在董事会授权范围内经营企业，将其战略决策付诸行动以实现企业经营目标。在重大工程中，董事会在聘任总经理时重视其是否具备类似建设项目的管理经验，如京沪高速铁路股份有限公司总经理李志义为中铁三局工程集团有限公司原总经理，其职业背景及工作经验是调入京沪高铁项目的重要影响因素。与董事长存在兼任现象不同的是总经理一般采用专任形式，主要是总经理需在该公司中投入大量工作精力，而专任有助于组织绩效的提高。

2. 基于委托代理理论的市场主体外部兼任

重大工程市场主体基本上以国有企业为主，与其他企业一样，同样面临着所有权和经营权分离、所有者和经营者的利益冲突等突出问题，甚至其复杂性更高。在重大工程建设中，我国已形成了从国资委到负责资本运作的国有控股公司，再到具体开展重大工程建设市场化运作的项目公司的三级链条。这一链条呈现多层委托代理关系，首先，重大工程真正所有者为全体人民，其所有者职能通过层层委托代理由出资人机构——国资委及其他政府部门代为行使。通常这些出资人机构并不直接注资成立具体运作的项目公司，而是由其已出资设立的承担基础设施投融资职能的国有控股公司注资作为项目公司股东，再构成一层委托代理关系。此外，项目公司的董事会受公司股东会的委托成为公司所有者的代表，同样也存在委托代理关系。

以上层层的委托代理关系是市场主体外部兼任的内在原因。仅就项目公司股东会与董事会这一层级而言，董事长外部兼任有助于大股东直接掌握公司的运营情况，极大增强委托者对公司的管控，降低内部人控制风险，解决该层级的代理问题。而该层级之上的其他层级代理问题也采取了相应的手段，最终实现国有资产保值增值。

4.2.4　行政主体内部兼任

1. 行政主体内部兼任的表现形式

重大工程行政主体包括建设委员会、领导小组、管理局、指挥部等各级各类议事协调机构，其设置存在层级性，各层级间权责分配及工作任务各有不同，根据职责差异可划分为对工程进行决策指导的领导机构以及承担建设管理任务的项目管理机构两类。这些议事协调机构在组织设置上存在上下层级间的内部兼任，具体包括以下四类。

（1）中央领导机构和省部领导机构的兼任。对国家宏观发展有重要影响并具有深远政治意义的重大工程，通常在中央层级设立第一级决策机构。同时所涉及的地方政府或国务院部委对应设置第二级决策机构，负责省部层级的重大决策事务。

当工程复杂性和重要性相对较低时，一般仅设立省部级领导机构作为最高领导机构。在这两类机构间，省部上报领导机构的正职领导一般兼任中央领导机构的副职领导或成员。例如，上海世博会执委会主任俞正声兼任组委会第一副主任委员，执行主任韩正及万季飞兼任组委会的副主任委员，如图4.7所示。

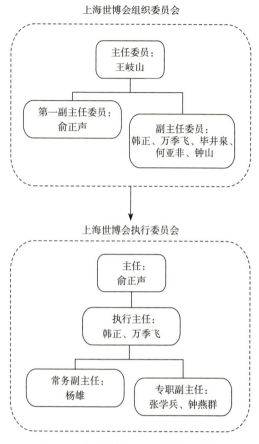

图 4.7　上海世博会工程局部组织结构图

（2）省部领导机构和指挥部的兼任。省部领导机构负责对工程建设中涉及宏观层面的重大问题进行决策和协调，为其创造良好的支持保障环境。而指挥部则是工程建设期间的管理主体，负责具体的组织、指挥和管理。这两类组织功能与定位不同，其内部兼任一般设置在指挥部的正职领导和省部领导机构的副职领导或成员之间。例如，在苏通大桥工程中，建设指挥部总指挥潘永和兼任省部建设协调领导小组成员。

（3）总指挥部和分指挥部的兼任。指挥部承担具体的建设管理任务及协调工作，若工程涉及多个区域，一般在各区域内设置分指挥部以负责辖区内的建设管理，此时分指挥部的正职领导通常兼任总指挥部的副职领导。例如，铁道部京沪高速铁路建设总指挥部下设天津、济南、蚌埠、南京、苏州五个分指挥部，其指挥长均兼任总指挥部副指挥长，如图 4.8 所示。

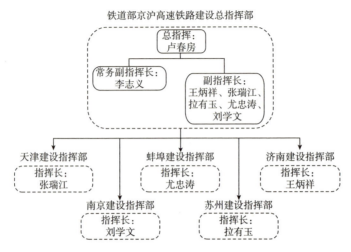

图 4.8　京沪高速铁路工程局部组织结构图（一）

（4）议事协调机构及其办事机构的兼任。议事协调机构一般设置办事机构作为其日常工作的具体承接者，两者间同样存在兼任，通常由办公机构的正职领导兼任议事协调机构的副职领导或成员。以虹桥综合交通枢纽工程为例，建设指挥部办公室主任曹龙金同时兼任建设指挥部成员。

2. 行政主体内部兼任的作用

根据重大工程行政主体的职责和层次两个维度，将其划分为决策层、项目控制层和项目实施层三个层级，领导机构为决策层，项目管理机构则根据职责不同存在控制层和实施层的区别（图 4.9）。

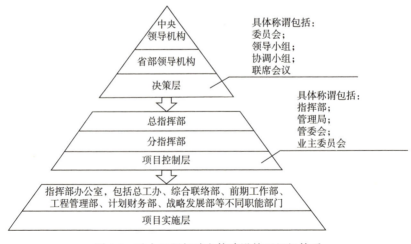

图 4.9　重大工程行政主体建设管理组织体系

内部兼任作为衔接各层级行政主体的特殊方式，在任务分配、指令关系和信息沟通上具有重要作用。

（1）任务分配。在重大工程中，各个层级的组织所承担的任务各不相同，顶层组织承担决策、协调、领导等宏观工作，中低层组织则以较为微观具体的工程建设管理为主要职责。任务分工和职责配置一旦形成，纵向间的上下级关系便得以产生。内部兼任明确了这一层级关系，有利于任务分配后的贯彻落实。

（2）指令关系。当任务分工和职责配置完成后，行政主体的机构设置实际上是一种纵向层级的线性组织结构，呈现出从宏观到微观的层级递减。层级关系产生指令系列，指令逐级下达以保证所有层级都服从这些指令，而内部兼任正是指令从一个层次传递到下一个层次的联结点。

（3）信息沟通。沟通赋予组织结构以生命力，并将组织中相互依赖的部分维系在一起。行政主体借助于组织间的纵向层级结构及组织本身的广泛政府成员构成，形成纵向沟通和横向沟通共同发挥作用的矩阵型信息沟通网络，而内部兼任者是信息沟通网络的关键节点。

4.2.5　行政-市场内部兼任

重大工程作为国家投资的重要基础性公共产品，政府长期以来都发挥着强大的资源整合和沟通协调作用，指挥部则是代表政府行使职能的一种有效方式。而伴随我国从计划经济向社会主义市场经济改革，重大工程建设开始逐步依靠市场力量实现资源的优化配置（盛昭瀚等，2008）。在行政主体和市场主体两者间同样存在兼任关系，从这一关系可透视我国重大工程中行政力量与市场力量对比关系的变迁过程。

在几十年的重大工程建设中，行政力量与市场力量并存且两者关系历经多次调整与变革，制度环境的变化对组织模式产生了深刻的影响，相应地，在行政主体和市场主体间的兼任形式以及力量对比上呈现出不同特征，可概括为以下三种类型。

1. 行政和市场"合二为一"

在我国重大工程建设中有一种常见的组织策略，即指挥部或指挥部办公室与项目公司之间为"两块牌子，一套班子"，这是内部兼任的一种特殊形式，集中出现在 1995~2005 年。这一阶段是全面推进各项改革的关键时期，市场经济因素和规则作用增强，但市场经济体制尚不健全，建设市场的规则和规范尚不完善。这一阶段仍需行政权力高效整合资源，同时为配合改革利用市场规则优化资源配置，在制度设计上选择将行政和市场两种力量合二为一，指挥部和项目公司"两块牌子，一套班子"，在职责和具体任务上有分有合。

但事实上，这类兼任存在的原因在于这类项目公司只是出于适应工程投资体系改革而设立的，一般由国有资本投资，采用市场化运作方式筹集资金，自身力量并不强大，完全在指挥部的控制下开展工作。随着未来投融资模式改变带来的重大工程投资主体多元化，项目公司与指挥部间应各自承担不同的职责和任务，在人事安排上更为独立。

2. 强行政，弱市场

重大工程中存在另一种形式的行政-市场内部兼任，一般表现为项目公司的董事长或总经理兼任指挥部的副总指挥等职务。在这一模式中行政力量较市场力量占据上风，体现出"强行政，弱市场"的特质。例如，在图 4.10 中，京沪高速铁路股份有限公司的总经理在总指挥部中担任常务副指挥长。

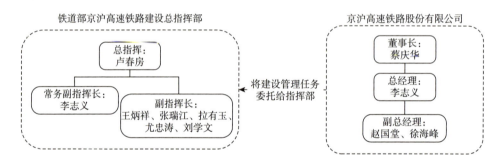

图 4.10　京沪高速铁路工程局部组织结构图（二）

此类兼任具有现实意义，与我国处于市场经济体制改革阶段的基本国情相符。指挥部最显著的优势在于有效整合社会资源及快速高效推进工程建设，因此项目公司在建设阶段将建设管理任务委托给指挥部，自身仅负责资金筹措等工作，并由项目公司的高层管理者兼任指挥部的副职以配合指挥部的建设节奏。这一兼任模式的本质依然是行政力量主导工程建设，项目公司的市场运作可能会受到指挥部的干预。

3. 强市场，弱行政

伴随着我国"政府-市场"制度环境的进一步变迁，指挥部的职能范围再次缩减，出现完全由项目公司采用市场化运作方式来完成重大工程建设的情况，呈现出"强市场，弱行政"的特征。例如，图 4.11 中的武汉鹦鹉洲长江大桥工程，该重大工程建于 2011 年，此阶段市场化因素的作用显著加强，工程建设的行政化运行机制进一步减弱。尽管在这类重大工程组织体系中仍存在潜在的行政力量，基于政府投融资平台所承担的政府投融资职能，其控股的基础设施项目公司市场主体属性弱化，具有一定政府属性，但这与指挥部这一强有力的行政力量截然不同，市场化运作机制在其中发挥了主要作用。这种"强市场，弱行政"作用模式一般在某一类型基础设施发展程度较高的地方政府再次开展同类基础设施建设时使用，不适用于同类工程建设经验较少的地方基础设施工程或跨区域的重大工程。

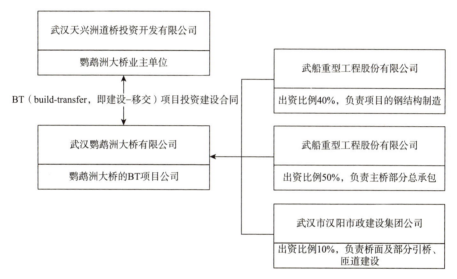

图 4.11　武汉鹦鹉洲长江大桥工程局部组织结构图

4.2.6　兼任机制的改革方向

重大工程建设领域在"市场决定性作用"改革思路的引导下，其运作机制将有进一步的转变和调整，市场化程度的提升将是必然路径。在这一过程中，政府和市场关系的又一次转变必将带来兼任形式的新改变。

（1）行政主体外部兼任是破解中国"条块"体制的有效机制，是中国政府组织设计的独特智慧，在改革过程中仍可继续保留，但必须严格治理现存部分不规范的兼任方式。例如，部分工程借调质监站成员担任某些职务，质监站既作为管理者又作为监督者，造成身份混乱，此类借调方式是不可取的。

（2）市场主体外部兼任是由于复杂的委托代理关系而产生的，随着市场化程度的提升，我们应按照上市公司的要求不断规范完善项目公司的治理结构，减少董事长和总经理的外部兼任，而以专任为人事安排主要方式，以此避免市场失灵。

（3）行政主体内部兼任在任务分配、指令关系和信息沟通等方面具备实际效用，是中国政府组织设计的又一策略，这一兼任模式有其存在的合理性，在未来仍可继续发挥作用。

（4）行政-市场内部兼任则是未来的改革重点，现有的"两块牌子，一个班子"或"强行政，弱市场"的兼任形式应该摒弃。在未来，指挥部和项目公司两者间应各行其职，在人事安排上提倡专任。在政府转换职能后，指挥部仅发挥协调服务作用，项目公司则完全承担工程建设的市场化运作，不再受到指挥部的具体控制，体现在人事岗位上，则是项目公司与指挥部应该分设，同时项目公司的高级管理者不再继续在指挥部中任副职或成员，由此指挥部的正职领导无法再利用位阶差异而干涉公司运作，甚至进一步在我国市场化程度达到很高水平时，指挥部的成员可通过在项目公司中兼任一定职务为项目公司提供更直接有效的协调服务。

4.3 重大工程高管团队的激励机制

激励作为激发人行为方式的内在驱动力，会深刻影响其行为的发端、方向、强度和持续性，从而影响组织的产出（Pinder，2014）。通过建立合理的激励制度以激发管理者的工作动力对于提高政府的重大工程治理能力，进而提升公共服务品质具有重要意义。由于我国重大工程的高层管理者主要通过行政任命从政府部门或国有企业中选拔任用，故政治激励作为一种行政激励手段在重大工程"政府-市场"二元体制中具有重要作用。其本质上体现了用政绩考核来促进地方政府推进重大工程建设，用政治升迁来激发政府官员承担重大工程领导责任的重要政府治理逻辑。

当官员被任命为重大工程的高层管理者后，其与项目产权所有者之间形成委托-代理关系。由于法律对公务员可获得的薪酬水平做了严格约束，并禁止将项目股权化后给予官员股权激励，政治激励成为高层管理者谋求的重要对象。公共服务绩效方面的研究表明：物质激励对于提高公务员的工作绩效是必要的，但不是充分条件（Ulleberg，2009；冉冉，2013）。因此，通过给予代理人政治激励来提高其工作绩效是委托人必然采取的激励措施，而其本质上是政府为实现重大工程治理能力而支付的委托成本中重要的构成部分。此外，如果政治激励的措施得当，对于抑制代理人出现工程腐败等损害委托人利益的异化行为也具有一定意义。

因此，本节关注我国重大工程高层管理者的政治激励问题。为了厘清究竟哪些因素会影响高层管理者获取政治激励，以及政府对此类官员晋升考核的要点在实际中的施行情况如何，本节将以 1990~2012 年的 43 个重大工程为基础，从中选取 208 位高层管理者构成研究样本，按照个体特征、团队角色、项目属性和业绩评价四个维度，分析不同因素对政治激励的影响规律，从而形成我国重大工程高层管理者政治激励的解释模型。研究结论对于改进政府对工程管理者的考核和激励方式，提高政府的重大工程治理能力具有一定参考价值。

4.3.1　政治激励影响因素假设

将重大工程高层管理者获取政治激励的影响因素按照个体特征、团队角色、项目属性和业绩评价四个维度进行划分并逐一分类假设。

1. 个体特征

从 2014 年最新颁布的《党政领导干部选拔任用工作条例》对领导干部年轻化、知识化、专业化的要求来看，年龄、受教育程度和专业背景是行政选拔体系中重要的通用考核指标。同时，依据我国退休年龄制度，Ulleberg（2009）还建议对年龄加设一个"是否超过 60 岁"的虚拟变量。目前关于地方官员升迁的系统性研究包括了省级、市级以及特定范围内的县级官员（张军等，2007；林挺进，2007；冉冉，2013），而在重大工程高层管理者样本中，存在行政级别的多样性，因此，本书将行政级别也作为一个考虑因素纳入研究模型之中。据此，提出本章第一项研究假设：

H$_{4-1}$：重大工程高层管理者的调入项目年龄、调离项目年龄是否超过 60 岁、受教育水平、专业背景、原职级别等个体特征与其获取政治激励具有相关性。

2. 团队角色

除个体特征外，王贤彬和徐现祥（2008）发现省级官员的来源、去向和任期对经济增长和政治擢升存在影响。杜兴强等（2012）证实了官员的不同经历和岗位类型与政治擢升间的关系。另外，Finkelstein 和 Hambrick（1990）在关于高管团队的经典文章中还指出高管的角色类型和管理自由裁量权也会对组织绩效起到显著作用。结合重大工程的实际情境，我们发现我国重大工程的高层管理者主要从政府部门或国有企业中抽调而来，所担任的岗位主要分为工程技术类和综合协调类（Anantatmula，2010；Hu et al.，2011），在职务上存在专职和兼任的差别，在任职角色上具有正职、常务副职和普通副职三个层级，而项目任期也各有长短。由于这些因素都是关于团队角色差异性的表述，据此，提出本章第二项研究假设：

H_{4-2}：重大工程高层管理者的来源性质、岗位类型、专职兼职、任职角色、项目任期等团队角色因素与其获取政治激励具有相关性。

3. 项目属性

个体特征和团队角色都是对"人"的表述，而重大工程之间也同样存在差异性。"国家五年规划"作为中国国民经济计划的重要部分，将依据国家发展远景目标对全国一段时期内的重大建设项目做出系统性安排。一个区域重点工程能否纳入其中，除了体现国家层面的重视外更意味着制度性的倾斜与安排。因此，我们将"是否纳入国家五年规划"作为一个考察指标，来探究不同制度性安排下的重大工程对其管理者的政治晋升是否存在差异。此外，不同的工程投资规模意味着不同的区域经济贡献，也会影响到职务晋升。但与以往采用总投资额（Shokri et al.，2014）作为指标不同的是，我们还引入了时间因素，将其改进为投资强度（日均投资额）以更贴切地反映工程间差异。考虑到我国显著的地区差异和 1990~2012 年的时间跨度变迁，项目所在地经济社会发展水平和开工年份这两个变量也被纳入考察范围内，分别从空间分布和时间跨度上表征项目属性。据此，提出本章第三项研究假设：

H_{4-3}：重大工程是否纳入国家五年规划、项目所在地经济社会发展水平、投资强度和开工年份等项目属性与其高层管理者获取政治激励具有相关性。

4. 业绩评价

高层管理者只有取得符合组织考察要求的管理业绩才有可能实现政治擢升，因此，对重大工程高层管理者的业绩评价至关重要。例如，福建省人民政府颁发的《2013 年省重点项目分类分级管理与考核办法》就载明："地方政府及项目主管官员应对管辖范围内重点项目的投资、进度、质量、安全等进行全面监管，并于年底将考评结果报送省、市重点办，作为年终考核评比依据。"牛津大学长期致力于重大工程研究的 Flyvbjerg（2011）教授也表示，"无休止的进度超期、费用超支和频发的质量安全事故已成为悬在重大工程管理者和政府头上的达摩克利斯之剑"。因此，结合工程绩效评价文献（Cheung et al.，2004；Hanna et al.，2014），本节从正负两方面开展业绩评价。基于数据的可获得性和客观性，正面评价主要通过工程获奖来反映。通过检索"詹天佑奖"、"国家科技进步奖"、"国家优质工程奖"和"鲁班奖"等奖项评审条款，发现我国的工程奖项主要侧重于"工程技术创新与应用"和"工程质量"两个大类。负面评价部分则通过评定项目出现进度延期、费用超支的程度与是否发生较大、重大和特大安全事故来反映。据此，提出本节第四项研究假设：

H₄₋₄：重大工程获得的工程技术创新与应用类、工程质量类奖项等正面评价，以及发生进度延期、费用超支和安全事故等负面评价与其高层管理者获取政治激励具有相关性。

基于以上影响因素的分析和假设，并参考案例数据的初步统计观察，表 4.2 给出了以上四个假设中因变量和解释变量的名称、定义及取值方式。

表 4.2　变量名称、定义与取值列表

变量		变量名称	变量定义
因变量		Promotion	政治擢升：否=0/是=1
解释变量	个体特征	Age	调入项目年龄：岁
		Age60	调离项目年龄是否超过 60 岁：否=0/是=1
		Edu	受教育水平：大专=0/本科=1/硕士=2/博士=3
		Major	专业背景：非工学（经济学、管理学及其他）=0/工学=1
		Level	原职级别：科级副职=0，科级正职=1，…，国家级正职=9
	团队角色	Origin	来源性质：来自于政府部门=0/国有企业=1
		Post	岗位类型：工程技术管理岗=0/综合协调管理岗=1
		FullorPart	专职兼职：专职=0/兼职=1
		Role	任职角色：正职=0/常务副职=1/副职=2
		Tenure	项目任期：年
	项目属性	Plan5	项目是否纳入国家五年规划：否=0/是=1
		Location	项目所在地经济社会发展水平：一类=0/二类=1，…，四类=3
		CostperDay	投资强度（日均投资额）：百万元/天
		Year	开工年份：1990=0，1991=1，1992=2，…，2012=22
	业绩评价	TechAwards	是否获得技术创新与应用类奖：否=0/是=1
		QualAwards	是否获得工程质量类奖：否=0/是=1
		ScheduleDelays	进度延期：未延期=0/延期 20%以内=1/50%以内=2/50%以上=3
		ExpenseOverruns	费用超支：未超支=0/超支 20%以内=1/50%以内=2/50%以上=3
		SafeAccidents	是否发生较大、重大和特大安全事故：否 0/是 1

4.3.2　政治激励影响因素模型

基于以上关于个体特征、团队角色、项目属性和业绩评价四个维度的假设，得到重大工程高层管理者政治激励影响因素假设模型，如图 4.12 所示。

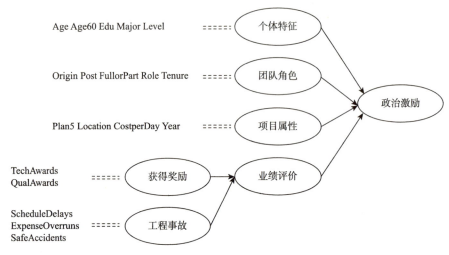

图 4.12 政治激励影响因素假设模型

需要特别说明的是：①对于获得政治激励的认定，遵照中国行政级别的划分方式，将调入该项目至调离该项目后三年内获得行政级别的擢升认定为一次有效的政治激励。另外，考虑到中国行政体系中，如市委书记和市长，市政府副秘书长和市属局长虽然属于同一行政级别，但从市长调任市委书记，从市属局长调任市政府副秘书长仍被视为政治生涯的进步和实质职权的增加，因此，在遵循职级擢升的基础上，对级别平调但属于实质性提拔的情况，也将其视为一次有效的政治激励。②对于项目所在地经济社会发展水平这一指标，我们采用中国人民大学发布的中国人民大学中国发展指数（RUC China Development Index，RCDI）来表征，该指数将中国按照省级行政单位分为四个等级，综合反映了中国各地区的发展情况和区域差异。

4.3.3 样本选择与数据来源

本节的重大工程案例来源于重大工程案例研究和数据中心，主要包含大型赛事会展设施、特大灾后重建、交通枢纽、山岭隧道、长大桥梁、地铁、电站、机场、高速公路、铁路、港口工程和能源基地等 12 个门类。具体样本选择和数据收集过程如下。

（1）筛选我国 1990~2012 年总投资额高于项目立项当年全国 GDP 0.01%，技术复杂、战略意义重大、社会影响度高，经国家发改委审批或审核后报国务院审批，且目前已完成竣工验收并投入使用的重大工程共 57 个。

（2）以这 57 个案例为基础，逐一检索其建设管理委员会、工程建设指挥部或项目公司相关信息，对于无法获知具体领导者名称与简历的案例予以剔除，得到可供使用的案例 43 个，合计总投资额 13 343.87 亿元，如表 4.3 所示。

表 4.3　重大工程案例与高管选取数列表（单位：亿元）

工程名称	投资额	数量	工程名称	投资额	数量	工程名称	投资额	数量
上海长江隧桥工程	126.16	4	向家坝水电站	519.00	5	上海浦东国际机场二期工程	207.70	5
武广高铁	1 166.00	6	杭州湾跨海大桥	161.00	4	宁夏宁东能源化工基地一期	11 000.00	6
川气东送工程	626.76	11	昆明长水国际机场	231.00	5	南京禄口国际机场二期	99.08	4
京沪高速铁路工程	2 209.00	8	宁波新火车南站	120.00	5	山东海阳核电站一期	400.00	6
苏通大桥	78.90	6	武汉天兴洲长江大桥	110.60	2	辽宁红沿河核电站一期	523.00	6
上海南站	33.80	4	成都双流国际机场扩建工程	133.60	2	青藏铁路格尔木至拉萨段工程	330.90	8
武英高速	53.55	5	浙江省舟山大陆连岛工程	130.00	4	宁波市地铁 1 号线一期工程	123.88	4
崇启大桥	82.38	3	秦山核电站二期工程	145.00	3	武汉地铁 2 号线一期工程	149.13	7
青岛海湾大桥	90.82	6	厦门翔安海底隧道工程	31.97	5	西安咸阳机场二期扩建工程	103.91	3
上海世博会	286.80	6	北京奥运会"2008"工程	485.00	8	南水北调东线一期工程	320.00	10
上海卢浦大桥	22.00	1	上海虹桥综合交通枢纽	474.00	5	南水北调中线一期工程	920.00	3
东海大桥	71.10	3	上海地铁 1 号线	65.32	2	上海洋山深水港一期港区工程	72.00	4
福建厦漳大桥	49.86	4	南京地铁 2 号线	100.01	6	广西钦州千万吨级炼油工程	153.00	4
溪洛渡水电站	792.34	5	锦屏一级水电站	232.30	7			
北京南站	63.00	2	北京首都国际机场 T3 航站楼	250.00	2			

注：国家重大工程 43 个，累积总投资额 13 343.87 亿元，累积总样本数 208 个

（3）按照表 4.2 项目属性和业绩评价所列指标，整理出完整的项目和评价信息并按变量定义实现数据化。

（4）对以上 43 个案例，按照表 4.2 中个体特征和团队角色所列指标，逐一检索在该项目高管团队中担任正职、常务副职和普通副职的领导者的人口统计学信息和职务履历信息，以工程指挥部模式为例，则为该项目的总指挥、常务副总指挥和副指挥。

最终，我们从 43 个案例中获得了信息完整、可供统计分析的样本共 208 个，表 4.3 中"数量"一栏显示了样本的工程项目来源分布情况，其中来源数量最低为

1 名，最高为 11 名，平均每个项目 4.84 名。

需要特别补充的是，在对本节 43 个重大工程样本进行数据整理的过程中，我们发现我国重大工程的开竣工时间具有明显的人为选择性。如图 4.13 所示，开工月份大量集中在 6 月和 12 月，竣工月份则大量集中在 6 月、9 月和 12 月，并且大量选择 6 月 30 号、12 月 31 号等日期，存在明显的月底、年底集中开竣工现象。从地方政府关于重大工程开竣工的相关报道也时常可以发现"力争上半年完成""确保年底前全部开工"等命令式的口吻和表态式的陈述。这一方面可能与我国公共财政拨付使用和结算的截止时点有关，另一方面也反映出政府对工程进度的迫切要求和对工程管理者考核工作的关注重点，但本质上还是体现出我国重大工程强烈的政治任务特性。

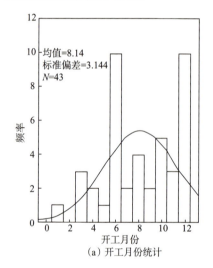

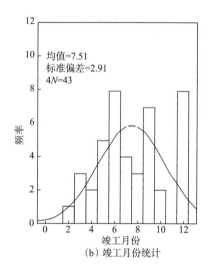

图 4.13　重大工程开竣工月份统计

N 表示样本数量，曲线表示正态分布

4.3.4　描述性统计分析

1. 因变量的统计描述

统计发现，在 208 名重大工程高层管理者样本中，117 人获得政治激励，升职比例达到 56.3%，年龄最小 35 岁，最大 63 岁，平均 46.18 岁，比整体样本均值小 1.51 岁。图 4.14 给出了整体样本与擢升组样本调入年龄分布直方图，可以发现，40~55 岁为重大工程高管的主要年龄段，而 40~48 岁为获得政治擢升的高频时段，通常认为该年龄段为个人事业的黄金年龄，而重大工程高层管理者在迈入 50 岁后获得政治激励的概率逐渐降低，55 岁后已极难获得晋升。

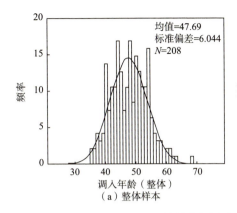
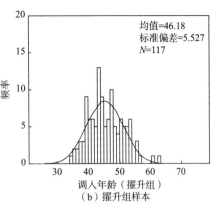

图 4.14　整体样本与擢升组样本调入年龄分布比较

N 表示样本数量，曲线表示正态分布

2. 解释变量的统计描述

解释变量的统计描述如表 4.4 所示。

表 4.4　解释变量的统计描述

项目	变量	均值	标准差	最小值	最大值	t 检验
个体特征	Age	47.69	6.044	35	68	113.785***
	Age60	0.08	0.275	0	1	4.292***
	Edu	1.59	0.800	0	3	28.606***
	Major	0.60	0.491	0	1	17.656***
	Level	3.97	0.978	3	7	58.586***
团队角色	Origin	0.50	0.501	0	1	14.387***
	Post	0.45	0.498	0	1	12.938***
	FullorPart	0.38	0.485	0	1	11.145***
	Role	1.33	0.868	0	2	22.117***
	Tenure	3.91	1.641	1.65	7.92	34.385***
项目属性	Plan5	0.48	0.501	0	1	13.844***
	Location	1.47	1.199	0	3	17.689***
	CostperDay	25.66	39.123	1.27	189.13	9.460***
	Year	15.19	3.035	0	20	72.201***
业绩评价	TechAwards	0.44	0.497	0	1	12.689***

项目	变量	均值	标准差	最小值	最大值	t 检验
业绩评价	QualAwards	0.81	0.395	0	1	29.486***
	ScheduleDelays	1.03	0.813	0	3	30.746***
	ExpenseOverruns	1.67	0.647	0	3	28.759***
	SafeAccidents	0.28	0.450	0	1	8.947***

***表示各解释变量 t 检验在 1%的水平上显著异于 0

从表4.4中可以发现：①在个体特征方面，重大工程高管平均年龄为47.69岁，主要集中在县处级正职、厅局级副职和厅局级正职段，普遍具有本科或硕士学历。其专业背景中具有工学学历的比例占到 60.1%，其次为经济学或管理学，占到31.5%。进一步按照学历水平对专业背景进行分层分析，我们发现在本科和博士群体中，工学占据极高比重，而在硕士群体中，具有经济学和管理学专业的比重显著提高。这反映了重大工程管理者在职业发展路径上存在二类分化，一部分人通过硕士阶段的学习从技术型向综合管理型转化，一部分人则在工程技术领域继续深造，成为具有高学历的技术型管理人才。②在团队角色和项目属性方面，重大工程高管的平均任期为 3.91 年，所管辖项目的日均投资额最低为 127 万元，最高达到 1.89亿元，平均为 2 566 万元，这意味着每天极高的工程建设强度和项目管理任务，也意味着极大的项目资金管理权限和极高的腐败风险。③在业绩评价方面，我国重大工程项目的工程质量类获奖率远高于工程技术创新与应用类，普遍存在超计划工期平均20%以上的进度延误和超计划总投资额平均40%左右的费用超支，而发生过安全事故的项目比例高达28%。

3. 解释变量在不同分类水平下的初步考察

1）不同个体特征水平下的政治擢升差异

从表 4.5 可以发现，处于不同个体特征水平的重大工程高层管理者在获取政治激励的概率上存在差异，部分指标表现出一定的规律性，部分指标则不明显：①从年龄指标来看，重大工程调入年龄高于 55 岁、调离年龄高于 60 岁时，擢升概率会显著降低，说明年龄门槛是职务晋升的重要筛选条件。②在受教育水平和教育专业背景方面，随着学历水平的提升，获得政治擢升的概率也随之提高，而工学与非工学的专业背景则在擢升概率上没有显著的差异。说明工程情境下的晋升体系依然青睐高学历背景，而专业背景则不具有明显的选择倾向性。③对于原职级别，副处级、正处级和副厅级官员的擢升概率逐渐降低，而正厅级又再次升高。这说明在副处至副厅段，原职级别与晋升概率呈负相关，而副厅迈向正厅的路径是一个特殊的"天花板"，在突破后意味着进入新的晋升阶段。

表 4.5　不同个体特征水平下的政治擢升情况比较

变量分类级别	调离项目是否超过 60		受教育水平		专业背景		原职级别	
	N	占比	N	占比	N	占比	N	占比
0	191	58.6%	14	35.7%	83	54.2%	—	—
1	17	29.4%	85	41.2%	125	57.6%	—	—
2	—	—	82	65.9%	—	—	—	—
3	—	—	27	85.2%	—	—	11	36.4%
4	—	—	—	—	—	—	56	83.9%
5	—	—	—	—	—	—	82	57.3%
6	—	—	—	—	—	—	46	26.1%
7	—	—	—	—	—	—	13	53.8%
总体	208	56.3%	208	56.3%	208	56.3%	208	56.3%

2）不同团队角色水平下的政治擢升差异

从表 4.6 可以看出：①与国有企业相比，来自于政府部门的重大工程高管具有相对高的政治擢升概率，这可能源于国有企业相对市场化和多样化的高管激励手段弱化了重大工程高管对政治激励的追逐动机，但结合沈艺峰和李培功（2010）对国有企业高管限薪问题的研究，出现这一擢升概率差异的原因更有可能源于两个系统本身在晋升空间上的基本面差异。②在岗位类型和专职兼职方面，我们发现从事综合协调管理比从事工程技术管理的高管具有更高的擢升概率，而专职人员也比兼任者的擢升概率要高。③在任职角色方面，担任正职的工程高管并未表现出更高的擢升概率，反而是常务副职具有最高的政治激励水平，这说明常务副职这一职务在重大工程管理序列中的重要性，在正职兼任或虚设的情况下，常务副职通常是工程的实际领导者，并对其他副职行使一定的协调、指导和监督权力，存在一定的"扶正"机会，因此擢升概率最高。④项目任期由于是连续变量，根据数据的分布范围，我们按照小于 2 年、2~4 年、4~6 年和 6~8 年进行分类，发现重大工程高管的任期与擢升概率之间呈现"U"形变动，除高于 4 年的长期任职群体外，一些超短期任职的官员也表现出极高的升迁率。对该现象的可能解释是，政府将参与重大工程作为一种组织"培养"方式，对培养对象给予工程历练后提拔任用。

表 4.6　不同团队角色水平下的政治擢升情况比较

变量分类级别	来源性质		岗位类型		专职兼职		任职角色		项目任期	
	N	占比	N	占比	N	占比	N	占比	N	占比
0	104	59.6%	115	54.8%	130	69.2%	55	49.1%	15	60.0%
1	104	52.9%	93	58.1%	78	34.6%	29	62.1%	145	49.7%
2	—	—	—	—	—	—	124	58.1%	21	76.2%
3	—	—	—	—	—	—	—	—	27	74.1%
总体	208	56.3%	208	56.3%	208	56.3%	208	56.3%	208	56.3%

3）不同项目属性水平下的政治擢升差异

从表 4.7 可以发现：①纳入国家五年规划的重大工程，其管理者具有相对高的擢升概率，可见，项目对国民经济和社会发展的重要性程度会部分转化为对工程管理者的倾斜性安排。即使这一安排并未形成制度，但管理属于国家发展计划和国民经济布局的核心项目的确会带来更多的能力展现机会。②对于项目所在地的经济社会发展水平，在整体趋势上，越是欠发达地区，重大工程管理官员的擢升概率越高。这可解释为重大工程对欠发达地区具有更显著的经济发展和社会贡献，相较于其他产业，管理基础设施投资的官员更易凸显政绩，另外也说明不同发展程度的地区对工程管理型人才的需求和重视程度不同，西部地区相对落后的基础设施水平更迫切地需要具备驾驭重大工程能力的官员。③对于投资强度，由于其是连续性变量，依据其数据分布特征，我们按照小于 500 万元/天、500~1 000 万元/天、1 000~5 000 万元/天和大于 5 000 万元/天对其进行分级，从整体趋势上，投资强度与擢升概率呈现正相关性。④对于开工年份这一时间序列指标，我们也将其按照 1990~1996 年、1997~2002 年、2003~2007 年、2008~2012 年，划分为四个时间段。可以发现，擢升概率与时间序列之间呈现负相关性，这说明随着时间的推移，重大工程管理官员在政治竞争中的优势逐渐弱化，晋升概率呈逐年下降的态势。

表 4.7 不同项目属性水平下的政治擢升情况比较

变量分类级别	国家五年规划		项目所在地		投资强度		开工年份	
	N	占比	N	占比	N	占比	N	占比
0	108	52.8%	65	53.4%	36	44.4%	5	100%
1	100	60.0%	38	44.7%	61	55.7%	29	72.4%
2	—	—	47	47.4%	81	63.0%	110	54.5%
3	—	—	58	72.3%	30	53.3%	64	48.4%
总体	208	56.3%	208	56.3%	208	56.3%	208	56.3%

4）不同业绩评价水平下的政治擢升差异

从表 4.8 可以看出：①相比于工程质量奖的高获奖率，重大工程获得工程技术创新与应用类的奖励更困难。从擢升概率来看，获得工程技术创新与应用类奖会带来擢升概率的提升，而工程质量类奖则没有这一效用。②对于进度延期和费用超支，数据显示前者与擢升概率之间具有负相关性，而后者并未体现出规律性。这说明工程建设速度能否达标是与管理者获取政治激励相挂钩的关键指标，但对工程费用的考核存在普遍性失范。我国在屡创"中国建造速度"的同时却屡现"造价无底洞"现象，这可能与我国工程高层管理者的政治激励制度具有极大关联。③在安全事故方面，数据显示发生事故会显著降低管理者的擢升概率，这说明我国近年来不断加强对工程安全事故的惩处力度和实行安全事故"一票否决制" 起到了实质性的效果。

表 4.8　不同业绩评价水平下的政治擢升情况比较

变量分类级别	技术创新与应用类奖		工程质量类奖		进度延期		费用超支		安全事故	
	N	占比	N	占比	N	占比	N	占比	N	占比
0	117	54.7%	40	57.5%	61	64.2%	20	59.1%	150	63.3%
1	91	58.2%	168	56.0%	107	54.8%	68	57.7%	58	37.9%
2	—	—	—	—	13	56.9%	91	53.8%		
3					27	43.7%	29	58.6%		
总体	208	56.3%	208	56.3%	208	56.3%	208	56.3%	208	56.3%

4.3.5　Logit 计量分析

1. 计量分析模型

由于本节中的政治激励为二元变量，参考 Li 和 Zhou（2005）、王贤彬和徐现祥（2008）及杜兴强等（2012）的模型建构方式，针对本节提出的四个假设和整体假设模型分别构建了五个二元 Logit 模型。

个体特征与政治激励间 Logit 模型为

$$
\begin{aligned}
\text{Promotion} = \ln\left[P/(1-P)\right] &= \alpha_0 + \alpha_1\text{Age} \\
&+ \alpha_2\text{Age60} + \alpha_3\text{Edu} + \alpha_4\text{Major} + \alpha_5\text{Level} + \varepsilon
\end{aligned}
\tag{5-1}
$$

团队角色与政治激励间 Logit 模型为

$$
\begin{aligned}
\text{Promotion} = \ln\left[P/1-P\right] &= \beta_0 + \beta_1\text{Origin} + \beta_2\text{Post} \\
&+ \beta_3\text{FullorPart} + \beta_4\text{Role} + \beta_5\text{Tenure} + \varepsilon
\end{aligned}
\tag{5-2}
$$

项目属性与政治激励间 Logit 模型为

$$
\begin{aligned}
\text{Promotion} = \ln\left[P/(1-P)\right] &= \gamma_0 + \gamma_1\text{Plan5} \\
&+ \gamma_2\text{Location} + \gamma_3\text{CostperDay} + \gamma_4\text{Year} + \varepsilon
\end{aligned}
\tag{5-3}
$$

业绩评价与政治激励间 Logit 模型为

$$
\begin{aligned}
\text{Promotion} = \ln\left[P/1-P\right] &= \eta_0 + \eta_1\text{TechAwards} \\
&+ \eta_2\text{QualAwards} + \eta_3\text{ScheduleDelays} \\
&+ \eta_4\text{ExpenseOverruns} + \eta_5\text{SafeAccidents} + \varepsilon
\end{aligned}
\tag{5-4}
$$

整体 Logit 模型为

$$\begin{aligned}
\text{Promotion} = \ln\left[P/1-P\right] &= \lambda_0 + \lambda_1\text{Age} + \lambda_2\text{Age60} + \lambda_3\text{Edu} \\
&+ \lambda_4\text{Major} + \lambda_5\text{Level} + \lambda_6\text{Origin} + \lambda_7\text{Post} \\
&+ \lambda_8\text{FullorPart} + \lambda_9\text{Role} + \lambda_{10}\text{Tenure} \\
&+ \lambda_{11}\text{Plan5} + \lambda_{12}\text{Location} + \lambda_{13}\text{CostperDay} \qquad (5\text{-}5) \\
&+ \lambda_{14}\text{Year} + \lambda_{15}\text{TechAwards} + \lambda_{16}\text{QualAwards} \\
&+ \lambda_{17}\text{ScheduleDelays} + \lambda_{18}\text{ExpenseOverruns} \\
&+ \lambda_{19}\text{SafeAccidents} + \varepsilon
\end{aligned}$$

以上模型中 α_0、β_0、γ_0、η_0 和 λ_0 为截距，ε 为随机误差，模型均采用极大似然估计的迭代方法，通过似然值来替代离差平方和以实现对模型拟合度的计算，对系数的检验则采用 Wald 统计量。模型中涉及的变量定义和取值方法已在表 4.2 中详细列出，故不再赘述。按照 Logit 回归对研究变量与样本量之间不低于 1∶10 的比例要求，本节的总样本量为 208 个，满足模型要求。

2. 计量分析结果

表 4.9 为利用 Stata 12.0 中的 Logit 回归模型求得的结果，共包含 5 次回归结果，其中（1）～（4）列为针对四个假设部分的 4 次单独回归，（5）列为针对总体模型的 1 次整体回归。通过将单独回归模型和整体回归模型的计算结果进行对比印证，开展以下实证结果分析。

表 4.9　二元 Logit 模型回归结果

自变量	（1）		（2）		（3）		（4）		（5）	
	系数	p 值	系数	p 值	系数	p 值	系数	p 值	系数	p 值
截距	2.820	0.109	0.337	0.582	5.371***	0	2.548	0.109	12.371***	0.003
Age	−0.041	0.247	—	—	—	—	—	—	−0.036	0.434
Age60	−0.542**	0.046	—	—	—	—	—	—	−2.543**	0.050
Edu	0.783***	0	—	—	—	—	—	—	0.833***	0.003
Major	−0.196	0.548	—	—	—	—	—	—	0.047	0.922
Level	−0.418**	0.015	—	—	—	—	—	—	−0.792***	0.004
Origin	—	—	−0.729**	0.027	—	—	—	—	−1.008**	0.023
Post	—	—	0.961***	0.010	—	—	—	—	1.009**	0.057
FullorPart	—	—	−2.049***	0	—	—	—	—	−1.832***	0
Role	—	—	−0.083	0.675	—	—	—	—	−0.499*	0.074
Tenure	—	—	0.196*	0.053	—	—	—	—	−0.013	0.946
Plan5	—	—	—	—	0.092	0.811	—	—	0.428	0.404

续表

自变量	（1）		（2）		（3）		（4）		（5）	
	系数	p 值	系数	p 值	系数	p 值	系数	p 值	系数	p 值
Location	—	—	—	—	0.595***	0	—	—	0.412**	0.048
CostperDay	—	—	0.009**	0.049	—	—	—	—	0.015**	0.020
Year	—	—	—	—	−0.293***	0	—	—	−0.447***	0
TechAwards	—	—	—	—	—	—	0.271**	0.037	0.406**	0.034
QualAwards	—	—	—	—	—	—	−0.101	0.788	0.273	0.689
Schedule-Delays	—	—	—	—	—	—	−0.773**	0.017	−0.792**	0.048
Expense-Overruns	—	—	—	—	—	—	−0.044	0.360	−0.053	0.430
Safe-Accidents	—	—	—	—	—	—	−0.998***	0.003	−0.892**	0.037
观测值	208		208		208		208		208	
极大对数似然值	−123.856		−122.623		−128.759		−126.220		−93.070	
伪 R^2	0.131		0.140		0.097		0.079		0.347	
逻辑回归值	37.38***（<0.001）		39.84***（<0.001）		27.57***（<0.001）		29.54***（<0.001）		98.940***（<0.001）	

***、**和*分别表示各解释变量在 1%、5%和 10%水平上显著

1）个体特征与政治激励之间的相关性

实证结果发现：①调入项目年龄与擢升概率之间呈负相关性，但在统计上并未达到显著（$p=0.434$），可见调入项目的年龄并不在统计意义上具有对擢升的显著影响。②调离项目的年龄是否超过 60 岁与擢升概率之间在 5%的水平上显著负相关（$p=0.050$），如果以平均任期四年计算，在 55 岁后担任重大工程主管官员已较难获得提升。当政治激励已不构成这一群体的主要激励方式时，如何通过转换激励方式，进而激发该群体的管理热情和工作积极性值得深入研究。③受教育水平与政治擢升之间在 1%的水平上显著正相关（$p=0.003$），利用 Stata 12.0 中的 mfx 函数求该指标的边际效应发现，每提高一个学历等级，对政治擢升能形成10.2%的增长贡献。这说明学历在工程管理官员群体中也同样具有显著的影响力，体现出我国干部"四化"（革命化、年轻化、知识化、专业化）方针中对知识化的落实。④专业背景与政治擢升之间并无相关性（$p=0.922$），对于重大工程的高层管理者来说，专业技术、经济管理和综合协调都是重要的能力构成要素，重大工程高管群体具有多样化的专业背景，尤其是初期由工程技术出身，又选择经济与管理作为继续教育专业的复合型人才受到青睐。⑤行政级别与获取政治激励呈显著负相关（$p=0.004$），重大工程对低级别官员的历练和擢升效应更显著。

因此，H_{4-1} 中关于重大工程高层管理者调离项目年龄是否超过 60 岁、受教育

水平、原职级别与政治激励之间的相关性假设得到支持，而关于调入年龄和专业背景与政治激励间的相关性假设并未得到支持。

2）团队角色与政治激励之间的相关性

实证结果发现：①重大工程高层管理者来源性质与谋求政治激励间在 5%的水平上显著负相关（$p=0.023$），来自于政府部门的官员相较国有企业高管具有更高的晋升概率。②岗位类型与政治擢升之间存在显著的正相关性（$p=0.057$），担任综合协调岗位的领导者相较于工程技术岗位具有更多的晋升机会。③专职兼职也与擢升概率在 1%的水平上显著负相关（$p=0$），可见官员在重大工程中担任专职相较于兼任者受到政治激励的概率更高。④基于回归结果（2）与（5）的差异，任职角色与政治激励间并无线性相关性，这与表 4.6 中的数据结果是一致的。正职并未因为具备更大的管理权力而获得更高的擢升机会，反倒是"常务副职"这一承担实际领导工作的特殊角色更易获得政治激励。⑤同样由于回归结果（2）与（5）之间的不一致性，我们不能认定项目任期与政治擢升之间具有统计意义上的相关性。再结合表 4.6 的相关数据，两者之间更接近于呈现一种特殊的"U"形关系，即 1~2 年及大于 4 年的项目任期晋升概率较高，而 2~4 年的任期成为晋升低谷。

因此，H_{4-2} 中关于重大工程高层管理者来源性质、岗位类型和专职兼职等要素与政治激励之间的相关性假设得到支持，而关于任职角色和项目任期与政治激励间的相关性假设并未得到支持。

3）项目属性与政治激励之间的相关性

实证结果发现：①一个重大工程是否纳入国家五年规划与其管理者的政治擢升之间呈正相关性，但在统计上并未达到显著（$p=0.404$）。这可能源于纳入本节研究范畴内的重大工程本身都是地方政府高度重视的项目，而大部分工程管理者的升迁依然由地方政府负责，因此国家层面的倾斜在地方政府的组织安排中被弱化了。②项目所在地的经济社会发展水平与工程高管的政治擢升具有显著的负相关性（$p=0.048$），说明欠发达地区对于工程管理型官员的重视与需求程度高于发达地区。通过计算该指标的边际效应发现，经济社会发展水平每降低一个等级，官员获取政治激励的概率可平均提高 10.8%。③投资强度与因变量之间具有 5%水平上的显著正相关性（$p=0.020$），可见更高的投资强度会带来更多的地方经济增长，进而提高管理者的擢升概率。④对时间变量的考察发现，该解释变量与因变量之间在 1%的水平上显著负相关（$p=0$）。这说明从 20 世纪 90 年代至今的二十余年，具有重大工程管理能力的官员在政治晋升锦标赛中的优势逐渐降低，而其丧失的晋升空间或许正被具有金融管理、资本运作等能力的官员所占据。

因此，H_{4-3} 中关于重大工程项目所在地经济社会发展水平、投资强度和开工年份与其高层管理者获取政治激励之间的相关性假设得到支持，而关于项目是否纳入国家五年规划与政治激励间的相关性假设并未得到支持。

4）业绩评价与政治激励之间的相关性

实证结果发现：①重大工程在工程技术创新与应用方面取得的成就和获得的奖励会正向提升其管理者的晋升概率，其在统计上具有 5% 水平的显著性（$p=0.034$）。②与前者产生截然反差的是，重大工程获得工程质量类的奖项并未能给管理者带来新的擢升机会，该自变量与因变量间并未表现出任何规律性（$p=0.689$）。从高达 80.77% 的省级和国家级工程质量奖获奖率上可以发现，我国对重大工程的质量颁奖存在形式化和泛滥化的危机。换言之，获得一个工程质量奖已不再是多么困难的事情，也无法给工程管理者带来有分量的业绩认可，我国工程质量类奖项的评选方式亟待改革。③进度延期与管理者获取政治激励之间在 5% 的水平上显著负相关（$p=0.048$），这说明对工程进度的把握已成为对管理者考核的重要内容，并直接在晋升机会上得到了体现，也是对我国强行政化工程管理体制下实现的"中国建造速度"的一个注解。④而与进度控制形成鲜明对比的是费用超支问题，该自变量与因变量之间虽然也呈负相关关系，但在统计上远未达到显著（$p=0.430$）。从我国重大工程普遍高达 40% 左右的费用超支情况来看，政府几乎对工程超支形成了定式化的基本预判。在地方政府债务不断推高，可支配财政增速下滑的今天，对重大工程管理者在工程费用方面的考核依然没有体现到政治晋升机会的分配机制中去。因此，有必要从政治激励的角度强化对工程费用控制的考核，以遏制重大工程费用超支的势头。⑤安全事故与政治擢升之间在 5% 的水平上呈显著的负相关（$p=0.037$）。由此可见，安全问题对管理者的晋升至关重要，通过政治激励机制促使工程管理者重视安全事故已取得一定成效。

因此，H_{4-4} 中关于重大工程是否获得工程技术创新与应用奖、发生进度延期和安全事故与其高层管理者获取政治激励之间的相关性假设得到支持，而关于项目是否获得工程质量类奖以及费用超支与政治激励间的相关性假设并未得到支持。

4.3.6　结论与政策建议

1. 结论

政治激励作为一种行政激励手段在我国重大工程"政府-市场"二元管理体制中具有重要的作用，关于政治激励的制度安排会深刻影响工程管理官员群体个体价值目标的设定以及行为方式的选取。

本节以我国 1990~2012 年的 43 个国家重大工程案例为基础，从中抽样出 208

位高层管理者作为研究样本，按照个体特征、团队角色、项目属性和业绩评价这四个维度，构建了我国重大工程高层管理者政治激励影响因素模型。通过 5 次 Logit 回归，系统研究了 19 个关键因素与我国重大工程高层管理者获取政治激励之间的影响关系，得到以下重要结论。

（1）在个体特征与政治激励方面。50 岁成为政治擢升概率的分水岭，而 55 岁后担任重大工程高管的官员难以获得有效的政治激励，说明年龄门槛是职务晋升的重要筛选条件；在教育与原职级别方面，重大工程对高学历和低行政级别的官员具有较强的锻炼作用，并提供了较好的升职空间。

（2）在团队角色与政治激励方面。按来源方式划分，政治激励更多地给予了来自于政府部门的官员群体，而来自国有企业的重大工程管理者可能通过相对高的薪酬激励实现激励的转换性弥补；按岗位类型划分，重大工程的政治擢升机会更多地倾斜给了承担综合协调管理任务的官员而非工程技术管理型官员。需要特别指出的是，"常务副职"是重大工程高管团队内获得政治激励最高的角色；而项目任期与政治激励间呈现"U"形变动，承担重大工程管理任务成为一种政治历练方式，存在通过重大工程短期任职（小于 2 年）完成组织培养后快速擢升的现象。

（3）在项目属性与政治激励方面。纳入国家五年规划的重大工程虽然受到更多的重视，但并未形成该类官员升迁的制度性倾斜安排；在空间分布上，欠发达地区对能够驾驭重大工程的官员给予了更多的擢升机会；而重大工程的投资强度越高，越能够更显著地促进所在地经济增长和社会进步，进而带来管理者更高的擢升概率；在时间跨度上，通过重大工程谋求政治擢升的概率从 20 世纪 90 年代初期的高点正逐年下降，具有重大工程管理经验在政治竞争中的比较优势逐步弱化。

（4）在业绩评价与政治激励方面。政治激励更倾向于给予获得工程技术创新与应用类奖项的重大工程管理者，而获得一个工程质量类的奖项对于重大工程来说已极为普遍，失去了可激励性；我国的政治激励制度促使工程高层管理者十分重视推进工程进度，这一定程度上促成了建筑业"中国速度"的出现；但对工程费用超支的考核尚未与政治晋升名额挂钩，并未像处理工程安全事故那样在政治激励制度上得到充分体现。

2. 政策建议

通过政治激励激发高层管理者的工作动力和管理积极性，进而提升政府重大工程治理能力和我国基础设施建设水平是政治激励制度改革的目标，基于以上结论，本节提出以下政策建议。

第一，建议完善重大工程建设工作考核机制。对承担或参与重大工程建设的政府官员的季度、年度管理工作和任务完成情况进行全面监督和审查，实行追责问效制度。

第二，建议重点加强对工程造价控制水平的业绩考核。建议参考工程安全事故对领导晋升的"一票否决制"，将重大工程的投资控制成绩纳入高层管理者政治晋升机会的分配机制中去。在已发布的《国家重点建设项目管理办法》和各地方政府制定的《重大工程和重点项目考核办法》中增加和强调工程费用的考核、惩罚与激励措施。明确从政治激励的角度来促进管理者加强费用控制的力度和积极性，坚决遏制重大工程造价超支的势头。

第三，建议降低重大工程短期任职（小于 2 年）的政治擢升比例，对承担完整建设周期项目管理任务的高层管理人员，适当提高其政治激励的水平。目前，项目任期与政治擢升概率之间呈现"U"形关系，而非线性正相关。虽然在重大工程中短期任职作为一种政治历练方式对于培养领导综合管理与多方协调能力具有重要作用，但鉴于重大工程平均 4 年以上的建设周期，小于 2 年的短期任职并不利于积累完整的重大工程建设经验。同时，较高的短期任职擢升概率对政治激励制度的公平性构成侵害，未能体现出工作投入量与激励回报水平间的对等匹配。提升参与完整建设周期的高层管理者的激励水平有利于提高其工作积极性，更有利于积累完整的重大工程建设经验，从而提升政府的重大工程治理水平。

4.4　本章小结

相比于中小型工程，重大工程面临庞杂的管理内容和过程，必须依赖于团队而非个人来实现管理工作。围绕重大工程业主方组织系统中的高管团队，本章基于高阶梯队理论，以团队化的视角对重大工程高管团队的外延和内涵、兼任机制和激励机制进行了研究，主要内容和结论如下。

关于重大工程高管团队的兼任机制。研究发现，我国重大工程顶层组织结构中广泛存在着兼任现象，政府和市场二元主体通过兼任者的人事安排共同为重大工程的高效建设发挥力量。从兼任这一独特视角出发梳理重大工程"政府-市场"二元体系的参与方式和相互间关系，是分析重大工程组织模式的入口。按照重大工程的组织类型及兼任形式两个维度，构建了重大工程高层管理者兼任现象的系统性分析框架，概括出四类典型的兼任模式，并基于现行"条块"体制、委托代理理论、"政府-市场"二元体系等视角分析各类兼任的规律特征及作用内涵。进一步提出"政府-市场"作用模式的改革方向，为重大工程的良性运转提供组织保障。

围绕激励机制，以行政力量为主导的中国重大工程组织方式使政治激励成为重要的激励手段。研究发现，我国重大工程为 40~45 岁、高学历、低行政级别、担任常务副职的高管提供了较好的升职空间，50 岁成为政治擢升的分水岭；欠发达地区相比发达地区更愿意提拔具备驾驭重大工程能力的官员；而随着我国基础设施水平逐年提高，工程管理型官员的擢升机会从 20 世纪 90 年代的高点逐年减少。值得关注的是，项目任期与擢升概率间呈现"U"形关系，短任期高管的高擢升率破坏了工作投入量与激励回报水平间的对等匹配关系，对激励公平性构成侵害；政治激励对促进工程进度已体现出效力，但与造价控制水平尚未挂钩，不利于遏制频发的超支现象。这是当前激励机制改革的两个重要着力点。

参 考 文 献

杜兴强，曾泉，吴洁雯. 2012. 官员历练、经济增长与政治擢升—— 基于 1978~2008 年中国省级官员的经验证据. 金融研究，（2）：30-47.

乐云，张云霞，李永奎. 2014. 政府投资重大工程建设指挥部模式的形成、演化及发展趋势研究. 项目管理技术，12（9）：9-13.

林挺进. 2007. 中国地级市市长职位升迁的经济逻辑分析. 公共管理研究，5（1）：45-68.

卢春房. 2014. 京沪高速铁路建设管理创新与实践. 铁道工程，31（9）：1-7.

孟晓华，曾赛星，张振波，等. 2012. 高管团队特征与企业环境责任——基于制造业上市公司的实证研究. 系统管理学报，21（6）：825-834.

冉冉. 2013. "压力型体制"下的政治激励与地方环境治理. 经济社会体制比较，167（3）：111-118.

沈艺峰，李培功. 2010. 政府限薪令与国有企业高管薪酬、业绩和运气关系的研究. 中国工业经济，11（11）：130-139.

盛昭瀚，游庆仲，李迁. 2008. 大型复杂工程管理的方法论和方法：综合集成管理—— 以苏通大桥为例. 科技进步与对策，25（10）：193-197.

盛昭瀚，游庆仲，程书萍，等. 2009. 苏通大桥工程系统分析与管理体系. 北京：科学出版社.

孙海法，刘海山，姚振华. 2008. 党政、国企与民企高管团队组成和运作过程比较. 中山大学学报（社会科学版），48（1）：169-178.

王贤彬，徐现祥. 2008. 地方官员来源、去向、任期与经济增长—— 来自中国省长省委书记的证据. 管理世界，（3）：16-26.

杨红英，童露. 2015. 论混合所有制改革下的国有企业公司治理. 宏观经济研究，（1）：42-51.

张军，高远，傅勇，等. 2007. 中国为什么拥有了良好的基础设施？经济研究，3（3）：4-19.

周望. 2010. 中国"小组机制"研究. 天津：天津人民出版社.

周振超. 2009. 当代中国政府"条块关系"研究. 天津：天津人民出版社.

Anantatmula V S. 2010. Project manager leadership role in improving project performance. Engineering Management Journal, 22（1）：13-22.

Bleiklie I, Lange S. 2010. Competition and leadership as drivers in German and Norwegian university reforms. Higher Education Policy, 23（2）: 173-193.

Carpenter M A, Geletkanycz M A, Sanders W G. 2004. Upper echelons research revisited: antecedents, elements, and consequences of top management team composition. Journal of Management, 30（6）: 749-778.

Cheung S O, Suen H C H, Cheung K K W. 2004. PPMS: a web-based construction project performance monitoring system. Automation in Construction, 13（3）: 361-376.

Davies A, Gann D, Douglas T. 2009. Innovation in megaprojects: systems integration at London Heathrow Terminal 5. California Management Review, 51（2）: 101-125.

Finkelstein S, Hambrick D C. 1990. Top-management-team tenure and organizational outcomes: the moderating role of managerial discretion. Administrative Science Quarterly,（3）: 484-503.

Finkelstein S, Boyd B K. 1998. How much does the CEO matter? The role of managerial discretion in the setting of CEO compensation. Academy of Management Journal, 41（2）: 179-199.

Flyvbjerg B. 2011. Over Budget, Over Time, Over and Over Again: Managing Major Projects. Oxford: Oxford University Press.

Flyvbjerg B. 2014. What you should know about megaprojects and why: an overview. Project Management Journal, 45（2）: 6-19.

Flyvbjerg B, Bruzelius N, Rothengatter W. 2003. Megaprojects and risk: an anatomy of ambition. London: Cambridge University Press.

Geletkanycz M A, Hambrick D C. 1997. The external ties of top executives: implications for strategic choice and performance. Administrative Science Quarterly, 42（4）: 654-681.

Hambrick D C. 2007. Upper echelons theory: an update. Academy of Management Review, 32（2）: 334-343.

Hambrick D C, Mason P A. 1984. Upper echelons: the organization as a reflection of its top managers. Academy of Management Review, 9（2）: 193-206.

Hambrick D C, Cho T S, Chen M. 1996. The influence of top management team heterogeneity on firms' competitive moves. Administrative Science Quarterly, 41（4）: 659-684.

Hanna A S, Lotfallah W, Aoun D G, et al. 2014. Mathematical formulation of the project quarterback rating: new framework to assess construction project performance. Journal of Construction Engineering and Management, 140（8）: 1-8.

Hu Y, Chan A P C, Le Y, et al. 2011. Improving megasite management performance through incentives: lessons learned from the Shanghai Expo construction. Journal of Management in Engineering, 28（3）: 330-337.

Jennings W. 2012. Executive politics, risk and the mega-project paradox//Lodge M, Wegrich K. Executive Politics in Times of Crisis. Basingstroke: Palgrave Macmillan.

Li H, Zhou L A. 2005. Political turnover and economic performance: the incentive role of personnel control in China. Journal of Public Economics, 89（9）: 1743-1762.

Li J, Xin K R, Tsui A, et al. 1999. Building effective international joint venture leadership teams in China. Journal of World Business, 34（1）: 52-68.

Nielsen S. 2010. Top management team diversity: a review of theories and methodologies. International Journal of Management Reviews, 12（3）: 301-316.

Nielsen B, Nielsen S. 2013. Top management team nationality diversity and firm performance: a multilevel study. Strategic Management Journal, 34（3）: 373-382.

O'Reilly C A, Snyder R C, Boothe J N. 1993. Executive team demography and organizational change//Huber G P, Glick W H. Organizational Change and Redesign: Ideas and Insights for Improving Performance. New York: Oxford University Press.

Pearce C L, Conger J A. 2002. Shared Leadership: Reframing the Hows and Whys of Leadership. London: Sage Publications.

Pinder C C. 2014. Work Motivation in Organizational Behavior. Oxford: Psychology Press.

Shokri S, Ahn S, Czerniawski T, et al. 2014. Current state of interface management in mega-construction projects. Construction Research Congress.

Siegel P, Hambrick D C. 2005. Pay disparities within top management groups: evidence of harmful effects on performance of high-technology firms. Organization Science, 16 (3): 259-274.

Talke K, Salomo S, Rost K. 2010. How top management team diversity affects innovativeness and performance via the strategic choice to focus on innovation fields. Research Policy, 39 (7): 907-918.

Tihanyi L, Ellstrand A E, Daily C M, et al. 2000. Composition of the top management team and firm international diversifi cation. Journal of Management, 26 (6): 1157-1177.

Ulleberg I. 2009. Incentive Structures as a Capacity Development Strategy in Public Service Delivery. Paris: International Institute for Educational Planning (IIEP).

van Marrewijk A, Clegg S R, Pitsis T S, et al. 2008. Managing public-private megaprojects: paradoxes, complexity, and project design. International Journal of Project Management, 26 (6): 591-600.

Wiersema M F, Bantel K A. 1992. Top management team demography and corporate strategic change. The Academy of Management, 35 (1): 91-121.

Yielder J, Codling A. 2004. Management and leadership in the contemporary university. Journal of Higher Education Policy and Management, 26 (3): 315-328.

第 5 章　重大工程领导力

重大工程是指投资规模巨大、技术复杂、建设周期长、面临的问题复杂，对一个国家或地区的经济社会发展、生态环境甚至政治军事都将产生深远影响的项目，是一个国家为回应重大挑战而行使最高行政权力，动员全社会资源而组织实施的战略性工程（高梁和刘洁，2005）。有效的领导是影响重大工程项目管理成功的关键要素之一。然而重大工程因其项目的巨大性、复杂性，对项目管理人员的领导力提出了新的要求。在工程建设项目管理等领域，有关领导力的研究已经引起学者的广泛关注。本章以现有的领导力理论为基础，阐明重大工程领导风格与项目成功的关系，并提出了基于社会关系网络的重大工程领导力开发模型，旨在为重大复杂工程项目领导力的未来研究提供指导。

5.1　重大工程领导力的内涵与关键概念

从传统观点来看，工程建设一般被确定为项目。因此，工程建设项目管理通常被认为是实现项目成功的重要途径（Larson，1997；Chan et al.，2004；Nitithamyong and Skibniewski，2004）。如何实现项目管理成功？《项目管理知识体系指南》（*A Guide to the Project Management Body of Knowledge*）提出的理论框架有助于从业人员进行大型基础设施项目的管理。然而，对于重大工程而言，通过使用现有的项目管理理论来管理一个大型项目显然是不够的，应该考虑超出既有项目管理理论框架的影响重大工程的其他因素。

毋庸置疑，领导层是项目管理需要研究的关键因素之一。这是由于关于领导力与管理绩效之间的关系研究已经进行了一百多年，大量历史事实已经表明良好的领导会有益于团队、组织甚至国家的管理。目前，虽然从组织行为的整体角度来看，系统化的领导理论已得以初步建立，但只有少数研究侧重于项目领导这一主题。本节以重大工程领导力的相关内涵与关键概念为重点，界定重大工程领导力研究过程中涉及的概念以及基于重大工程视角的领导力研究方法。

5.1.1 领导力理论及关键概念

1. 领导力定义

目前，对于领导力并没有一个统一的定义。领导力在一定的情境中很容易识别，但是要准确加以定义却是很难的。Mumford（1986）认为，领导力是一种影响力。B. M. Bass 和 R. Bass（2008）提出，领导力是指在管辖的范围内充分地利用人力和客观条件，以最小的成本办成所需的事，提高整个团体的办事效率。Fleishman 等（1991）将领导力定义为通过施加影响、采取一定的行动、塑造他人的行为等手段，实现项目目标的过程。而 House 和 Howell（1992）认为领导力不仅仅是一种影响力，其研究的是在何时、何地以及如何使用这种影响力，从而实现既定目标。B. M. Bass 和 R. Bass（2008）对不同时期领导力的研究分别进行了阐述：在领导力研究初期，领导力是指能够组织团队朝着指定目标前进的一个过程，是超出权力、职位范围而能说服他人、指导他人的一种能力，是由团队成员所给予的一种威信。而到了现代，领导力是指对组织行为的一种责任。从上述定义可知，领导力是领导者和其追随者相互影响的过程。

2. 领导特质理论、行为理论与情境理论

Antonakis 等（2004）认为，基本上大部分的领导理论都着眼于解决三个问题：①领导拥有什么特质；②领导采取什么行为；③何种情境影响绩效。总而言之，领导理论可以分为三类：特质理论、行为理论和情境理论。其在大型基础设施工程项目的领导层面具有不同的研究潜力。

特质理论起源于科学领导力研究，在变革领导力理论研究时期受到广泛关注（Avolio et al., 2009; Bass, 1985）。这一理论认为有效的领导力具有共同的特质，只要能确认有效领导者的行为，那么领导者是可以培养的。早期的领导特质理论提出了五大人格模型（five-factor model），将领导的个性特质定义为神经质、外向性、开放性、宜人性和责任感，这一模型为研究领导者的特质奠定了一定的理论基础。然而，大量的关于领导特质的早期研究都是描述性的，很少建立某种概念模型，明确界定领导以及关于领导与领导者特质关联的前提假设。直到20世纪80年代，Lord 等（1986）对 Mann 的资料进行重新分析，认为智能与领导力是相关的。

领导力行为理论在20世纪40~60年代的领导力研究中成为主流。这一阶段，领导力特质理论在领导研究领域中的主导地位逐步被领导行为理论所替代。不同于领导特质理论对领导者特质的研究，领导行为理论强调领导者对待下属的行为，解释领导者在实现目标的过程中如何将任务行为和关系行为这两种最基本的行为结合起来从而影响下属行为。Blake 和 Mouton（1964）研究认为有效的领导者应考虑三个层面的需求：工作任务、团队和个人。这三个层面的需求越平衡、重叠得越多，领导就越有效。然而，由于对领导风格的研究结果常常是不一致的，研究者无法确定与有效领导相关联的普遍行为。领导研究者越来越明确地意识到，选择什么样的领导行为风格是根据不同的领导情境而定的。

领导情境理论来自 Fiedler（1964）提出的应急领导层，他认为根据具体情况或环境，不同类型的领导层会有不同的表现（Sims et al., 2009）。他提出一个权变模型，认为领导与成员关系、任务结构以及领导者的职位权力等会导致不同领导力效率的不同。该模型将领导力置入特定情境之中，从而确定最好的领导行为。情境理论使复杂工程项目的领导力研究成为可能，因为现有的领导理论几乎从未考虑到大型项目的背景。为了进行情境型领导力的研究，重大工程项目的背景因素可以作为研究基础。

3. 领导者–成员交换理论

随着领导权变理论逐步流行，许多研究开始从另一个视角研究领导力，即以垂直双向关系理论为基础开展研究工作，进而发展为领导者–成员交换理论（leader-member exchange theories）（Graen and Uhl-Bien, 1995; Uhl-Bien et al., 2000）。

Dansereau 等（1975）基于领导者与追随者间关系的角度研究领导力模型，指出领导者对于不同的下属会采取不同的态度及方式，并提出了"垂直双向联系"理论。Graen 等（1982）则将其更名为领导–成员交换理论。该理论指出：由于时间、精力和资源的有限性，领导与不同的组织成员间形成的交换关系质量是不一样的，即组织中，领导–成员交换关系会包括少量的高质量的"圈内"成员交换关系和绝大多数低质量的"圈外"成员交换关系。Sparrowe 和 Liden（1997）指出"圈内"员工会得到领导更多的关注及信任，获得更多的组织资源（如培训机会、晋升机会、加薪机会等）及信息共享机会，还能通过接触到导者的社交圈，为自己创造潜在的提升人脉和拓展社会关系网络的机会，从而提升自己的竞争力。而"圈外"员工却由于与领导者交流机会有限而得不到相应的对待，这些员工与领导者间关系建立的基础往往就是简单的"契约"关系。Green 等（1996）的实证研究也表明，组织环境中，领导者与员工关系间的"圈内""圈外"现象是确实存在的。根据 Graen 和 Uhl-Bien（1995）的研究，基于社会交换中的"互惠"原则，受益良多的"圈内"成员也会对组织效益产生积极的影响，如更加积极认真地对待工作任务，工作过程中表现出极大的责任心和热情，对企业及组织保持较高的忠诚度，并体现出归属感，更愿意发挥自己创造性的思维，为组织多作贡献。与此相反的是，"圈外"员工则可能通过负面的行为或者方式作为此种交换关系的回馈，如消极地对待工作，缺乏责任感，从而使其工作绩效处于较低状态等（Wayne et al.，1997）。

总之，区别于以探询领导者特质、风格及行为方式为中心的传统领导理论，领导者-成员交换理论关注领导与成员的二元互动关系（陈同扬，2006）。该理论坚持领导与成员间的关系是异质的"垂直二元"结构关系，强调领导者与组织成员间关系的差异性会使不同的成员与领导交换不同的资源与信息，从而为领导力理论中关于组织间关系发展的研究提供了分析依据（Wayne et al.，1997），并能通过研究领导者与成员之间不同的交换关系，为分析领导者效能改善、提高团队绩效的路径提供理论依据和实践指导（Graen and Uhl-Bien，1995）。

5.1.2 重大工程项目的相关特征

基于现有领导理论，未来对重大工程项目领导力的研究应以情境为基础，即在不同情况或环境下对不同特征和行为的影响进行检验。因此，在本小节中，应首先针对重大工程的特殊情境进行分析，以确定未来重大工程领导力的研究方向。

1. 复杂性

重大工程通常涉及规模庞大、预算巨大的建设项目，被视为复杂项目的典型例证。涉及大量活动、各类参与者和利益相关者、复杂的组织形式，都会增加建设项目的复杂性。与传统一般建设项目相比，复杂性是大型基础设施项目所独具的特征。因此，对大型基础设施项目的领导力研究，应将复杂性作为基本和不可或缺的因素，其研究设计和方法论也应该定位于复杂性研究。

这一领域的研究可以分为两类问题：第一个是如何衡量大型基础设施工程项目所涉及的领导的复杂性。测量是分析的基础。然而，虽然有许多学者已针对大型项目的复杂性开展了分析工作（He et al.，2015），甚至已经提出了一些代表项目组织复杂程度的指标，如米勒指数、德·摩根指数、观点差异指数、情景复杂性指数等，但还没有发现测量领导复杂性的研究。另外，基于复杂决策问题的研究脉络（Salet et al.，2013），第二个可能研究的问题是如何根据大型基础设施项目的复杂程度来决定如何构建领导力。

2. 临时性

PMBOK（project management body of knowledge，项目管理知识体系）中通

常将项目视为临时组织。虽然有部分学者在挑战这个公理，但至少项目是在临时环境下由永久性组织执行这一事实是公认的。特大型的大型基础设施工程项目通常由许多小型组织在临时环境下执行。因此，在大型基础设施工程项目的领导力研究中，所设计的研究场景必须能反映临时性特征。

值得注意的是，现有的领导理论主要是建立在相对稳定组织上的，这些结论在大型基础设施工程项目中较难适用。因此，今后的研究可以着眼于定位临时性场景并考虑组织的两种特征：第一是组织结构的临时性，影响因素包括与领导有关的权力和工作流程等；第二是人际关系的临时性，影响因素包括信任和沟通等。容易理解，根据每个人的经验，领导方式在永久和临时环境之间应该是不同的。考虑组织临时性的领导力研究对于为重大工程实践者提供科学严谨的理论依据是非常重要的。

5.1.3　基于重大工程视角的领导力研究方法

重大工程项目领导者的领导力作为项目复杂性的解决方案，是指在项目组织中能够适应工作的动态变化并能随环境变化做出应急响应的一种行为（Uhl-Bien and Marion，2009）。这种领导力是影响重大工程项目成功的关键因素，对项目的组织行为、项目的绩效和项目的利益相关者的满意度均会产生显著影响。

1. 重大工程项目研究方法论

与现有的长期以来的领导力理论相比，重大工程项目的领导力研究将会更为特别和深入。由于对这一问题尚未达成共识，本章采用的方法逻辑如图 5.1 所示。通过回顾现有的一般情况下的领导力理论，总结关键内容，并判断是否值得在重大工程项目背景下开展新的研究。正如前文提到，基于情境的领导力研究是最适用的研究类型。基于这一推论，结合重大工程复杂性和临时性两个特征开展领导力研究是十分必要的。

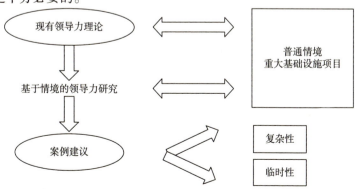

图 5.1　大型基础设施工程项目研究方法论

2. 社会关系网络与重大项目领导力研究

运用社会网络分析工具分析并理解团队环境下的领导力具有较长的研究历史。精神学专家 Moreno（social network analysis，SNA）和 Jennings 早在 20 世纪初就运用网络图的形式研究确认组织中的领导力模式。从 20 世纪 50 年代开始，麻省理工学院（Massachusetts Institute of Technology，MIT）的群体动力学研究中心（The Research Center for Group Dynamics）也开始探索如通信网络中行为者的位置与领导力认知分布间关系之类的问题，该研究形成了大量重要的研究理论和数据，为基于社会关系网络视角的领导力研究提供了一定的理论依据（Burt，1992）。Brass 等（2004）曾指出尽管将社会网络理论运用于领导力领域的实证研究很少，但是仍有理由相信社会关系网络可能对领导力的有效性产生影响。例如，20 世纪 50 年代的小群体（small-group）实验研究表明集权网络结构中，位于中心位置的行为者会以压倒性的优势被选为群体的领导。Mehra 等（2006）则通过调研某个金融服务公司的领导者在组织内外部社会关系网络的中心度与公司及领导者声望的关系，发现领导者在社会关系网络中位置的不同会导致所在组织经济绩效的不同，并且个人的社会关系网络还会对领导者的声誉产生影响。

由此可见，从社会关系网络的视角对领导力进行研究，是有理论依据和研究意义的。因此，近年来，一些领导力领域的研究者，抛开传统领导力的研究视角，独辟蹊径地从社会关系网络的角度分析领导力，并取得了相应的研究成果。

Balkundi 和 Kilduff（2006）对于社会网络分析与领导力研究的潜在协同作用进行了大量分析。他们将认知理论与社会结构理论结合，形成了独特的社会网络分析视角用以理解领导力，并且遵循四个核心观点，即"关系的重要性"、"行为者的嵌入"、"联系的社会效用"及"社会生活的结构模式"，提出了领导者对关系网络的认知及自身的关系网络如何影响领导力的理论模型。其中，"关系的重要性"强调的是关注连接行为者间的关系而不是行为者自身的属性特征，因为社会网络研究就是一场由个体性、实质性及本体性解释转向关系性、情境性及系统性理解的运动（McCallum and O'Connell，2009）。"行为者的嵌入"则是指个体的行为被看成嵌入在关系网络中，倾向于与关系网内的熟人而不是陌生人进行资源共享等互动，因此，人们往往会根据行为者嵌入关系的数量及质量判断其是否为该组织网络中的领导者（Borgatti and Foster，2003）。"联系的社会效用"认为网络关系中包含了社会资本，而且只要行为者对其社会关系进行有效管理，总有或多或少的价值可以从中提取出来，从这个角度分析，领导力有效性应该包含建立及使用社会资本（Gnyawali and Madhavan，2001）。而"社会生活的结构模式"则是指研究不能局限于使社会关系模式可描述，还应探究行为者已有以及再创造的社会关系中潜在的结构化因素，即可以从社会系统中特殊个体所占据的社会结构位置去分析其是否为领导者。基于以上观点，领导力被视作聚集在行为者周围的社会资本，领导者的有效性由其获得重要资源的能力决定，而该能力的高低取决于其在关键网络中占据的位置（Balkundi and Kilduff，2006）。

Bartol 和 Zhang（2007）认为社会关系网络有助于行为者获取重要的发展机会以及应对工作挑战的能力，对领导力开发具有积极的作用。其中，领导力开发是指提升个人能力确保其处于有效的领导者位置（分为正式授权和非正式授权）以及实施有效领导力的过程（能够激励下属的一系列策略及步骤）。相对于领导力开发关注于提升个人能力的传统观点，Day 和 O'Connor（2003）指出领导力开发应该被看成一个通过连接社会系统而形成的社会过程，而深入理解该社会过程的有效方法之一即基于社会关系网络视角。

除了探讨社会关系网络本身与领导力的关系，也有学者运用社会网络分析的工具去探索领导力领域的其他问题。这些关于领导力的研究并没有摒弃传统研究中强调领导者个人特质的理论成果，而是在此基础上，结合社会关系网络理论，分析关系网络与领导力之间的关系。

5.2　领导风格、项目管理团队与工程项目成功

21 世纪被称为项目管理的时代，越来越多的企业引入项目管理，并将其广泛应用于处理各种各样的一次性任务，可以说项目管理已经成了社会管理和企业管理现代化的重要内容之一。领导力作为项目管理的一个重要组成部分，为企业实现项目目标提供了强大的支持，因此，项目经理的领导力水平高低在某种意义上也体现了企业项目管理水平的高低。

本节试图通过对我国的项目经理领导力的实证研究，分析领导力的构成要素，剖析不同风格领导力对项目管理团队及工程项目成功的影响，并将女性领导也加以研究，尝试在一定程度上深化和丰富领导力领域的研究成果。

5.2.1　各种风格领导力的形成及与项目成功的关系

领导风格是领导所具有的个人品质、所采取的行为等，是一种领导力的体现（Arnold et al.，2007）。由于对领导的概念至今没有达成共识，故领导风格的划分也多种多样。Burn（1978）提出变革型领导力和交易型领导力的领导风格分类方法。

在过去的几十年，对领导风格的关注已从传统型转向一种新型领导理论，即变革型领导，其概念核心是领导魅力。Bass（1985）在 Burn 的基础上指出，通过发展团队成员的个人责任感和兴趣，激发成员的智慧潜力，鼓舞团队的整体士气并向一个共同的长期目标努力。变革型领导改变员工思考方式，通过创设与员工的共同愿景，并就此与员工沟通，接受员工反馈和建议时鼓励他们开发自己的能力，以实现项目的目标。

然而，Burn（1978）认为交易型领导力才是一个领导能够成功带领团队，使团队才能有效发挥的核心要素。在交易型领导中，领导者与下属就所期望的目标达成一致，并且交易型领导就该目标给予下属相应的奖励和认可。以往的领导力理论，如行为理论和权变理论，分析的主要是交易型领导。Bass（1985）基于交易型领导以领导-成员交换理论为基础的假设，认为基于物质或经济交换的交易型领导借助澄清工作角色，赏罚分明，以换取下属工作付出，领导者之所以具有影响力，是因为员工认为按照领导者的需求去做事是对其有利的，领导者掌握了下属想要的资源，就可以通过对这个资源的控制和分配，实现项目的目标。

交易型领导重视领导者与下属间的交换关系，而这种交换关系也不仅仅局限于有形的物质交换，也可以是无形的物质交换，如忠诚、情感与信任（Yammarino and Dubinsky，1994）。

变革型领导和交易型领导对工程项目成功的影响是学术界的一个研究热点，许多研究表明，变革型领导和交易型领导对工程项目成功具有正向的影响。Bass（1985）认为变革型领导能够激励下属，激发团队成员的个人责任感和兴趣，从而实现工程项目成功的目标。Burn（1978）认为交易型领导风格才是一个领导能够带领团队有效发挥才能，使项目取得成功的领导风格，然而 Howell 和 Avolio（1993）在他们的研究中认为变革型领导可以产生较好的结果，而交易型与绩效负相关。杨凯和马剑虹（2009）通过沙盘推演结果认为交易型领导和变革型领导都能对结果产生正效应。因此，可以发现，现在关于交易型和变革型领导对工程项目成功影响的结论也存在着不同，这种存在差异的结果需要有更多的研究来对其进行分析和论证。

5.2.2　各种风格领导力对项目团队及工程项目成功的理论假设

本节提出不同风格领导力、领导者性别影响项目管理团队及工程项目成功的理论模型，如图 5.2 所示。不同类型的领导会产生不同的领导力，而领导力会对项目管理团队、工程项目成功产生影响，项目复杂度对所有关系具有影响作用。

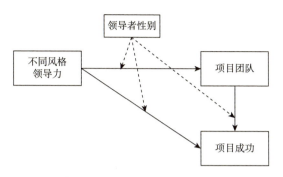

图 5.2　不同风格领导力、领导者性别影响项目管理团队及工程项目成功的理论模型
→表示主要影响作用；-▶表示次要影响作用

1. 不同风格领导力对项目管理团队、成功的影响

本节将重点研究变革型领导风格和交易型领导风格的领导力。由 Burn（1978）和 Bass（1985）的研究可知，交易型领导与下属就所期望的目标达成一致，并且交易型领导就该目标给予下属相应的奖励和认可。而变革型领导力不同于交易型领导力，它通过发展团队成员的个人责任感和兴趣，激发成员的智慧与潜力，鼓舞团队的整体士气并向一个共同的长期目标努力。

Bass（1985）认为变革型领导风格包含四个因素，分别为领导魅力、智力激励、感召力和个性化关怀，这四个因素从不同的角度表现了对项目管理团队成员所产生的影响。

变革型领导通过展现魅力来树立团队成员的信心，获得下属的信任，让他们可以将集体的利益置于个人利益之上，从而提升对团队和组织的认同感，因而增强整个团队的战斗力。同样，这些信心和认同感会使下属更好地投入工作中，从而促使项目的成功（Howell and Avolio，1993）。

领导对下属的智力激励，是指领导与下属委婉的沟通方式，下属有创新的想法或者与领导有不同的意见时，领导者不会过于限制，反而会启发下属发表新意见，从而鼓励创新，而当下属有过错时，领导也不会过于苛责，而是通过培养解决问题的思路，让下属对问题有新的认识，从而更好地解决问题。这样，会使下属对领导的鼓励和培养更有认同感，从而加强整个团队的效用。而创新也是许多工程项目成功的一个要素，鼓励创新在增强团队凝聚力的同时，能够对下属的思维产生一定的影响，从而推动项目的创新和成功。

领导者的感召力体现在与下属分享未来共同的美好的愿景和目标上，从而使下属具有乐观积极的工作态度，保持良好的工作活动，使整个团队对未来充满了美好的希望，从而带动整个团队。良好的工作状态和乐观的态度都能很大程度地调动工作的积极性，从而更好地实现工程项目成功的目标。

个性化关怀，体现了领导者与下属的关系，强调了领导者对下属差异化的指导，能够有针对性地对下属提出建议和帮助，关心其成长并且尊重其需求，从而获得下属的认同感并带动团队发展，促使工程项目成功。

综上所述，本节提出假设：

H_{5-1}：变革型领导风格对项目管理团队有正向影响。

H_{5-2}：变革型领导风格对工程项目成功有正向影响。

相对于变革型领导，交易型领导的领导力体现方式就不尽相同了。它是一种基于契约的交换过程，如果下属能够达到领导的期望，则能够得到一定程度的回报（Burn，1978）。

Bass（1985）通过研究，认为交易型领导风格包含三个因素，分别为奖励、主动的例外管理和被动的例外管理，同样，这三个因素从不同的角度表现了对项目管理团队成员所产生的影响。

奖励是一种回报的表现形式，其形式也不仅仅局限于薪资或职位的提升，同样也可以是无形物质的奖励，如信任、情感等（Yammarino et al.，1993）。领导者可以通过设定一定的奖励获得下属对项目管理团队的贡献，从而提升团队效用。同样，领导者通过设定任务目标和相对应的奖励来与下属进行交易，能够促使下属在工作上取得更好的表现，从而实现项目的成功。

主动的例外管理，是指领导者主动地寻找下属在完成任务过程中的错误和偏差，一旦发现可能发生偏离时及时地纠正或惩罚。尽管纠正或处罚会造成下属的不满，但是能够及时纠偏，可以避免产生更大的偏差。同时，领导者对下属的监督和关注也是一种督促，在一定程度上能够使下属产生自己被重视的感觉，对团队有一定的认同感，从而带动团队发展。同时，由于领导者主动地纠偏，能够较好地避免项目发生偏差，可以在领导者的引导下，实现工程项目成功的目标。

被动的例外管理，是指发生错误和偏差之后再进行纠正，这种管理可以视作一种反向激励的手段，同样这种管理手段也能在一定的程度上鼓励和激励创新，下属不用担心在创新的过程中发生过失而产生损失，领导者会在发生过失后再进行调整，因此，这种管理方法也能够视为一种允许犯错的组织文化，从而能够得到下属的认可，获得对团队的认同感，因此被动的例外管理也可以提升整个团队的建设。虽然这种管理手段会发生一些与预期标准的偏差，但是它能够带动一定的员工积极性，也会对工程项目成功产生一定的作用。

综上所述，本节提出假设：

H_{5-3}：交易型领导风格对项目管理团队有正向影响。

H_{5-4}：交易型领导风格对工程项目成功有正向影响。

2. 项目管理团队对工程项目成功的影响

有许多学者在研究中发现项目管理团队与工程项目成功之间是正向相关的。根据 Rickards 等（2001）的研究，本节从团队协作和团队建设两方面对项目管理团队进行考量，分析项目管理团队与工程项目成功之间的关系。项目管理团队协作包含的因素有团队沟通、团队合作、团队凝聚力、相互支持和分享经验、发挥努力，团队表现包含的因素有团队风气、团队适应能力、团队创新性、沟通平台搭建、团队目标建立。

对于团队表现的各因素，Campion 等（1993）通过研究发现，项目管理团队中成员的沟通可以增强团队中成员思想和意见的交流。沟通是一种信息传递的方式，可以减少摩擦，分享彼此的知识和经验，良好的团队沟通能够提高整个团队的工作效率，并且能够减少沟通不畅所造成的错误，提高团队的表现力，从而对项目结果产生正向的影响。

此外，也有许多学者认为良好的团队表现力来源于团队合作，良好的团队互动可以提升团队士气，带动整个团队的氛围，团队合作能够使团队成员间紧密联系，合理安排各个成员的工作职能，提升效率，为实现项目的成功提供良好的基础。

Wu 等（2012）提出了团队的第三项内容，即团队凝聚力，并研究了它与领导力和项目结果间的关系，认为团队凝聚力与工程项目成功有一定的正向相关性。Yang 等（2011）在此基础之上，研究了领导类型与项目管理团队沟通和合作之间的关系，以及其与项目结果的关系。之后，他们又将团队凝聚力纳入其实证研究的范围，认为团队凝聚力能让团队成员在遇到困难的时候相互鼓励、相互支持，同时能够分享成果，从而能够使整个团队具有更好的团队表现力，促使整个工程项目成功目标的实现。

团队成员之间的相互扶持能够增强成员之间的感情，从而也能增强团队的凝聚力，团队成员的努力也能促使各成员激发自己的潜能，使项目朝着正向发展。

对于团队建设的各个因素，团队成员的满意度能够提升团队成员对项目及团队的认同感和忠诚度，使其能更好地也更尽心地推动项目的进程，从而实现项目的成功。

成员的低流动率体现的是项目管理团队的稳定，一个稳定的项目管理团队才会具有较好的持续性，许多工作才能顺利开展，而不会由于人员的频繁流动而造成工作效率的降低，因此成员的低流动率能够保证项目管理团队的效率，实现项目的成功。

团队成员的专业学习能力体现的是团队成员能够实现工程项目成功的能力，专业能力的提升能够促使项目的成功，同时，对于团队成员个人而言，也会增强对团队的认同感，从而更好地实现工程项目成功。

沟通平台的搭建，能够使项目管理团队成员之间的沟通更为便捷，并降低交流的误差，提高交流的效率，同时也可以沟通团队成员之间的感情，从而更有利于项目目标的实现。

团队目标的建立，能够使项目管理团队成员明确项目的目标，从而促使项目目标完成。

综上所述，本节提出假设：

H_{5-5}：项目管理团队对工程项目成功有正向影响。

3. 领导者性别的作用影响

现如今，在众多组织中，男性仍然占据着重要的地位。然而，随着普及教育程度的提高、社会的转型以及整个社会经济环境等的变化，女性将会拥有更多的选择权并掌握更多的自主能力，现在已经有越来越多的女性开始担任领导方面的职位。

在现有的研究中，男性和女性在领导力方面是否存在差异，存在着两个截然相反的观点。有些学者认为性别上的差异并没有对领导力的风格产生影响，他们指出如果把男性领导与女企业家领导放到一个可比较的相同位置时，这时他们表现出的领导力不仅没有差异反而更趋于相同。

然而纵观现有的文献，大多数学者研究发现不同性别的领导者在领导力方面存在着差异。例如，Eagly 等（2003）在研究领导类型时发现，不同性别的项目经理，在领导力的表现上存在着一定的差异。女性领导更多的为权变型领导，而男性则多为交易型或无为型领导，且在领导力的表现上女性表现得更加灵活多变。同样，这一看法也得到 Klenke（1996）的支持，他在自己的著作中描述了不同环境下的女性领导及其表现出来的女性领导特质。Status Roles 理论提出男女在获取社会资源上的不平等。男人有更大的机会在第一时间获取资源，从而加强他们的权力，而女人在获取这些资源时会受到限制，从而削弱她们在家庭及社会中的价值（Diekman and Eagly，2000）。

综上所述，本节提出假设：

H_{5-6}：在不同类型领导风格的领导力通过项目管理团队影响工程项目成功的过程中，领导者性别会有影响作用。

5.2.3　变量描述与问卷设计

1. 变量描述与测量方法

该研究需要测量的变量主要包括四个部分：①领导风格的测量，主要为变革型领导和交易型领导；②项目管理团队的测量；③工程项目成功的测量；④领导者性别的测量。这四个变量中，领导风格为自变量，项目管理团队为中介变量，工程项目成功为因变量，领导者性别为控制变量，其中对领导者性别不做量表。

变量的测量项目来源主要有：①引用国内外现有文献中对变量的测量项目；②通过专家半结构化访谈，结合我国工程实际所得到的测量项目。

1）领导风格的测量

对于领导风格的测量，Bass 和 Avolio（1997）已经开发了一个多因素领导力问卷（multi-factor leadership questionnaire，MLQ），并且具有较为广泛的应用。本书在此量表基础上，结合文献综述和访谈结果所得到的领导力构成内容，构成变革型领导和交易型领导初试量表。具体的题项和编码如表 5.1 和表 5.2 所示。

表 5.1　变革型领导风格初试量表测量题项

维度	题项编号	题项描述
领导魅力	L111	展示权力和自信
	L112	有责任感
	L113	感受魅力，愿意与之共事
	L114	以能力来赢得尊重
	L115	强调集体使命感和忠诚度
智力激励	L121	激发下属的创造性
	L122	帮助建设，提升实力
	L123	从不同角度看问题，整合资源
	L124	能够相互学习和促进
感召力	L131	提升对未来的期待
	L132	具有很强的感染力
	L133	具有说服力，描绘未来蓝图
个性化关怀	L141	根据下属能力委派任务
	L142	能够发现下属的特长和能力
	L143	能够尊重下属需求

表 5.2　交易型领导风格初试量表测量题项

维度	题项编号	题项描述
奖励	L211	能够有很好的激励技巧
	L212	能够明确任务和奖励
	L213	为下属提供帮助并获得回报
主动的例外管理	L221	对问题有判断力和决策力
	L222	能够及时发现问题
	L223	对于错误有前瞻性和预见性
被动的例外管理	L231	等到问题出现才进行干预
	L232	出现问题采取措施并控制
	L233	出现问题对问题进行分析

2）项目管理团队的测量

对于项目管理团队的测量，并没有一个统一的维度划分标准。有许多学者认为团队表现应当作为评判项目管理团队的参数，而团队协作的许多因素也是近年来研究项目管理团队的热点，因此本节从团队协作和团队表现两个维度来评价项目管理团队，并分别采用 Hoegl 和 Gemuenden（1997）和 Rickards 等（2001）对团队协作和团队表现的划分标准，设计该研究的量表，具体的题项与编码如表 5.3 所示。

表 5.3　项目管理团队初试量表

维度	题项编号	题项描述
团队协作	T11	团队成员间的沟通
	T12	成员间的默契合作
	T13	团队凝聚力
	T14	遇到问题能相互支持，分享经验
	T15	团队成员各自都能够尽最大努力
团队表现	T21	团队风气是温和积极的，相互信任
	T22	遇到问题能够很好解决，有适应性
	T23	团队内会有新思想
	T24	对内对外交流畅通
	T25	团队有共同目标和愿景

3）工程项目成功的测量

工程项目成功与项目管理成功的定义不同，工程项目成功不仅仅指实现了项目成本、工期、质量等目标，其范围更为广泛。由于本节重点研究中国背景下领导风格对工程项目成功的影响，因此更倾向于选择中国人建立的量表。本节选用 Shao等（2009）开发的工程项目成功的初试量表，具体的题项与编码如表 5.4 所示。

表 5.4　工程项目成功的初试量表

维度	题项编号	题项描述
项目目标的实现	S11	项目按期完成
	S12	在预算成本内完成项目
	S13	项目质量达到要求
	S14	项目实施过程中实现按期要求
	S15	项目风险控制良好

续表

维度	题项编号	题项描述
利益相关者满意	S21	投资方满意
	S22	使用者满意
	S23	供应商满意
项目后期及社会影响	S31	项目采用新技术
	S32	项目能协助开拓新市场
	S33	带来一定的社会利益
	S34	能改善人民的生活条件
	S35	能有环境价值
	S36	不带来社会风险

此外，该问卷还对人口特征变量及项目的其他相关信息进行了测量，主要包括年龄、从业年限、项目规模、项目背景、项目类型等。除涉及基本信息的题项外，在变量的测量方式上，统一采用利克特量表进行测量，然而 3 点量表不够精确，而 7 点量表的划分程度较细，为避免填写者无法区分区别程度不大的评价，本节采用利克特五点尺度进行测量，计分方式为：1——完全不同意，2——基本不同意，3——中立态度，4——基本同意，5——完全同意。

2. 问卷设计

调查问卷主要调研不同风格领导力、项目管理团队及工程项目成功这三者之间的关系。

问卷的编制主要内容包括不同风格领导力、项目管理团队和工程项目成功的相关内容，测量条目来源主要包括：有关领导力、领导风格、团队和成功的相关文献；在访谈过程中，被访谈人员所描述的不同情境与潜在发生事件。问卷编制后，请访谈的专家对条目的准确性、清晰性进行检验，根据他们提出的意见修订项目，删改表述不清的条目。问卷分为四个部分：第一部分为填写者的基本信息，内容包括性别、年龄、所述行业、职位、任职年限等；第二部分为项目的基本信息，包括项目的背景、时间、范围、复杂程度等；第三部分为问卷的主要内容，包括评价者对领导风格、项目管理团队、工程项目成功等相关内容的评价。

在问卷初步设计完成后，先将问卷进行小样本测试（略）。对回收的问卷进行信度和效度的分析，并删除不符合要求的题项。

5.2.4 实证研究结果与分析

1. 数据收集过程与基本情况描述

在通过小样本测试对问卷进行修正后，进行大规模的问卷调查，调查从 2010 年开始，调查对象为工程项目相关领域建设项目相关人员。调查共发放问卷 600 份，其中男性领导和女性领导各 300 份，回收问卷 493 份，回收率为 82.2%，有效问卷 441 份，有效率为 89.5%，其中男性领导 273 份，女性领导 168 份。总体样本基本情况如表 5.5 所示。

表 5.5　总体样本基本情况

项目		人数	百分比	项目		人数	百分比
性别	男	273	61.90%	企业类型	房地产	159	36.05%
	女	168	38.10%		设计业	111	25.17%
年龄	21~30 岁	55	12.47%		咨询业	50	11.34%
	31~40 岁	149	33.79%		施工企业	121	27.44%
	41~50 岁	155	33.15%	工作年限	1 年以下	40	9.07%
	50 岁以上	82	18.59%		1~3 年	69	15.65%
项目类型	大型项目	143	32.43%		4~6 年	146	33.11%
	中型项目	171	38.78%		6~10 年	80	18.14%
	小型项目	127	28.80%		10~20 年	54	12.24%
					20 年以上	52	11.79%

2. 实证模型结构关系概述

本节的实证分析需要验证的结构关系如图 5.3 所示。

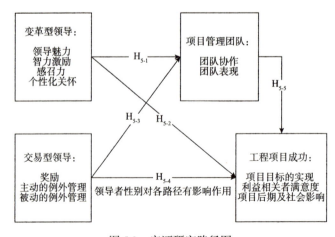

图 5.3　实证研究路径图

如前所述，领导风格、项目管理团队、工程项目成功等变量包括多个维度，为了更细致地分析这些变量之间的影响关系，本节将相关假设进行细分。在细分后的模型中，包括七个外生潜变量（领导魅力、智力激励、感召力、个性化关怀、奖励、主动的例外管理、被动的例外管理）、五个内生潜变量（团队协作、团队表现、项目目标的实现、利益相关者满意度、项目后期及社会影响）。具体细化的研究假设如表 5.6 所示。同时，考虑到不同领导者性别下影响路径的差异性，本节的研究将样本区分为男性领导者和女性领导者两类分别进行验证。

表 5.6　细分假设

假设	分假设	假设描述
H_{5-1}	H_{5-1-1}	领导者的领导魅力对团队的团队协作有正向影响
	H_{5-1-2}	领导者的智力激励对团队的团队协作有正向影响
	H_{5-1-3}	领导者的感召力对团队的团队协作有正向影响
	H_{5-1-4}	领导者的个性化关怀对团队的团队协作有正向影响
	H_{5-1-5}	领导者的领导魅力对团队的团队表现有正向影响
	H_{5-1-6}	领导者的智力激励对团队的团队表现有正向影响
	H_{5-1-7}	领导者的感召力对团队的团队表现有正向影响
	H_{5-1-8}	领导者的个性化关怀对团队的团队表现有正向影响
H_{5-2}	H_{5-2-1}	领导者的领导魅力对项目目标的实现有正向影响
	H_{5-2-2}	领导者的智力激励对项目目标的实现有正向影响
	H_{5-2-3}	领导者的感召力对项目目标的实现有正向影响
	H_{5-2-4}	领导者的个性化关怀对项目目标的实现有正向影响
	H_{5-2-5}	领导者的领导魅力对利益相关者满意度有正向影响
	H_{5-2-6}	领导者的智力激励对利益相关者满意度有正向影响
	H_{5-2-7}	领导者的感召力对利益相关者满意度有正向影响
	H_{5-2-8}	领导者的个性化关怀对利益相关者满意度有正向影响
	H_{5-2-9}	领导者的领导魅力对项目后期及社会影响有正向影响
	H_{5-2-10}	领导者的智力激励对项目后期及社会影响有正向影响
	H_{5-2-11}	领导者的感召力对项目后期及社会影响有正向影响
	H_{5-2-12}	领导者的个性化关怀对项目后期及社会影响有正向影响

假设	分假设	假设描述
H₅₋₃	H₅₋₃₋₁	领导者的奖励对团队的团队协作有正向影响
	H₅₋₃₋₂	领导者的主动例外管理对团队的团队协作有正向影响
	H₅₋₃₋₃	领导者的被动例外管理对团队的团队协作有正向影响
	H₅₋₃₋₄	领导者的奖励对团队的团队表现有正向影响
	H₅₋₃₋₅	领导者的主动例外管理对团队的团队表现有正向影响
	H₅₋₃₋₆	领导者的被动例外管理对团队的团队表现有正向影响
H₅₋₄	H₅₋₄₋₁	领导者的奖励对项目目标的实现有正向影响
	H₅₋₄₋₂	领导者的主动例外管理对项目目标的实现有正向影响
	H₅₋₄₋₃	领导者的被动例外管理对项目目标的实现有正向影响
	H₅₋₄₋₄	领导者的奖励对利益相关者满意度有正向影响
	H₅₋₄₋₅	领导者的主动例外管理对利益相关者满意度有正向影响
	H₅₋₄₋₆	领导者的被动例外管理对利益相关者满意度有正向影响
	H₅₋₄₋₇	领导者的奖励对项目后期及社会影响有正向影响
	H₅₋₄₋₈	领导者的主动例外管理对项目后期及社会影响有正向影响
	H₅₋₄₋₉	领导者的被动例外管理对项目后期及社会影响有正向影响
H₅₋₅	H₅₋₅₋₁	项目管理团队的团队协作对项目目标的实现有正向影响
	H₅₋₅₋₂	项目管理团队的团队表现对项目目标的实现有正向影响
	H₅₋₅₋₃	项目管理团队的团队协作对利益相关者满意度有正向影响
	H₅₋₅₋₄	项目管理团队的团队表现对利益相关者满意度有正向影响
	H₅₋₅₋₅	项目管理团队的团队协作对项目后期及社会影响有正向影响
	H₅₋₅₋₆	项目管理团队的团队表现对项目后期及社会影响有正向影响

3. 男性领导样本实证结果分析

1）模型拟合结果分析

软件生成的路径图如图 5.4 所示，由于路径较多，在图上将路径系数隐去，具体的相关路径系数如表 5.7 所示。计算结果表明，模型拟合指标中，$\chi^2 =3\,248.15$，df=1 752，RMSEA[①]=0.042，总体看来，模型拟合结果是可以接受的，模型中未出现

---

① RMSEA：root mean square error of approximation，近似误差均方根。

不恰当解。

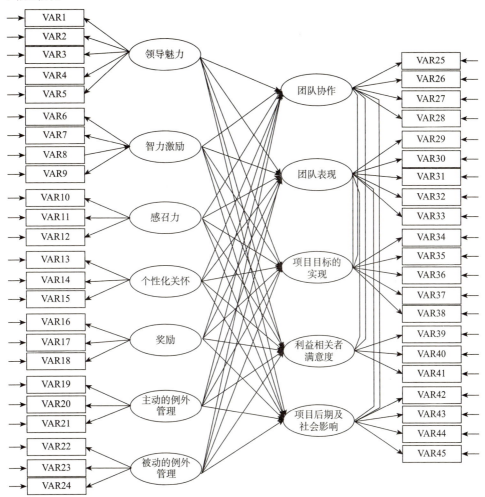

图 5.4　男性领导样本拟合结果图

χ^2=3 248.15, df=1 752, p 值=0.000 00, RMSEA=0.042

表 5.7　男性领导样本路径系数

自变量	因变量/中介变量	假设	路径系数	标准化路径系数	S.D.	t 值	结论
领导魅力		H_{5-1-1}	0.363	0.370	0.056	6.534	通过
智力激励		H_{5-1-2}	0.289	0.292	0.047	4.335	通过
感召力		H_{5-1-3}	0.373	0.369	0.063	6.341	通过
个性化关怀	团队协作	H_{5-1-4}	0.068	0.067	0.065	1.088	未通过
奖励		H_{5-3-1}	0.351	0.340	0.048	4.914	通过
主动的例外管理		H_{5-3-2}	0.257	0.254	0.033	4.883	通过
被动的例外管理		H_{5-3-3}	0.056	0.057	0.042	1.173	未通过

续表

自变量	因变量/中介变量	假设	路径系数	标准化路径系数	S.D.	t 值	结论
领导魅力		H_{5-1-5}	0.273	0.268	0.040	4.641	通过
智力激励		H_{5-1-6}	0.389	0.377	0.053	6.224	通过
感召力		H_{5-1-7}	0.274	0.271	0.035	3.836	通过
个性化关怀	团队表现	H_{5-1-8}	0.362	0.366	0.055	5.792	通过
奖励		H_{5-3-4}	0.434	0.430	0.069	6.076	通过
主动的例外管理		H_{5-3-5}	0.392	0.384	0.065	7.448	通过
被动的例外管理		H_{5-3-6}	0.284	0.278	0.042	4.260	通过
领导魅力		H_{5-2-1}	0.298	0.289	0.040	4.470	通过
智力激励		H_{5-2-2}	0.384	0.380	0.049	6.528	通过
感召力		H_{5-2-3}	0.295	0.301	0.045	4.720	通过
个性化关怀		H_{5-2-4}	0.387	0.379	0.061	5.418	通过
奖励	项目目标的实现	H_{5-4-1}	0.442	0.429	0.064	8.398	通过
主动的例外管理		H_{5-4-2}	0.357	0.353	0.049	5.355	通过
被动的例外管理		H_{5-4-3}	0.291	0.282	0.037	4.947	通过
团队协作		H_{5-5-1}	0.243	0.241	0.034	3.888	通过
团队表现		H_{5-5-2}	0.358	0.365	0.055	5.012	通过
领导魅力		H_{5-2-5}	0.244	0.239	0.033	4.636	通过
智力激励		H_{5-2-6}	0.352	0.341	0.044	5.280	通过
感召力		H_{5-2-7}	0.063	0.064	0.039	1.071	未通过
个性化关怀		H_{5-2-8}	0.387	0.383	0.057	6.192	通过
奖励	利益相关者满意度	H_{5-4-4}	0.478	0.468	0.066	6.692	通过
主动的例外管理		H_{5-4-5}	0.346	0.353	0.046	5.536	通过
被动的例外管理		H_{5-4-6}	0.249	0.251	0.038	3.984	通过
团队协作		H_{5-5-3}	0.380	0.376	0.060	5.320	通过
团队表现		H_{5-5-4}	0.328	0.321	0.048	6.232	通过
领导魅力		H_{5-2-9}	0.238	0.231	0.032	3.570	通过
智力激励		H_{5-2-10}	0.334	0.331	0.043	5.678	通过
感召力		H_{5-2-11}	0.129	0.132	0.020	1.122	未通过
个性化关怀		H_{5-2-12}	0.158	0.155	0.023	3.002	通过
奖励	项目后期及社会影响	H_{5-4-7}	0.345	0.335	0.044	5.175	通过
主动的例外管理		H_{5-4-8}	0.384	0.380	0.057	6.528	通过
被动的例外管理		H_{5-4-9}	0.158	0.155	0.022	2.528	通过
团队协作		H_{5-5-5}	0.248	0.241	0.031	3.472	通过
团队表现		H_{5-5-6}	0.293	0.290	0.044	4.688	通过

注：根据 t 检验，$p < 0.05$，t 值约大于 1.97，根据 t 值即可判断显著性水平

2）研究假设验证结果

（1）变革型领导对项目管理团队的影响（H_{5-1}）。

变革型领导包括四个维度，项目管理团队量表包括两个维度，因此变革型领

导对项目管理团队的影响（H_{5-1}）细分为 8 条路径。通过表 5.7 可以发现，在这细分的 8 条路径中，H_{5-1-4}，即个性化关怀对团队协作具有正向影响的路径系数为 0.068（$t=1.088$，$p > 0.05$，不显著），因此假设未得到验证。其余的 7 条路径所对应的假设均通过了验证。

（2）变革型领导对工程项目成功的影响（H_{5-2}）。

变革型领导包括四个维度，工程项目成功量表包括三个维度，因此变革型领导对工程项目成功的影响（H_{5-2}）细分为 12 条路径。通过表 5.7 可以发现，在这细分的 12 条路径中，H_{5-2-7}，即感召力对利益相关者满意度具有正向影响的路径系数为 0.063（$t=1.071$，$p > 0.05$，不显著），因此假设未得到验证，H_{5-2-11}，即感召力对项目后期及社会影响具有正向影响的路径系数为 0.129（$t=1.122$，$p > 0.05$，不显著），因此假设未得到验证。其余的 10 条路径所对应的假设均通过了验证。

（3）交易型领导对项目管理团队的影响（H_{5-3}）。

交易型领导包括三个维度，项目管理团队的量表包括两个维度，因此交易型领导对项目管理团队的影响（H_{5-3}）细分为 6 条路径。通过表 5.7 可以发现，在这细分的 6 条路径中，H_{5-3-3}，即被动的例外管理对团队协作具有正向影响的路径系数为 0.056（$t=1.173$，$p > 0.05$，不显著），因此假设未得到验证。其余的 5 条路径所对应的假设均通过了验证。

（4）交易型领导对工程项目成功的影响（H_{5-4}）。

交易型领导包括三个维度，工程项目成功的量表包括三个维度，因此交易型领导对工程项目成功的影响（H_{5-4}）细分为 9 条路径。通过表 5.7 可以发现，在这细分的 9 条路径中，所有的假设所对应的路径均为显著，即所有假设均通过了验证。

（5）项目管理团队对工程项目成功的影响（H_{5-5}）。

项目管理团队量表包括两个维度，工程项目成功的量表包括三个维度，因此项目管理团队对工程项目成功的影响（H_{5-5}）细分为 6 条路径。通过表 5.7 可以发现，在这细分的 6 条路径中，所有的假设所对应的路径均为显著，即所有假设均通过了验证。

4. 女性领导样本实证结果分析

1）模型拟合结果分析

软件生成的路径图如图 5.5 所示，由于路径较多，在图上将路径系数隐去，具体的相关路径系数如表 5.8 所示。计算结果表明，模型拟合指标中，$\chi^2 = 2\,842.82$，df=1 368，RMSEA=0.052，总体看来，模型拟合结果是可以接受的，模型中未出现不恰当解。

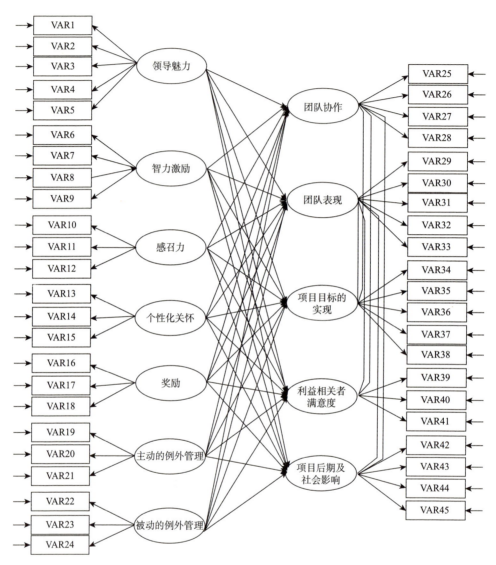

图 5.5　女性领导样本拟合结果图 0

χ^2=2 842.82，df=1 368，p 值=0.000 00，RMSEA=0.052

表 5.8　女性领导样本路径系数

自变量	因变量/中介变量	假设	路径系数	标准化路径系数	S.D.	t 值	结论
领导魅力		$H_{5\text{-}1\text{-}1}$	0.267	0.272	0.041	4.806	通过
智力激励		$H_{5\text{-}1\text{-}2}$	0.253	0.256	0.041	3.795	通过
感召力	团队协作	$H_{5\text{-}1\text{-}3}$	0.383	0.379	0.064	6.511	通过
个性化关怀		$H_{5\text{-}1\text{-}4}$	0.157	0.154	0.065	2.512	通过
奖励		$H_{5\text{-}3\text{-}1}$	0.264	0.256	0.036	3.696	通过

续表

自变量	因变量/中介变量	假设	路径系数	标准化路径系数	S.D.	t 值	结论
主动的例外管理	团队协作	H_{5-3-2}	0.274	0.271	0.035	5.206	通过
被动的例外管理		H_{5-3-3}	0.069	0.070	0.042	1.173	未通过
领导魅力	团队表现	H_{5-1-5}	0.362	0.355	0.053	6.154	通过
智力激励		H_{5-1-6}	0.356	0.345	0.048	5.696	通过
感召力		H_{5-1-7}	0.361	0.357	0.046	5.054	通过
个性化关怀		H_{5-1-8}	0.273	0.276	0.041	4.368	通过
奖励		H_{5-3-4}	0.378	0.374	0.060	5.292	通过
主动的例外管理		H_{5-3-5}	0.324	0.318	0.054	6.156	通过
被动的例外管理		H_{5-3-6}	0.071	0.072	0.047	1.065	未通过
领导魅力	项目目标的实现	H_{5-2-1}	0.373	0.362	0.051	5.595	通过
智力激励		H_{5-2-2}	0.252	0.249	0.032	4.284	通过
感召力		H_{5-2-3}	0.351	0.358	0.054	5.616	通过
个性化关怀		H_{5-2-4}	0.327	0.320	0.051	4.578	通过
奖励		H_{5-4-1}	0.362	0.351	0.053	6.878	通过
主动的例外管理		H_{5-4-2}	0.472	0.467	0.065	7.080	通过
被动的例外管理		H_{5-4-3}	0.263	0.255	0.033	4.471	通过
团队协作		H_{5-5-1}	0.362	0.358	0.050	5.792	通过
团队表现		H_{5-5-2}	0.361	0.368	0.055	5.054	通过
领导魅力	利益相关者满意度	H_{5-2-5}	0.327	0.320	0.045	6.213	通过
智力激励		H_{5-2-6}	0.224	0.217	0.028	3.360	通过
感召力		H_{5-2-7}	0.174	0.176	0.039	2.958	通过
个性化关怀		H_{5-2-8}	0.274	0.271	0.041	4.384	通过
奖励		H_{5-4-4}	0.286	0.280	0.039	4.004	通过
主动的例外管理		H_{5-4-5}	0.351	0.358	0.047	5.616	通过
被动的例外管理		H_{5-4-6}	0.318	0.321	0.048	5.088	通过
团队协作		H_{5-5-3}	0.273	0.270	0.043	3.822	通过
团队表现		H_{5-5-4}	0.336	0.329	0.049	6.384	通过
领导魅力	项目后期及社会影响	H_{5-2-9}	0.054	0.052	0.063	0.810	未通过
智力激励		H_{5-2-10}	0.268	0.265	0.034	4.556	通过
感召力		H_{5-2-11}	0.069	0.074	0.041	0.937	未通过
个性化关怀		H_{5-2-12}	0.241	0.236	0.035	4.579	通过
奖励		H_{5-4-7}	0.327	0.317	0.041	4.905	通过
主动的例外管理		H_{5-4-8}	0.341	0.338	0.051	5.797	通过
被动的例外管理		H_{5-4-9}	0.081	0.079	0.042	1.296	未通过
团队协作		H_{5-5-5}	0.257	0.249	0.032	3.598	通过
团队表现		H_{5-5-6}	0.262	0.259	0.039	4.192	通过

注：根据 t 检验，$p < 0.05$，t 值约大于 1.97，根据 t 值即可判断显著性水平

2）研究假设验证结果

（1）变革型领导对项目管理团队的影响（H_{5-1}）。

变革型领导包括四个维度，项目管理团队量表包括两个维度，因此变革型领导对项目管理团队的影响（H_{5-1}）细分为8条路径。通过表5.8可以发现，在这细分的8条路径中，所有的假设所对应的路径均为显著，即所有假设均通过了验证。

（2）变革型领导对工程项目成功的影响（H_{5-2}）。

变革型领导包括四个维度，工程项目成功量表包括三个维度，因此变革型领导对工程项目成功的影响（H_{5-2}）细分为12条路径。通过表5.8可以发现，在这细分的 12 条路径中，H_{5-2-9}，即领导魅力对项目后期及社会影响具有正向影响的路径系数为 0.054（$t=1.810$，$p > 0.05$，不显著），因此假设未得到验证，H_{5-2-11}，即感召力对项目后期及社会影响具有正向影响的路径系数为 0.069（$t=0.937$，$p > 0.05$，不显著），因此假设未得到验证。其余的 10 条路径所对应的假设均通过了验证。

（3）交易型领导对项目管理团队的影响（H_{5-3}）。

交易型领导包括三个维度，项目管理团队的量表包括两个维度，因此交易型领导对项目管理团队的影响（H_{5-3}）细分为6条路径。通过表5.8可以发现，在这细分的 6 条路径中，H_{5-3-3}，即被动的例外管理对团队协作具有正向影响的路径系数为 0.069（$t=1.173$，$p > 0.05$，不显著），H_{5-3-6}，即被动的例外管理对团队表现具有正向影响的路径系数为 0.071（$t=1.065$，$p > 0.05$，不显著），因此假设未得到验证。其余的 4 条路径所对应的假设均通过了验证。

（4）交易型领导对工程项目成功的影响（H_{5-4}）。

交易型领导包括三个维度，工程项目成功的量表包括三个维度，因此交易型领导对工程项目成功的影响（H_{5-4}）细分为9条路径。通过表5.8可以发现，在这细分的 9 条路径中，H_{5-4-9}，即被动的例外管理对项目后期及社会影响具有正向影响的路径系数为 0.081（$t=1.296$，$p > 0.05$，不显著），因此假设未得到验证。其余的 8 条路径所对应的假设均通过了验证。

（5）项目管理团队对工程项目成功的影响（H_{5-5}）。

项目管理团队量表包括两个维度，工程项目成功的量表包括三个维度，因此项目管理团队对工程项目成功的影响（H_{5-5}）细分为6条路径。通过表5.8可以发现，在这细分的 6 条路径中，所有的假设所对应的路径均为显著，即所有假设均通过了验证。

3）领导者性别影响作用的验证结果

本节为了检验不同的领导者性别样本间路径系数的差异性，采用联合 t 检验，计算结果如表5.9所示。

表 5.9 不同领导者性别下路径系数的显著性检验

假设	t 值	结论	假设	t 值	结论
H_{5-1-1}	1.318	无差异	H_{5-3-2}	−0.399	无差异
H_{5-1-2}	0.575	无差异	H_{5-3-3}	−0.191	无差异
H_{5-1-3}	−0.148	无差异	H_{5-3-4}	0.522	无差异
H_{5-1-4}	−0.927	无差异	H_{5-3-5}	0.646	无差异
H_{5-1-5}	−1.432	无差异	H_{5-3-6}	3.191	显著差异
H_{5-1-6}	0.272	无差异	H_{5-4-1}	0.733	无差异
H_{5-1-7}	−1.572	无差异	H_{5-4-2}	−1.479	无差异
H_{5-1-8}	1.208	无差异	H_{5-4-3}	0.354	无差异
H_{5-2-1}	−1.299	无差异	H_{5-4-4}	2.036	显著差异
H_{5-2-2}	1.905	显著差异	H_{5-4-5}	0.029	无差异
H_{5-2-3}	−0.703	无差异	H_{5-4-6}	−1.094	无差异
H_{5-2-4}	0.596	无差异	H_{5-4-7}	0.124	无差异
H_{5-2-5}	−1.606	无差异	H_{5-4-8}	0.471	无差异
H_{5-2-6}	1.946	显著差异	H_{5-4-9}	1.715	显著差异
H_{5-2-7}	−1.888	显著差异	H_{5-5-1}	−2.075	显著差异
H_{5-2-8}	1.374	无差异	H_{5-5-2}	0.049	无差异
H_{5-2-9}	2.770	显著差异	H_{5-5-3}	1.234	无差异
H_{5-2-10}	1.035	无差异	H_{5-5-4}	−0.208	无差异
H_{5-2-11}	1.539	无差异	H_{5-5-5}	−0.342	无差异
H_{5-2-12}	−2.146	显著差异	H_{5-5-6}	0.439	无差异
H_{5-3-1}	1.130	无差异			

由表 5.9 可知，有 9 条假设在不同样本之间存在显著差异，分别是 H_{5-2-2}、H_{5-2-6}、H_{5-2-7}、H_{5-2-9}、H_{5-2-12}、H_{5-3-6}、H_{5-4-4}、H_{5-4-9} 和 H_{5-5-1}。因此，H_{5-6} 获得部分支持。

5. 研究结果讨论

1）不同领导风格对项目管理团队的影响

分析发现，在变革型领导影响项目管理团队的 8 条路径中，个性化关怀对团队协作的影响作用，在男性领导者的样本中没有得到支持，但是在女性领导者的样本中得到了支持，而其他的 7 条路径，在两类样本中均得到了支持。整体看来，变革型领导对项目管理团队有正向影响作用。

在交易型领导影响项目管理团队的 6 条路径中，被动的例外管理对团队表现的影响作用，在女性领导者的样本中没有得到支持，但是在男性领导者的样本中得到了支持，被动的例外管理对团队协作的影响作用，在两类样本中均未获得支持，而其他的 4 条路径在两类样本中均得到了支持。整体看来，变革型领导对项目管理团队有正向影响作用。

对于男性领导者，除了个性化关怀这个维度外，变革型领导风格对项目管理团队有正向影响，除了被动的例外管理这个维度，交易型领导对项目管理团队有正向影响。变革型领导强调使下属产生团队意识，从而带动整个项目管理团队。个性化关怀强调的是领导者针对不同的下属有不同的帮助、关心，其对项目管理团队并未能产生很好的影响，这可能是由于这种领导者的关心是针对个人而言的，对于帮助提升整个项目管理团队的影响不明显。被动的例外管理强调的是在问题发生后再进行处理，其对项目管理团队并未能产生很好的影响，这可能是由于问题已经产生，对团队已经造成了一定的负面影响，之后尽管通过寻找解决办法进行管理解决，但是对于提升项目团队的效果不明显。

对于女性领导者，变革型领导的四个维度均对项目管理团队有正向影响，而交易型领导中，也是除了被动的例外管理这个维度，其他维度对项目管理团队均有正向影响。在访谈中也发现，女性领导者表现的更多的是变革型领导风格的特质。这与实证的结果也是一致的。

在变革型领导中，对项目管理团队影响较大的是感召力，在交易型领导中，对项目管理团队影响较大的是奖励，这在两类样本中是一致的，也比较符合变革型领导和交易型领导对项目管理团队影响的内在规律。

2）不同领导风格对工程项目成功的影响

分析发现，在变革型领导影响工程项目成功的 12 条路径中，感召力对利益相关者满意度的影响作用，在男性领导者的样本中没有得到支持，但是在女性领导者的样本中得到了支持，领导魅力对项目后期及社会影响的影响作用，在女性领导者的样本中没有得到支持，但是在男性领导者的样本中得到了支持，感召力对项目后期及社会影响的影响作用，在两类样本中均未获得支持，而其他的 9 条路径在两类样本中均得到了支持。整体看来，变革型领导对工程项目成功有正向影响作用。

在交易型领导影响工程项目成功的 9 条路径中，被动的例外管理对项目后期及社会影响的影响作用，在女性领导者的样本中没有得到支持，但是在男性领导者的样本中得到了支持，而其他的 8 条路径在两类样本中均得到了支持。整体看来，变革型领导对工程项目成功有正向影响作用。

对于男性领导者，除了感召力这个维度外，变革型领导风格对工程项目成功有正向影响，交易型领导风格中的三个维度均对项目管理团队有正向影响。变革型领导强调使下属产生团队意识，从而带动整个项目管理团队，实现项目的成功。感召力体现在与下属分享未来共同的美好的愿景和目标，从而使下属具有乐观积极的工作态度，保持良好的工作活动，使整个团队对未来充满美好的希望，调动工作的积极性，其对工程项目成功并未能产生很好的影响，这可能是由于领导者的感召力对实现项目目标比较有影响力，但是利益相关者的需求不尽相同，无法通过感召力很好地满足所有相关者的需求，因而对于帮助提升整个工程项目成功的影响不明显。

对于女性领导者，除了领导魅力和感召力，变革型领导对工程项目成功有正向影响，而交易型领导中，除了被动的例外管理这个维度，其他维度对工程项目成功有正向影响。被动的例外管理强调的是在问题发生后再进行处理，其对工程项目成功并未能产生很好的影响，这可能是由于问题已经产生，对项目造成了一定的负面影响，对于社会影响来说，事后解决的措施是较难弥补的，因此尽管之后会通过寻找解决办法进行解决，但是对于提升工程项目成功的效果不明显。

3）项目管理团队对工程项目成功的影响

项目管理团队包括两个维度，这两个维度对工程项目成功的三个维度的影响是不同的，从不同的领导者性别进行分析也可以发现，项目管理团队对工程项目成功的影响均显著。

不论是男性领导者还是女性领导者，项目管理团队对工程项目成功都具有正向影响，这与上述研究综述中的研究结论也是一致的。团队成员相互协作，具有良好的团队表现，就会具有较好的目标一致性，从而能够实现项目的目标，满足利益相关者的需求，并且实现一定的项目社会价值。这一点，不论领导者的性别如何，都没有改变这种正向影响的关系。

5.3　社会关系网络视角下的重大工程领导力

经过一百多年的发展，有关领导力理论的研究已经从关注领导者特质、行为、领导情境及领导风格转为探讨领导力过程，其中微观领导过程包括领导者的认知、情感及观念，宏观领导过程则是领导者社会关系的构建。随着领导力理论体系的日益完善及研究成果的增加，以此为基础的领导力开发项目得到了更多的重视。

Lockwood（2006）曾指出仅 2000 年这一年，全球知名公司花费在领导力开发项目上的资金已达到 500 亿美元。这是因为该项目的实施不仅有了更全面的科学依据，而且公司领导者领导力的提升有利于公司的发展。传统的领导力开发注重的是领导者个人竞争力的提升，强调领导特质、领导行为等属性特征的开发，但 Day 和 O'Connor（2003）认为领导力开发还应考虑领导力产生的关系情境，这是因为领导力是领导者与下属间产生关系的过程，由此，领导力开发不能和领导者开发一样，仅关注领导者个人能力的提升，还应保证领导者与下属间关系的健康发展。同时，随着组织内外部环境趋向复杂化、虚拟化以及具有不稳定性，仅仅从领导特质、领导行为及领导情境的角度进行领导力开发已经不符合当今社会对领导力水平的要求。McCallum 和 O'Connell（2009）认为在不稳定且虚拟化的复杂组织环境中，需要考虑组织关系环境对领导力开发的影响，他们通过实证研究后指出，从组织关系网络中获取社会资本是一种提升领导力的重要手段。所以，基于社会关系网络的视角对领导力模型进行开发十分必要。

作为工程项目的最高领导者，项目经理需要对项目的人力、技术、设备、资金、生产准备、施工、竣工验收等多方面因素和因素间的多元化关系进行统筹管理（陈国政，2008），其在整个项目周期中所展示出的以制定目标、有效沟通、解决冲突、激励下属及人才培养等方面为表现形式的领导力能够对项目结果产生很大影响。项目经理领导力水平的高低往往体现了企业项目管理水平的高低，为了保证施工企业的市场竞争力及较高的营利能力，一个具有良好领导力的项目经理显得尤为重要。

5.3.1 重大工程领导力的组织环境分析

在重大工程的背景下，其组织环境一般区别于传统的项目组织，有其特有的组织特征，主要表现如下。

1. 组织系统复杂性

重大工程组织复杂性是重大工程组织的重要内部特征（Daft，2010）。

对组织复杂性产生原因的不同认识产生了不同的组织复杂性概念。最早管理学家从组织结构上进行描述，认为组织复杂性表现为水平复杂性（又称水平分化，horizontal differentiation）、垂直复杂性（又称垂直分化，vertical or hierarchical differentiation）和地域分散性（geographical dispersion）（Baccarini，1996）。重大工程将组织任务进行了专业化的分工，且专业化分工越细，参与执行任务的主体越多，部门及岗位越多，因此水平复杂性程度越高。而由于重大工程项目组织层级较多，沟通、控制及协调的难度增大，增加了重大工程组织的垂直复杂性。这为重大工程项目的领导与管理提出了新的要求与挑战。

2. 项目组织临时性

PMBOK 中通常将项目视为临时组织，一般公认项目是在临时环境下由永久性组织执行的。尤其是特大型的工程项目通常由许多小型组织在临时环境下执行。因此，在重大工程项目的领导力研究中，项目组织环境具有一定的临时性。

一般来说，项目组织的临时性包括组织结构临时性与人际关系临时性。项目管理组织中的各级管理者与组织人员因项目而形成一定的临时性组织结构，随项目进程而产生变化。组织的人际关系则建立在项目组织间的沟通、信任等因素上，并不是一成不变的。

3. 项目多层次领导

我国重大工程建设任务来自于政府委托，"项目管理层"成为政府投资的工程项目委托代建、代管组织，并由这些组织负责全过程的决策和建设实施。我国典型的重大工程项目一般都采用政府主导、企业参与的管理模式，政府是业主方，其他企业或科研单位协同参与建设（何清华等，2016）。因此，一方面，重大工程背景下的"项目管理层"成为"被领导者"；另一方面，决策机构与协调机构、支持机构和实施机构又构成了重大工程项目的层级式组织结构。重大工程项目的组织具有多层次、多元的领导结构，是一个不同利益主体相互牵制、相互作用的复杂、微妙的组织。

5.3.2 重大工程社会关系网络结构与领导力开发模型构建

1. 模型的构建及解释

根据上述重大工程组织环境分析，基于社会关系网络视角构建领导力开发模型时，主要考虑项目领导者与项目部成员、企业内部其他人员间的关系，即以个人及组织内关系网络结构为研究对象，分析关系网络结构对领导力开发的影响。具体的理论模型如图 5.6 所示。

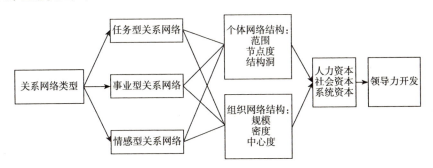

图 5.6 施工总承包企业项目经理关系网络结构与领导力开发理论模型

由图 5.6 可知，该理论模型中首先将关系网络类型作为影响因素。基于Ibarra（1995）的观点，关系网络的存在有利于行为者完成工作任务、获取升职机会以及使自己更加职业化及专业化。而其中任务型关系网络、事业型关系网络及情感型关系网络这三种类型的关系网络对于管理者而言最为重要，这三种关系网络与领导力开发过程有一定的关系。因此，本节将从个人及组织角度分析这三种类型的关系网络结构对领导力开发的影响。以下将对该模型中出现的概念予以解释。

1）任务型关系网络、事业型关系网络、情感型关系网络

根据 Bartol 和 Zhang（2007）的观点，任务型网络又称建议型网络，该类网络能够通过提供与工作任务相关的信息、技术、咨询意见等资源帮助领导者完成工作任务以及应对工作挑战。事业型网络则通过提供职业培训、职业指导等机会实现个人事业的发展。而当个体们因共同的背景及爱好建立了友谊时，会形成以信任和亲密为基础的情感型网络。结合上述观点以及本书研究背景，我们对这三种类型的关系网络重新进行了定义。

首先，任务型网络是指施工企业内部员工因工作中遇到困难或者遇到专业问题向企业内其他成员请教解决方法或者专业方案等而形成的咨询型关系网络。在工程项目的实施过程中，项目经理也需要就项目管理过程中出现的难题或者突发状况向企业内部专业人士寻求解决方案，以顺利完成工作任务，实现项目目标。

其次，事业型网络是指施工企业内部员工间因工作任务、业务流程、职业培训等原因与企业内其他成员产生了正式工作联系而形成的关系网络。项目经理往往会因身处该类网络而与企业高层领导或者其他部门的核心人物产生联系，从而获取薪酬增加、职位晋升等机会，利于个人事业的发展。

最后，情感型网络是指施工企业员工间由于有共同的兴趣爱好或者价值观一致等原因而产生了友谊以及员工间存在亲戚关系，因此以信任和亲密性为基础而形成的关系网络。

2）个体网络结构、组织网络结构

社会网络分析结合了数学、统计学及计算机科学的分析思想，是一种能够将人与人、人与组织以及组织与组织间的关系予以量化及可视化的评估工具。其通过一系列测量技术和指标体系把复杂多样的关系形态用一定的网络结构表示出来，然后揭示这些网络结构及其变动对群体和个体功能的影响。社会网络分析根据组织间关系的层次可以分为个体网络分析和整体网络分析。

其中，个体网络分析关注的是个体行为如何受到其人际关系网络的影响，其结构特征的度量变量主要包括节点度数、中介性、结构洞、范围等。

而整体网络分析则是基于整体网络的角度，探究社会体系中角色关系的综合结构或者群体中不同角色的关系结构，其度量指标主要有网络密度、中心度、派系、群落等。

图 5.6 的模型借鉴了社会网络分析的思想，从个体及组织网络结构特征去分析施工企业项目经理所在的任务型、事业型及情感型网络功能，并且基于前人的研究成果，选取了范围、节点度及结构洞作为个体网络结构的测量指标（Day and O'Connor，2003；Balkundi and Kilduff，2006），而组织网络强调的是将项目经理任职的企业看成一个整体，由企业内部领导及员工形成的人际关系整体网络，其结构特征的测量指标主要有规模、密度和中心度。

3）人力资本、社会资本、系统资本

根据前人的研究结果，领导力开发可以被看成一个构建关系网络的社会过程。关系网络能够为领导者提供利于个人发展及能力提升的工作任务及挑战，如获取培训计划、应对多元化工作内容和挑战全新的工作领域等，从而增加自身的人力资本、社会资本及系统资本（system capital）（McCauley，2001），促进领导力的提升。

因此，该模型从人力、社会及系统资本变化的角度，分析施工总承包企业项目经理的关系网络结构对领导力开发的影响。其中，人力资本（human capital）强调个人胜任力，意指个人拥有的对组织具有价值的知识、技能及素质。社会资本意指个人因互惠互利的交换行为获取利于事业发展资源的能力，它来源于行为者的社会关系结构及内容，而且该关系网络的行为者拥有相同的价值观，能够互相理解和信任，能由此产生有效的合作行为（Balkundi and Kilduff，2006）。而系统资本则是指个人构建及利用关系网络的能力。

2. 模型的应用价值

关系网络质量的优劣一般通过其结构体现，而关系网络结构是指行为者在网络中的位置构造及关系模式，上述理论模型中，衡量个体网络结构的指标主要有范围、节点度和结构洞。范围测量的是行为者关系对象的辐射范围。Burt（1992）曾指出行为者如果接触的对象多元化将有利于其获得如快速晋升等好处，这是因为行为者处于或者接近各类信息与资源传递中心的概率更高。一般而言，特定行为者所拥有的关系对象中包括了一些没有与网络中其他人产生联系的行为者，那么该特定行为者在网络结构中就占据了有利位置。节点度一般用来衡量行为人参与网络行为的程度或者表明其在该网络中受欢迎的程度或影响力的大小。节点度高的行为者，影响力大，在组织内受重用的可能性更大。另外，根据格兰诺维特的结构洞理论，行为者占据越多的结构洞，能够获得的信息和资源越多。可见，个体网络中包含的关系对象越多意味着行为者能够通过建立越多的关系获取越多的社会资本，而行为者在关系网络中受欢迎的程度越高，占据结构洞的位置越多，越有利于其得到培训机会、工作支持等资源，从而促进自身发展。

对于组织网络结构，该模型主要采用规模、密度及中心度这三个测量指标。规模和密度是两个相互联系的网络特征分析指标。社会网络的研究者认为在没有冗余信息交流的前提下，一个更大的关系网络比起联结高度紧密的小型关系网络更利于行为者完成工作任务以及取得事业成功（Burt，1992）。Singh等（2000）也认为网络的规模越大，行为者能够得到越多的发展和培训的机会。Morrison（2002）则指出高密度的关系网络容易产生信息冗余，从而对组织间知识的学习产生负面影响。因此，Bartol 和 Zhang（2007）总结认为关系网络的规模越大（即包含的行为者数目越多）并且网络密度越低（即关系网络中行为者之间关系的实际数量越少），则获取多类信息的可能性越大，从而利于领导力的开发。

但是，基于本节的研究背景，关系网络的规模主要通过利益相关方的资质予以体现，资质越高的企业其组织关系网络的规模也越大。高资质的企业不仅拥有明显的技术优势以及较高的管理水平，而且人才储备充足。由此，高资质的企业能够承接到更多的建设项目，并且有些大型建设项目只能由具备一级以上资质的企业承包。而随着承包项目数量的增加，企业必须引进及培养更多的人才进行项目管理等工作，因此，企业的组织关系网络规模也会增大。网络密度则衡量了项目内部员工间互相联络的程度。分析一个组织网络的整体结构，一般从网络密度入手，通过分析任务型、事业型及情感型网络的密度，可以了解项目内部信息交流、工作流程的合理性及员工间情感交流等情况。根据上述学者的观点，密度过高的关系网络，一般表明组织内部工作重复性大、工作流程设计不合理，并且也意味着组织内部信息的重复率高，会对信息的处理效率产生负面影响。而密度过低的组织网络，常会出现信息共享率低或者不及时、员工间情感交流过少从而影响团队凝聚力等情况。另外，还可能出现部分行为者联系很紧密，但与其他行为者很少联系的情况，即小团体的出现，这会造成组织内信息资源的严重不均衡。总之，规模和密度是衡量项目组织关系网络整体质量优劣程度的指标，具有对组织关系环境的宏观描述性，可以用来确定某种关系情境，然后以此为研究背景探索如何促进领导力开发。

行为者在社会关系网络中的位置不一样，其获取信息及资源的能力也不一样。位于中心位置的行为者往往拥有正式或者非正式的高社会地位、正式或者非正式的权力以及能够对其他行为者产生影响的能力。网络中心度是用来衡量行为者占据网络中心位置程度的指标。Burt（1982）指出中心度越高，行为者越能轻易获取及控制有价值的资源。研究表明，中心度不仅与权力的增加呈正相关关系，还能够作为预测组织中非正式领导力的指标（Neubert and Taggar，2004）。而且，领导者如果占据关系网络的中心位置，更易于对下属施加影响并且保证工作团队的稳定性。总之，中心度是对行为者权力的量化分析，一般包括点度中心度、接近中心度和中间中心度。其中，点度中心度是指聚集在行为者周围关系的数目，相当于节点度，用来描述个体受欢迎的程度。而接近中心度是衡量行为者与其他人接近程度的指标。行为者越是与其他行为者接近，该行为者就越不依赖于其他行为者，而如果行为者在交易过程中较少依赖他人，其就能尽量避免被其他行为者所影响。该指标与点度中心度一样在关系网络中用以衡量行为者占据中心性位置的程度。Wasserman 和 Faust（1994）曾指出高接近中心度的行为者能够更早地接受信息，并且倾向于扮演信息传递者的角色，而及时地接受信息并传递信息则是重要的领导力职能。中间中心度则是衡量行为者占据中介位置程度的指标。中介性位置与"桥"的概念类似，起到的是联结其他行为者或者小团体的作用，可以体现某行为者在网络知识和信息流动中的重要程度。在社群图中，必须经过该节点的关键路径（即最短路径）数越多，该节点的中间中心度就越高，而且研究表明，一个拥有高中间中心度的行为者相比关系网络中的其他行为者更有可能被认同为领导者，而且扮演联结独立小团体中介者角色的行为者往往能够对组织活动起到协调作用，并且推动信息在组织内部的流动，还能因此获得更多的信息、发展机会等资源，从而积累社会资本。根据结构洞定义及研究意义，可知行为者占据结构洞位置的能力可以用中间中心度这个指标予以判断（Kilduff and Tsai，2003）。中间中心度及接近中心度能够作为判定关系网络中担任领导者角色的行为者指标，并能由此推断出具有较高中间中心度及接近中心度的行为者能够获取更多的信息资源，并且建立高效的关系，得到利于领导力开发的结果。

综上可知，基于社会关系网络的角度分析重大工程的领导力开发情况，首先，需要分析工程的整体关系网络结构，了解组织的关系环境。根据规模、密度等指标计算结果分析组织管理模式是否合理、员工间存在的工作流程网络是否高效、组织内知识与信息共享程度的高低等。确定工程的关系情境后，从组织凝聚力、信息共享情况等方面分析如何促进领导力开发。其次，通过分析关系网络中行为者的中心性，了解工程中以项目经理为代表的领导者在组织内的影响力以及发现非正式领导力的存在，由此分析该工程实施领导力开发的重点对象以及是否存在资源分配不均衡的问题。最后，行为者的中介性则证明了其位于资源交换的核心位置，处于中介位置越多的行为者，其得到利于自身发展的机会及挑战也越多。因此，由项目经理在关系结构中的中介性程度，不仅可以了解其关系管理的能力，还能为重大工程有效实施及项目经理领导力开发提出相关建议。

5.3.3　社会关系网络视角下重大工程领导力案例分析

重大工程项目涉及利益相关方众多,一般主体包括业主、施工单位与监理单位。施工总承包企业项目经理由于岗位的特殊性,不仅要与企业高层领导及各职能部门相关员工打交道,还会在实施工程项目管理的过程中,与项目部员工、甲方人员、设计人员、监理人员及政府行政部门人员产生联系。可见,其关系对象辐射范围之广以及关系结构具有一定的复杂度。因此,以施工总承包企业项目为具体研究案例,分析其关系网络与领导力的关系不仅能突破传统领导学领域中基于领导者特质的研究范畴,丰富社会关系网络视角下的重大工程领导力研究,还能将研究结果应用于实践之中,使项目经理意识到通过改善及管理关系网络对于提升个人领导力的重要意义,以及启发施工总承包企业从改善组织关系环境的角度制订利于领导力开发的计划。

1. X 施工企业的基本情况

X 施工企业创立于 1990 年,总部位于中国上海,是大型的国有建筑施工总承包企业。其具有承建各类工业与民用建筑、安装工程、钢结构工程,以及深基础、道路、市政等工程的施工能力。该企业共有员工四百多人,实体组织主要为位于上海的总部机关以及各个地区的项目部。近年来,X 施工企业的规模持续扩大,经营区域包括上海、北京、浙江、江苏等地,但是其主要承接上海及其周边建筑市场的工程施工任务。该企业根据工程项目所在地设立对应的项目部,并由位于上海的总部机关对各项目部实施统一的管理及资源共享。

X 施工企业组织架构如图 5.7 所示。该企业的领导层主要由总经理、党委书记、副总经理、总经济师、总会计师、总工程师及党委副书记组成。上海的总部机关里设有十一个职能部门,即人力资源部、市场部、成本采购部、合约法务部、财务审计部、工程部、科技部、安全生产管理部、综合办公室、党群办公室、劳务办公室。每个职能部门都有各自的工作职责,互不统属但又相互合作。另外,根据自身经营区域的战略规划,企业在江苏、浙江、北京、上海等地成立了事业部,分管在当地设立的工程项目部。其中,第一事业部主管上海本地的项目部,江苏省事业部及浙江省事业部负责管理江苏省及浙江省内的项目部,第二、三事业部则分别负责承包长三角地区城市和非长三角地区城市工程项目的安装工程,而第四事业部设立在北京,负责管理北京地区的总承包工程。由于地域原因以及 X 施工企业目前在上海本地承接了三个项目,本节将主要以位于上海总部机关及上海各项目部的全体员工为研究对象。

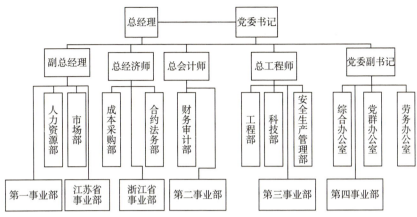

图 5.7　X 施工企业组织架构图

根据该企业的相关组织文件，上海总部机关各职能部门及上海两个项目部的人员情况及主要职责如表 5.10 所示。

表 5.10　人员情况及主要职责

部门	人数	岗位设置	主要职责
领导层	8	总经理 1 名，党委书记 1 名，副总经理 2 名，总经济师、总会计师、总工程师及党委副书记各 1 名	制定企业的战略规划，保证企业的良好运营，负责对企业进行总体管理
人力资源部	7	部门经理 1 人，部门副经理 1 人，人才引进 1 人，薪酬管理 1 人，培训管理 1 人，社保管理 1 人，员工关系管理 1 人	负责人才的招聘、薪酬政策、培训管理等事项
市场部	8	部门经理 1 人，总报价师 1 人，总方案师 1 人，副经理 1 人，报价师 1 人，市场营销经理 2 人，综合管理 1 人	履行市场营销与投标报价的管理职能
成本采购部	10	部门总经理 1 人，成本经理 1 人，结算经理 1 人，成本助理 2 人，采购经理 3 人，集中采购及账务管理 1 人，物资采购 1 人	负责履行成本管理及招投标工作、采购工作等职能
合约法务部	6	部门经理 1 人，副经理 1 人，分供合同管理 1 人，总包合同管理 1 人，风险和项目法务管理 1 人，日常法律诉讼管理 1 人	负责履行公司及项目合同管理等职能
财务审计部	9	部门经理 1 人，副经理 2 人，出纳 1 人，资金结算管理岗位 1 人，税务及费用管理岗位 1 人，综合预算及财务信息管理岗位 1 人，综合会计管理岗位 1 人，综合统计管理岗位 1 人	负责履行公司财务管理的职能
工程部	6	部门经理 1 人，副经理 2 人，策划管理 1 人，工期管理 1 人，内业管理 1 人	负责履行施工过程管理的职能
科技部	7	部门经理 1 人，副经理 3 人（质量、科技、技术），科技与技术管理 1 人，资料管理 1 人，BIM 管理 1 人	负责履行施工技术研发等职能
安全生产管理部	6	部门经理 1 人，副经理 1 人，安全工程师 2 人，机电工程师 2 人，资料员 1 人	负责履行施工安全管理及监督、工程质量控制等职能
劳务办公室	6	部门经理 1 人，副经理 1 人，执行经理 4 人	主要负责劳务人员招聘及政府信息登记等事宜

部门	人数	岗位设置	主要职责
综合办公室	5	主任1人，副主任1人，行政事务和档案管理1人，食堂管理员1人，文秘与网管日常事务1人	负责领导收发文、管理行政用章等事宜
党群办公室	4	部门经理1人，副经理1人，党办和宣传工作岗1人，企业文化和日常组织工作及团委日常工作岗位1人	负责宣传党的事迹、组织安排党员活动等事务
项目部A	20	项目执行经理1人，项目现场经理1人，合约经理1人，质量经理1人，技术经理1人，工程技术人员13人，资料员2人，不考虑项目部的后勤人员	负责保证A工程项目的顺利交付
项目部B	22	项目执行经理1人，项目现场经理1人，合约经理1人，质量经理1人，技术经理1人，工程技术人员15人，资料员2人，不考虑项目部的后勤人员	负责保证B工程项目的顺利交付

2. 调研方案设计

1）明确研究目标及研究对象

本次调研的目标在于了解 X 施工企业内部的关系网络情况，基于社会关系网络理论分析关系网络结构（包括整体网络结构和个体网络结构）对该企业项目经理领导力及领导力开发的影响，并给出相关建议。进行社会网络分析时首先需要确定研究边界及分析总体，此次调研对象则以 X 施工企业位于上海总部机关及上海项目部员工为主。而且本次实证研究测量的关系内容主要包括：①员工因工作任务、业务流程、职业培训等原因与企业内其他成员产生的正式工作联系。②员工因工作中遇到困难或者遇到不懂的专业问题向企业内其他成员请教时产生的咨询关系。③员工间因为信任和亲密性而产生的非正式的情感联系。

2）调研问卷的设计

根据此次调研的研究目标及研究内容，本调研问卷主要分为三个部分：第一个部分是被调查者的基本信息填写；第二个部分则是有关 X 企业位于上海总部机关及上海项目部员工间关系结构的调查问题；第三个部分是有关项目经理领导力开发的访谈调查问题。

有关员工关系内容的调查问题主要分为三类：①调查员工间正式工作关系的问题，如"在工作中，您必须与哪些同事进行较多的沟通协调和密切配合，才能顺利完成工作？""你主要向谁汇报工作内容？"等。②调查员工间咨询关系的问题，如"如果在工作上遇到困难，你经常向公司里哪些同事请教或者讨论？"等。③调查员工间非正式情感关系的问题，如"除了与工作相关的事宜，你私底下会和哪些同事联系？""你私下会和哪些同事聊天吃饭？"等。

有关领导力开发的调查问题，主要根据 Bartol 和 Zhang（2007）的研究结果。他们认为行为者是通过关系网络所提供的培训机会、工作挑战等发展机会让自己得到历练及扩展人脉，从而增加自己的人力、社会及系统资本的。他们由此总结出有利于个人领导力开发的重要发展机会及工作挑战的主要来源，即工作转换、制造变化、赋予重大责任、关系圈的扩展以及遇到困难。由这五种情境产生的发展机会及挑战如表 5.11 所示。而且 Bartol 和 Zhang（2007）指出这些发展机会及挑战任务会对行为者的个人特质、二元及多元关系产生积极的作用。

表 5.11　利于领导力开发的重要发展机会及挑战

情境名称	重要发展机会及挑战
工作转换	不熟悉的工作内容及责任、证明自己能力的机会等
制造变化	为解决陈年问题提供新的思路等
承担重大责任	高风险、工作负荷增大、外界压力增大等
关系圈的扩展	影响力扩大等
遇到困难	缺少工作上的支持、遇到难以应付的领导等

由此研究结果，第二部分的访谈问题将与项目经理因这五种情境而获得重要发展机会或者挑战的情况相关，具体包括是否在企业任职期间，有过利于学习新技能或者知识的发展经历、是否得到过企业资助的培训机会以及其他利于个人能力提升的学习或者锻炼机会等，即将行为者人力、社会及系统资本的增加这一抽象的概念转换为行为者因为工作转换、制造变化、承担重大责任、关系圈的扩展以及遇到困难这五种情境而得到发展性机会及挑战性任务次数的增加，从而探索企业实施领导力开发的结果或者存在的问题。

另外，为了便于统计数据以及考虑到保护个人隐私的需要，本次调研对每个领导及员工进行了编码，采用"部门的英语缩写+编号"的格式，其中领导层及各职能部门员工编号的顺序与表 5.10 中"岗位设置"一栏中提供的岗位人员顺序相一致，而项目部 A、B 员工的编号规则为：01 是项目执行经理；02 是项目现场经理；03 是合约经理；04 是质量经理；05 是技术经理；项目部 A 编号为 06~18 的为工程技术人员，19、20 为资料员；项目部 B 编号为 06~20 的为工程技术人员，21、22 为资料员。具体情况如表 5.12 所示。与编码相对应的领导及员工的姓名表则会提供给参与问卷调查的人，方便其填写问卷。

表 5.12　员工所属部门及对应编码

部门	人数	编码
领导层（leaders）	8	L01，L02，…，L08
人力资源部（human resource dept）	7	HR01，HR02，…，HR07
市场部（marketing dept）	8	M01，M02，…，M08

部门	人数	编码
成本采购部（cost & purchase dept）	10	CP01，CP02，…，CP10
合约法务部（contract & justice dept）	6	CJ01，CJ02，…，CJ06
财务审计部（financial & audit dept）	9	FA01，FA02，…，FA09
工程部（engineering dept）	6	E01，E02，…，E06
科技部（technology development dept）	7	TO01，TO02，…，TO07
安全生产管理部（safety production management dept）	6	SP01，SP02，…，SP06
劳务办公室（labor management office）	6	LM01，LM02，…，LM06
综合办公室（general office）	5	GO01，GO02，…，GO05
党群办公室（administration office）	4	AO01，AO02，…，AO04
项目部 A（project dept A）	20	PA01，PA02，…，PA20
项目部 B（project dept B）	22	PB01，PB02，…，PB22

3）调研的实施

为了得到真实的信息和数据，需要对 X 施工企业上海总部机关及上海各项目部的相关员工进行访谈，以了解该公司的组织架构、组织规模、企业文化及企业员工培训机制等情况。然后基于问卷调查的手段了解员工间的关系结构等内容，最后对该研究范围内的项目经理及其他相关员工进行有关领导力开发的半结构化访谈调查，掌握项目经理得到学习培训机会、接受挑战性任务等利于领导力提升的情况。

3. 数据的初步处理及结果

统计关系数据的表示方法，应用比较广泛的有图论法和矩阵法。其中，图论法展示的是社会网络的可视性，在社会关系网络图中，行为人是由 N 个点来代表的，常常用标识名、字母或者数字表示，两点之间划出的线则表示一种关系或者连接，线的缺失，则意味着某两行为人间不存在直接关系，线的箭头方向和线的粗细程度也代表了行为人关系的特点。而矩阵法则是图论的代数表达。

本章的案例首先将收集到的关系数据用矩阵的形式予以表达，将其记录保存在 Excel 中，然后借助 UCINET 软件形成直观的社群图。

本章的案例收集的关系数据分为三类：一是员工间因正式工作联系而产生的关系数据，即事业型关系网络数据；二是员工间因工作困难而相互请教产生的咨询类关系数据，即任务型关系网络数据；三是因非正式的情感交流产生的关系数据，即情感型网络数据。其矩阵表达分别如表 5.13~表 5.15 所示。

表 5.13　事业型关系网络数据矩阵

编码	L01	L02	L03	...	HR01	HR02	HR03	...	PB01	PB02
L01				...					...	
L02	1			...					...	
L03	1	1		...	1	0	0	...	1	0
...	...	...	...	...	...	...	...	...	...	...
HR01	1	1	1	...		1	1	...	0	0
HR02	0	0	0	...	1		1	...	0	0
HR03	0	0	0	...	1	1		...	0	0
...	...	...	...	...	...	...	...	...	...	...
PB01	1	1	1	...	0	0	0	...		1
PB02	0	0	0	...	0	0	0	...	1	

表 5.14　任务型关系网络数据矩阵

编码	L01	L02	L03	...	HR01	HR02	HR03	...	PB01	PB02
L01		1	1	...	0	0	0	...	0	0
L02	1		1	...	0	0	0	...	0	0
L03	1	1		...	0	0	0	...	1	0
...	...	...	...	...	...	...	...	...	...	...
HR01	0	1	1	...		1	0	...	0	0
HR02	0	0	1	...	1		0	...	0	0
HR03	0	0	0	...	1	1		...	0	0
...	...	...	...	...	...	...	...	...	...	...
PB01	1	1	1	...	0	0	0	...		1
PB02	0	0	1	...	0	0	0	...	1	

表 5.15　情感型关系网络数据矩阵

编码	L01	L02	L03	...	HR01	HR02	HR03	...	PB01	PB02
L01		1	1	...	0	0	0	...	1	0
L02	1		0	...	0	0	0	...	1	0
L03	1	0		...	1	0	0	...	1	1
...	...	...	...	...	...	...	...	...	...	...
HR01	0	0	0	...		1	0	...	0	0
HR02	0	0	1	...	1		0	...	0	0
HR03	0	0	0	...	0	1		...	0	1
...	...	...	...	...	...	...	...	...	...	...
PB01	0	0	1	...	0	0	0	...		1
PB02	0	0	10	...	0	0	1	...	1	

对于表 5.13 所示的矩阵，如果 $a_{L01, L02}=1$，则表示行为者 L01 在工作中需要与行为者 L02 进行联系（其中，横坐标表示主动联系人，纵坐标表示被动联系人），在社群图中，该结果表示节点 L01 以有向箭头指向节点 L02；如果 $a_{L01, HR01}=0$，则表示行为者 L01 在工作中不需要与 HR01 产生联系，在社群图中，该结果表示节点 L01 无箭头指向节点 HR01。X 施工企业由于正式的工作联系而形成的事业型关系网络社群图如图 5.8 所示。

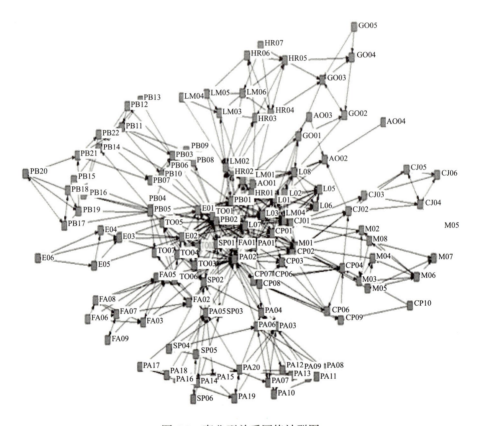

图 5.8　事业型关系网络社群图

对于表 5.14 所示的矩阵，如果 $a_{L01, L02}=1$，则表示行为者 L01 在工作中遇到了困难或者有不懂的工作问题会向行为者 L02 进行询问（其中，横坐标表示主动询问人，纵坐标表示被动询问人），在社群图中，该结果表示节点 L01 以有向箭头指向节点 L02；如果 $a_{L01, HR01}=0$，则表示行为者 L01 在工作中遇到了困难或者有不懂的工作问题不会向 HR01 进行询问，在社群图中，该结果表示节点 L01 无箭头指向节点 HR01。X 施工企业由于员工间存在的咨询关系而形成的任务型关系网络社群图如图 5.9 所示。

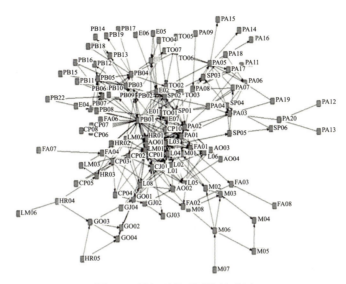

图 5.9　任务型关系网络社群图

对于表 5.15 所示的矩阵，如果 $a_{L01,\ L02}=1$，表示行为者 L01 在正式联系之外与行为者 L02 联系和沟通较多（其中，横坐标表示主动联系人，纵坐标表示被动联系人），在社群图中，该结果表示节点 L01 以有向箭头指向节点 L02；如果 $a_{L01,\ HR01}=0$，则表示行为者 L01 与 HR01 无非正式的情感联系，在社群图中，该结果表示节点 L01 无箭头指向节点 HR01。X 施工企业由于非正式的情感沟通而形成的情感型关系网络社群图如图 5.10 所示。

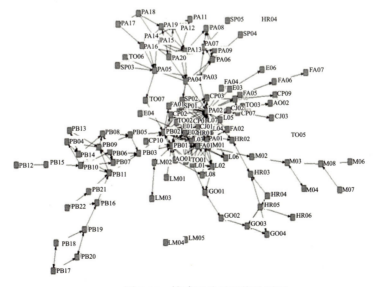

图 5.10　情感型关系网络社群图

4. 整体网络描述及分析

1) 整体网络的规模及密度

如前所述，对于整体网络，往往选用规模和密度作为其结构的判断指标。通过整体网络中行为者的数目可以了解该网络的规模，规模越大，一般表明整体网络结构越复杂。本章案例的整体网络总共有 124 个行为者，规模相对适中。由以上社群图可知，事业型关系网络包含 124 个行为者，任务型关系网络包含 111 个行为者，即有 13 个行为者不曾与其他员工产生过咨询关系。另外，组织内部因为非正式情感而产生联系的行为者只有 107 个。

分析上述三种类型整体网络的密度，则可以了解该组织内部的工作流程是否合理、组织内部信息资源的流通及共享程度、员工间互相学习交流的程度、行为者间情感交流的情况等方面的信息。本章的案例运用社会网络分析的专门软件 UCINET 6.0 对整体网络的关系数据进行了分析计算，利用网络-凝聚力-密度-（新）总密度该项命令计算出了上述三种关系网络的密度，结果如表 5.16 所示。

表 5.16　关系网络密度

关系网络类型	密度	关系数目
事业型	0.042 6	650
任务型	0.025 5	389
情感型	0.019 9	304

根据表 5.16 可知，事业型关系网络的密度为 0.042 6，组织内员工因工作或者业务流程而相互产生的关系纽带数为 650；任务型关系网络的密度为 0.025 5，员工间因互相请教如何解决工作中遇到的难题等而产生的咨询关系纽带数为 389；而情感型关系网络的密度仅为 0.019 9，员工间以信任、亲密性为基础而产生的非正式型关系纽带数为 304。可见，该组织内各职能部门分工明确并且员工们的工作任务缺少合作性，部门内以及部门与部门之间的工作联系较少，这与该公司的组织结构有一定的关系。另外，与正式的工作联系程度相比，该组织员工间相互学习请教以及进行非正式情感交流的程度更低。

2) 组织关系环境分析

X 施工企业的组织结构呈现直线职能式的特点。直线职能型组织结构是在直线制组织结构的基础上演化而来的，也是对职能式组织结构的一种改进。其在保证各级行政负责人统一指挥的前提下，设置了相关的职能部门，而这些职能部门为直线部门提供服务，类似于参谋机构。该类组织结构的特点是只有各级行政负责人才具有对下级进行指挥和下达命令的权力，而各级职能部门只是作为行政负责人的参谋来发挥作用，对下级只起业务指导作用，无权直接下达命令。只有当行政负责人授予职能部门向下级发布指示的权力时，职能部门才有一定的指挥职权。因此，直线职能型组织结构具有保持统一命令及分工专业化且细密的优点，但是会使横向部门间缺少工作联系，不利于各部门间的协同努力以及员工间的沟通。

X 施工企业的总部机关内除了高层领导，还横向设置了人力资源部、市场部、成本采购部等十一个职能部门。由于该企业是大型的施工总承包企业，实力雄厚，业务量较大，故每个职能部门都配备了足够数量的员工，而在上海项目部工作的员工数更是扩大了本次研究对象的规模，使网络中关系数的最大可能值较大。基于以上原因，上述事业型关系网络的密度很低。而密度过低的组织网络，表明行为者间相互交流过少或者仅有一部分人联系紧密，形成了"强关系圈"而让圈外的行为者很难进入该圈子，产生所谓的"小团体"现象。这往往会造成信息传递路线过长、资源共享率低或者资源占有不均衡等现象。根据笔者的调研访谈记录得知，项目部非项目领导班子的成员很少有机会与总部机关的员工产生工作上的合作或者交流，他们获取如企业新政策、新培训机会等信息资源的能力很差，往往需要通过项目的各职能部门负责人才能予以了解，因为项目领导班子的成员与总部机关联系较多，能够及时地获取相关信息及资源。

咨询型关系网络的密度过低，一般预示着两种情况：一是该组织内被认可的权威咨询人士较少；二是组织内未形成良好的学习氛围，信息共享性差。第一种情况则会导致组织对某些行为者的过度依赖，该类行为者拥有核心的专业技能知识或者丰富的管理经验，在组织网络中占据中心性位置，影响力很大。

如果组织对其控制力不强，可能对组织造成不利影响。而通过调查，得知该现象的产生主要是由于第二种原因。该组织内的员工由于工作互动少，彼此间不熟悉，遇到工作中的难题时，通常碍于面子不愿意主动向他人请教学习，而且小团体的存在，也使学习资源通常集中在圈子内，圈外的行为者却很难获取利于解决工作难题的资源。这种情况则容易导致工作错误率及返工率的提高，从而影响组织的绩效及企业的发展。另外根据咨询型关系网络中行为者的节点度，由 Netdraw 软件画出了中心性分析直观图，如图 5.11 所示。图 5.11 中点越大，表明该点对应的行为者中心性程度越高，影响力越大，并且，由图 5.11 可知，占据中心性位置的都是机关领导层成员（如 L01、L02）以及项目领导班子成员（如 PA01、PA02、PB01），这些人控制了绝大多数的企业资源，造成了资源占有不均衡的现象。

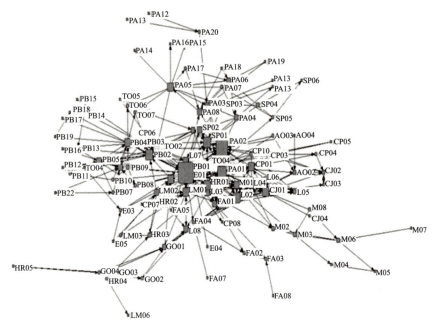

图 5.11　咨询型关系网络中心性分析图

　　而情感型关系网络的密度过低则表明该组织的凝聚力不强。经过访谈，得知一些员工认为在该企业内没有归属感，尤其是在总部机关内，各职能部门间由于缺少工作上的往来，不同部门的员工缺少联系，所以很少有发展成朋友的机会，而私下联系较多的员工往往也来自同一部门。不过，项目部的员工由于常年驻扎在工程项目所在地，工作也需要相互配合，因而往来较多，尤其是工程技术员们关系较为密切，私下也会沟通交流，因而凝聚力较强。但是整个项目部和总部机关几乎是相互独立的团体，一般只有通过项目部的领导班子才能保证两团体间信息与资源的交换。

　　由以上分析可知，X 施工企业总部机关内各职能部门工作独立性较高，部门间合作机会少，不同部门的员工则缺少沟通交流。项目部与总部机关则等同于两个独立的团体，将这两个团体联系起来，实现团体间的沟通交流、信息共享往往是通过项目领导班子的作用，即项目领导班子的成员占据了这两个团体间结构洞的位置，起到了中介性的作用，这有利于项目领导班子成员获取更多的社会资本，但也会造成组织成员间资源占有不均衡的现象，降低基层员工的积极性及工作满意度，不利于领导与下属间形成互惠互利、积极健康的关系模式。

　　同时，该组织内未形成良好的学习氛围，不利于员工的学习与成长。而组织缺少凝聚力，未形成良好和谐的企业文化，则会增加企业管理的难度，也会影响领导者领导力的有效性。

5. 个体网络分析

由上述理论模型可知，衡量个体网络结构的指标主要采用范围、节点度和结构洞。本章案例中，主要对项目执行经理（代号为 PA01 和 PB01）及项目现场经理（代号为 PA02 和 PB02）的个体网络结构进行分析。

1）个体接触对象范围分析

基于本章案例的背景，范围强调的是上述项目经理在该组织内主要接触对象的多元化程度，一般而言，行为者关系对象的多元化程度越高，其在网络结构中的位置就越有利，因其处于或者接近各类信息与资源传递中心的概率更高。

项目经理由于岗位性质不仅需要与总部机关的员工配合完成工作，还需要领导项目部的员工实现项目目标，所以相对其他员工而言，其主要接触对象的范围更大。笔者将以项目经理PA01、PB01、PA02 和 PB02 的事业型个体网络为研究对象，分析其关系对象的辐射范围。PA01、PB01、PA02 和 PB02 的事业型个体网络图分别如图 5.12~图 5.15 所示。

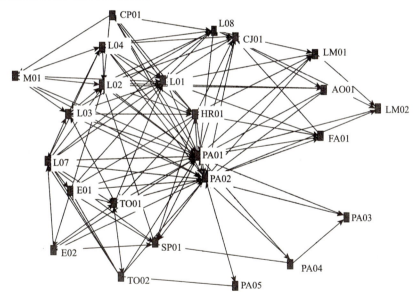

图 5.12 PA01 的事业型个体关系网络图

由图 5.12~图 5.15 可知，工程项目 A、B 的项目执行经理关系对象的范围都限制在总部机关的领导层、各职能部门的负责人以及项目领导班子的其他成员。而各自的项目现场经理则在上述基础上扩大了其关系对象的接触范围，他们还会与各职能部门的中、基层员工打交道，而且项目现场经理 B 还与其项目部的工程技术人员产生直接的工作联系。总体而言，这四位项目经理的关系对象范围无太大差别，关系对象也具有一定的同质性。

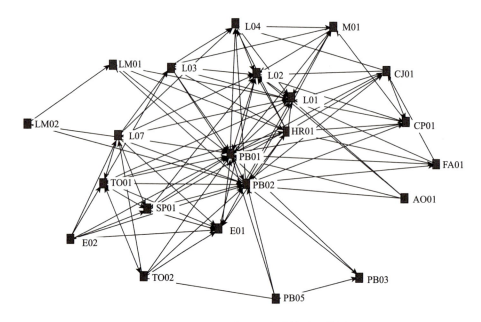

图 5.13　PB01 的事业型个体关系网络图

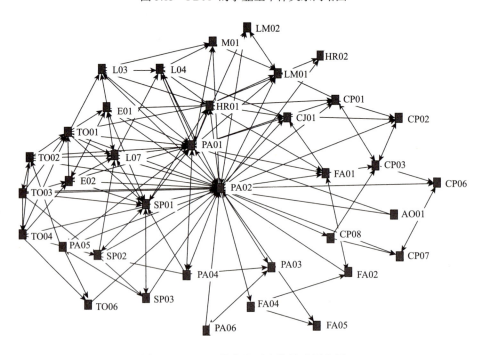

图 5.14　PA02 的事业型个体关系网络图

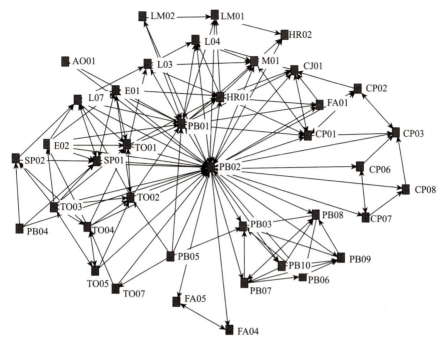

图 5.15　PB02 的事业型个体关系网络图

2）个体中心性分析

由于行为者在社会关系网络中的位置不一样，其获取信息及资源的能力也不一样。位于中心性位置的行为者往往拥有较大的权力，能够对其他行为者施加一定的影响。因此，如果领导者占据关系网络的中心性位置，则更易于对下属施加影响并且保证工作团队的稳定性。如果是非领导者占据了中心性位置，则会产生非正式领导力。非正式领导力的存在往往是缺失正式领导力团队的特征，其也能对团队绩效产生影响。节点度与点度中心度、接近中心度一样都是衡量个体行为者占据中心性位置程度的指标，该类指标值越高，个体的中心性程度越高。案例将分别对事业型、任务型及情感型这三类关系网络的中心性指标进行计算，着重研究项目经理 PA01、PB01、PA02 和 PB02 的中心性程度以及该组织内是否存在非正式领导者，并且根据笔者的调研访谈记录，分析中心性位置、非正式领导者对项目经理领导力开发的影响。

根据计算结果，在事业型网络中，节点度很高的行为者有 PA02、PB02、HR01、CP01、E01、PB01 及 PA01，这表明他们在工作中需接触的对象较多，工作联系辐射范围广。这些行为者往往位于组织权力的中心或者处于关键岗位，企业的高层领导应对这些岗位的人员予以重视。但是 PA02 和 PB02 的节点出度分别高达 26 和 29，几乎是其他高节点出度行为者的两倍。据了解，这是其工作任务过重造成的，虽然这有利于提升PA02和PB02的能力，是领导力开发的一种手段，但是企业的高层管理者应合理分配工作任务，不能太过于依赖这些特定的员工，也应该为其他有能力的员工提供锻炼机会及有利资源，为企业培养更多的人才。

在任务型关系网络中，节点度和接近中心度很高的行为者有 PB01、PA02、LM01 及 PA01，这些行为者往往是组织内最具声望或者掌握了组织内最多信息和知识的人，其他行为者在遇到工作困难时最愿意向他们请教。对于项目经理而言，位于权威咨询者之列，表明了自己不仅具备扎实的专业基础、丰富的项目管理经验等资本，还有一定的影响力。而其通过与咨询者协同解决工作上的难题，不仅能够提升个人能力，增加人力资本，还能与咨询者构建合作互利的关系模式，增加社会资本，提升个人的领导力。而咨询者的增加则有利于其关系网络的拓展，从而扩大自己的影响力。从企业的角度而言，管理者应该加大对这些权威咨询者的重视，一方面为其提供更多的升职加薪机会，降低其离职的概率，另一方面则要鼓励员工间相互学习请教，形成良好的学习氛围。

根据情感型关系网络的中心性指标计算结果，项目经理中，PA02 及 PB02 在非正式联系的网络中影响力最大，他们不仅与多数职能部门的负责人建立了友谊关系，还与项目领导班子的成员私交甚好。正是因为这种关系状态，他们在工作过程中，能够获得大量的帮助、支持与信任，而他们拥有的非正式影响力，对于团结下属、提高项目团队的凝聚力及自己的领导力都有着重要的意义。

总之，根据关系网络中心性分析的结果及调研访谈的记录，笔者得知 PA01、PB01、PA02 和 PB02 这四位项目经理在 X 施工企业中都有着很高的地位和影响力，这主要归功于上述项目经理自身的努力及实力，而且他们对关系重要性的认知也促进了其个人的发展。

3）个体中介性分析

根据格兰诺维特的结构洞理论，结构洞相当于中介性位置，而中间中心度作为衡量行为者占据中介性位置程度的指标，也能衡量行为者占据结构洞位置的能力。该指标值越高，个体的中介性程度越高。本章的案例将通过个体中间中心度的计算值对项目经理PA01、PB01、PA02 和PB02在事业型、任务型及情感型这三类关系网络中的中介性程度进行分析，并且根据笔者的调研访谈记录，分析中介性位置对项目经理领导力开发的影响。上述三种关系网络中中间中心度数值排名前十的行为者及数值结果分别如表 5.17~表 5.19 所示。

表 5.17　事业型关系网络中间中心度计算结果

行为者序号	中间中心度	相对中介中心度
PA02	3 761.128	25.064
PB02	3 175.573	21.162

续表

行为者序号	中间中心度	相对中介中心度
PB03	2 059.083	13.722
PA01	1 973.710	13.153
PA05	1 572.610	10.480
LM02	1 408.358	9.385
M01	1 383.307	9.218
PB01	1 128.247	7.519
CJ01	1 112.726	7.415
HR03	1 049.682	6.995

表 5.18　任务型关系网络中间中心度计算结果

行为者序号	中间中心度	相对中介中心度
PB01	3 019.420	20.121
PA02	1 627.376	10.845
LM01	1 150.948	7.670
PA05	938.663	6.255
PB02	714.644	4.762
PB03	706.027	4.705
PA01	699.680	4.663
PA08	690.176	4.599
FA01	672.940	4.484
PB04	659.917	4.398

表 5.19　情感型关系网络中间中心度计算结果

行为者序号	中间中心度	相对中介中心度
PA02	2 515.367	16.762
PB02	1 951.002	13.001
PB11	1 124.167	7.491
PA03	1 093.500	7.287
PB03	1 012.833	6.750
PB09	779.667	5.196
M01	721.434	4.808
PA04	716.167	4.773
PB05	688.500	4.588
CJ01	593.703	3.956

由表 5.17 可知，在事业型关系网络中，行为者 PA02、PB02 占据中介性位置的能力最强。而他们能够占据诸多"结构洞"的位置，是由项目经理的岗位性质及职

责决定的，在日常工作中，PA02、PB02 需要与组织内的多个行为者产生正式的工作联系，因而其处于许多联结其他行为者或者小团体的路径上。根据笔者的访谈记录，PA02、PB02 相比其他员工，能够获得更多的信息和发展机会，并且由于其自身具有较高的专业素质及工作能力，高层领导也会安排一些具有挑战性的任务给他们，而他们在完成这些具有挑战性的工作过程中，不仅可以提升自身能力，积累人力资本，还能结交更多的人，建立互惠互利的合作关系，增加自己的社会资本。因此，从个人的角度而言，占据关系网络中的中介性位置对于个人的发展具有十分积极的作用，但是从施工企业的角度而言，这些"中介者"在实现企业目标、完成工程项目任务、传递上级领导指令及工作任务信息等方面起着重要作用，并且可以通过控制或曲解信息而影响其他行为者及企业绩效，因此，企业需要任命专业能力及综合素质较强的人员担任上述中介性明显的职位。

由表 5.18 得知，项目经理 PA01、PB01、PA02 和 PB02 在任务型关系网络中的中间中心度都很高。这不仅表明他们遇到工作困难时，更容易获得咨询机会，还能够为其他行为者搭建与专业或者管理权威人士进行沟通的桥梁。行为者 PB01 表明，他在日常工作中遇到专业或者管理难题时，会主动向各职能部门的主要负责人或者高层领导请教，而通过该互动过程，他对总部机关内的中高层领导有了更深的了解，彼此也熟络起来，建立了良好的互惠关系，并且下属或者其他同职位的员工也会通过他与权威人士产生联系，获取相关信息和知识，以顺利地完成工作任务。被访问的项目经理们都认为与企业内的权威咨询人士搞好关系十分重要，因为这不仅有利于解决工作上的难题，还能让自己成为其他员工与权威人士的沟通中介，从而扩建良好的关系网络，并由此获得更多的信息及资源。

由表 5.19 可知，情感型关系网络中，项目经理 PA02 及 PB02 的中间中心度最高，与 PA01 及 PB01 这两位项目经理相比，PA02 及 PB02 在非正式联系网络中影响力更大，PA02 和 PB02 不仅与一些企业高层领导私交甚好，还与一些职能部门的负责人建立了友谊，平日里对项目部的员工也比较照顾，在下属中拥有良好的口碑。PA02 和 PB02 作为不同非正式群体的连接者，在提高组织凝聚力、改善组织关系环境中起到了重要作用。根据访谈笔记，PA02 和 PB02 通过与总部机关内中高层领导建立良好的私交关系，被委以重任的机会增加，而其与项目部员工间相互信任的关系模式，也对下属产生了良好的激励作用，提高了下属们的工作积极性。

5.4 本章小结

本章由重大工程项目的领导力维度展开，首先，阐述了重大工程领导力的相关内涵，并辨析了研究领导力过程可能涉及的关键概念。其次，本章运用访谈及问卷调查实证研究了重大工程的领导力对项目成功的影响，验证了不同领导风格在不同情境下对项目成功存在正向作用。最后，本章从社会关系网络角度提出了重大工程领导力开发模型，提出了能够帮助项目经理提升个人领导力及启发企业从改善组织关系环境的角度制定利于领导力开发计划的领导力模型。

参 考 文 献

陈国政. 2008. 工程项目经理胜任力模型研究. 中南大学硕士学位论文.

陈同扬. 2006. 领导-成员交换理论研究探析. 江海学刊，（2）：222-226.

高粱，刘洁. 2005. 国家重大工程与国家创新能力. 中国软科学，（4）：17-22.

何清华，范道安，谢坚勋，等. 2016. 重大工程实施主体组织模式演化与博弈. 同济大学学报（自然科学版），44（12）：1956-1961.

杨凯，马剑虹. 2009. 变革型领导力和交易型领导力：团队绩效的预测指标. 心理学探新，29（3）：82-87.

Antonakis J，Anna T，Ciancolo R J S. 2004. The Nature of Leadership. New York：Sage Publications.

Arnold K A，Turner N，Barling J，et al. 2007. Transformational leadership and psychological well-being：the mediating role of meaningful work. Journal of Occupational Health Psychology，12（3）：193-203.

Avolio B J，Walumbwa F O，Weber T J. 2009. Leadership：current theories，research，and future directions. Annual Review of Psychology，60：421-449.

Baccarini D. 1996. The concept of project complexity—a review. International Journal of Project Management，14（95）：201-204.

Balkundi P，Kilduff M. 2006. The ties that lead：a social network approach to leadership. The Leadership Quarterly，17（4）：419-439.

Bartol K M，Zhang X. 2007. Networks and leadership development：building linkages for capacity acquisition and capital accrual. Human Resource Management Review，17（4）：388-401.

Bass B M. 1985. Leadership and Performance Beyond Expectations. New York：Free Press.

Bass B M，Avolio B J. 1993. Transformational leadership and organizational culture. Public Administration Quarterly，17（1）：112-121.

Campion M A，Medsker G J，Higgs A C. 1993. Relations between work group characteristics and effectiveness：Implications for designing effective work groups. Personnel Psychology，46（4）：823-847.

Bass B M，Bass R. 2008. Handbook of Leadership：Theory，Research，and Application. New York：Free Press Highway Administration.

Blake R R，Mouton J S. 1964. Managerial Grid. Houston：Gulf Publishing Co.

Borgatti S P，Foster P C. 2003. The network paradigm in organizational research：a review andtypology. Journal of Management，29（6）：991-1013.

Brass D J，Galaskiewicz J，Greve H R，et al. 2004. Taking stock of networks and organizations：amultilevel perspective. Academy of Management Journal，47（6）：795-817.

Burn J M. 1978. Leadership. New York：Harper & Row.

Burt R S. 1982. Toward a Structural Theory of Action. New York: Academic Press.

Burt R S. 1992. Structural Holes. Cambridge: Harvard University Press.

Bass B M, Avolio B J. 1997. Full Range Leadership Development: Manual for the Multifactor Leadership Questionnaire. Palo Alto, CA: Mind Garden.

Chan A P, Scott D, Chan A P. 2004. Factors affecting the success of a construction project. Journal of Construction Engineering and Management, 130 (1): 153-155.

Daft R L. 2010. Organization Theory and Design. 10th ed. Mason: South-Western Cengage.

Dansereau Jr F, Graen G, Haga W J. 1975. A vertical dyad linkage approach to leadership withinformal organizations: a longitudinal investigation of the role making process. Organizational Behavior and Human Performance, 13 (1): 46-78.

Day D V, O'Connor P M G. 2003. Leadership development: understanding the process//Murphy S E, Riggio R E. The Future of Leadership Development. London: Psychology Press.

Diekman A B, Eagly A H. 2000. Stereotypes as dynamic constructs: women and men of the past, present, and future. Personality and Social Psychology Bulletin, 26 (10): 1171-1188.

Eagly A H, Johannesen-Schmidt M C, van Engen M L. 2003. Transformational, transactional, and laissez-faire leadership styles: a meta-analysis comparing women and men. Psychological Bulletin, 129 (4): 569-591.

Fiedler F. 1964. A contingency model of leadership effectiveness. Advances in Experimental Social Psychology, 1: 149-190.

Fleishman E A, Zaccaro S J, Mumford M D. 1991. Individual differences and leadership: an overview. Leadership Quarterly, 2 (4): 237-243.

Gnyawali D R, Madhavan R. 2001. Cooperative networks and competitive dynamics: a structural embeddedness perspective. Academy of Management Review, 26 (3): 431-445.

Graen G B, Uhl-Bien M. 1995. Relationship-based approach to leadership: development of leader-member exchange (LMX) theory of leadership over 25 years: analyzing a multi-levelmulti-domain perspective. The Leadership Quarterly, 6 (2): 219-247.

Graen G B, Novak M A, Sommerkamp P. 1982. The effects of leader—member exchange and job design on productivity and satisfaction: testing a dual attachment model. Organizational Behavior and Human Performance, 30 (1): 109-131.

Green S G, Anderson S E, Shivers S L. 1996. Demographic and organizational influences onleader-member exchange and related work attitudes. Organizational Behavior and Human Decision Processes, 66 (2): 203-214.

He Q H, Luo L, Hu Y, et al. 2015. Measuring the complexity of mega construction projects in China—a fuzzy analytic network process analysis. International Journal of Project Management, 33 (3): 549-563.

Hoegl M, Gemuenden H G.1997. Teamwork quality and the success of innovative projects: a theoretical concept and empirical evidence. Organization Science, 12 (4): 435-449.

House R J, Howell J M. 1992. Personality and charismatic leadership. Leadership Quarterly, 3 (2): 81-108.

Howell J M, Avolio B J. 1993. Transformational leadership, transactional leadership, locus of control, and support for innovation: key predictors of consolidated-business-unit performance. Journal of Applied Psychology, 78 (6): 891-902.

Ibarra H. 1995. Managerial networks. Harvard Business School Cases, 3 (1): 1-5.

Jennings H. 1943. Leadership and Isolation: A Study of Personality in Interpersonal Relations. New York: Longmans.

Kilduff M, Tsai W. 2003. Social Networks and Organizations. New York: Sage.

Klenke K. 1996. Women and Leadership: A Contextual Perspective. New York: Springer Publishing Company.

Larson E. 1997. Partnering on construction projects: a study of the relationship between partnering activitiesand project success. IEEE Transactions on Engineering Management, 44 (2): 188-195.

Lockwood N R. 2006. Leadership Development: Optimizing Human Capital for Business Success. Alexandria: Society for Human Resource Management.

Lord R G, de Vader C L, Alliger G M. 1986. A meta-analysis of the relation between personality traits and leadership perceptions: an application of validity generalization procedures. Journal of Applied Psychology, 71 (3): 402-410.

McCallum S, O'Connell D. 2009. Social capital and leadership development: building stronger leadership through enhanced relational skills. Leadership and Organization Development Journal, 30 (2): 152-166.

McCauley C D. 2001. Leader training and development. The Nature of Organizational Leadership, 1 (1): 9-44.

Mehra A, Dixon A L, Brass D J, et al. 2006. The social network ties of group leaders: implications for group performance and leader reputation. Organization Science, 17 (1): 64-79.

Moreno J L. 1932. Applications of the Group Method to Classification. New York: National Committee on Prisons and Prison Labor.

Morrison E W. 2002. Newcomers' relationships: the role of social network ties during socialization. Academy of Management Journal, (44): 1149-1160.

Mumford M D. 1986. Leadership in the organizational context: a conceptual approach and its applications 1. Journal of Applied Social Psychology, 16 (6): 508-531.

Neubert M J, Taggar S. 2004. Pathways to informal leadership: the moderating role of gender on the relationship of individual differences and team member network centrality to informal leadership emergence. Leadership Quarterly, (15): 175-194.

Nitithamyong P, Skibniewski M J. 2004. Web-based construction project management systems: how to make them successful. Automation in Construction, 13 (4): 491-506.

Pillai R, Schriesheim C A, Williams E S. 1999. Fairness perceptions and trust as mediators for transformational and transactional leadership: a two-sample study. Journal of Management, 25 (6): 897-933.

Rickards T, Chen M H, Moger S. 2001. Development of a self-report instrument for exploring team factor, leadership and performance relationships. British Journal of Management, 12 (3): 243-250.

Salet W, Bertolini L, Giezen M. 2013. Complexity and uncertainty: problem or asset in decision makingof mega infrastructure projects? International Journal of Urban and Regional Research, 37 (6): 1984-2000.

Shao J, Turner J R, Müller R. 2009. The program manager's leadership style and program success: a literature review and research outline. Berlin: Proceedings of IRNOP IX (International Research Network for Organizing in Projects).

Sims H P, Faraj S, Yun S. 2009. When should a leader be directive or empowering? How to develop your own situational theory of leadership. Business Horizons, 52 (2): 149-158.

Singh R P, Hybels R C, Hills G E. 2000. Examining the role of social network size and structural holes. New England Journal of Entrepreneurship, (3): 47-59.

Sparrowe R T, Liden R C. 1997. Process and structure in leader-member exchange. Academyof Management Review, 22（2）: 522-552.

Uhl-Bien M, Marion R. 2009. Complexity leadership in bureaucratic forms of organizing: a meso model. The Leadership Quarterly, 20（4）: 631-650.

Uhl-Bien M, Graen G B, Scandura T A. 2000. Implications of leader-member exchange（LMX） for strategic human resource management systems: relationships as social capital for competitive advantage. Research in Personnel and Human Resources Management, 18: 137-186.

Wasserman S, Faust K. 1994. Social Network Analysis: Methods and Applications. Cambridge: Cambridge University Press.

Wayne S J, Shore L M, Liden R C. 1997. Perceived organizational support and leader-memb erexchange: a social exchange perspective. Academy of Management Journal, 40（1）: 82-111.

Wu K S, Yang L R, Chiang I C. 2012. Leadership and six sigma project success: the role of member cohesiveness and resource management. Production Planning & Control, 23（9）: 707-717.

Yammarino F J, Dubinsky A J. 1994.Transformational leadership theory: using levels of analysis to determine boundary conditions. Personnel Psychology, 47（4）: 787-811.

Yammarino F J, Spangler W D, Bass B M. 1993. Transformational leadership and performance: a longitudinal investigation. The Leadership Quarterly, 4（1）: 81-102.

Yang L R, Huang C F, Wu K S. 2011. The association among project manager's leadership style, teamwork and project success. International Journal of Project Management, 29（3）: 258-267.

第6章 重大工程组织关系与组织网络

重大工程组织十分复杂，尤其是内嵌的非正式组织，具有构成复杂、开放性、网络性和社会性等特点，是影响组织绩效和项目总体控制的关键因素，一直是理论研究和工程实践遇到的难点。同时，组织是主观的、智能的和主动的，因此工程组织是适应性的，而根据复杂性科学，正是这种适应性造就了复杂性。社会系统理论（theory of social systems，TSS）认为，社会关系和技术、信息系统及管理工具一样重要。传统项目管理方法长期关注于项目管理的技术要素、工具和方法，即"硬管理"，并尽可能通过制度固化组织流程，而忽略了项目组织的开放性、社会性以及项目参与者之间的非正式关系、动态交互，即"软管理"，如心态、行为、文化和信任关系等，也缺乏从社会学角度审视项目及项目的组织，即缺乏对非正式的、基于人际关系的隐性组织关系的关注（李永奎等，2011a）。而后者恰恰是社会学方法尤其是社会网络分析方法关注的重点。因此，社会网络分析是研究重大工程项目组织的重要视角、理论、方法和工具，这也是本章的基本出发点。

6.1 重大工程组织关系及组织网络基本理论

起源于社会计量分析和图论的社会网络分析，研究主题包括两大方面，即位置取向和关系取向。前者研究行动者位置的影响，包括中心性、凝聚力、角色、结构空洞等；后者研究关系的属性，包括关系的强弱、密度、内容等。社会网络分析为研究复杂社会网络组织提供了理论和方法，在疾病传播、人际关系、互联网、组织知识共享等方面得到了广泛应用。

从工程社会学出发，重大工程项目组织具有更广泛的内涵和外延，其组织边界也更加模糊（李永奎等，2011b）。根据研究视角、对象和目的的不同，组织网络类型包括整体网和个体网，前者着重"结构"的研究，后者关注"自我"。

但是，整体网和个体网是相对的，大型工程项目组织社会网络虽然更偏重于整体网，但也将子网络视为整个组织网络中的"个体"进行个体网研究。

6.1.1 组织关系

传统的项目组织理论认为，项目组织是基于合同和指令等正式关系而运行的，但这些固化的组织关系并不能准确反映组织的实际情况。基于关系的项目组织理论认为，项目环境和项目活动具有固有的社会属性，组织要素间具有复杂的正式和非正式关系，是一个"小世界网络"。项目组织是由一群行动者、行动者间的关系以及这些关系所构成的网络结构所组成的，具有社会网络特征。

组织之间的关系包括生产连带（外包）、营销同盟、财团和战略结盟等。非正式组织关系是除正式组织结构外的所有关系，包括信息关系、咨询关系、兴趣团体、利益关系、信任关系等。重大项目中的人与人、组织与组织之间的社会关系往往超出项目中显性和正式关系，而富含难以发现的隐性和非正式关系。此外，由于在工程建设中，参建单位不断变化，并进行一系列交互和合作，包括沟通与执行任务等，组织关系一直在持续变化，从而使重大工程组织网络始终处于动态演变过程。

6.1.2 社会网络模型

构建总体社会网络模型可以为重大项目组织提供一个清晰的图案，描述组织关系和组织环境。模型基本元素包括以下几种。

（1）节点（点）。其可以是人（通常是具有重要地位和作用的人）或组织（团队、部门、公司、子项目组织等）。而对于多元网络而言，节点的性质则更加复杂，可能是人、知识、事件、资源、任务等。

（2）关系（线）。线是网络中两点之间的联系，反映的是组织关系，包括正式的和非正式的，如组织指令关系、合同关系、信息关系、战略/业务关系、流程关系、兴趣团体、个人私交等。连线可以有方向，也可以没有方向；关系强度可以是权重的，也可以是无强度的，即有关系则为1，无关系则为0。

其中节点的属性可能会影响到关系的属性，同时，关系也包括有向关系（如指令关系）和带有强度（如战略合作紧密程度）的关系，而环境则会影响节点和关系的数量和属性。因此，重大工程组织社会网络模型还受到以下组织要素影响（李永奎等，2011a）。

第一，范围要素，包括项目系统和外部环境系统，尤其是外部利益相关者。

第二，项目对象，包括项目分解结构（projects breakdown structure，PBS）和工作分解结构（work breakdown structure，WBS）。

第三，组织结构，包括正式的单位、部门、人员和非正式的专门小组、临时小组、联席会议小组、兴趣团体等。

第四，合同要素，包括合同结构和合同关系等。

第五，管理分工，包括管理职能分工、工作任务分工和界面关系等。

第六，信息关系，包括沟通、信息交流和知识交换等。

第七，动力学要素，包括文化、经验和教训、依赖和信赖、信任、情感、价值观等。

第八，机制要素，包括政策、制度、指南和流程等。

重大工程组织网络模型可能存在两种类型：一类是一个项目内的组织网络，另一类是跨项目的组织网络（Pryke，2017）。前者往往聚焦一个项目系统，而后者则将项目视为组织关系形成的基础，也称为基于事件的合作。在网络分析计算方面，后者需要首先形成"2模"网络，通过转化形成"1模"网络，再进行相应参数的计算，其转换示意如图 6.1 所示，其中 P1 和 P2 为项目或子项目，而 C1~C7 则为项目参建单位。

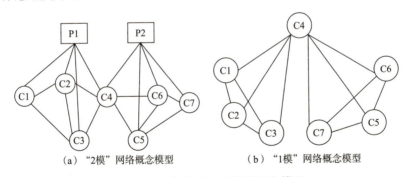

（a）"2模"网络概念模型　　　　（b）"1模"网络概念模型

图 6.1　跨项目组织社会网络概念模型

6.1.3　社会网络分析参数

描述社会网络的参数有多种，从重大工程组织网络分析视角出发，可应用的主要参数包括以下几种（李永奎等，2011b）。

（1）网络密度（Δ），衡量一个团队的紧密关系，是指网络中实际存在的关系数目与可能存在的最多关系数目的比值。表达式为

$$\Delta = \frac{2L}{g(g-1)} \tag{6.1}$$

其中，L 为图中（路径）线的数目；g 为图中节点（行动者）的数目。

密度是描述组织凝聚力的关键指标。密度值越大，表明组织间关系越多，说明组织松散程度越小；密度值越小，则相反。但同时也要考虑网络规模变化对密度的影响。

（2）平均距离（d）。网络中任意两点之间的平均距离，距离越近，网络中的节点越容易进行沟通交流。

（3）聚类系数（C）。一个顶点的邻点中，直接相连的邻点对占所有邻点对的比例，是衡量网络"小世界"的指标。聚类系数越大，表示彼此之间的关系越密切。

（4）派系，即关系特别紧密的一小群人结合成的次级团体。建立在可达性和距离上的计算方法有 n-clique、n-clan 和 n-club 三种，以 n-clique 为例，定义为：n-cliques 为小团体内每两个人之间的距离小于等于 n，即 $[d(i,j) \leq n]$。

派系密度（E-Index），用来衡量一个大的网络中小团体现象的严重性，其越高表明组织中的派系问题越严重，表达式为

$$E\text{-Index} = \frac{\text{denairy-of-subgroup}}{\text{density-of-group}} \tag{6.2}$$

（5）第一主成分。如果一个图可以分为几个部分，每个部分的内部成员之间存在关联，而各个部分之间没有任何关联，在这种情况下，我们把这些部分称为成分。成分通常用来判断网络的连通程度。第一主成分则代表网络中最大的连通子网络。

（6）中心性，即衡量个人结构位置的指针，如地位、权力、社会声望等，包括程度中心性、亲近中心性和中介性及对应的三对参数：个体中心度 $C_D(i)$ 和整体中心势 C_D；个体中间中心度 $C_B(i)$ 和整体中间中心势 C_B；个体接近中心度 $C_C(i)$ 和整体接近中心势 C_C，公式表达和含义分别为（Li et al.，2015）

$$C_D(i) = \text{与} i \text{节点直接联系的节点个数} \tag{6.3}$$

该值越高表示节点 i 具有的权力越大。

$$C_D = \frac{\sum_{i-1}^{n} \left[C_D \max - C_D(i) \right]}{\max \left\{ \sum_{i-1}^{n} \left[C_D \max - C_D(i) \right] \right\}} \tag{6.4}$$

该值越大，表明团体权力集中程度越高，组织总体控制能力也越强。

$$C_B(i) = \sum_{j}^{n} \sum_{k}^{n} g_{jk}(i) \Big/ g_{jk}, j \neq k \neq i, j < k \tag{6.5}$$

其中，g_{jk} 为 i 处于 j 和 k 之间捷径的数目。此值越低越可能起到重要的"中介"作用，"处于这个位置的个人可以通过控制或者曲解信息的传递而影响群体"。

$$C_B = \frac{2\sum_{i-1}^{n}\left[C_B\max - C_B(i)\right]}{(g-1)^2(g-2)} \tag{6.6}$$

该值表示亲近中心性最高的那个人其亲近中心性与其他人之间的差距，值高表示该组织分成数个小团体时，则太依靠某一个行动者的中间传话，这个人可能高度操控信息和利益，从而对组织控制产生影响。

$$C_C(i) = \left[\sum_{j=1}^{n}d_{ij}\right]^{-1} \tag{6.7}$$

其中，d_{ij} 为个体 i 和 j 之间的距离，即受他人影响或控制的程度。

$$C_C = \frac{\sum_{i-1}^{n}C_C\max - C_C(i)}{(n-2)(n-1)} \tag{6.8}$$

但由于该参数对网络的要求较严格，并与 C_D 高度相关，故较少使用。

（7）K-核。K-核是建立在度参数基础上的凝聚子群，表示某子网中所有节点都至少与该子网中的 K 个其他节点邻接。例如，0-核表示网络本身，3-核表示该网络中的点的度数至少为 3。K-核越大，表明该团体凝聚力越高，合作越密切。换言之，处于 5-核中的节点比处于 3-核中的节点具有更紧密的合作关系，凝聚力更高。

（8）结构同型。假设有 r 种关系，如 i 和 j 两个人结构同型，则任意一个 k，在任何一类关系 r 上，i 指向 k，那么 j 也会指向 k；如果 k 指向 i，那么 k 也指向 j。结构同型用来进行角色和职位分析，可采用阿基米德距离计算，表达为

$$d_{ij} = \sqrt{\sum_{k=1}^{g}\left[(x_{ik}-x_{jk})^2 + (x_{ki}-x_{kj})^2\right]} \tag{6.9}$$

其中，$i \neq k, j \neq k$，越接近于 0，角色和职位越相同。

6.2　重大工程组织网络分析应用

6.2.1　单个重大工程组织网络分析

为了了解由正式组织关系和非正式组织关系构成的重大工程组织网络的构

成、特征以及对组织管理的实践启发，以下以上海世博会为案例，将单个工程作为组织网络的分析对象，进行实证分析。

1）案例背景

2010 年上海世博会规划控制范围 6.68 平方千米，建筑面积 200 万平方米，总投资近 200 亿元。2010 年 5 月前完成所有近 100 个建设项目，有 300 家公司、超过 2 万工人和管理人员参与此项建设。世博会已经超出了传统项目的范畴，表现出极强的复杂性和社会性。作为 2008 年北京奥运会后中国又一大事件，受到政府的重视与支持，项目组织模式如下（李永奎等，2012）。

（1）成立了代表政府的临时性工程建设指挥部。管理人员来自于政府指派、公司借调以及委托的专业咨询公司，组成集成的项目管理团队。

（2）工程建设指挥部采用强矩阵组织结构模式，共有 12 个职能部门和 12 个项目部，职能部门负责总体检查、协调和控制，项目部负责项目的实施控制和现场协调。

（3）项目主承包商、主设计单位和主要咨询单位为国有大企业，以有利于项目的总体控制。

鉴于项目和关系的复杂性，本章案例仅选取主要子项目的项目参与单位和管理部门之间的关系作为研究对象，研究其正式和非正式组织社会网络。

2）模型建立

考虑信息的可获取性、有效性及充分性，本章案例的模型如下。

（1）组织关系：主要考虑财团、战略结盟、同一（子）项目团队、总分包关系、人事隶属关系等组织关系。

（2）信息来源：项目规章、组织信息、人员信息、合同关系、会议制度及专题小组关系等。

（3）关系及取值：如果组织间具有以上关系，则为 1，否则为 0。

（4）节点：节点为组织，包括承包商、设计、供货商或咨询等。考虑到利益关系，如果是由某组织借调或抽调的人员临时组成指挥部，世博会结束后仍回到原组织，则将其视为该组织的一个分支机构。

3）数据收集

考虑信息的可获取性、有效性和完备性，以及问卷对于非正式组织关系信息的失真风险，案例信息来源于项目规章、组织信息、人员信息、合同关系、会议制度、联席制度、专题小组及项目文档等。具体收集方法如下：指挥部办公室和各项目部正式组织结构关系来源于《中国 2010 年上海世博会项目建设大纲》（2008/2009 版）；重要管理人员隶属关系来源于上海世博会工程建设指挥部办公室人员借调函；合同管理关系来源于上海世博会工程建设投资控制和合同管理集成平台及《总体项目管理——合约管理卷》（2008 年、2009 年）文档；组织协调关系和信息沟通关系来源于《总体项目管理——协调管理卷》和《总体项目管理——综合管理卷》中的会议制度和会议纪要等；其他专业条线如材料设备管理、质量安全管理等管理关系、协调关系和信息沟通关系来源于《中国 2010 年上海世博会项目建设大纲》（2008/2009 版）及各管理制度和管理流程（共 43 项制度、42 项流程）。

共选取 93 个主要组织单元和 15 个主要子项目系统，分析相互之间的组织联系，输入 UCINET 软件，结果如图 6.2 所示（李永奎等，2012）。

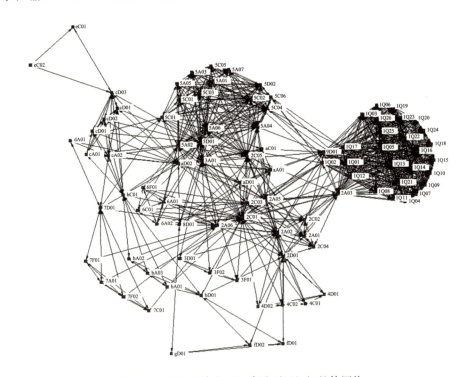

图 6.2　上海世博会工程建设项目组织整体网络

图中编码规则为：第 1 位为项目组织子系统编码；第 2 位为组织属性编码，如 Q 代表指挥部办公室、A 代表项目管理（监理）公司、C 代表承包商、D 代表设计院等；第 3 位和第 4 位为流水顺序码

4）组织社会网络分析

在取得项目组织整体资料后更为重要的是测量个人结构位置或群体结构形态，根据上述资料分析及 UCINET 软件计算结果，分析如下。

（1）组织凝聚度。

该组织网络密度 Δ=0.181 6，表明整个组织网络凝聚度并不高，这主要是因为上海世博会工程建设实行的是矩阵组织结构，项目间的联系不紧密。而对于凝聚子群中的派系，如果最小团体不少于 5 个节点，则有 26 个，如果不少于 8 个，则有 6 个。由此也可说明此项目组织基本以子项目为团体，项目间组织关系较少，这有利于各项目部的独立运作和绩效考核。

（2）节点地位和权力。

考察标准化后的 C_D、C_C 和 C_B 等参数，选取每项指标最高的前 5 个节点，如表 6.1 所示。

表 6.1　上海世博会工程建设项目组织中心性分析表

序号	节点编号	C_D		C_C		C_B	
		社会网络	正式结构	社会网络	正式结构	社会网络	正式结构
1	2C01	44.565	25.000	63.448	53.488	21.597	2.086
2	2A03	40.217	25.000	57.862	56.098	8.249	6.190
3	9D01	38.043	5.435	58.228	43.602	9.103	0.170
4	5D01	35.870	14.130	59.740	47.423	10.818	2.632
5	1Q02	39.130	34.783	59.740	60.131	10.532	7.685
6	2C05	29.348	13.043	57.500	46.939	3.912	0.613
7	2A06	23.913	7.609	55.758	43.396	8.871	0.570

注：表中 C 表示承包商，D 表示设计单位，Q 表示指挥部门，A 表示项目管理单位

此外，针对该组织进行了平均距离的测度。该组织的平均可达距离不超过 2，说明组织结构较为扁平，决策和信息路径较短，有利于信息传输，效率较高。

5）案例讨论

从以上社会网络分析可以看出：2C01 不管是中心性还是中介性都最高，因此应保证对该组织的绝对控制，否则该组织可能形成对信息和知识的垄断，从而使项目经理失去项目总控的主动权；2A03 也具有较高的中心性和中介性，该组织属于指挥部总体管理咨询单位，因此有利于其获取直接、全面的项目信息，有利于项目总体控制；中心性和中介性较高的单位（TOP5）包括设计、咨询和承包单位，这有助于项目的组织与协调；从角色分析看，以上海世博会为代表的重大工程组织的结构同型不高，应加强标准化、程序化和制度化管理。

另外，从表 6.1 中传统正式组织结构模型下和基于社会网络的组织结构模型计算比较可以看出以下几点。

（1）从程度中心性（C_D）的比较来看，除指挥部门（Q 系列）相差不大外，其他有显著差异，这说明非正式组织关系对项目管理单位（A 系列）、设计单位（D 系列）和承包商（C 系列）在组织结构中的位置影响较大，加强非正式关系的管理是必要的。由于指挥部的管控力度较大，非正式关系对其影响则较小。

（2）从亲近中心性（C_C）的比较来看，各参建单位影响并没有显著性差异，这说明扁平化的矩阵式组织结构有助于缩短组织间关系，其接近于网络化的组织结构关系。

（3）从中介性（C_B）的比较来看，除指挥部门（Q 系列）相差不大外，其他有显著差异，这说明非正式关系显著增加了参建单位的中介桥梁作用，加强非正式关系的管理是必要的。由于指挥部领导（如 1Q02）处于组织结构的高层，其中介性功能受非正式关系影响较小。

因此，考虑各种组织关系后，和正式组织结构相比，各单位在组织网络中的地位会有所不同，如关键承包商 2C01，在正式组织结构中并不拥有较高的组织地位，但在网络组织中却处于中心，这主要因为该单位为世博工程建设的国有关键总承包商。因此，该集团拥有众多的联系，应加强组织控制，防止信息或资源垄断，造成项目失控。从上海世博会的组织网络指标考察看，一些组织（包括关键个体）具有较高的中心性，尤其是指挥部办公室代表、关键承包商和关键工程项目管理单位，这反映了指挥部模式的特点、大型工程建设模式特点和世博会工程建设组织模式特点等，和"指挥部、总承包和项目管理三位一体"与"发挥大集团、大公司优势"的指导思想相一致，但同时要求中心性较高的组织或人员应具备较高的大型复杂项目的组织管理能力。

除对项目组织做小团体、中心性、中介性和角色分析外，本章案例还可利用统计方法对 93 个组织的社会关系特征做总体分析，以反映群体组织的规律特征及对重大工程管理的影响。

6）对重大工程组织管理的启发

以上分析为重大工程管理提供了新的启发。组织控制的核心目标是确保组织行为导向于组织目标和组织战略。根据不同的控制机制，组织控制包括三种模型，即市场控制、行政科层控制和族派控制模型。通过案例研究，我们认为，对于大型复杂组织而言，项目总控更依赖于组织总控，即关键组织和关键关系的识别、分析、管理和控制。组织社会网络模型的建立和分析，使复杂组织总控关键问题的解决思路更加清晰。例如，对权力和中心人物的界定使组织控制的重点更加明确，对派系的分析有助于识别重点控制的组织单元，对结构同型的分析则有助于岗位设计、归类管理和制度设计（潘华和李永奎，2013）。

6.2.2　区域性重大工程组织动态网络分析

在单个重大工程组织网络分析的基础上，以下将分析系统进一步放大，以区域性重大工程为背景，分析工程组织网络的形成、特征及演化，及其对企业在网络中的竞争力影响，为区域项目治理和企业的市场竞争力培育提供经验和借鉴。

1）案例背景及数据来源

以 2008~2013 年为观察区间，通过对江苏省某城市新区的数据提取和整理，建立数据库，筛选参建单位及项目信息，在保证数据有效性的前提下，选取 1 897 个建设项目，总投资 612 亿元，包括 946 个民用建筑项目（50%）、189 个市政建设项目（10%）、762 个工业建设项目（40%），并将这些项目分为政府投资项目和非政府投资项目。在这些项目中，参建单位共计 1 450 家，其中投资单位（业主）680 家、设计单位 174 家、施工单位 541 家、监理单位 55 家。这些项目不仅涉及政府的财政、规划、建设、环保等多个部门，还包括大量的业主和参建单位，构成了一个复杂的合作网络，并时刻处于动态演化过程中，给项目的治理带来了巨大的挑战和难度（Lu et al., 2015）。

2）数据处理方式

由于该区域建设项目的工期普遍为 2 年，因而在构建网络时，定义每年的合作网络都由包括本年在内的前两年的企业来构建，这样整个网络就具有延续性和连贯性。例如，当构建 2012 年的合作网络时，所有参与 2011 年和 2012 年项目的单位都会包含在 2012 年的合作网络当中。依据此方法，从 2008 年到 2013 年构建了 5 年（2009~2013 年）的合作网络。

3）整体网演化过程

从表 6.2 可看出，非政府项目在项目数量和企业数量上都远大于政府项目，2009~2013 年，两者的项目数量和企业数都呈波动上升的趋势。政府项目网络节点增加了 46 个（增加 34%），关系数增加了 96%。非政府项目网络节点增加 110 个（增加 18%），关系数增加 94%。但从网络中心度均值看，政府项目的中心度均值均高于非政府项目，合作关系相对更加密切。这主要是由政府投资项目的投资体制决定的，政府投资项目往往是由少数几个政府公司承担区域开发建设任务，即政府主体与项目之间是一对多的关系，从而形成基于业主的更为紧密的网络关系；而在非政府投资项目中业主与项目之间往往是一对一的关系。

表 6.2 政府网络和非政府网络整体对比

网络类型	政府投资项目合作网络					非政府投资项目合作网络				
年份	2009	2010	2011	2012	2013	2009	2010	2011	2012	2013
项目数量	125	185	192	175	140	497	662	826	734	531
单位数量	137	178	201	212	183	604	751	742	794	714
关系数量	568	1 033	1 166	1 208	1 112	2 367	3 661	5 003	5 289	4 582
平均度数中心度	0.277	0.182	0.241	0.225	0.371	0.05	0.026	0.033	0.056	0.099

4）政府项目和非政府项目整体网对比

通过网络密度、聚类系数、平均距离和第一主成分 4 个整体网指标对网络演化进行计算，主要结果如图 6.3 所示，具体结论如下。

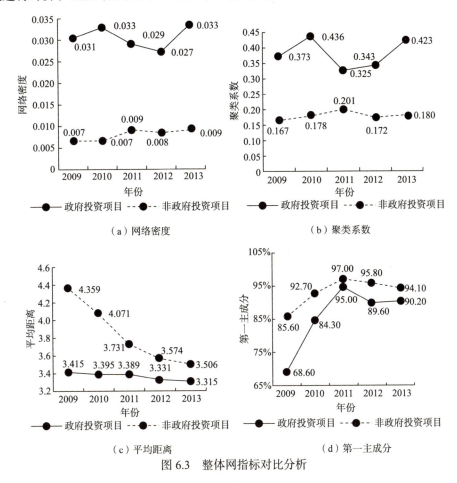

图 6.3　整体网指标对比分析

（1）根据图 6.3（a），政府投资项目企业网络和非政府投资项目企业网络都属于稀疏网络，这表明建设工程项目市场内企业之间的项目合作并不紧密，其原因主要是招投标制度的影响，即基于项目的合作单位是由业主选择而非参建单位的自主组合，这限制了合作联盟的形成。

（2）政府投资项目网络密度图 6.3（a）和聚类系数图 6.3（b）高于非政府投资项目，即合作更为紧密且网络聚集程度更高，这主要是政府投资项目的投资体制决定的，即政府主体与项目之间是一对多的关系，从而形成基于业主的更为紧密的网络关系；而在非政府投资项目中业主与项目之间往往是一对一的关系。

（3）在5年内，非政府投资参建单位合作紧密程度相对稳定，而政府投资项目中则出现一定程度的波动[图6.3（a）、图6.3（b）]，且二者的趋势并不一致。这是由于非政府投资项目主要受市场因素驱动，受行政因素干扰较少，受政府政策、区域制度等因素影响较政府投资项目低，因而市场机制较为稳定。而政府投资项目则呈现出政策性和制度性波动，如投融资体制的变化等。

（4）根据图6.3（c），非政府投资项目中企业间的网络距离逐渐减小，且趋势明显，即网络关系趋向紧密，随着时间的增加，企业间寻求合作的渠道更为便捷；政府投资项目中虽然也有此趋势，但变化较为微小，总体上政府投资项目网中企业合作更紧密。就总体而言，随着区域性市场的成熟，两类项目网络企业密切程度的差别在逐渐减小。

（5）根据图6.3（d），两类项目企业网络的连通程度都呈增加趋势，连通的第一子网络越来越大。该子网络内的企业形成一个合作联盟，关系密切。

5）基于度数中心度的组织竞争力

根据图6.3（a）和图6.3（b），无论是设计单位还是施工单位，随着中心度排名的降低，参与新项目的数量也呈下降的趋势。通过拟合发现，设计单位的趋势更加明显，R^2 值达到 0.787 9。而施工单位的 R^2 只有 0.411 左右。除此之外，从图 6.6 中可发现，中心度排名前 10 的单位在面对新项目时更具有竞争优势，并且优势非常明显。

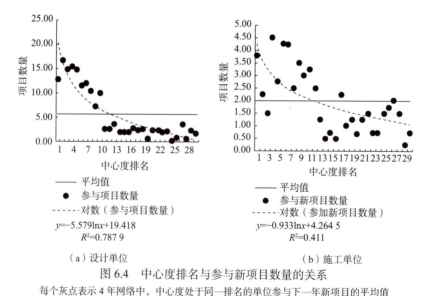

（a）设计单位　　　　　　　　　　　　（b）施工单位

图 6.4　中心度排名与参与新项目数量的关系

每个灰点表示 4 年网络中，中心度处于同一排名的单位参与下一年新项目的平均值

图6.5（a）和图6.5（b）分别为非政府项目网络中每一年中心度排名前列的设计单位、施工单位参与下一年新项目的情况。可见，无论是设计单位还是施

工单位，每一年中心度排名前十的单位参与下一年新项目的数量都远远大于后两者的单位参与新项目的数量，且大于后两者参与新项目数量之和。例如，在2010年的合作网络中，中心度排名前10的设计单位参与了167个新项目，而中心度排名第11~20和第21~30的设计单位分别只参加了19个和24个新项目。说明在每一年的项目合作网络中，中心度排名越高的单位在面对新项目时越具有越竞争优势，能够参与越多的新项目。同时相比施工单位，设计单位的优势体现得更加明显。

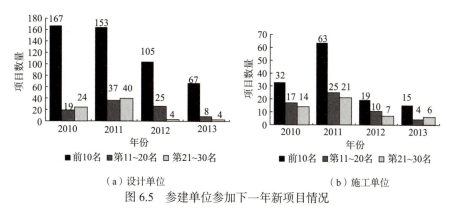

图 6.5　参建单位参加下一年新项目情况

对于设计单位而言，排名前十的单位在面对新项目时能够成倍地增加拿到项目的机会。除此之外，对比中心度排名第11~20名和第21~30名的单位参与新项目的数量可发现，其并非呈现逐渐递减的规律，而是呈现一定的波动，也说明中心度由高到低，设计单位参与新项目的数量变化规律是非线性的。而对于施工单位，中心度排名从高到低，施工单位参与新项目的数量虽呈现递减的趋势，但是波动非常明显。中心度排名靠前的单位较排名靠后的单位在面对新项目时并未完全呈现明显的竞争优势，这种变化规律也具有非线性的特征。导致这种现象产生的原因可能有两方面。首先，建筑业是一个竞争非常激烈的市场和行业，特别是对于施工单位而言更是如此。其次，对于施工单位而言，即便它们中心度排名较高，但受制于能力及其所拥有的网络资源，它们平均只能参与2~4个新项目，远远小于同等排名条件下，设计单位平均参与10~15个新项目的程度，因此变化趋势容易出现较大的波动。

6）基于K-核的组织竞争力

基于K-核指标，本部分分别对非政府项目合作网络中设计单位、施工单位参与下一年新建项目的情况进行计算分析，结果如图6.6所示。

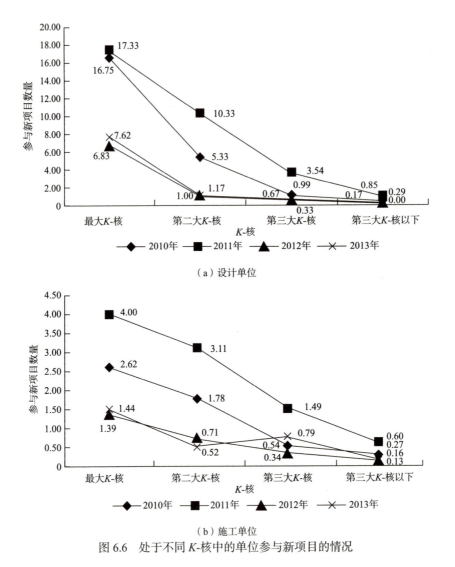

（a）设计单位

（b）施工单位

图 6.6　处于不同 K-核中的单位参与新项目的情况

　　根据图 6.6，无论是设计单位还是施工单位，随着 K-核的递减，处于相应 K-核中的单位参与下一年新项目的数量会呈现递减的趋势，并且这种递减规律是非线性的。K-核越大，处在该 K-核中的单位在面对新项目时，越具有竞争优势，越能够赢得更多的项目。除此之外，我们可以发现，K-核每增大一个层级，K-核中单位能够成倍地增加拿到项目的机会。对比设计单位和施工单位，可发现，设计单位呈现的规律更加明显。

　　一方面，以上结论一定程度上解释了参建单位希望成为网络核心的原因，成为网络的核心意味着网络竞争力的提升，从而能够赢得更多的新项目；另一方面，K-核越大，表示该 K-核中的单位合作越密切。在项目合作的长期演化过程中，合作密切的单位相对合作不密切的单位更能利用网络的优势地位获得竞争优势，分享更多的机会，赢得更多的项目。

综上分析，在重大项目网络演化过程中，合作越密切的单位越具有竞争优势，能参加更多的项目。

7）基于以往合作关系的组织竞争力

选取具有两年及以上新项目的业主进行分析，结果显示，在实施新项目时，业主选择已有联系的单位进行合作的概率依次为：设计单位（21.92%）>施工单位（14.75%）。这就意味着，当一个业主要实施一个新项目时，在为项目招标的过程中，选择已有联系的设计单位进行再合作的概率超过五分之一，大于施工单位的 14.75%。导致该现象的原因可能有两方面：一方面，针对设计单位，业主为了更好地实施项目，提高项目绩效，往往对已有合作的单位进行后评估，对后评估较好的企业设置招投标优先权。另一方面，少数设计单位参与多数项目也可反映出设计单位与业主之间通过多个项目的合作从而构建了长期合作关系，甚至建立关系合同，以增加再次合作的可能性。

但是，通过对典型业主的深入研究发现，业主在长期合作中是否更倾向于选择已有联系的单位进行合作因业主自身具体情况而定，有些业主可能通过建立关系合同或者再评估的方式来增加再合作的可能性，而有些业主在面对新项目时也可能会选择全新的合作伙伴。

8）治理策略和竞争策略启发

根据以上分析，结合案例实际情况，针对不同投资类型的项目以及不同项目参与方提出差异化的治理策略和竞争策略，具体如下。

（1）政府投资项目和非政府投资项目的演化规律存在差异。因此在项目管理和治理的过程中要制定差异化的治理策略。从区域发展角度看，政府投资项目在区域开发建设中承担重要角色。因此，对于政府投资项目，需要充分发挥业主（即政府）的主导作用，设计较好的采购机制和合同策略，完善政府投资项目治理模式，充分发挥企业间的合作与协同作用，建立长期合作机制，以提高政府投资项目管理绩效。但是，政府项目往往是由少数几个政府公司承担区域开发建设任务，即政府主体与项目之间是一对多的关系，因此也应避免小团体密切合作，因为这会限制公平的竞争机会，影响项目绩效，甚至出现项目腐败问题。

（2）对于非政府投资项目而言，由于设计单位长期处于非政府项目网络的核心，因而在政策制定和治理机制设计中要充分考虑和发挥设计单位的作用，以及针对设计单位的管理。例如，对设计单位制定严格的考核和再评估体系，保证设计质量和设计进度。特别是中心度排名前 10 以及最大 K 核中的设计单位，业主在与其签订合同前要参考这些单位以往的业绩表现，签合同时要规定好评估指标，要充分发挥设计单位网络核心的正面作用，而不是借助网络核心进行垄断，扰乱市场秩序。而针对施工单位，由于单位数量众多且充分竞争，可制定相应市场机制进行市场治理。

（3）针对非政府项目的业主，特别是倾向于选择已有联系合作伙伴进行再合作的业主，需要设计相应的机制来规范和引导业主招标的过程，建立以绩效为基准的后评估制度，避免出现仅仅因为曾经存在合作关系从而选择再合作的情况。对于长期合作的单位，政府要加强对其绩效的监督和管控。

（4）对于设计单位和施工单位而言，可通过两种方式来增强其社会资本和组织竞争力。一方面需要通过提供优质的服务来保持与现有业主的良好合作关系；另一方面也需要不断拓展其网络关系，增强网络地位，从而提升组织的网络竞争力。

（5）设计单位和施工单位需要差异化的竞争策略。相对于施工单位，与业主已发生合作关系的设计单位有更大的概率被业主选中参与新的项目。因此，对于设计单位而言，需要更加注重维护与现有业主的合作关系，以使这些设计单位能够占据更大的市场份额；对于施工单位而言，由于充分和激烈的市场竞争，它们需要更侧重于开拓新的市场从而保持较高的市场竞争力。

（6）在项目合作网络长期演化过程中，与业主建立高质量的合作关系对于这些服务提供方而言至关重要。在充分竞争的建筑业，我们发现那些建立在提供高质量服务基础上的合作关系，已经成为业主为新项目选择合作方的重要参考依据和标准。那些为业主提供优质服务的参建方会更受市场欢迎，并为参与未来的新项目奠定良好基础。

（7）特别是对于新兴企业或者市场新进入者而言，与业主建立高质量的关系对于市场竞争会有更多的优势。建筑业的竞争已经从传统的关注成本优势升级为更关注质量优势。对于新兴的企业来说，更应该培育这种高质量的客户关系和提供高质量的服务，以与网络中已经具备优势的企业竞争，获取更大的市场份额（李永奎等，2013）。

6.2.3　行业性重大工程组织动态网络分析

如果将研究视角进一步扩大，以某个行业作为分析对象，可进一步考察重大工程组织合作网络的特征。下面以我国的摩天大楼为例，进行该方面的考察和研究。

1）案例背景和数据来源

随着摩天大楼建设热潮的兴起，各参建单位合作关系逐步形成，这些组织之间彼此关联构成了一种网络关系，该网络关系结构的形成和变迁不仅影响整个网络的功能，亦会影响网络中个体的行为，进而影响到整个工程组织的绩效。此外，随着市场竞争的日益激烈，关系作为社会资本的重要基础，也越来越被企业所重视。社会资本成为和金融资本、人力资本一样重要的核心竞争要素。但是，由于摩天大楼工程的挑战性和复杂性，以及重大工程项目采购的特殊性，这些合作关系并非固定和稳定的，而是动态的、多元的和网络的。当前，这一问题尚缺乏研究。利用跨学科尤其是社会学方法，认识这一领域的合作及演化特征，并进一步提出治理策略，对重大工程管理的理论和实践都具有重要意义（李永奎等，2016a）。

数据来源：CTBUH（Council on Tall Buildings and Urban Habitat，高层建筑暨都市集居委员会）全球高层建筑数据库和重大工程案例研究与数据中心数据。随后进行数据清洗，选取 300 米以上已建成或封顶的摩天大楼，统计其参建单位之间的关系数据与对应的开工和建成的时间节点。

2）数据处理和计算方法

对于每一个摩天大楼项目，将数据提取并分为两个时间维度，六个参建单位性质。时间维度上为开工时间和建成时间，参建单位性质为开发商/发展商、投资方、施工方、设计方、幕墙方和监理方。对参建的每一个企业单位进行编码。用字母和数字对其进行标号。字母用以分类参建单位，字母之后的数字表示其在该类别中的序号。字母 A 代表投资方，B 代表开发商/发展商，D 代表设计方，E 代表施工方，F 代表监理方，G 代表幕墙方。

依据摩天大楼项目的开工时间和建成时间，将其划分到不同时间序列中，然后整理出项目对应的参建单位及其关系矩阵。其时间计算的最小单位是一年，没到一年的合作关系按一年计。关系矩阵元素数值为不同参建单位的合作次数。由于在一个工程项目期间，各单位之间紧密联系，故假定各单位两两之间的合作联系是贯穿项目周期的。例如，某项目参建单位为 A1、D1、E1、G1，这四个参建单位两两之间的合作关系就是 A1/D1、A1/E1、A1/G1、D1/E1、D1/G1、E1/G1。基于以上假设，可利用排列组合得出每一项目各个单位之间的合作关系。之后采用 Pajek 软件绘制网络图并进行参数计算。

3）结果分析

图 6.7 为 1993~2015 年我国摩天大楼工程市场合作网络的演化过程，而图 6.8 则为对整体网络分析的整体网络密度、中心势、中间势、平均中心度这四个指标的对比。

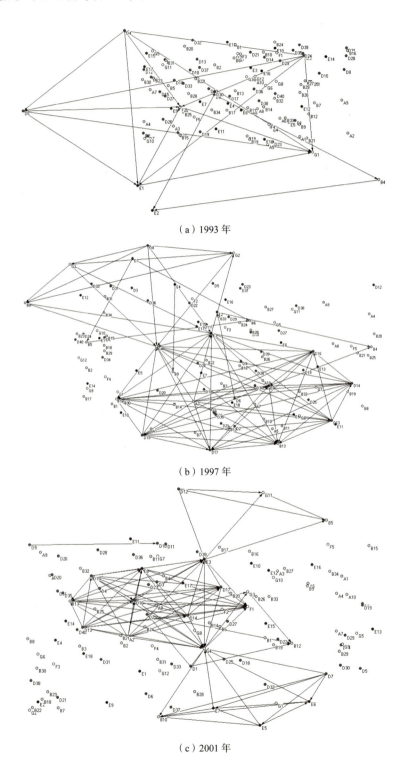

（a）1993 年

（b）1997 年

（c）2001 年

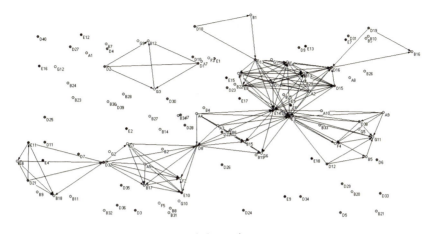

（d）2005 年

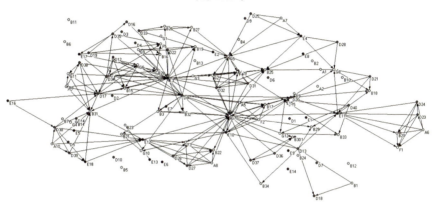

（e）2009 年

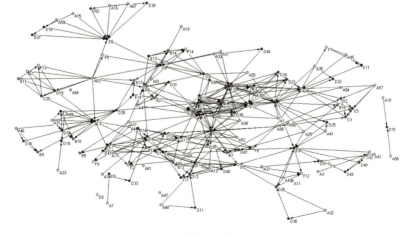

（f）2013 年

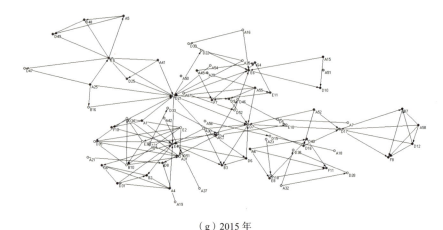

（g）2015 年

图 6.7　我国摩天大楼工程市场合作网络的演化过程

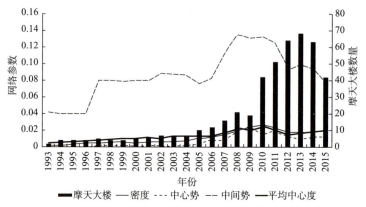

图 6.8　我国摩天大楼工程市场合作网络参数的变化趋势

结论分析如下。

（1）整体网规模。1993~2015 年，网络的规模在逐步扩大，合作的紧密度在逐步增加，但是并未出现明显的网络中心节点。这表明摩天大楼工程合作市场网络的合作性总体上逐步加强，但网络中并没有出现强中心的企业，体现了摩天大楼工程合作市场的多中心性。

（2）整体网参数。网络中心势整体呈现上升趋势，个别年份出现波动，随后逐步稳定。1996 年之前，摩天大楼市场规模较小，还未成熟，网络整体参数较小，集权现象也不明显。一直到 2005 年，摩天大楼的数量稳定增加，企业的合作网络也在逐步紧密，但除了个别企业间合作紧密外，整个摩天大楼领域合作的紧密度并没有明显的提升。2009 年以后，虽然摩天大楼的数量急剧增加，但整个合作网络的整体网参数并没有下降，反倒稳步提升，这说明合作的紧密度在增加。2012 年以后，网络参数逐步稳定。

整体网的中间势以摩天大楼骤增的 2009 年为界限呈现先上升后波动并下降的趋势。2009 年以前，在工程市场扩张中，整个网络的资源控制程度升高，个别节点的媒介性逐渐形成，它们对整个网络的影响逐渐增大，在 2009 年以后，随着摩天大楼数量骤增，这一问题被分散。

在节点的平均中心度方面，整体以 2010 年为界限依旧呈现先升后降的趋势。可见，无论中心势、中间势还是平均中心度，均在整体上和摩天大楼数量呈现一致的变化趋势。

6.3　重大工程组织元网络及其应用

如果将组织视为一个更为复杂的系统，则其不仅包括人、团队或者企业，还包括任务、资源、信息等，这些要素之间具有复杂的交互，并影响项目任务的完成以及组织或项目绩效。以组织任务的完成为例，项目组织、知识、任务之间具有复杂的动态网络关系，网络中各要素动态变化和相互影响，组织能力的不适应或不恰当的任务分配会放大任务无法完成的风险，甚至出现连锁失效（cascading failure）现象，进而导致进度拖延和投资增加等严重后果。因此，如何将项目视为一个复杂适应性系统，通过研究组织、任务和知识等要素之间的交互关系，提高组织的动态学习能力，就成了复杂环境下提高项目绩效的关键问题。传统的社会网络分析或者网络计划技术等往往只研究单一要素关系，难以深入刻画组织、任务及知识学习之间的复杂交互关系，进而难以定量评价项目组织学习能力对任务完成的动态影响机理。

计算组织理论（computational organization theory，COT）的兴起，以及多元异质网络理论和多主体仿真技术的逐渐成熟，为解决这一难题提供了新的途径。不同于传统的定性和数理化定量分析，计算组织理论认为，组织的本质是智能的主体及相互之间的复杂交互关系，该理论利用计算机科学开展针对影响组织绩效的复杂因素相互作用、动态演化和涌现规律的研究，旨在通过组织设计和组织优化来提升组织绩效。其中，多元异质网络理论主要包括多重网络（multiplex network）、超网络（super network）和元网络（meta network）分析方法等，但前两者多从统计学意义上分析各种关系网络的特征，如沟通网络、利益网络和兴趣网络等，无法分析任务导向的复杂项目组织中各要素之间的交互关系及相互影响。而元网络理论结合传统的社会网络分析、链接分析（link analysis，LA）及多主体系统（multi-agent systems，MAS），形成了系统的动态网络分析（dynamic network analysis，DNA）方法和仿真工具，组织网络扩展到涉及组织、知识、任务等多元复杂关系网络，并能进一步分析组织随着时间的动态进化过程及相互影响，是计算组织理论的一个重要领域，在恐怖组织打击、战争组织、社会领域等复杂组织中得到了广泛应用，为研究项目组织知识学习对任务完成影响的复杂内部机理提供了新的方法（李永奎等，2016b）。基于该理论、方法和工具，本部分构建了相关评价指标、仿真模型和实验方案，并利用标准化案例进行了实证和计算实验，为项目组织和任务分配优化、组织能力和绩效的提升等提供全新的思路和方法。

6.3.1 组织元网络概念模型及其参数

借鉴 Krackhardt 和 Carley 提出的元网络理论，项目元网络可包括组织人（agent）、任务（task）、知识（knowledge）等项目要素，以及这些要素构成的网络集，如组织交互网络（agent×agent，AA）、知识拥有网络（agent×knowledge，AK）、任务分配网络（agent×task，AT）等。组织网络的邻接矩阵，即组织的元矩阵（meta-matrix）是刻画元网络的信息基础（李永奎等，2016b）。从构成上看，项目元网络包括多种异质要素；从结构上看，其又由多种异质子网络构成；从关系上看，这些要素和子网络之间具有复杂的链接，图 6.9 为项目组织元网络的概念模型。

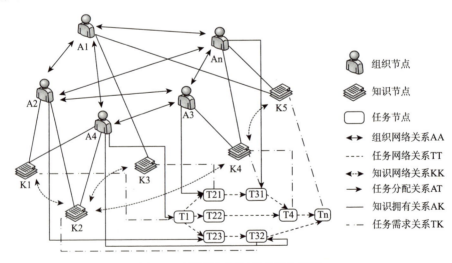

图 6.9　项目组织元网络的概念模型

基于元网络理论，针对项目组织环境，提出分别衡量项目组织学习能力和任务完成水平（task completion based on knowledge，TCK）的两个关键指标，从网络视角来测度项目组织学习能力对 TCK 的影响关系，具体如下。

（1）知识扩散度（knowledge diffusion，KD）：属于网络层级指标，指知识在项目组织中的扩散程度或项目组织所有主体为完成被分配的任务，在整体仿真迭代过程中学习到的其他主体在仿真之前仅有的知识的数量程度，取值为[0，1]。该指标从另一方面也反映了项目组织的协同度和沟通的有效性，取值越大，表明项目组织学习能力越强，以及项目成员之间的协同度越高和沟通越畅通有效。

$$KD = \frac{\sum_{i=0}^{k} \sum_{j=0}^{n} AK_{ij}}{kn} \tag{6.10}$$

其中，n 表示在当前网络中智能体的数量；k 表示知识的数量；AK 表示知识拥有关系。

（2）TCK：属于网络层级指标，指项目组织中所有智能体针对分配任务的完成比率，主要考察主体基于知识的能力对任务完成的影响程度，取值为[0，1]，取值越大，表明组织 TCK 越高。

$$TCK = \frac{|T| - |F|}{|T|} \tag{6.11}$$

其中，$F = \{i | 1 \leq i \leq |T|, \exists j : \text{Need}(i, j) < 0\}$，$\text{Need} = (AT'AK) - KT'$。$T$ 为项目任务总数；AT 为任务分配网络；AT' 为 AT 的转置；KT 为任务知识需求网络；KT' 为 KT 的转置；F 为无法完成的任务。

6.3.2　仿真模型及实验方案

Construct 是卡内基梅隆大学社会和组织系统计算分析中心（Center for Computational Analysis of Social and Organizational Systems，CASOS）基于结构化理论（structuration theory）、社会信息处理理论（social information processing theory）和符号互动理论（symbolic interactionism）研发的多智能体仿真基础模型。该模型为研究组织中各要素之间的复杂交互关系提供了核心基础，但需要针对具体的研究问题和组织情境进行拓展开发，并需结合ORA（organizational risk analyzer，组织风险分析）可视化建模和指标分析平台以及相关统计分析软件进行组合研究。基于以上基础模型和工具，从项目参与主体（组织）、专业知识、任务等要素角度，构建项目元网络仿真模型，如图 6.10 所示。

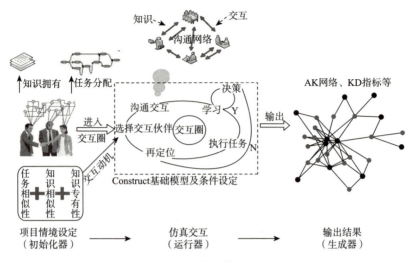

图 6.10　项目元网络仿真模型及运行机理图示

指标验证和模型验证是多智能体仿真实验的关键环节。依据计算组织理论和仿真模型验证方法，以下选择基于参数的特定案例模型结果与现实系统的实证比较方法，以验证仿真模型和指标的可信性；然后将多元网络指标和仿真生成指标进行比较，验证模型的有效性和适用性；在此基础上，进行仿真实验，寻求组织学习能力优化的具体方法。

（1）选取实际案例进行整理和编码，确定项目组织各要素、关系及其初始状态。

（2）根据确定的节点及其关系，构建实际项目元网络模型和仿真基础模型。

（3）引入项目实际评分并通过回归分析对指标进行合理性检验。

（4）利用仿真模型和计算分析平台对 KD 与 TCK 进行相关性分析，验证项目组织学习能力和 TCK 的关系。

（5）通过假设分析，逐项剔除每项知识，观察其对最优 TCK 的影响，结合初始状态组织的任务分配和掌握的知识，识别项目组织关键组织。最后构建 KD 与 TCK 累计提升曲线，识别项目组织学习能力提升的重点阶段。

6.3.3　实证及仿真实验

1）案例背景

上海通用汽车别克品牌 4S 店每年在全国约有 70 个新建项目，由各地经销商进行投资，建设周期一般在 175 天左右。其参建主体须按照汽车生产厂家的统一要求和标准进行建造，项目管理采用 PMC（project management contractor，项目管理承包）模式，涉及厂商、项目管理单位、经销商、设计、施工和供货等单位。由于该类项目具有标准化特征，故有利于相关指标的回归性验证及仿真实验分析。

根据实际的项目数据资料分析及项目访谈结果，结合建设项目组织关系结构、参建单位资质情况、项目任务描述以及项目责任矩阵和职责分工，最终确定4S 店项目组织共包括 12 个组织（经销商、PMC 等）、16 项专业知识（进度管理能力、质量管理能力等）以及 64 项工作任务（施工图设计、生产/备货等）。并对所有组织、知识和任务进行编码，其中，A 代表组织，K 代表知识，T 代表任务。以安阳项目为例，项目初始元网络如图 6.11 所示。

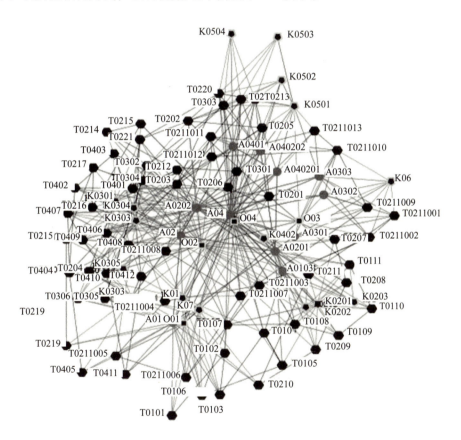

图 6.11　项目初始元网络

参与组织 A，共 12 个；知识 K，共 16 类；区域组织 O，共 4 个；任务 T，共 64 项

元网络指标的有效性验证是计算组织理论应用的关键环节和仿真实验基础，而实证检验是有效的方法之一。TCK 作为元网络理论中考察主体基于知识的能力

对任务完成影响的重要指标，能够有效衡量组织的 TCK。另外，项目实际评分是对不同的 4S 店项目完成情况检查的评价得分，涉及汽车厂商所关注的质量和进度，厂商根据不同的检查阶段制定相应检查指标，并由项目管理单位据此进行打分。项目完成情况实际评分涵盖该管理模式下主要建设任务和参建主体，其检查评分结果较好地体现了项目完成的实际绩效，也是汽车厂商评价经销商4S店建设管理绩效的主要依据。

样本选取 10 个分布在不同地区的 4S 店项目，按照上述元网络建模过程，导入 ORA 进行 TCK 的测算，各项目完成的实际评分和 TCK 计算数据具有较好的正相关性，即 TCK 能够反映项目的实际完成情况，该指标合理可行。

2）项目组织学习能力与 TCK 相关性分析

选取安阳项目（编号 P01）进行进一步仿真分析。将该项目元网络导入仿真模型进行交互仿真，依次输出每一回合的知识拥有网络（AK）以及 KD 指标。输出结果显示，该项目 KD 指标在 41 回合达到稳定。将 AK 与 AT、KT 等网络一并导入 ORA 分别计算各回合的 TCK 值，得出 TCK 与 KD 的关系，如图 6.12 所示。由图 6.12 可见，随着 KD 的增加，TCK 呈增大趋势。经测算，KD 和 TCK 的相关系数为 0.921，且在 0.01 水平上显著相关，说明项目组织学习能力与 TCK 正相关。同时也验证了 KD 指标的合理性。但在某些局部，TCK 并非随着 KD 的提高而提高，分析后得知：一是知识存在累积效应，组织在一个回合或几个回合学到的知识并不一定能保证执行任务；二是在某些回合，某个组织学习了跟任务执行无关的知识，对 TCK 没有影响。因此，项目组织学习能力的提高会提升项目的 TCK。

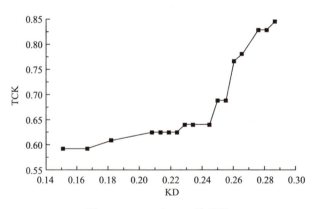

图 6.12　TCK 与 KD 关系图

然而，组织的学习和知识的扩散并非毫无目的，被分配不同任务的组织所需要的知识会存在差异，不同的组织拥有不同的知识特征也将影响组织对知识的学习，进而通过知识网络影响知识的扩散。在实际项目中，组织之间的交互并不是无限的，专业知识或能力只可能被特定需要的主体所掌握。例如，经销商不可能学习设计单位的设计知识，也不可能跟施工单位学习施工知识。在本章的案例中，由于设计和施工任务都被单一分配给设计单位和施工单位，且设计能力和施工能力主要由设计方和施工方掌握，因而这两项知识在项目组织中扩散很少。

由于知识不会无限扩散，因而在给定的限制条件下，KD 会达到稳定值，本实验 KD 稳定在 0.260，TCK 稳定在 0.844，表示在该项目现有的知识结构下，知识充分扩散后项目 TCK 的最优值。

6.3.4　仿真优化分析

安阳项目在初始状态下的 TCK 只有 0.594，任务完成情况不佳，需要通过组织学习提升组织能力，以提高 TCK。但组织需要根据自身任务的需要学习特定的专业知识或能力。对于整个项目组织而言，有些知识对 TCK 的影响程度很大，而有些知识相对而言影响较小甚至没有影响。这就需要首先识别项目的关键知识单元和掌握这些关键知识的关键组织，同时明确知识学习（获取）的关键时点，从而为项目组织和任务分配优化提供有效建议和指导。

1）关键知识与关键组织的识别方法

该项目在知识充分扩散情况下 TCK 的最优值为 0.844。根据之前的测度实验方案，逐项剔除各项知识算出当前 TCK 与最优 TCK 的差，并将该差值与最优 TCK 做比值算出知识 K 对 TCK 的影响程度，具体如图 6.13 所示。分析可见，对 TCK 影响最大的前三项知识依次为 K303（采购管理能力）、K301（进度管理能力）和 K304（质量管理能力）。说明在该项目现有条件下，项目组织要加强对这三项知识的学习和培训。

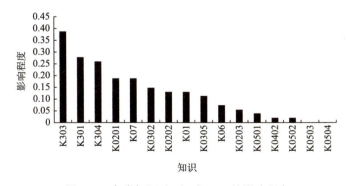

图 6.13　各类知识（K）对 TCK 的影响程度

　　结合初始状态下的知识拥有网络和任务分配网络，识别项目中的关键组织。具体判定原则如下：①在初始状态下，同时具备这三项知识为项目中的关键组织；②不具备这三项知识之一，但被分配需要这三项知识（一项、两项或三项）的任务，任务数量达到三个或三个以上的组织为项目中的关键组织，即项目中的关键组织风险，需要重点培训甚至更换。具体分析如表 6.3 所示，其中√代表组织掌握该知识，T 代表组织被分配需要这三项知识（一项、两项或三项）的任务数量。

表 6.3　初始状态关键知识拥有和任务分配情况

组织　知识	A01	A02	A0201	A0202	A0301	A0302	A0303	A04	A0401	A040201	A040202	A0403
K301	—	√	—	√	—	—	—	—	—	—	—	—
K303	—	√	—	√	—	—	—	—	—	—	—	—
K304	—	√	—	√	—	—	—	—	—	√	—	—
T	3	5	0	12	0	0	0	8	1	0	1	0

　　由表 6.3 可得，A02（咨询方主管）和 A0202（项目管理总监）两个组织都掌握了三项关键知识，为关键组织。同时，A01（汽车厂商负责人）、A04（经销商）两个组织都没有掌握三个关键知识，但都被分配了三个或三个以上需要这些知识的任务，同样为关键组织，并是该项目的关键组织风险，降低了组织的 TCK。因此，需要对汽车厂商负责人和经销商进行重点培训，使他们学习或有机会学习并掌握三项关键知识，继而提升组织的 TCK。

　　2）组织学习能力提升的重点阶段

　　依照实验方案和相应参数，构建如图 6.14 所示的 KD 与 TCK 累计提升曲线。可见，在总共 50 个回合中，KD 在第一阶段的提升值占总值的 60%，第二阶段达到 90% 以上，说明知识扩散或者组织的学习主要集中在项目的前期，项目组织前期的学习对于 TCK 的提升至关重要。在第三阶段之前，TCK 随着 KD 的递增呈现折线递增的趋势，且递增幅度很大，累计提升值达到 80% 以上。从第三阶段开始，随着 KD 的递增所导致的任务完成水平的提升已经很小，同时，知识扩散的速度也越来越小。再一次证明项目组织学习的重点阶段在项目的前期，此后对项目 TCK 的提升作用减小。因此，项目组织要注重项目团队组建前期的学习，特别是通过识别项目中的组织能力风险进行针对性的培训和学习，以提升组织的学习能力，保证项目任务的完成。

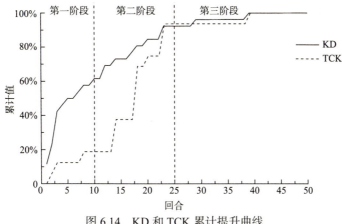

图 6.14　KD 和 TCK 累计提升曲线

6.3.5　结论分析

以上基于元网络理论和多智能体仿真技术，选取了汽车 4S 店项目，对项目组织学习能力对 TCK 的影响进行了测度、实证、评价与实验分析，结论如下。

（1）计算组织理论中的元网络及基于多主体仿真模型能较好地刻画项目任务、组织和知识之间的复杂交互关系以及对 TCK 影响的涌现规律。基于元网络的仿真方法突破了将项目管理各要素孤立研究的传统做法，将组织、任务、知识等视为一个复杂动态适应系统，研究各要素的交互作用及对任务完成的非线性涌现影响，对深刻认识复杂项目管理问题具有较好的理论和方法基础。

（2）基于知识的项目组织学习能力与 TCK 呈正相关关系。通过实证指标验证及模型指标验证发现，衡量组织学习能力的 KD 指标和 TCK 指标高度正相关，即随着项目组织学习能力的提升，TCK 会提高。但由于知识存在累积效应，在局部可能存在突变效应，存在非线性涌现趋势。

（3）关键知识对组织 TCK 的影响具有显著性，基于元网络的仿真方法能有效识别这些关键知识。仿真实验发现，通过计算各项知识对 TCK 的敏感度，即移除知识对结果的影响程度分析，可识别关键知识。这为组织成员的优化或针对性培训提供了理论依据。

（4）项目组织学习以及能力提升的关键阶段在初始阶段，到达一定阶段后组织学习将处于一个较为稳定的水平。实验发现，衡量组织学习能力的 KD 指标对项目 TCK 指标的影响具有非线性涌现特征，并且在交互的初始阶段具有显著影响，随着时间的推移其影响度逐渐减小。该结论说明项目的初始阶段或者项目团队构建的初始阶段是组织能力提升的关键阶段。

6.4   重大工程组织网络研究趋势

组织网络在工程管理及项目管理领域越来越受到重视，2016 年和 2017 年 *Automation in Construction* 和 *Construction Management and Economics* 杂志分别发布了 *Project（as a）Social Network*（项目作为一个社会网络）以及 *Social Networks in Construction*（工程中的社会网络）专刊征稿。此外，随着复杂性科学在重大工程及复杂项目管理中的应用，组织网络的研究范围也越来越广。

根据 1997~2015 年的文献综述，近几年工程管理领域国际权威期刊有关社会网络的研究文献一直呈增长趋势。通过文献计量学分析发现，研究的热点在不断变化，"沟通"（communication）和"风险"（risk）是最早应用的领域，但 2002~2006 年，"项目管理"（project management）和"创新"（innovation）则成为关注领域，2007~2011 年，应用领域呈现多样化，如"绩效"（performance）、"沟通"（communication）、"协同"（coordination）、"创新"（innovation）和"知识"（knowledge）等，都成为该方法的应用热点领域；而 2012~2015 年，"绩效"（performance）和"知识"（knowledge）则仍然是应用热点领域，"设计"（design）和"施工管理"（construction management）也成为新出现的应用领域。相应地，研究主要集中在 8 个领域，包括绩效和效能、沟通和协调、知识管理、风险管理、治理问题、战略管理、信息化应用和创新扩散、现场和资源管理等（Zheng et al.，2016）。

从总体上看，重大工程组织网络的研究呈现以下趋势。

1）从项目系统向行业系统转变，研究范围扩大

随着"按项目进行管理"理念的日益普及，项目管理应用已经渗透到各个组织。对于重大工程而言，由于参与单位多、利益相关者多、社会影响大、所需产业覆盖面广，故组织关系不再仅限于项目系统内部，组织间合作可能跨越多个项目进行战略合作，甚至形成行业性组织场域。这就要求我们不仅需要考察项目组织内部的微观组织关系和组织网络，还要考虑跨组织、跨项目的中观组织关系和组织网络，如跨组织创新合作、跨项目知识流动和组织学习、工程供应链（一次性合作和重复性合作网络）、国际项目组织网络等，以及区域性或者行业性的宏观组织关系和组织网络，如关键组织在行业组织中的影响（包括权力的重新定义）、组织行业竞争力的形成（或社会资本问题）、新技术应用组织网络（如 BIM）等，以深刻理解重大工程领域复杂的组织关系以及组织网络的形成、特征及发展演化（乐云等，2013）。

2）从静态网络向动态网络转变，增加时间维度

长期以来，研究大多将网络关系进行叠加，关注某个时间断面的静态组织网络，这一研究简化了网络对象，忽略了组织网络的动态变化，而这恰恰是项目组织网络复杂性的根源。随着数据获取能力的提高，以及研究方法的丰富，研究者逐步增加时间维度，考察项目组织网络的形成和演化特征，以及项目组织网络的动力学机制，如创新合作网络的形成及演化、项目组织网络演化的动力学机制等。同时，一些研究开始尝试使用模拟仿真方法，构建各种场景，研究项目组织网络的形成、演化规律及影响机理。模拟仿真的应用，大大拓展了研究范围，如时间粒度可以更细、时间跨度可以更长。时间维度的增加，有助于我们认识组织关系的形成和变化以及组织网络的形成和演化特征、机理，对组织治理也大有帮助。

3）从同质网络向多元网络转变，要素和关系呈现多元性

传统组织网络往往只关注社会网络方法的应用，而忽略了组织中其他要素之间的复杂关系，如任务、资源、知识、空间等。因此，组织网络研究是网络理论的应用。例如，任务网络中的关键路径法（critical path method，CPM）也是网络理论的一种体现，而不仅仅是社会网络分析方法的应用。随着网络理论和分析方法的不断丰富和发展，如元网络、超网络、价值网络等的出现，项目组织网络也逐渐从社会网络分析转向多元网络分析，网络要素进一步增加。例如，通过研究组织、任务和知识之间的复杂动态关系，可以分析组织能力与任务对能力需求的匹配程度对复杂项目完成的影响程度；通过元网络的应用，可以分析组织应对复杂环境的韧性能力；等等。除了网络节点外，节点间的关系也呈现多元性。例如，价值网络将组织关系细化为多种不同的价值流动，通过一定方法将其集成，可更深刻地理解组织间关系（段运峰等，2012）。

4）从简单网络向复杂网络转变，研究指标丰富

随着复杂性科学的应用，从复杂性视角审视重大工程成为重大工程组织研究的新方向。其中，由于研究网络的规模扩大、网络要素的增加以及网络的动态性变化等，组织网络的研究也从传统的组织网络转向复杂组织网络的研究，研究内容包括复杂组织网络的构成、适应性、演变的网络动力学机制以及组织网络治理等。研究指标也扩展到了复杂网络领域，尤其是度分布特征、小世界特征的测量。当然，目前项目组织领域中组织网络的研究还很少涉及复杂网络，主要源于组织网络的规模还不足够大，复杂网络的特征不明显。但是，项目复杂组织网络是未来研究的一个重要方向，主要源于要考察项目组织行为的非线性变化和集体行为的涌现、组织韧性性能、项目组织对组织效能和项目绩效的影响等，都需要从传统简单网络转向复杂网络（崇丹等，2012）。

5）从组织网络向组织系统转变，研究外延扩大

组织网络不是组织系统中的孤岛，离不开组织环境的影响，和组织系统中的

其他要素相互作用、相互影响。单纯地研究组织网络无法很好解释组织中的很多现象，组织网络的研究也逐步和组织系统中的其他内容建立关联，使组织网络研究的内涵不断深化、外延不断扩大。例如，将组织系统的组织网络和项目绩效、组织效能、项目成功进行关联，将组织合作网络和组织竞争力进行关联。此外，从更广泛的制度学出发，组织网络的研究还需要考虑外部情境的影响，如中国情境下关系文化的影响、招投标制度的影响、政府投资项目管理体制的影响、投融资模式变革（如 PPP）的影响等。最后，新技术的应用也对组织网络产生了重要影响，如移动互联网对沟通和协作的影响、BIM 等新技术应用的影响等。这些都需要进一步开展研究。

但同时，组织网络研究也碰到了一些挑战。例如：①如何充分挖掘组织关系中的非正式关系即隐性关系。组织之间的关系十分复杂，一些正式关系较易识别，如合同关系、邮件沟通关系等，但非正式关系常常难以准确识别，如利益关系、中国文化环境下的各种关系等，这给组织网络的研究带来了一定影响。大数据、模拟仿真、情境耕耘等新技术和方法的应用可进行一定的弥补。②如何识别和跟踪组织关系的动态变化。重大工程组织及其环境一直处于动态变化中，组织关系和组织网络会随之变化，如何捕捉这些变化，构建动态组织网络并进行研究，是研究中的一个难点。③组织边界的界定。项目组织极具开放性，既涉及项目所在的企业组织系统，也涉及外部利益相关者，以及行业组织系统，组织边界十分模糊，因此如何界定所研究问题的组织网络边界，是当前组织关系和组织网络研究的一大挑战。④信息的完整性和准确性问题。由于组织网络的定量研究往往基于网络参数的考察，但网络本身是否和真实情况一致，依赖于网络建模信息的完整性和准确性。当前传统的数据收集方法对该问题的解决有限，文本分析、大数据等新方法的引入，有助于解决这一网络建模的基础性问题（Zheng et al., 2016）。

6.5 本 章 小 结

重大工程组织十分复杂，正式组织和非正式组织交互，具有构成复杂、开放性、网络性和社会性等特点，是影响组织绩效和项目总体控制的关键因素。本章从社会网络分析的视角出发，重点关注重大工程组织中的组织关系、组织网络和元网络，以及它们在实际工程中的应用。

首先提出了重大工程组织关系及组织网络基本概念及应用，其次分析了其在单个、区域性和行业性重大工程中的应用。单个工程中，以上海世博会为例进行了实证分析，为重大工程管理提供了新的启发。对于大型复杂组织而言，项目总控更依赖于组织总控,即关键组织和关键关系的识别、分析、管理和控制。组织社会网络模型的建立和分析,使复杂组织总控关键问题的解决思路更加清晰。在此基础上,将分析系统进一步放大,以区域性重大工程为背景,分析工程组织网络的形成、特征、演化,以及对企业在网络中的竞争力影响,为区域项目治理和企业的市场竞争力培育提供了经验和借鉴。之后将研究视角进一步扩大,以摩天大楼的具体行业为分析对象,进一步考察了重大工程组织合作网络的特征。

如果将组织视为一个更为复杂的系统,则其不仅包括人、团队和企业,还包括任务、资源、信息等,这些要素之间具有复杂的交互,并会影响项目任务的完成以及组织或项目绩效。如何将项目视为一个复杂适应性系统,通过研究组织、任务和知识等要素之间的交互关系,提高组织的动态学习能力,就成了复杂环境下提高项目绩效的关键问题。元网络理论结合传统的社会网络分析、链接分析以及多主体系统,形成了系统的动态网络分析方法和仿真工具。基于该理论、方法和工具,研究构建了相关评价指标、仿真模型和实验方案,并利用标准化案例进行了实证和计算实验,为项目组织和任务分配优化、组织能力和绩效的提升等提供了全新的思路和方法。

近年来,在工程管理以及项目管理领域,组织网络越来越得到重视。同时,随着复杂性科学在重大工程及复杂项目管理中的应用,组织网络的研究范围也越来越广。通过文献计量学分析发现,重大工程组织网络的研究呈现以下趋势:①从项目系统向行业系统转变,研究范围扩大;②从静态网络向动态网络转变,增加时间维度;③从同质网络向多元网络转变,要素和关系呈现多元性;④从简单网络向复杂网络转变,研究指标丰富;⑤从组织网络向组织系统转变,研究外延扩大。同时,组织网络研究也存在诸多挑战和难点,新视角、新技术和新方法的应用可以对未来的研究进行一定的弥补。

参 考 文 献

崇丹, 李永奎, 乐云. 2012. 城市基础设施建设项目群组织网络关系治理研究——一种网络组织的视角. 软科学, 26 (2): 13-19.

段运峰, 李永奎, 乐云, 等. 2012. 复杂重大工程共同体的社会结构、网络关系及治理研究评述. 建筑经济, (10): 79-82.

乐云, 张兵, 关贤军, 等. 2013. 基于SNA视角的政府投资项目合谋关系研究. 公共管理学报, (3): 29-40.

李永奎, 乐云, 卢昱杰. 2011a. 大型复杂项目组织网络模型及实证分析. 同济大学学报(自然科学版), 39 (6): 930-934.

李永奎, 乐云, 卢昱杰. 2011b. 基于SNA的大型复杂工程项目组织总控机制及实证. 同济大学学报（自然科学版），9（11）：1715-1719.

李永奎，乐云，何清华，等.2012. 基于SNA的复杂项目组织权力量化及实证. 系统工程理论与实践，32（2）：312-318.

李永奎，崇丹，何清华，等.2013. 建筑企业社会网络关系及对市场竞争力的影响：基于项目合作视角. 运筹与管理，22（1）：237-243.

李永奎，李思琪，沈倪. 2016a. 摩天大楼工程跨组织合作网络的形成和演化——1993~2015 年样本分析. 工程经济，4（26）：69-73.

李永奎，庞达，李东宇，等. 2016b. 基于元网络的项目组织学习能力对任务完成影响评价仿真方法. 系统工程理论与实践，36（5）：1252-1260.

潘华，李永奎. 2013. 基于社会网络分析视角的大型复杂工程项目组织研究. 科技管理研究，（20）：214-217.

Li Y K, Lu Y J, Kwak Y H, et al. 2011. Social network analysis and organizational control in complex projects: construction of EXPO 2010 in China. Engineering Project Organization Journal，4（1）：223-237.

Li Y K, Lu Y J, Li D Y, et al. 2015. Meta-network analysis（MNA）for project task assignment. ASCE's Journal of Construction Engineering and Management，141（12）：04015044.

Lu Y J, Li Y K, Pang D, et al. 2015. Organizational network evolution and governance strategies in megaprojects. Construction Economics and Building，15（3）：16-30.

Pryke S. 2017. Why Networks? Managing Networks in Project-Based Organizations. New York: John Wiley & Sons, Ltd.

Stephen P, Badi S, Bygballe L. 2017. Editorial for the special issue on social networks in construction. Construction Management and Economics，35（8~9）：445-454.

Zheng X, Le Y, Chan A P C, et al. 2016. Review of the application of social network analysis（SNA）in construction project management research. International Journal of Project Management，34（7）：1214-1225.

第7章 重大工程组织间关系行为的产生及效果

重大工程目标的实现需要众多参建方共同完成，从而形成了复杂的利益相关者关系及相互依赖的利益需求。实践经验表明，项目参建方之间关系质量的提高有利于项目绩效提升，高质量的组织间关系有利于克服重大工程实施过程中的不确定性。当项目参建方形成合作关系时，许多潜在的冲突能被提前避免，问题也能得到共同解决，各方资源和技能能有效整合并促使项目顺利完成。因此，成功的重大工程组织之间普遍具备良好的关系。例如，Morris 和 Hough（1987）在 *The Anatomy of Major Projects: A Study of the Reality of Project Management*（《重大工程解析：基于项目管理实践的研究》）一书中通过案例调研的方式论述了组织间合作关系在英国泰晤士水闸（Thames Barrier）和希舍姆核电站 2（Heysham 2 Nuclear Power Station）两个重大工程建设中对目标实现所发挥的重要作用。

重大工程组织间良好关系的形成依赖于项目参建方之间高度的主观能动性、相互合作也相互妥协的积极行为（positive behavior），如及时进行信息共享、有效地沟通、灵活地处理问题，并从项目整体角度出发共同解决困难等。参建方高度的主观能动性和团结的积极行为是解决重大工程实践问题、实现重大工程建设目标的关键。关系营销中，学者们将交易过程中为了促进合作关系所采取的积极行为称为关系行为。关系契约理论指出关系行为是以互惠性和长期关系为导向的行为，这意味着关系行为的实施不仅可以提高组织间关系，更有利于产生未来隐性价值（Macneil，1980）。例如，通过在重大工程中采取关系行为而获得与其他参建方再次合作的机会，并提升市场竞争力。Ning（2014）指出关系行为在公共项目中十分普遍且重要，相关现象在许多重大工程中也可以观察到。

重大工程建设实践经验表明参建方的关系行为不仅有利于自身任务绩效提升，亦对项目建设目标实现有重要意义。但目前对参建方的关系行为的研究仅局限于项目现象观察，尚未上升到理论层面，不能就此确定关系行为提升重大工程项目绩效的路径与方法。同时，参建方的关系行为并不属于强制性行为，无法通过合同约束，而主要依赖于自我履约机制调整。除了可能的经济驱动外，参建方尚不清楚如何驱动这类积极行为。鉴于此，亟须对重大工程参建方采取的组织间关系行为开展理论层面的研究，使这类积极行为的涌现常态化。

7.1　重大工程组织间关系行为的内涵和维度

关系行为最初是指商业关系中某一方在商业互动中表现出的行为。早期的关于关系行为的研究，更多的是基于权力、依赖来探讨相关的渠道行为和控制机制。随着营销理论与实践的发展，特别是关系交换、关系营销理论的发展，从 20 世纪 80 年代中期开始，虽然权力、冲突等变量依然受到营销学者的广泛关注，但关系行为的研究开始更多地基于信任、承诺等来探讨关系交换中的各方行为，这些行为也更多地以合作、互惠为核心。营销学者将关系行为视为"关系营销"的重要内容，并进行广泛的关注。

目前对关系行为的讨论比较多的是关于关系契约（relational contract）的内容，关系契约是指以长期导向性和互惠性为特点并超越一般买卖关系的关系交换。关系契约以 Macneil（1980）提出的 28 项关系规范（relational norms）为交易基础，其中每一种规范都是交易方共同期待的某种特定交换行为的准则，这些交换行为反映了交易方共同利益及建立长期关系的意向。Macneil（1980）认为关系行为是支持关系契约的一系列行为。作为一个潜在变量，Noordewier 等（1990）认为关系行为是交易方在履行任务、职责或义务方面表现出来的一系列行为。之后，Heide 和 John（1992）提出了关系行为的概念，指出它是交易方在交易过程中为了促进合作关系所采取的积极行为，这也是当前最为常用的一个概念。关系行为强调支持组织间交易，并通过共同行动来创造和/或分配价值。在工程建设领域中，Ning 和 Ling（2014）沿用了 Macneil（1980）对关系行为的解释，认为关系行为是关系合同所强调的一系列促进组织间关系的行为。

从上可知，关系行为与关系契约理论中提出的关系规范密切相关，均反映了交易方共同利益及建立长期关系的意向，但关系规范是对某些积极行为的期待，并非实际发生的行为。据此，我们提出重大工程组织间关系行为（inter-organizational relational behavior in megaprojects，MIRB）是重大工程参建方在项目实施过程中为了促进组织间合作关系所表现的一系列积极行为，它们具有自我履行、互惠性和长期导向性特征。

根据研究背景的不同，不同的学者选取了不同的关系行为维度进行研究，总体

而言，目前学者们对关系行为的描述主要有两种。Lusch 和 Brown（1996）沿用
Heide 和 John（1992）对关系规范的测量，将关系行为分为灵活性（flexibility）、
信息交换（information exchange）、团结（solidarity）三个维度。其中，灵活性指
的是在面对变化的环境与形势时，一方提出改变先前协定或惯例，另一方响应和满
足其要求；信息交换指的是一方及时准确地向另一方传递关键的信息；团结指的是
一方实施了一些维护长期合作关系的行为。Hewett 和 Bearden（2001）将关系行为
分为依从（acquiescence）和合作（cooperation），以此来反映企业的关系行为。
"依从"被定义为在交易过程中，一方接受或遵从另一方特殊要求的行为，合作被
定义为双方为获得共同成果而采取的协调行为。而第一种分类方式应用更为普遍，
因此，重大工程组织间关系行为被界定为三个维度，分别是团结、灵活性和信息交
换。根据相关文献对这三个维度的描述和测度，重大工程组织间关系行为维度的定
义如表 7.1 所示。

表 7.1　重大工程组织间关系行为维度的定义

重大工程组织间 关系行为的维度	定义	文献来源
团结	重大工程参建方在项目实施过程中为获得共同成果和维护组织间关系而采取的协调行为	Hewett 和 Bearden（2001）
灵活性	重大工程参建方在面对变化的环境与形势时，根据其他参建方的需求和要求改变先前协定或惯例的行为	Cannon 和 Homburg（2001）
信息交换	重大工程参建方及时准确地向其他参建方传递关键的信息	Hoppner 和 Griffith（2011）；Heide 和 John（1992）

重大工程组织间关系行为的三个维度均能有效维护组织间关系。研究指出，
参建方的目标和利益差异是导致频繁冲突的主要原因，组织间团结能促进各方共
同识别问题和解决问题，从而实现项目关系质量的提升。对于信息交换，Cheung
等（2013）认为重大工程开发过程涉及来自不同专业背景的大量项目团队之间的
信息，及时的信息交换有利于项目参建方之间相互理解、公开交流和培育关系。
有效的项目信息能使重大工程参建方清楚项目的准确进度并获得解决问题的相关
知识。信息交换的积极作用还体现在可以理清冲突产生的原因从而有效减少争
端。对于灵活性，建立良好的组织间关系还需要项目参建方采取灵活的方式处理
重大工程实施过程中出现的各种无法预料的情形。由于最初的重大工程合同和计
划不可避免地存在模糊和不完整之处，参建方在项目实施过程中面对出现的突发
情况应当灵活处理，而不是过分依赖预先计划或者采取法律诉讼的方式。项目参
建方通过灵活处理问题可以简化解决过程，快速有效地化解争议并维护好组织间
关系。

7.2 重大工程组织间关系行为产生和效果的研究假设

本章研究对象为重大工程参建方实施的关系行为，由于关系行为是一种组织间跨界行为，故也称为组织间关系行为。由于重大工程组织间关系行为涉及重大工程项目内外部环境及参建方自身等多方面的因素，故可以从多个视角对该类行为的关键性问题开展探索性研究。例如，对于参建方关系行为的驱动，在微观层面，可借鉴社会心理学理论，从参建方自身的视角理解参建方实施关系行为的内部驱动因素；在中观层面，可采用项目治理相关理论，探索不同治理机制对组织间关系行为驱动的有效性；在宏观层面，可从制度理论视角，分析规范和认知因素等对组织间关系行为的外部影响机制。在考察内部驱动因素和外部驱动机制的过程中，也不能忽略重大工程参建方特征和关键情境因素在上述路径中的重要作用，如重大工程项目的不确定性等。此外，刻画组织间关系行为对项目绩效的效应，可以充分体现重大工程组织间关系行为对项目实践的客观价值和重要性，也是研究价值的重要体现。由于目前重大工程组织间关系行为相关研究仍十分缺乏，本章的研究作为一个开端，仅先对两部分内容开展研究，分别为：①关系行为的内部驱动因素，即参建方的社会心理学驱动因素；②关系行为产生的效果，即关系行为对重大工程项目绩效的影响。下文分别对这两项研究内容提出了假设并建立了相应的理论模型。

7.2.1 重大工程组织间关系行为的形成与驱动

重大工程组织间关系行为属于非强制实施行为，主要依赖于自我履约机制，包含很强的人格化因素。因此，参建方的内部驱动因素，如行为意愿和行为态度等将对关系行为的实施产生重要影响。根据工程建设领域关系行为的文献综述可知，学者已经识别了一系列关系行为采纳的激励因素和障碍因素（Ling et al.，2014），常见的激励因素包括：以更少的投资、更短的工期完成项目，提高利益相关者的满意度及增强未来竞争力；而常见的障碍因素包括：缺少经验、知识和技能，不合作的项目文化，行为采纳需要花费时间和成本，被怀疑腐败，等等。尽管这些因素都可能影响关系行为采纳，但是属于不同类型的影响因素。一部分属于外部环境因素，如项目文化；还有一部分属于参建方对该类行为的收益

（benefit）和风险（risk）感知，如感知到关系行为会带来绩效的提升或者额外成本，这决定了参建方关系行为采纳的态度；另有一部分因素源于参建方对自身能力的判断，如感知到的自身具备的知识和技能。由此可知，除了参建方无法主动控制的外部因素，影响关系行为采纳的主要因素是参建方内部心理因素。学者们对关系合同这一类鼓励关系行为采纳的创新模式的研究也得到了类似的结论。例如，Li 等（2000）通过文献综述指出目前影响关系合同实施效果的主要是参建方的行为和态度因素。倘若参建方没有积极合作的态度和行为，那么关系合同将仅是一份"空头支票"。

尽管如此，过去的研究鲜少考察重大工程参建方心理因素对关系行为的驱动作用。因此，针对重大工程组织间关系行为的内部驱动因素和驱动路径，本节从社会心理学的视角对参建方关系行为进行定量分析，为决策提供理论支撑和指导。经典的社会心理学理论，如理性行为理论（theory of resoned action，TRA）和计划行为理论（theory of planed behavior，TPB），已经被广泛用于各类行为预测和驱动。TRA 认为行为的态度（attitude）和主观规范（subjective norms）能有效预测行为的产生。之后，许多学者将更多的预测因素融入 TRA，以提高行为预测的准确度。TPB 是一种基于 TRA 的改进模型，它增加了感知的行为控制（perceived behavioral control，PBC），以此来同时预测行为意图和实际行为。Madden 等（1992）通过对比研究，发现 TPB 比 TRA 能更准确地预测行为。

在关系营销相关领域，学者们已经证实关系行为能被 TPB 模型中部分因素进行预测和驱动，如合作态度、长期关系导向和关系能力等。特定类型的关系行为，如信息共享行为和知识共享行为也在其他领域被 TPB 模型进行预测。基于此，本书研究将以 TPB 模型为基础，从社会心理学的视角探究重大工程参建方关系行为的内部驱动因素，并比较不同情境因素，如不同的重大工程项目文化和参建方过去的合作经历对内部驱动路径的影响。

1. 行为意愿和重大工程组织间关系行为

1）态度与关系行为意愿

重大工程参建方对关系行为的采纳持有不同的态度，而这一态度是由感知到的结果决定的，来自对感知到的收益和风险的权衡。基于此，我们将态度划分成感知收益的态度和感知风险的态度，感知到的收益是采取关系行为可能获取到的经济、技术、服务、战略、行为和社会收益的集合，它将促进积极态度的产生；相反地，感知到的风险是指采纳关系行为所产生的潜在成本和损失，它将导致负面态度的产生。

过去的研究表明关系行为能同时带来短期和长期的收益。短期收益包括降低成本、缩短工期、提高质量、避免冲突，如此可以提高项目效率和项目利益相关者的满意度。长期收益包括提升组织竞争力、提高组织能力和声誉、建立长期社会关系及获得未来合作机会等。Phua（2004）强调未来的合作机会将促进项目参建方在当前项目中积极采取关系行为。综上所述，提出以下假设：

H_{7-1}：重大工程参建方感知收益的态度对关系行为意愿有正向作用。

虽然关系行为采纳能带来一系列的收益，但是同时可能引发各种风险。首先，重大工程参建方需要花费额外的成本和时间开展关系行为。其次，重大工程业主可能仅有一次工程采购机会，导致关系行为不能带来未来合作收益。这种关系的不连续性和不稳定性将降低关系行为所带来的长期收益，并增加关系的维护成本。最后，亲密的组织间关系会被怀疑有腐败倾向。因此，重大工程组织间关系行为可能引发的成本和风险将降低参建方的行为意愿。综上所述，提出以下假设：

H_{7-2}：重大工程参建方感知风险的态度对关系行为意愿有负向作用。

2）主观规范与关系行为意愿

主观规范是个体在决定是否执行某特定行为时感知到的社会压力，反映的是重要他人或团体对个体行为决策的影响（Ajzen，1991）。在本章中，主观规范是指重大工程参建方感知到的其他方要求其采取关系行为的压力。首先，子公司需要遵守母公司的战略和策略。在重大工程中，子公司是指实际参与项目的团队（如设计和施工团队），它们需要听从母公司的战略安排。在子公司团队参与重大工程时，大多数母公司都希望该团队能与其他参建方建立长期合作关系从而带来未来收益，因此会要求参与团队采纳关系行为。例如，许多重大工程的施工总承包单位与施工单位、专业分包单位隶属同一家集团公司，集团领导也会给予高度重视并多次来现场指导工作，这些均表明了集团公司对子公司在重大工程中积极开展关系行为的期望和要求。此外，政府部门也期望参建方能积极采纳关系行为以提高项目绩效。由于大多数参与重大工程的大型设计和施工单位均为国有企业且曾隶属政府部门，它们与政府部门之间历史性的母-子公司关系会使重大工程参建方按照政府期望积极采用关系行为从而高效地实现项目目标（Chi et al.，2011）。其次，考虑到重大工程的示范效应，建筑业的相关行业协会也会针对重大工程积极倡导建立合作关系。具体而言，它们会鼓励采纳关系合同或者信息技术手段（如 BIM 技术）来促进信息交换和共同解决问题。再次，媒体也会在重大工程实施过程中报道该项目团结合作的事迹，从而激励项目参建方继续采取关系行为。最后是来自竞争者的压力，这与制度理论同构性压力中的模仿性压力类似，也会促使参建方采取关系行为。若竞争者在重大工程中广泛采取关系行为并获得收益，这也将驱动重大工程参建方积极采取关系行为。基于以上分析，提出假设如下：

H_{7-3}：重大工程参建方的主观规范对关系行为意愿有正向作用。

3）感知行为控制与行为意愿

感知行为控制是指主体感知到执行某行为时的难易程度（Ajzen，1991），后续研究发现其包含自我效能感和控制力两个因素，前者是指个体对自身完成行为所需具备的能力的信心，即自我效能；后者是指个体对完成行为所需资源的控制程度。自我效能是个体对自身完成某项任务或工作行为能力的一种主观感受，而不是能力本身。控制力是综合考虑了自身具备的知识、技能和所具备的资源后，对行为控制程度的客观评价。在组织间关系的相关研究中，感知行为控制的含义与关系能力和网络能力等构念相似（Mazur et al.，2014）。因此，在本节关系行为的研究中，感知行为控制被理解为关系能力，指项目参建方有意识地去建立、维护和发展合作关系的能力。关系能力使项目参建方能扮演多个角色，如协调临时性组织和发展社会网络等。关系能力难以被其他竞争者模仿和复制，因此也是一种竞争优势。综上所述，提出如下假设：

H_{7-4}：重大工程参建方的感知行为控制对关系行为意愿有正向作用。

4）感知行为控制与关系行为

Ajzen（1991）指出准确的感知行为控制反映了实际控制条件，可以直接预测行为发生。项目参建方的感知行为控制包括了一系列隐性的能力，包括信息分享能力、交流能力和发展长期关系的能力。Collins 和 Hitt（2006）提出组织必须建立有效的关系能力才能获取外部知识并传播内部知识，从而实现知识共享。Paulraj 等（2008）实证验证了长期导向的关系能力有利于促进组织间交流，而知识共享和组织间交流等都是关系行为的具体表现形式。综上所述，提出如下假设：

H_{7-5}：重大工程参建方的感知行为控制对关系行为有正向作用。

5）关系行为意愿与关系行为

Ajzen（1991）指出行为意愿可以直接决定行为。近年来，一些学者在不同领域的研究结果证实意愿对行为有正向促进作用，如环境可持续和创新技术采纳。Armitage 和 Conner（2001）采用元分析方法对 185 项基于 TPB 的研究进行了定量研究，进一步验证了行为意愿与实际行为之间的正向关系。在组织间关系的相关研究中，行为意愿与实际行为如知识共享行为和信息共享行为之间的关系也得到了验证，包括知识共享和信息共享行为。综上所述，提出如下假设：

H_{7-6}：重大工程参建方的关系行为意愿对关系行为有正向作用。

2. 情境化因素的调节作用

建立良好的关系对重大工程这种跨功能组织十分重要但也具有挑战性。Engwall（2003）认为项目并不是一个孤岛，项目参建方过去的合作经历对项目成功十分有益。Lu 等（2015）的研究结果显示重大工程中大多数项目参建方都有一定的过去合作经验，这是因为大多数重大工程都是政府投资项目且主要参建方为国有企业，业主更倾向于选择国有企业及过去合作良好的企业继续合作，以降低投资风险。以上海虹桥综合交通枢纽项目为例，业主和施工总承包单位均与之前实施的上海南站项目的业主和施工总承包单位相同，而作为施工总承包单位的上海建工集团与其使用的专业分包单位和劳务分包单位均为长期合作单位，这反映了长期合作的重要性。项目参建方基于之前的合作经验，建立起了明确的行为规范来明确行为标准。此外，Poppo 等（2008）认为过去的合作经验能加快组织间信任的形成，因而在目前的行为学研究中，过去的经验常被用作调节变量。另外，项目文化是项目管理相关研究中一个十分重要的情境变量，因而也常被用作调节变量。在重大工程实践中，项目文化软实力也对项目的顺利实施发挥重要作用，如苏通大桥项目就确立了"崇尚劳动、为民造福、尊重科学、勇于跨越"的项目文化，该项目的工程咨询顾问盛昭瀚教授认为该文化"引领了整个工程建设的灵魂，是一切行为的主导"（盛昭瀚等，2009）。综上所述，我们认为探索过去合作经验和项目文化对以上关系假设能起到调节作用。

1）过去的合作经验

组织或团队间过去的合作经验能够影响组织间关系行为，因为过去的合作经验决定了参建方之间的熟悉程度和信任程度。相互熟悉的合作者拥有更多处理潜在冲突和争端的经验，尤其是对于曾经在其他项目中共同应对过的类似问题。此外，过去的合作经验让项目参建方了解进行信息交换的合适时间、方式和渠道，从而提高信息共享的效率和有效性。再者，多次的合作将使项目参建方能预测对方的行为，这也将产生一种规范性的压力，使项目参建方需要始终保持"值得被信任"的状态以获取更多次合作机会。Buvik 和 Rolfsen（2015）也表明之前的合作经历能让团队提升自身能力，从而更加值得信任。Zhang 等（2009）对 PPP 项目的调研证实了过去的合作经验有利于提高相互之间的信任，从而促进关系行为的产生。Heide（2003）认为参建方之间的历史关系可以调节关系行为与关系结果的正向作用。基于以上分析，我们假设参建方之间过去的合作经验与 TPB 模型中内部驱动因素（态度、主观规范和感知行为控制）、行为意图发生交互作用，并最终影响参建方关系行为实施，因此我们提出如下调节作用假设：

H_{7-7}（H_{7-7a}~H_{7-7f}）：重大工程参建方之间过去的合作经验正向调节 H_{7-1}~H_{7-6}（H_{7-2} 除外）中提出的变量间关系，负向调节 H_{7-2} 中提出的变量间关系。

2）重大工程文化

Ajmal 和 Koskinen（2008）强调建立一个紧密合作的项目文化对项目成功的重要性。之后的学者也指出项目文化将影响组织开展关系行为的态度和意愿。de Long 和 Fahey（2000）认为文化是由价值观、规则和实践所决定的，进而影响沟通交流和信息交换的方式。良好的文化将有利于积极行为，如 Keskin 等（2005）的研究结果显示团队合作、积极参与和小团体文化（clan culture）对隐性的知识共享有正向作用。团队合作依赖于团队成员之间的协同作用，通过个人或集体的方式创造有效率的团队文化。此外，项目参建方必须对自身角色和职能定位保持一定灵活性以适应重大工程的不确定性，并在相互合作的项目氛围中完成项目目标。相反地，Bresnen 和 Marshall（2000）认为建设项目中对抗性文化是阻碍关系行为的最主要因素，因为项目参建方会为了获得自身利益而牺牲其他参建方利益。Ng 等（2002）则提出不灵活的项目文化会阻碍关系行为，因为这不利于项目参建方采取相互妥协和折中的方案共同解决问题。由此可得，不合作的项目文化将引起组织行为的"失调"，如信息阻滞和失真，从而影响项目目标实现。基于以上研究，我们假设重大工程项目文化与 TPB 模型中内部驱动因素（态度、主观规范和感知行为控制）、行为意愿发生交互作用，并最终影响参建方关系行为实施。因此，提出如下调节作用假设：

H$_{7-8}$（H$_{7-8a}$~H$_{7-8f}$）：重大工程中建立的合作文化正向调节 H$_{7-1}$~H$_{7-6}$（H$_{7-2}$ 除外）中提出的变量间关系，负向调节 H$_{7-2}$ 中提出的变量间关系。

根据上面的分析，本书研究基于 TPB，从社会心理学的视角构建了包含五个驱动因素（感知收益的态度、感知风险的态度、主观规范、感知行为控制和行为意愿）的重大工程组织间关系行为内部驱动模型，同时考察了参建方过去的合作经验和项目文化对内部驱动路径的影响。综合上述研究假设，得到如图 7.1 所示的理论模型。

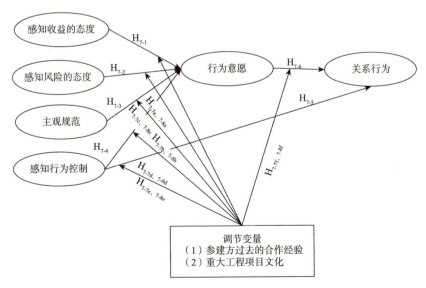

图 7.1　重大工程组织间关系行为的内部驱动模型

7.2.2 重大工程组织间关系行为对项目绩效的影响路径

目前对工程建设行业关系行为效果的研究表明不同维度的关系行为能提高项目绩效的不同方面，如灵活性有利于缩短项目工期。重大工程本身的高度不确定性和复杂性使参建方关系行为对减少项目绩效损失具有更突出的意义，但目前关于关系行为对重大工程项目绩效影响的研究缺乏清晰的论证。考虑到组织间关系行为是一种非完全利他行为（altruistic behavior），参建方实施该类行为的一个重要目的仍是提高自身绩效。因此，系统探讨关系行为、参建方绩效及项目绩效之间的相互关系有利于揭示从重大工程组织间关系行为到项目绩效涌现的过程"黑箱"（black box），为项目绩效的提升寻找新渠道。

关系行为作为一种积极行为，关系营销相关研究中已有大量文献指出其能提升组织和合作绩效。例如，在渠道关系领域，关系行为能给买方和卖方及供应链整体的绩效带来显著的促进作用。同样地，在重大工程实施阶段，所有的合同均已签订，项目目标、参建方的任务与职责已经明确，项目管理有效性很大程度上取决于参建方的主观能动性及如何采取行动。传统对项目结果的评价采用项目绩效，即侧重对"铁三角"指标（即工期、成本和质量）的考察，限制了对利益相关者多元化价值诉求的关注，如对利益相关者的主观满意度的考量。鉴于此，本节重大工程项目绩效是指重大工程项目目标的实现程度、综合评价项目绩效的铁三角指标和利益相关者的满意程度。

值得注意的是，关系行为的实施需要付出额外的时间、精力和成本去维护多方面关系，倘若付出不能有所收获，这种积极行为很难可持续。在重大工程中，参建方之间保持灵活的协同，建立和维护和谐的关系，这种主观意愿上的积极性可以大大提高参建方之间客观的、积极的、跨越边界的交互与集成；同时，维持关系意味着参建方改进项目实施，必要时投入更多的时间和资源完成项目交付，积极与其他相关参建方保持有效沟通，可以更加高效地完成本团队的任务交付（参建方任务绩效）。考虑建设项目具有临时性特征，关系行为的收益可能在未来得到体现，即各参建方在项目中实施的关系行为不仅对本次项目成功有积极作用，还对今后开展相关项目的合作有积极作用[参建方关系绩效（relationship performance）]。此外，关系行为能减少信息不对称并增强参建方之间的相互信任和承诺，这可能对机会主义等异化行为起到一定抑制作用。

综上，本节选择较能体现关系行为正面效果的参建方任务绩效和关系绩效，以及可能减少的负面效果——机会主义行为，来考察关系行为对重大工程整体项目绩效的影响机制。

1. 重大工程组织间关系行为与项目绩效

在关系营销中，关系行为对交易方绩效和满意度的促进作用已得到了广泛验证。例如，在供应链管理领域，Singh 和 Teng（2016）的研究表明关系行为能提高供应链整体绩效；Benton 和 Maloni（2005）的研究表明买卖双方的关系行为有利于提高供应链合作的满意度。在工程建设领域，Ning 和 Ling（2014）认为在公共项目中关系行为能促进关系质量的提升，证实了关系行为与成本、工期、质量及业主方满意度等绩效指标间的关系，明确了不同关系行为能提高的具体项目绩效。而在重大工程中，当参建方采取关系行为时，它们将产生更多组织间的信息交换，有利于预测和响应相互的需求，如此将提高参建方之间关系满意度。此外，重大工程参建方之间的灵活性确保其能快速评估情境并对环境变化做出及时反应，从而降低利益相关者之间发生冲突的概率。就团结行为而言，当重大工程参建方共同解决问题时，它们能通过增强信任提高组织间关系质量。因此，项目参建方之间充分的信息交换、对突发情形的灵活处理及保持团结有利于实现参建方之间"1+1>2"的涌现效果，从整体上促进项目目标的实现。由此提出如下假设：

H$_{7\text{-}9}$：重大工程组织间关系行为对项目绩效有正向作用。

2. 重大工程组织间关系行为与参建方绩效

尽管重大工程参建方的关系行为可以帮助其他参建方完成项目任务，但关系行为追求互惠性，并不是一种完全的利他行为，最终目的仍是高效地完成自身任务。与重大工程项目绩效相似，参建方的任务绩效包括完成任务的成本、质量和进度目标，即在合同中约定目标。具体而言，团结行为是参建方做出有利于整体合作的行为而非仅仅为了自身利益，包括共同做决策、共同解决问题和共同持续性的提高。为确保问题有效解决，参建方需要最大限度地减少冲突，而创造的和谐关系为自身任务完成创造了条件。此外，重大工程参建方的灵活性可以规避由于合同变更而必须经历的冗长程序，尤其在重大工程中出现突发事件时，灵活性有利于管理者迅速协商做出时效性最强的处理决策，提高任务完成效率。再者，重大工程的不确定性预示了较大的信息处理需求，必须通过紧密的交流来整合不同参建方的行为。信息交换让重大工程参建方获得更多信息来了解环境的不确定性，提前明确任务之间的相互作用并制定合适的任务策略，让自身利益与项目利益相结合并提出冲突解决方法，从而提高任务绩效。Straub 等（2004）关于供应链关系管理的研究结果表明交易双方的信息交换能促进双方高水平的绩效的实现。由此提出如下假设：

H_{7-10a}：重大工程组织间关系行为对参建方任务绩效有正向作用。

从长期关系角度，参建方绩效还包括关系绩效（relationship performance）。目前对关系绩效并没有统一定义，O'Toole 和 Donaldson（2002）将其作为一个很宽泛的概念，定义为由于组织间关系产生的绩效。有学者将其与可客观评价的短期经济绩效区分开，认为其是产生的长期收益。鉴于此，本书研究的关系绩效是指除了短期经济利益之外，参建方可以获得的长期收益，如与其他参建方建立良好社会关系及获得未来合作的机会，类似于前人研究中的关系延续（relationship continuance）。资源依赖理论认为企业的竞争优势来自差异化且不易被模仿的优势资源，这一理论目前也被用作渠道关系管理的指导依据。同样地，参建方与其他参建方通过关系行为而建立的长期关系有利于其获得更大的市场竞争优势。

关系行为有利于参建方更自由地分享想法、开放讨论、履行承诺和保持决定的一致性，从而使之更愿意维持长久的关系。Cannon 等（2010）在渠道关系管理中指出买方对卖方的信任及卖方的绩效能促进买方的长期关系导向。Ren 等（2010）认同关系行为可以提高感知到的信任，进而提升关系绩效。在工程建设领域，Ramaseshan 等（2006）认为采取积极的态度来解决冲突有利于促进社会交换和参建方之间相互了解，如此参建方将对合作经历满意并期待与其他参建方保持长期关系。在重大工程中，基于长期关系导向的关系行为可能会使企业牺牲短期利益来获取长期的收益，通过共同解决问题和合作谈判的方式来实现高绩效及未来长期收益。由此提出如下假设：

H_{7-10b}：重大工程组织间关系行为对参建方关系绩效有正向作用。

3. 重大工程组织间关系行为与机会主义行为

在交易成本理论中，Williamson（1973）将机会主义行为定义为"以欺诈的方式追逐自我利益"的行为，包括"说谎、偷窃、欺骗和误导、歪曲、伪装或其他混淆视听的算计伎俩"。这样的行为，既可能存在于交换关系的发起阶段，称为事前机会主义（ex-ante opportunism）行为；也可能存在于交换关系存续过程当中，称为事后机会主义（ex-post opportunism）行为。这一机会主义行为的定义是建立在完全契约假定的基础上的，从这个意义上来讲，机会主义行为意味着契约的违背。而在不完全契约或关系契约的背景下，Wathne 和 Heide（2000）把机会主义行为扩展为对关系规范的违背，包括拒绝适应变化的形势或利用变化的形势谋求交换伙伴的让步。

机会主义行为有不同的表现形式，在战略联盟中，机会主义行为主要包括欺骗（cheating）、逃避责任（shirking）、歪曲信息内容（distorting information）、误导合作伙伴（misleading partners）、提供次品（providing substandard products/services）及占用合作伙伴的关键资源（appropriating partners critical resources）（Das and Teng，1998）。在工程建设项目中，机会主义可能存在于项目的各个时期，表现为在招标阶段，招标人故意排斥投标人、偷泄标底及投标人故意抬标、串标等；在项目设计阶段，设计单位的方案和设计不合理；在项目实施阶段，监理方的偷懒行为，施工单位违法转包、偷工减料及以次充好等。

工程项目的临时性特征使参建方之间的关系可能是一次性的，这助长了机会主义行为的产生。此外，重大工程的不确定性特征导致各参建方之间的信息不对称，许多学者从交易成本的视角探讨了环境不确定性与机会主义行为的关系，并认为不确定性将增加机会主义行为。然而，组织间关系行为带来的频繁交流可有效减少信息不对称，降低机会主义行为发生概率。此外，关系行为带来的组织间信任和共同的价值观可提供一个履行行为的参考框架和安全环境，从而抑制机会主义行为的发生。除了信息交换，参建方的团结将双方利益得失捆在一起，令双方对未来的利益目标达成一致，避免了一方企业为了短期的利益而做出机会主义行为。由此提出如下假设：

H_{7-11}：重大工程组织间关系行为对参建方机会主义行为有负向作用。

4. 参建方绩效与重大工程项目绩效

重大工程中，进度是项目管理的重要目标，参建方的任务绩效改进可以显著加快重大工程的整体进度，确保在预定的关键节点上或工期内准时甚至提前交付让利益相关者满意的项目成果。在项目进度优于质量的传统项目管理目标体系中，参建方任务绩效更是能确保项目质量等其他目标的实现。目前一些实证研究支持参建方的绩效与利益相关者整体满意度之间的关系（Suprapto et al.，2015）。

基于关系营销的研究成果可知，感知到的关系绩效是提高利益相关者满意度的动力来源（Johnston et al.，2004）。由于重大工程采购的一次性，参建方之间的长期关系较难形成。然而，在项目实施过程中，参建方通过关系行为探索未来合作的可能，并为长期关系奠定基础。在未来的项目中，即使由于招投标法要求招标人需经过公开招标选择参建方，但在过去项目中有良好绩效的合作方也将被列为优先合作方，这种未来继续合作的可能性会促进项目绩效的提高。由此提出如下假设：

H_{7-12a}：参建方的任务绩效对重大工程项目绩效有正向作用。

H_{7-12b}：参建方的关系绩效对重大工程项目绩效有正向作用。

5. 重大工程参建方机会主义行为与项目绩效

交易成本理论认为机会主义行为与合作绩效负相关，因为成功的组织间关系和交易方竞争优势都依赖于双方共同努力，如果一方寻求自身利益并违反合同而采取机会主义行为，如歪曲信息、逃避责任或者转移共同收益，另一方将减少对资源和信息的投入以免被再次"利用"，如此将降低合作的整体效益。Luo（2006）通过对合资企业的实证分析得出机会主义行为会减少财务收入、销售额和降低整体绩效。

类似地，工程建设项目中机会主义行为不利于项目的最终结果。在工程实施前，由于重大工程的不确定性和复杂性，为防止机会主义行为，参建方的合同制定需要尽可能周全，包括考虑如何预防机会主义行为和冲突发生后如何迅速解决等，这将增加合同制定成本。在重大工程的实施过程中，偷工减料、歪曲信息、以次充好等情况的发生可能导致工期延长和成本增加，甚至出现验收不合格现象。Hawkins 等（2008）指出机会主义行为不仅会增加交易成本，同时也会影响双方关系的维持，这意味着参建方之间的工作关系满意度会受到影响。Mitropoulos 和 Howell（2001）认为机会主义行为不利于冲突解决，甚至导致参建方冲突升级。我国学者也发现通过合法或非法手段将项目利益进行转移的机会主义行为直接损害了项目利益，并对合作双方的长远利益和战略发展也构成了负面影响（尹贻林等，2014）。由此提出如下假设：

$H_{7\text{-}13}$：重大工程参建方机会主义行为对项目绩效有负向作用。

根据上面的分析，本书研究从重大工程组织间关系行为对参建方绩效和机会主义行为的直接效应及对项目绩效的涌现作用出发，构建了重大工程组织间关系行为对项目绩效的涌现研究模型，如图 7.2 所示。

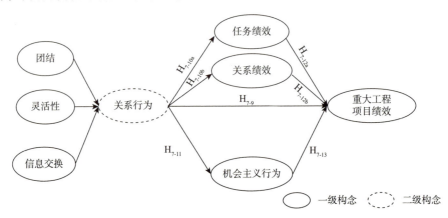

图 7.2　重大工程组织间关系行为对项目绩效的涌现研究模型

7.3　重大工程组织间关系行为产生和效果的研究结果

　　根据构建的理论模型，采用偏最小二乘法（partial least squares，PLS）对收集的 285 个中国重大工程项目管理人员回答数据进行了分析，数据来自业主方、监理单位、设计单位、施工总承包单位、专业分包单位和项目管理咨询单位六类重大工程主要参建方，之后再分别对理论模型的测量模型、结构模型及可能的调节作用与中介作用进行验证，具体结论和讨论结果如下文所述。

7.3.1　社会心理学因素对关系行为产生的驱动作用

　　对理论模型（图 7.1）的检验结果显示感知收益的态度能促成重大工程参建方关系行为意愿的产生，这与 Suprapto 等（2015）的研究结论类似，他们认为企业积极的关系态度能促成更多的关系行为并提高组织间关系质量。在重大工程中，拥有积极态度的参建方更愿意与其他参建方合作，而该参建方也会愿意积极主动地解决项目实施过程中出现的突发问题，参建方之间的这种互惠行为有利于减少在界面管理过程中不可避免的摩擦和冲突。此外，当重大项目参建方期望在当前项目中通过采取关系行为获得长期收益时，包括建立良好的信誉并获得未来的商业机会，它们会倾向于在项目实施过程中搁置与其他参建方的争议并争取对双方都有利的结果。因此，重大项目参建方可能会通过深入分析和考虑采纳关系行为所能带来的一系列短期和长期利益，增强采取关系行为的意愿。

　　然而，重大工程参建方感知风险的态度与关系行为意愿无显著相关性。这与 Ning 和 Ling（2014）的研究结论并不一致，他们指出关系行为的关键阻碍包括需要花费额外成本和时间、可能被怀疑有腐败倾向等，这些感知到的风险显著影响关系行为的采纳。这种结论的差异性来源于研究对象的不同，本书研究聚焦于具有社会和政治影响力的重大工程而非一般公共项目，该类项目的参建方均期望通过展示良好的任务绩效来提高企业声誉，因此，即使采纳关系行为可能牺牲企业的一些短期利益，但声誉的提高带来的未来收益将弥补这些牺牲。以上海世博会项目的供应商材料捐赠事宜为例，在项目实施时，许多材料都是供应商捐赠的，它们把自己的企业品牌和意识通过世博会展示出来，为以后的业绩创造留下很大的一笔无形资产。正如某材料捐赠企业的领导所言："我们今天不赚钱，明天可以。我们打进世博，进入世博，就是我们的资产。"这也符合本书的研究结论。此外，与西方个体主义文化相比，中国传统文化强调集体主义，因此，在由众多参建方组成的重大工程中，项目参建方会优先考虑共同合作完成项目预定目标，尤其是对于有固定完成日期的重大工程，因为一方的非合作行为极有可能会对其他参建方的任务完成造成影响，进而拖延整个项目工期。以北京首都国际机场 3 号航站楼为例，Chi 等（2011）指出尽管该项目由于采用边设计边施工的模式引起了一系列的设计变更，并产生了诸多索赔和争议，但项目参建方并没有因此停工，而是继续合作并保证项目按期交付。

研究结果显示有三个内部驱动因素（感知收益的态度、主观规范和感知行为控制）均对参建方的关系行为意愿有正向作用，而其中主观规范的驱动作用最强，这意味着社会认同或者"合法性"[①]被认为是影响重大工程参建方关系行为的关键要素。近些年，建筑行业逐渐被认为是一个巨大的网络组织，而项目参建方被认为嵌入在复杂的社会、行业和项目层面的交互关系中，因此，项目参建方的关系行为不可避免由制度、行业和项目规范所影响。正如 Phua（2006）的研究结果显示，意识到行业正在倡导伙伴关系模式的企业比尚未意识到该行业规范的企业有双倍的可能性采纳该模式。

此外，研究结果表明感知行为控制（指关系能力）也是关系行为意愿的驱动因素。关系管理相关文献已明确了关系能力对积极组织行为的重要作用。例如，Cheung 等（2013）验证了关系能力对团队合作的正向作用，类似地，Ling 等（2014）认为缺少关系能力会阻碍业主和咨询方之间的信任。但之前的研究忽略了行为意愿对实际行为的决定性作用，本书研究进一步验证了行为意愿与关系行为之间的正向关系。

关系行为的直接驱动因素包括感知行为控制和行为意愿，这与 TPB 在其他领域的研究结论保持一致。例如，Hameed 等（2012）认为感知行为控制和行为意愿正向驱动 IT 创新技术采纳。关系行为不能强制性采用，因此重大工程参建方的行为意愿显得格外重要。此外，关系行为的采纳很大程度上由参建方的关系能力所决定，这要求项目参建方能通过与项目内外部相关方建立良好的关系获取完成任务所需的资源和知识等。Ning（2014）也从反面的视角支持这一观点，他们认为参建方缺乏关系能力将阻碍项目利益相关者之间的信息交换这一关系行为。

7.3.2 参建方过去合作经验对驱动路径的影响

从收集的数据可观察到，大多数的项目参建方（285 个样本中的 207 个）都与重大工程其他参建方有一定的过去合作经验，这间接验证了 Lu 等（2015）的

---

① 根据制度理论，合法性是指组织被环境所认可的程度。

研究结论，并论证了选取"过去合作经验"作为调节变量的必要性。研究结论显示：相比于重大工程参建方之间无过去合作经验，拥有过去合作经验能显著提高感知行为控制对关系行为意愿的正向作用。Engwall（2003）认为项目参建方与其他参建方拥有过去合作经验有利于其将过去的经验应用到当前项目，这种经验能增强项目参建方对自身关系能力的信心，从而提升采取关系行为的意愿。相反地，倘若项目参建方之前无合作经历，它们需要重新了解对方的角色、行为方式、优势和弱势及相互协调的方式等，这将影响在项目早期组织间相互沟通和信息交换的意愿。

另一个值得注意的结论是过去合作经验负向调节感知收益的态度与关系行为意愿之间的正向关系。具体而言，当组织间无过去合作经验，感知收益的态度对行为意愿的正向作用显著高于组织间存在过去合作经验时，这意味着与熟悉的参建方合作将降低参建方感知到的收益。一个可能的解释是感知到的收益在第一次合作后即被内化，且不会随着合作次数的增加而增大。例如，采纳关系行为的一项收益是与其他参建方建立社会网络，该收益在第一次合作后即已实现（即被内化）。这与 Hoang 和 Rothaermel（2005）的研究结论相似，他们认为企业联盟的经验对联盟绩效的正向作用呈现边际效应递减特征。类似地，感知到的收益将随着合作次数的增加出现边际收益递减现象。

7.3.3 重大工程文化对内部驱动路径的影响

分析结论显示，当存在对抗性的重大工程文化时，感知风险的态度将显著降低采纳关系行为的意愿。Phua（2004）研究表明互相责备的项目文化将导致更多的潜在冲突和法律诉讼，从而增加采纳关系行为的交易成本。例如，在对抗性的项目文化中，重大工程参建方倾向于实现自身利益最大化，花费大量成本来防止自身被"利用"，如设计更加完整的合同、派遣更多员工监督项目实施、频繁召开项目会议等，这种不信任的工作方式最终将产生更多的纷争和索赔。

7.3.4 关系行为对项目绩效的直接影响路径

对理论模型（图 7.2）的检验结果发现参建方通过实施关系行为可以显著促进整个项目的绩效涌现，这与供应链领域 Singh 和 Teng（2016）、Panayides 和 Lun（2009）认为关系行为对供应链绩效有正向促进作用的结论一致。但是目前诸多项目往往依赖通过合同等正式机制加强技术投入或经济激励等方式提高参建方的积极性，甚至通过强制性的行政手段使参建方被迫赶工或投入更多的资源，确保实现项目目标，而忽视了关系行为这类非强制的积极行为对项目绩效的作用。强制的行政手段在一定时间内有积极作用，但同时往往会诱发过度的行政干预和行为异化。例如，尽管当前政府积极推动 BIM 技术在重大工程中的使用以促进组织间信息交换和协同，但参建方对此的响应仍多停留在技术建模或单个参建方内部的翻模工作层面，并未实质上促成参建方的信息交换行为。经济手段的使用往往使参建方过度追求眼前的经济利益，形成功利性项目文化，对经济利益的计算往往导致参建方之间关系恶化，利益冲突不断。如果在技术投入或经济手段的客观物质基础上，能够同时关注由此引起的参建方关系行为，这将使参建方的价值诉求从眼前利益转化为长期价值。关系行为如同系统中的润滑剂，使系统各个部分顺畅地互通，并建立信任，长远可以减少摩擦和利益冲突，使得技术投入和经济激励的正向作用得以充分发挥，项目绩效将在多方面得到有效提高。

7.3.5 关系行为对项目绩效的间接影响路径

1）关系行为通过任务绩效对项目绩效的作用

在重大工程这类复杂的多组织情境中，关系行为可以通过改善参建方自身任务实施情况而产生项目绩效涌现作用。作为一种跨组织积极行为，关系行为发生在参建方共同组成的网络中，在任务实施过程中，关系行为中的团结可以有效保证任务本身"做得好"，通过该网络可以建立和维持参建方之间长期稳定的信任关系；灵活性可以有效化解冲突与矛盾，使沟通路径得以缩短，从而实现关联参建方"整合得好"，实现有效的合作，最终确保项目管理目标的达成。但值得注意的是，任务绩效仅为部分中介作用。重大工程情境中跨组织层次的关系行为明显不同于单一组织中的个人行为，仅仅依赖某一参建方任务绩效的改进无法全面提升项目绩效。一般情况中，传统的项目任务分解往往使参建方将注意力集中在各自的任务实施过程，并竭力实现标准化，以降低任务实施过程中的不确定性，但重大工程中任务分解的同时也面临复杂的任务整合。尽管分解可以弱化任务的一次性和独特性带来的不可控因素，但重大工程较高的任务目标往往给常规的任务实施和整合带来较大的挑战和风险。因此，所有项目参建方还应关注任务整合和界面管理，从而实现整体项目目标。

2）关系行为通过关系绩效对项目绩效的作用

本研究的数据分析结果显示重大工程组织间关系行为可以促成持续的未来关系，进而提高项目绩效。具体而言，关系行为的作用远远超过了对当下项目绩效的影响，而是致力于创造未来与其他参建方合作的可能性。虽然项目组织是一个临时性组织，积极的合作经验对未来的合作作用是有限的。在重大工程完成后，团队就将被解散而且很难在未来的项目中重新再整合在一起，这造成了组织间关系的不可持续性，但是这些合作经历将深入高管团队，它们代表永久性组织，保证了关系的稳定性和可持续性。因此，考虑到未来合作的可能性，参建方将在现有项目上充分做出积极的关系行为，以提升关系绩效。但是，Nyaga 等（2010）在供应链管理中的研究结果显示，关系行为所引起的关系质量提高并不一定带来关系绩效提升，因为供应商认为即使与买方建立了良好关系，在新的交易中，买方还是会根据卖方价格、服务、绩效等选择新的卖方。由此可得，参建方实施关系行为是基础，随着感知到未来获得合作机会的概率的增加，提升项目绩效的积极性随之增加。但相比于参建方任务绩效，关系绩效对促进从关系行为到重大工程项目绩效的涌现，效果比较有限。

3）关系行为通过机会主义行为对项目绩效的作用

与 Wu 等（2017）的研究结论相似，机会主义行为不利于项目绩效涌现。重大工程参建方可能故意遗漏某些信息、提供不完整信息，或者违背某些非正式或正式的协议来谋取自身的利益，这些机会主义行为将导致项目成员之间合作关系满意度下降并影响项目的客观产出。例如，业主往往需要防范施工单位在低价中标之后通过偷工减料降低成本和通过经济索赔让业主追加投资等行为；施工单位与设计单位之间因为工程变更导致不断扯皮和摩擦，进而加剧重大安全事故与质量事故风险，甚至导致政治和社会风险。然而，本书研究的数据分析结果显示重大工程组织间关系行为可以通过抑制机会主义行为而减少项目绩效损失，这从减少损失的角度体现了关系行为在重大工程中的价值。Yang 等（2011）认为信任能减少机会主义行为。重大工程参建方的关系行为有助于加强信任，当集体利益与自身利益发生冲突时，重大工程参建方将以大局为重而不是采取机会主义行为。

7.4　研究局限和未来研究方向

对于重大工程组织间关系行为这一重要但研究不足的跨组织积极行为，本章进行了一定程度的探索，通过对关系行为的文献综述，提出了重大工程组织间关系行为的维度，构建了重大工程组织间关系行为的内部驱动机制及其对重大工程项目绩效影响路径的假设。基于调研数据，采用结构方程模型的 PLS 对理论模型进行了验证，并对相关结论进行了讨论。虽然研究得出了一定的结论，加深了对重大工程组织间关系行为形成规律和产生效果的认识，但仍存在诸多不足和有待改善之处，这也是对重大工程组织间关系行为未来进一步研究的方向。具体表现如下：

（1）本书研究未考虑多层次因素对重大工程组织间关系行为的影响。本书研究主要是基于 TPB 探索了重大工程组织采取关系行为的社会心理学因素。新制度经济学指出组织的经济行为总是嵌入在外部环境中，并受外部环境的影响。因此，重大工程参建方的关系行为除受内部社会心理因素的驱动外，还受所处外部环境中各项机制的影响，如项目的合同治理和关系治理机制等。此外，不同国家或地区的制度规范和文化，也对关系行为的有效性造成影响。这些因素和机制之间有可能还存在复杂的综合效应，即存在因果关系或者交互作用。例如，合同的完整性作为外部驱动机制是否影响感知风险的态度这一行为心理因素，或者感知的风险态度是否在不同的合同完整性情境下有所不同。未来有必要做进一步深入的研究，以探究不同层次驱动因素相互作用对关系行为实施及项目绩效的影响。

（2）本书研究未考虑外部利益相关者的关系行为。重大工程涉及众多的利益相关者，不仅包括本书研究所涉及的六类主要内部利益相关者，还应该包括政府相关部门（中央政府和地方政府）、社区居民和媒体等外部利益相关者，他们在项目全生命周期中会与内部利益相关者产生关系行为，如项目前期的征地拆迁、项目实施和运营过程中的公众参与等。外部利益相关者的关系行为也对重大工程绩效产生巨大影响。基于此，本书研究提出了重大工程组织间关系行为三方面的未来研究方向（图7.3），分别是：①内部利益相关者在项目前期阶段的关系行为；②内部利益相关者在项目运营阶段的关系行为；③外部利益相关者在项目不同阶段的关系行为。

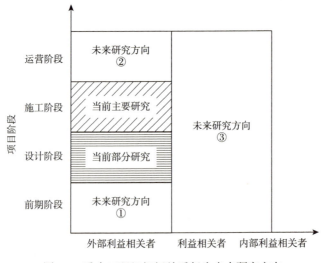

图 7.3　重大工程组织间关系行为未来研究方向

（3）本书研究未考虑重大工程组织间关系行为发展的动态过程。在项目实施过程中，参建方可能会改变关系行为策略，从而导致组织间关系连续变化，尤其是在驱动因素分析时，对动态过程的分析有利于揭示影响参建方关系行为的动态适应和演变规律。因此，未来的研究需考虑采取纵向研究和模拟仿真等方式来探索重大工程组织间关系行为随着时间发展的演变过程，尤其是找出触发参建方关系行为变化的事件。

（4）本书研究未考虑组织间关系行为的网络交互作用。重大工程利益相关者之间存在着多种复杂的组织间关系行为，这些关系行为不是平行的而是相互交织的，且与项目对象和情境难以分离。此外，关系行为的实施本身是一个消耗资源的过程，在有限的时间和资源前提下，重大工程参建方须采取有利于项目整体价值最大化的关系行为。因此，未来的研究需从关系行为网络的视角，通过网络分析和计算实验模拟等方法来深入揭示重大工程关系行为交互规律。

7.5　本章小结

基于关系营销理论中对关系行为的界定，本章明确了重大工程组织间关系行为的定义及其三个维度，分别为团结、灵活性和信息交换。针对重大工程组织间关系行为的形成和驱动因素，基于 TPB，从社会心理学的视角构建了包含 5 个驱动因素（感知收益的态度、感知风险的态度、主观规范、感知行为控制和行为意愿）的重大工程组织间关系行为内部驱动模型，同时考察了参建方过去的合作经验和项目文化对驱动路径的影响。此外，针对重大工程组织间关系行为对项目绩效的影响，从重大工程组织间关系行为对参建方绩效和机会主义行为的直接效应及对项目绩效的涌现作用出发，构建了重大工程组织间关系行为对项目绩效的涌现模型。基于对重大工程中六类主要内部利益相关者的实证调研，采用 PLS 对提出的理论模型进行验证。研究结果显示，行为意愿和感知行为控制可以直接驱动重大工程组织间关系行为，而感知收益的态度和主观规范通过行为意愿间接驱动重大工程组织间关系行为，参建方过去的合作经验一方面能促进感知行为控制对重大工程组织间关系行为的正向驱动，另一方面抑制感知收益的态度对重大工程组织间关系行为的正向驱动。此外，参建方实施重大工程组织间关系行为与重大工程项目绩效高度正相关，可通过提升参建方的任务绩效、关系绩效并抑制其机会主义行为间接提升项目绩效，且通过促进任务绩效来提升项目绩效的效果最为显著。

本章研究对参建方重大工程组织间关系行为驱动规律和价值进行了初步探索，有利于拓展重大工程组织间关系研究范畴，研究结论为重大工程参建方识别关键关系行为并制定有效的重大工程组织间关系行为策略提供了决策依据。但本章研究也存在诸多不足，因此提出了重大工程组织间关系行为未来的研究方向，为之后的研究者开展相关研究提供参考。

参 考 文 献

盛昭瀚，游庆仲，陈国华，等. 2009. 大型工程综合集成管理——苏通大桥工程管理理论的探索与思考. 北京：科学出版社.

尹贻林，徐志超，邱艳. 2014. 公共项目中承包商机会主义行为应对的演化博弈研究. 土木工程学报，（6）：138-144.

Ajmal M M，Koskinen K U. 2008. Knowledge transfer in project-based organizations：an organizational culture perspective. Project Management Journal，39（1）：7-15.

Ajzen I. 1991. The theory of planned behavior. Organizational Behavior and Human Decision Processes，50（2）：179-211.

Akintoye A，Main J. 2007. Collaborative relationships in construction：the UK contractors' perception. Engineering，Construction and Architectural Management，14（6）：597-617.

Armitage C J，Conner M. 2001. Efficacy of the theory of planned behaviour：a meta-analytic review. British Journal of Social Psychology，40（4）：471-499.

Bechky B A. 2006. Gaffers，gofers，and grips：role-based coordination in temporary organizations. Organization Science，17（1）：3-21.

Benton W C，Maloni M. 2005. The influence of power driven buyer/seller relationships on supply chain satisfaction. Journal of Operations Management，23（1）：1-22.

Bresnen M，Marshall N. 2000. Building partnerships：case studies of client-contractor collaboration in the UK construction industry. Construction Management and Economics，18（7）：819-832.

Buvik M P，Rolfsen M. 2015. Prior ties and trust development in project teams—a case study from the construction industry. International Journal of Project Management，33（7）：1484-1494.

Cannon J P，Homburg C. 2001. Buyer-supplier relationships and customer firm costs. Journal of Marketing，65（1）：29-43.

Cannon J P，Doney P M，Mullen M R，et al. 2010. Building long-term orientation in buyer-supplier relationships：the moderating role of culture. Journal of Operations Management，28（6）：506-521.

Cheung S O，Yiu T W，Lam M C. 2013. Interweaving trust and communication with project performance. Journal of Construction Engineering and Management，139（8）：941-950.

Chi C S F，Ruuska I，Levitt R，et al. 2011. A relational governance approach for megaprojects：case studies of Beijing T3 and Bird's Nest projects in China. Engineering Project Organizations Conference，Aspen，U.S.

Collins J D，Hitt M A. 2006. Leveraging tacit knowledge in alliances：the importance of using relational capabilities to build and leverage relational capital. Journal of Engineering and Technology Management，23（3）：147-167.

Das T K，Teng B S. 1998. Resource and risk management in the strategic alliance making process. Journal of Management，24（1）：21-42.

de Long D W, Fahey L. 2000. Diagnosing cultural barriers to knowledge management. The Academy of Management Executive, 14（4）: 113-127.

Engwall M. 2003. No project is an island: linking projects to history and context. Research Policy, 32（5）: 789-808.

Hameed M A, Counsell S, Swift S. 2012. A conceptual model for the process of IT innovation adoption in organizations. Journal of Engineering and Technology Management, 29（3）: 358-390.

Hawkins T G, Wittmann C M, Beyerlein M M. 2008. Antecedents and consequences of opportunism in buyer-supplier relations: research synthesis and new frontiers. Industrial Marketing Management, 37（8）: 895-909.

Heide J B. 2003. Plural governance in industrial purchasing. Journal of Marketing, 67（4）: 18-29.

Heide J B, John G. 1992. Do norms matter in marketing relationships? Journal of Marketing, 56（2）: 32-44.

Hewett K, Bearden W O. 2001. Dependence, trust, and relational behavior on the part of foreign subsidiary marketing operations: implications for managing global marketing operations. Journal of Marketing, 65（4）: 51-66.

Hoang H, Rothaermel F T. 2005. The effect of general and partner-specific alliance experience on joint R&D project performance. Academy of Management Journal, 48（2）: 332-345.

Hoppner J J, Griffith D A. 2011. The role of reciprocity in clarifying the performance payoff of relational behavior. Journal of Marketing Research, 48（5）: 920-928.

Ivens B S. 2005. Industrial sellers' relational behavior: relational styles and their impact on relationship quality. Journal of Relationship Marketing, 3（4）: 27-43.

Johnston D A, McCutcheon D M, Stuart I F, et al. 2004. Effects of supplier trust on performance of cooperative supplier relationships. Journal of Operations Management, 22（1）: 23-38.

Keskin H, Akgün A E, Günsel A, et al. 2005. The relationships between adhocracy and clan cultures and tacit oriented KM strategy. Journal of Transnational Management, 10（3）: 39-53.

Koka B R, Prescott J E. 2002. Strategic alliances as social capital: a multidimensional view. Strategic Management Journal, 23（9）: 795-816.

Li H, Cheng E W, Love P E. 2000. Partnering research in construction. Engineering, Construction and Architectural Management, 7（1）: 76-92.

Ling F Y Y, Ong S Y, Ke Y J, et al. 2014. Drivers and barriers to adopting relational contracting practices in public projects: comparative study of Beijing and Sydney. International Journal of Project Management, 32（2）: 275-285.

Lu Y J, Li Y K, Pang D, et al. 2015. Organizational network evolution and governance strategies in megaprojects. Construction Economics and Building, 15（3）: 19-33.

Luo Y D. 2006. Opportunism in inter-firm exchanges in emerging markets. Management and Organization Review, 2（1）: 121-147.

Lusch R F, Brown J R. 1996. Interdependency, contracting, and relational behavior in marketing channels. Journal of Marketing, 60（4）: 19-38.

Macneil I R. 1980. Power, contract, and the economic model. Journal of Economic Issues, 14（4）: 909-923.

Madden T J, Ellen P S, Ajzen I. 1992. A comparison of the theory of planned behavior and the theory of reasoned action. Personality and Social Psychology Bulletin, 18（1）: 3-9.

Mazur A, Pisarski A, Chang A, et al. 2014. Rating defence major project success: the role of personal attributes and stakeholder relationships. International Journal of Project Management, 32 (6): 944-957.

Mitropoulos P, Howell G. 2001. Model for understanding, preventing, and resolving project disputes. Journal of Construction Engineering and Management, 127 (3): 223-231.

Morgan R M, Hunt S D. 1994. The commitment-trust theory of relationship marketing. The Journal of Marketing, 58 (3): 20-38.

Morris P W G, Hough G H. 1987. The Anatomy of Major Projects: A Study of the Reality of Project Management. Chichester: Wiley.

Ng S T, Rose T M, Mak M M Y, et al. 2002. Problematic issues associated with project partnering—the contractor perspective. International Journal of Project Management, 20 (6): 437-449.

Ning Y. 2014. Quantitative effects of drivers and barriers on networking strategies in public construction projects. International Journal of Project Management, 32 (2): 286-297.

Ning Y, Ling F Y Y. 2014. Boosting public construction project outcomes through relational transactions. Journal of Construction Engineering and Management, 140 (1): 46-52.

Noordewier T G, John G, Nevin J R. 1990. Performance outcomes of purchasing arrangements in industrial buyer-vendor relationships. Journal of Marketing, 54 (4): 80-93.

Nyaga G N, Whipple J M, Lynch D F. 2010. Examining supply chain relationships: do buyer and supplier perspectives on collaborative relationships differ? Journal of Operations Management, 28 (2): 101-114.

O'Toole T, Donaldson B. 2002. Relationship performance dimensions of buyer-supplier exchanges. European Journal of Purchasing & Supply Management, 8 (4): 197-207.

Panayides P M, Lun Y H V. 2009. The impact of trust on innovativeness and supply chain performance. International Journal of Production Economics, 122 (1): 35-46.

Paulraj A, Lado A A, Chen I J. 2008. Inter-organizational communication as a relational competency: antecedents and performance outcomes in collaborative buyer-supplier relationships. Journal of Operations Management, 26 (1): 45-64.

Phua F T T. 2004. The antecedents of co-operative behaviour among project team members: an alternative perspective on an old issue. Construction Management and Economics, 22 (10): 1033-1045.

Phua F T T. 2006. When is construction partnering likely to happen? An empirical examination of the role of institutional norms. Construction Management and Economics, 24 (6): 615-624.

Poppo L, Zhou K Z, Ryu S. 2008. Alternative origins to interorganizational trust: an interdependence perspective on the shadow of the past and the shadow of the future. Organization Science, 19 (1): 39-55.

Ramaseshan B, Bejou D, Jain S C, et al. 2006. Issues and perspectives in global customer relationship management. Journal of Service Research, 9 (2): 195-207.

Ren X Y, Oh S, Noh J, et al. 2010. Managing supplier-retailer relationships: from institutional and task environment perspectives. Industrial Marketing Management, 39 (4): 593-604.

Singh A, Teng J T C. 2016. Enhancing supply chain outcomes through information technology and trust. Computers in Human Behavior, 54: 290-300.

Straub D, Rai A, Klein R. 2004. Measuring firm performance at the network level: a nomology of the business impact of digital supply networks. Journal of Management Information Systems, 21 (1): 83-114.

Suprapto M, Bakker H L M, Mooi H G. 2015. Relational factors in owner-contractor collaboration: the mediating role of teamworking. International Journal of Project Management, 33 (6):

1347-1363.

Wathne K H, Heide J B. 2000. Opportunism in interfirm relationships: forms, outcomes, and solutions. Journal of Marketing, 64（4）: 36-51.

Williamson O E. 1973. Markets and hierarchies: some elementary considerations. The American Economic Review, 63（2）: 316-325.

Wu A H, Wang Z, Chen S. 2017. Impact of specific investments, governance mechanisms and behaviors on the performance of cooperative innovation projects. International Journal of Project Management, 35（3）: 504-515.

Yang Z L, Zhou C, Jiang L. 2011. When do formal control and trust matter? A context-based analysis of the effects on marketing channel relationships in China. Industrial Marketing Management, 40（1）: 86-96.

Zhang Z, Wan D F, Jia M, et al. 2009. Prior ties, shared values and cooperation in public-private partnerships. Management and Organization Review, 5（3）: 353-374.

第8章 重大工程良性组织行为研究

8.1 重大工程良性组织行为内涵与特征

8.1.1 良性组织行为的内涵

1. 良性组织行为的概念

良性组织行为（good organizational behavior，GOB）泛指组织中的个体、群体及跨组织网络中的组织等多层次行为主体所做出的有利于组织效能提高的积极行为（Organ，1988；Luthans，2002；Li and Taylor，2014；Podsakoff et al.，2014）。良性组织行为存在多种表现形式。组织行为学当前关注的亲社会行为（prosocial behavior）（Moorman and Blakely，1995）、组织公民行为（organizational citizenship behavior）（Organ，1988）、利他行为（Li and Taylor，2014）、自愿行为（voluntary or discretionary behavior）（Organ，1988）、协同行为（collaboration behavior）（Xue et al.，2010）、非正式合作行为（informal cooperation behavior）（Smith et al.，1995）、积极行为等均属于良性组织行为的范畴。其中，个体层次的组织公民行为是最早也是当前研究较为成熟的良性组织行为构念之一；在群体层次，良性组织行为表现为群体公民行为、团队利他行为等多种形式（Chen et al.，2005；Li and Taylor，2014；Hu and Liden，2015）；在跨组织网络层次中，尤其在大型复杂组织系统中，组织层次的协同与非正式合作行为也已得到了部分学者的关注（Braun et al.，2012）。因此，随着多个构念的不断发展，良性组织行为研究已经形成较为成熟的理论研究范式。

良性组织行为源自组织中"想要合作的意愿"和"超越角色要求的、有助于实现组织目标的创新及自发行为"（Barnard，1938；Katz and Kahn，1978）。Organ是早期关注良性组织行为的学者，并正式提出了个体层次的良性组织行为表现形式，即组织公民行为的概念并将其定义为"自觉自愿地表现出来的、非直接或明显地不被正式报酬系统所认可的、能够从整体上提高组织效能的个体行为"（Organ，1988）。在群体层次上，良性组织行为是指"能够改善他人或集体福利的利他行为"（Organ，1997；Li and Taylor，2014）。当前组织行为学的另一热点研究领域积极组织行为也属于良性组织行为的范畴。在中国文化背景下，积极组织行为表现为投入行为、负责行为、主动行为、创新行为、助人行为和谋取和谐行为等。

上述与良性组织行为相关的概念在严格意义上定义不尽相同，甚至存在相互包含的关系。传统意义上，尤其是在团队等高阶层次上，学者普遍认为这些概念与个体组织公民行为是同质的（Rubin et al.，2013），但行为主体的层次（个体、群体、组织）和内涵不同，共同构成了多层次的良性组织行为体系。因此，本章对此也不做区分，对文献中有关概念的引用和分析统称为良性组织行为。

2. 良性组织行为研究现状分析

Smith 等（1983）起初认为良性组织行为应该是组织中的利他和尽责行为，后来Organ（1988）将个体层次的行为表现发展为利他、公民道德、运动家精神、个体首创性、善意提醒五个维度，成为引用最多的观点。Dyne 等（1994）对上述内涵的完整性提出了质疑，并从政治哲学理论出发，认为还应包括组织忠诚、组织参与（包括职责参与、社会参与、拥护参与等）、组织服从等新维度。基于 Organ（1988）和Dyne 等（1994）的成果，结合良性组织行为的本质特征，很多学者分别从不同视角对以上维度进行不同程度的发展。例如，George 和 Brief（1992）认为个体层次的组织公民行为还应包括建言行为和自我发展，其中建言行为来自于 Organ（1988）提出的个体首创性，自我发展则来自于 Katz 和 Kahn（1978）提出的公民行为初始构念。Podsakoff 等（2000）对已有研究进行梳理，将内涵相近的组织参与和公民道德合并为公民道德，将善意提醒、利他、帮助等合并为帮助，总结得到西方文化背景中个体层次良性组织行为的七个主要维度：帮助、运动家精神、组织忠诚、组织服从、个体首创性、公民道德、自我发展；Farh 等（2004）在西方研究成果的基础上发现了个体良性组织行为在中国文化背景下独有的维度：保护和节约公司资源、人际和谐。Braun 等（2012）创新性地提出了适用于临时性组织情境的良性组织行为表现形式——项目公民行为（project citizenship behavior，PCB），包括帮助、个体首创性、项目忠诚、项目服从、关系维护五个维度。尽管存在多种观点，但在过去 30 多年中，合作与互助行为始终是良性组织行为概念的核心理论基础（Rubin et al.，2013）。由于良性组织行为在不同情境中有不同的表现，而绝大部分已有研究是在西方文化背景中的永久性组织个体层次展开的，较少关注情境、行为主体层次对概念内涵的影响，如在重大工程情境中，组织间的协同合作等相关行为应当是良性组织行为的重要内容。

由于整体上有助于组织效能的实现，良性组织行为的相关概念如组织公民行为已经成为组织理论研究的热点之一（Podsakoff et al.，2014）。当前个体良性组织行为的研究已经开始向各个领域拓展，出现了顾客公民行为、安全公民行为、旅游公民行为、高校教师公民行为等（何清华等，2017），用于研究特定领域中的积极角色外行为，为研究重大工程中参建方实施的积极行为奠定了基础。Organ（1988）指出，良性组织行为包含个体（individual）、团队/群体（team/group）、组织（organization）三个层次，而组织公民行为研究仅为个体层次研究。当前，已有学者呼吁关注团队等更高阶层次（higher level）的良性组织行为研究（Podsakoff et al.，2014）。良性组织行为只有上升到更高层次，才能对组织及其行为对象产生有意义的价值（Organ，1997）。鉴于个体层次的组织公民行为研究已经非常成熟，团队层次及更高阶的良性组织行为研究将是下一步研究的主要方向，而且很多个体层次的研究结论需要在团队等高阶层次的研究中进行验证（Chen et al.，2005；Podsakoff et al.，2014；Li and Taylor，2014；Hu and Liden，2015）；良性组织行为研究领域已经开始从一般的永久性组织开始向临时性组织（Blatt，2008）、基于项目的组织（Braun et al.，2012，2013；Ferreira et al.，2013）等组织形式及高校（Dipaola and Hoy，2005）、一般项目管理（Anvuur et al.，2012；Anvuur and Kumaraswamy，2015）等特定领域和情境扩展，整体发展趋势见图8.1。

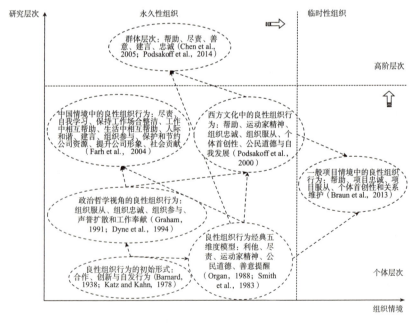

图 8.1　良性组织行为研究的发展趋势

资料来源：基于相关文献整理

8.1.2　重大工程中的良性组织行为现象

重大工程在当前及未来相当长的时间内都对我国社会经济发展具有重大影响。这类项目具有高度复杂性，其中，行为复杂性是其重要维度（Maylor et al.，2008；Xue et al.，2010）。一般情况下，按照合约，完成项目建设任务、实现各自利益最大化是参建方的常规做法和理性选择。通过对我国实施的港珠澳大桥、南水北调干线、青藏铁路等重大工程项目建设管理实践观察可知，这些重大工程建设成就的取得，除了归因于我国特有的制度、体制优势及较强的工程建设能力外，还与业主、施工单位、设计单位等众多参建方在建设过程中表现出的高度主观能动性与创造力、实施超出正常合约的建设行为高度相关，如在高温与寒冷等极端气候条件下坚持工作，主动投入更多的资源（时间、人力等），积极相互配合并自觉避免冲突，完成超出预期的项目交付，等等。这表明，有时候参建方会做出一些积极的非理性行为，表现出高度的主观能动性，达到超出预期的绩效。2014 年国际工程科技大会上，多位工程管理院士也指出，参建方这种超出合同范围的高度主观能动性和创造力是实现重大工程建设目标的关键因素[①]，这一点在文献中也得到了验证（Maier and Branzei，2014）。根据良性组织行为研究的内涵，这类现象被称为良性组织行为。良性组织行为并不是一种纯粹的"义务劳动"，而是为了提升未来潜在隐性价值而做出的一种角色外积极行为（Organ，1997）。这种行为无法在正常的职责和奖励系统进行事前约定，但整体上对组织效能（项目建设目标的实现）有积极作用（Organ，1997；Podsakoff et al.，2014）。因此良性组织行为可以很好地描述上述重大工程参建方的积极行为。类似的现象在很多重大工程中都可以观察到。

案例 1：南水北调–北京 PCCP 项目部

2008 年 1 月，南水北调京石段应急供水 PCCP（prestressed concrete cylinder pipe，预应力钢筒混凝土管）管道安装遭遇了张坊输水管道改线抢工的重大障碍，工期异常紧迫，PCCP 项目部请中国水利水电第五工程局（简称水电五局）安装分局项目部来支援。这不是该项目部的份内工作，当项目部接到抢工通知后，立刻组织"水电五局青年突击队"投入紧张的抢工中。突击队员冒着严寒或蹲或站了40 多个小时，及时排解了困难（南水北调 PCCP 管道工程办公室，2008）。

案例 2：港珠澳大桥岛隧工程

该工程属于粤港澳三地投资，资金的审批手续烦琐且时间跨度较长，港澳资金

---

① 会议链接地址：http://www.icest2014.cae.cn/zindex.html.

和广东省的资金都到位较晚。在这种情况下，珠海格力港珠澳大桥人工岛发展有限公司工程部没有等和靠，而是充分发挥主观能动性，协调和加强各施工单位的管理，使工程进展并没有因资金的问题受到影响，2010 年顺利完成既定工期计划，基槽挖泥这一重要节点更是提前了 10 天完工；CB04 标的项目专家多次邀请 CB05 标、CB02 标等项目负责人一起对安装专项方案进行讨论和评审，CB05 标还援助了吊装设备。投标前他们是竞争关系，但在港珠澳大桥项目的实施过程中，他们都变成了朋友关系，在建设中不断交流探讨施工工艺和工法等（港珠澳大桥管理局，2014）。

可以看出，上述行为是为了帮助提高其他关联参建方的任务效率，并进一步促进提高所在重大工程的项目绩效，具有显著的利他属性和主动性，并非完全满足传统的理性人假设。实际中，在合约已经签订的情况下，面对重大工程实施阶段的高度不确定性，业主方、施工方、设计方等众多参建方的高度主观能动性和创造力是提高项目管理效能的关键因素（Maier and Branzei，2014；Patanakul，2015）。上述重大工程管理实践表明，较之一般工程项目，参建方的组织公民行为在解决重大工程中的创新、冲突、工期等战略性问题中的作用更加关键。

上海世博会园区、青藏铁路、港珠澳大桥等多个重大工程通过举办劳动竞赛激发参建方实施组织公民行为也验证了这一点。立功竞赛是创造性劳动竞赛，由项目发起方（如上海世博会工程建设指挥部办公室、国务院南水北调工程建设委员会办公室）发起，中华全国总工会及各级政府和工会协助指导，对参建各方在一定阶段内在安全、质量、进度、科技创新、环保节能、廉洁守法、和谐文明、服务保障和团结协作等关键任务上的表现进行评比（上海市总工会和上海世博会事务协调局，2012）。竞赛成果要优于正常工作下取得的成果，取得突破性进展（邓小聪，2011）。在这个过程中，参建方往往面对建设难题不畏难、不退缩，对建设任务精益求精、追求一流，在创新方面不断超越，同时不计得失、勇于担当、服从大局、作业过程中主动配合、无缝衔接、快速反应、相互协作（上海市总工会和上海世博会事务协调局，2012）。最终，获胜者可以得到多种精神奖励。例如，赢得南水北调某阶段立功竞赛的参建方可以得到由负责该项目的工程建设管理局统一颁发的奖状和奖牌，并在该局网站上进行宣传，对于各阶段获得一等奖的设计单位、工程监理单位和施工单位由负责该项目的工程建设管理局致函获奖单位企业总部以表鼓励，对于多个阶段同时获得一等奖的单位由负责该项目的工程建设管理局推荐报请国务院南水北调工程建设委员会办公室予以表彰（唐涛等，2013）。

上述重大工程项目实践表明，参建方的建设行为中存在大量超出常规合约范围的、对实现项目建设目标有重要意义的良性组织行为现象，且参建方并不仅仅为了追求短期经济利益的最大化，其实施良性组织行为的诉求具有利他属性。

根据良性组织行为的内涵和定义，本章将上述重大工程中参建方实施的未被直接或明确地纳入正式合同或制度范围，但整体上有助于实现工程建设目标的积极行为定义为 MGOB。

但对上述相关案例的探讨仅限于个别项目的实践和探索，尚未上升到理论层面，无法为重大工程项目建设提供科学的决策参考。一般工程项目管理理论对良性组织行为的研究尚处于起步阶段。与一般工程相比，重大工程建设周期长，具有高度复杂性，建设过程存在大量的不确定因素，无论是技术上或是管理上都需要创新驱动（何继善，2013）。国际复杂项目管理中心（International Center of Complex Project Management，ICCPM）在 2012 年发布的《复杂项目管理：全球视角和 2025 年战略议程》中认为，传统项目管理方法中的"可预见的、确定的、相对简单的和刚性规则的"模式已经无法适用于复杂项目，必须提高组织适应复杂项目的能力。可见，MGOB 的复杂性已经超出了传统项目管理理论的范畴，必须用新的视角对这种积极行为进行系统考察。例如，参建方的 MGOB 有哪些具体表现和独特性特征？政府主导的特性对重大工程参建方的 MGOB 有哪些影响？参建方为什么会做出这种利他行为？背后的动机是什么？MGOB 实施过程中会受到哪些因素的影响？这种积极行为是否真正可以为重大工程项目管理创造积极的价值？重大工程在"遍地开花"的同时，却屡因环境问题而饱受诟病。在强调可持续建设的背景下，MGOB 在环境保护等方面有何重要体现？这些相关问题更是缺乏深入的研究。

8.1.3　重大工程良性组织行为类别

1. 重大工程良性组织行为类别的识别方法

对 MGOB 现象的识别和特征分析是对这类现象展开深入研究的前提。MGOB 并不属于传统的项目管理内容，在重大工程日常项目管理系统中缺乏文本记录，对这类现象的探索可以使用演绎与归纳相结合的质性研究方法（Podsakoff et al.，2014）。因此，本节采用归纳与演绎相结合的方法对 MGOB 现象进行识别，即通过公开资源收集重大工程中符合良性组织行为定义的行为事例，然后采用文本分析的方法对收集的事例进行聚类，再通过多种方式对分类一致性和可靠性进行评价（Hinkin，1998）。MGOB 识别的归纳与演绎过程包括以下四个阶段，见表 8.1。

表 8.1　MGOB 的识别步骤

研究阶段	研究内容	研究过程
阶段 I：提出 MGOB 框架	步骤 1：文献综述	归纳、演绎
	步骤 2：半结构化专家访谈	归纳

研究阶段	研究内容	研究过程
阶段Ⅰ：提出 MGOB 框架	步骤 3：MGOB 事例收集	归纳
	步骤 4：事例聚类分析，得到 MGOB 五个维度	归纳、演绎
	步骤 5：结合理论进行 MGOB 聚类修正	演绎
阶段Ⅱ：可靠性验证（1）	行业与学术专家结构化访谈	归纳
阶段Ⅲ：行业调研	重大工程项目管理人员调研	归纳
阶段Ⅳ：可靠性验证（2）	回归分析	归纳

根据访谈中专家的建议，本节选择一系列中国典型的重大工程项目，尤其是通过举办立功竞赛来激发参建方实施相关 MGOB 的项目，作为事例收集对象。根据已有文献中关于良性组织行为的定义，由一名博士生和一名硕士生通过公开资源收集这些项目中的 MGOB 事例。然后，汇总半结构化专家访谈中专家给出的 MGOB 事例，形成 MGOB 的事例集。基于事例文本分析，按照文献中良性组织行为维度的内涵进行聚类分析，得到重大工程参建方组织公民行为的初步维度框架和行为类别（对应测度中的题项）。基于第二轮的结构化专家访谈，对上述归纳分类结果的可靠性进行验证和修订，得到最终的 MGOB 维度模型。基于识别的 MGOB 五个维度，采用文本分析法，提取和验证 MGOB 的情境化特征。然后，基于行业调研数据，采用统计工具分析 MGOB 的量化特征，包括业主方、施工方和设计方实施 MGOB 的整体水平，以及角色差异、参建方企业属性、重大工程组织模式等因素对 MGOB 的影响。最后，基于行业中 260 位项目管理人员的调研结果，采用回归分析法，再次对 MGOB 五个维度、20 个行为类别的测度工具进行可靠性验证，确保实地研究测度工具的信度和效度。

2. 重大工程良性组织行为类别的理论基础

由于良性组织行为存在多个维度和多种表现形式，本节基于不同维度的释义关联性分析，对同类或存在重复与交叉的维度重新进行整理，最终将良性组织行为的 15 个类型聚合提取为六个维度，包括帮助、服从、尽责、保持和谐关系、首创性和奉献，见表 8.2。上述 15 种行为释义将作为本节行为事例收集的直接理论依据，聚合得到的六个维度将作为识别 MGOB 维度框架的理论依据。

表 8.2　MGOB 类型、释义与维度聚合关系

MGOB 维度	MGOB 类型	行为释义	参考文献
帮助	人际互助	自愿帮助他人解决问题	Organ（1988）；Farh 等（2004）；Graham（1991）
	自发合作	工作中自发与他人合作	Barnard（1938）

续表

MGOB 维度	MGOB 类型	行为释义	参考文献
帮助	善意提醒	提醒他人，避免工作出现问题	Organ（1988）；Podsakoff 等（2014）
服从	组织服从	接受和内化组织/项目中的规则、管制，即使无人监督	Graham（1991）
	项目服从		Braun 等（2013）
尽责	组织忠诚	认同并忠于组织，保持激情，传播组织的正面消息，捍卫组织目标	Graham（1991）
	尽责	工作中自愿尽最大努力和加班	Organ（1988）；Farh 等（2004）；Podsakoff 等（2014）
	运动家精神	愿意忍耐工作中不可避免的不便，并保持积极的态度，不抱怨	
保持和谐关系	保持和谐	促成和维持工作场合的和谐关系	Farh 等（2004）
	关系维护		Braun 等（2013）
	公民道德	愿意积极地参与组织管理，并保持良好的组织氛围	Organ（1988）；George 和 Brief（1992）
首创性	个体首创性	自愿以超出职责范围的创造性和创新性来提升任务或组织绩效	Organ（1988）
	建言	提出建设性建议，不仅仅是评判	Dyne 等（1994）；George 和 Jones（1997）
	自我发展	自愿提高工作需要的技能、知识和能力	Farh 等（2004）；Podsakoff 等（2000）
奉献	工作奉献	自觉努力工作并积极实现组织利益最大化	van Scotter 和 Motowidlo（1996）

资料来源：根据相关文献资料整理

3. 重大工程良性组织行为类别的识别结果

经过上述多个步骤，最终得到 MGOB 的 21 个行为类别并进行编码，对应的 MGOB 五个维度分别命名为服从（project compliance，PC）、权变式协同（contingency collaboration，CCL）、尽责（conscientiousness behavior，CB）、和谐关系维护（harmonious guanxi maintenance，HGM）、首创性（initiative behavior，IB），由此得到重大工程组织公民行为五维度框架，见表 8.3。

表 8.3　重大工程组织公民行为五维度框架

维度		行为类别	事例数量	占比	专家一致性	占比
MGOB	服从（PC）	PC1	我方自觉服从项目进度任务安排	33	6%	9	64%
		PC2	我方自觉遵守项目管理要求	15	3%	12	86%
		PC3	我方自觉服从制定的项目任务目标	68	13%	11	79%
		PC4	我方严格服从政府相关部门对项目提出的要求	24	4%	11	79%

续表

维度			行为类别	事例数量	占比	专家一致性	占比
MGOB	权变式协同（CCL）	CCL2	我方会在上下工序和界面上给其他参建方提供便利	20	4%	11	79%
		CCL3	我方会帮助其他参建方解决建设困难，如借用设备等	29	5%	8	57%
		CCL4	我方会与其他参建方分享项目经验	21	4%	8	57%
		CCL5	我方主动协调解决与其他参建方之间的冲突	1	0	12	86%
		CCL6	我方会善意提醒其他参建方可能出现的错误	0	0	7	50%
	尽责（CB）	CB1	根据项目需要，我方会在没有报酬的情况下主动组织加班，加快任务进度	40	7%	10	71%
		CB2	我方对任务的执行精益求精，严格管理，即使无人监督	22	4%	7	50%
		CB3	我方自觉调用充足的资源（人、财、物）支持项目建设	22	4%	8	57%
		CB4	我方自觉参加或组织团队培训	41	8%	8	57%
		CB5	我方自觉参加和支持项目组织的活动和会议	14	3%	11	79%
	和谐关系维护（HGM）	HGM1	我方主动与政府相关部门构建和谐关系	3	1%	14	100%
		HGM2	我方主动与外部利益相关方（移民、拆迁居民、项目周边居民、地方政府相关部门等）构建和谐关系	30	6%	13	93%
		HGM3	为了项目利益，我方不计较与其他参建方以往的过节	35	6%	11	79%
	首创性（IB）	IB1	我方创新性地提出了项目实施的改进方案	48	9%	9	64%
		IB2	我方主动采纳了先进技术与方法，如 BIM 技术、绿色建筑等	16	3%	8	57%
		IB3	我方指出了项目管理的改进机会和潜在可能性	15	3%	9	64%
		IB4	即使没有要求，我方仍会对项目实施提出建设性建议	21	4%	7	50%
放弃题项		CCL1	项目实施过程中，我方会打破常规，确保完成任务	8	1.5%	2	14%
		CB6	我方自愿承担额外的项目任务	8	1.5%	2	29%
		HGM4	项目之外，我方积极与其他参建方保持联络	5	0.9%	1	29%
		HGM5	我方从不积极给予项目及其他参建方正面的评价	0	0	5	36%
合计				539	100%	—	—
放弃维度：工作奉献（job dedication，JD）		JD1	为项目牺牲家庭责任	28	—	4	29%
		JD2	带病坚持工作	28	—	0	0

注：CCL1，CB6，HGM4，HGM5 为事例数量占比低于 2.5% 且专家同意保留的比例低于 50%而被删除的题项；根据专家建议删除工作奉献维度；依据文献添加 CCL6 和 CCL5

1）权变式协同

权变式协同行为是指为了项目利益，即使未在合同中明确说明，参建方也会实时灵活地相互协助、彼此保持协同的行为。具体行为包括：我方（即我们企业，下同）会在上下工序和界面上给其他参建方提供便利（CCL2）；我方会帮助其他参建方解决建设困难，如借用设备等（CCL3）；我方会与其他参建方分享项目经验（CCL4）；我方主动协调解决与其他参建方之间的冲突（CCL5）；我方会善意提醒其他参建方可能出现的错误（CCL6）。权变式协同行为共 71 个事例，占比 13.2%。该类 MGOB 源自于表 8.2 中的帮助行为。但重大工程中参建方的协同行为相对于个体层次的帮助行为更为复杂，发生在跨组织层次且具有自由裁量的权变属性（Söderholm，2008；vom Brocke and Lippe，2015）。

2）尽责

尽责行为是指为促进项目利益最大化，即使无人监督，重大工程参建方也会尽最大努力自觉做出超出最低任务要求的行为。该类行为共 139 个事例，占比达到 25.8%，共 5 个题项，与服从行为（占比 26%）同样较为普遍。具体包括：根据项目需要，我方会在没有报酬的情况下主动组织加班，加快任务进度（CB1）；我方对任务的执行精益求精，严格管理，即使无人监督（CB2）；我方自觉调用充足的资源（人、财、物）支持项目建设（CB3）；我方自觉参加或组织团队培训（CB4）；我方自觉参加和支持项目组织的活动和会议（CB5）。

3）首创性

首创性是指参建方用创造性、创新性的方法努力完成甚至超过重大工程建设任务最低要求的行为，共包括 100 个事例，占比 18.6%。具体包括：我方创新性地提出了项目实施的改进方案（IB1）；我方主动采纳了先进技术与方法，如 BIM 技术、绿色建筑等（IB2）；我方指出了项目管理的改进机会和潜在可能性（IB3）；即使没有要求，我方仍会对项目实施提出建设性建议（IB4）。首创性是与文献中相关组织公民行为最为接近的维度。

4）和谐关系维护

和谐关系维护行为是指重大工程参建方积极与其他参建方等项目内外部利益相关者构建并维持和谐关系的行为。具体包括：我方主动与政府相关部门构建和谐关系（HGM1）；我方主动与外部利益相关方（移民、拆迁居民、项目周边居民、地方政府相关部门等）构建和谐关系（HGM2）；为了项目利益，我方不计较与其他参建方以往的过节（HGM3）。和谐关系维护行为共有 68 个事例，占比 12.6%。需要指出的是，该类别中的关系（guanxi）不用西方文献中的关系（relationship）来阐释，相比之下，中国文化语境下的关系的范围更加广泛，包含了正式契约之外的非正式内容。

5）服从

服从行为是指为实现项目目标，即使无人监督，重大工程参建方也会自觉遵守项目组织网络中正式与非正式的管理制度、规范和要求的行为。该类行为共140个事例，占比 26%，为最高。具体包括：我方自觉服从项目进度任务安排（PC1）；我方自觉遵守项目管理要求（PC2）；我方自觉服从制定的项目任务目标（PC3）；我方严格服从政府相关部门对项目提出的要求（PC4）。值得注意的是，重大工程参建方的服从行为超出了项目任务范围，指向包括政府在内的重大项目利益相关者构成的社会网络，尽管政府并不直接参与项目的实施。这一点与文献中的组织公民行为尤为不同。

8.1.4 重大工程良性组织行为的情境依赖性分析

1. 重大工程的情境特征

重大工程具有利益相关者角色多样性特征。重大工程组织由多个不同的利益相关者，包括政府、业主、施工单位、设计单位、监理单位、项目管理咨询单位、勘察单位、供货单位、拆迁单位、金融单位、运营单位、社会公众等，在项目全生命周期内参与项目实施的组织，它们之间的相互关系构成了重大工程的制度领域（Shao and Turner，2010；Eweje et al.，2012；Flyvbjerg，2014；Hu and Liden，2015）。不同角色的利益相关者之间建立和维护兄弟般的长期合作关系是重大工程项目管理的关键要素（Wang and Huang，2006；Mazur and Pisarski，2015）。另外，由于专业背景和承担角色的不同，其行为具有差异化特征（Hanisch and Wald，2014），其价值诉求也往往因角色的不同而存在较大的差异，甚至超出了传统的项目边界（盛昭瀚等，2009）。

重大工程具有政府主导特征。重大工程是政府或社会组织实现战略目标的重要工具（Eweje et al.，2012），往往由政府发起或受到政府的密切关注。因此，政府对很多重大工程项目的实施有重要影响，甚至起主导作用。一方面，发起方政府一般会提出具有较高挑战性的项目要求，并有权确定项目目标（Boateng et al.，2015），其复杂的决策机制往往会导致项目复杂性也随之大大增加。另一方面，业主一般由发起方政府组建的专业公司担任，其他参建方或是国有企业或是与政府有密切关系的企业（Chi et al.，2011；Hu et al.，2015），因此，这类项目往往涉及多个利益相关者，包括代理机构、权威的当权者、行政人员及说客。项目进展不仅受到政治联盟的控制，还会受到沟通与合作渠道的影响（Patanakul et al.，2016），最终导致政府关系管理成为重大工程面临的重要挑战之一（Eweje et al.，2012）。

重大工程具有跨组织社会网络特征。重大工程所有参建方共同构成的项目组织是一个开放的复杂跨组织社会网络系统（Provan et al.，2014）。同时，有别于永久性企业组织，重大工程本身不是项目组织，而是这个跨组织网络的核心载体，且具有公共物品属性（Tyssen et al.，2014；Flyvbjerg，2014）。因此，项目的成功是网络中所有参建方实现价值诉求的前提（Ferreira et al.，2013）。而这类项目未来可预见的价值比项目组织更能驱动参建方的积极性，从而刺激参建方实施 MGOB（Chi et al.，2011；Braun et al.，2012）。由于重大工程突出的外部环境嵌入性和复杂跨组织网络边界的开放性，管理层级与角色边界模糊，存在大量的非正式跨组织协调工作（Hanisch and Wald，2014；Shen and Shi，2015）。因此，整体上，重大工程的跨组织网络是多元的，MGOB 发生在跨组织层次，并超出了传统的项目组织范围，且一定程度上是随机发生的（Bakker，2010）。

重大工程具有高度不确定性特征。重大工程项目管理面临来自政治、社会、经济、技术和环境方面的挑战，存在大量的"黑天鹅事件"（Boateng et al.，2015；Flyvbjerg，2014）。因此，重大工程具有高度不确定性，具体来看：①项目范围和目标经常随着时间出现较大的变更，统计结果显示，不可预见的情况是导致工期延迟和预算超支的主要原因（Flyvbjerg，2014）；②受众多内外部利益相关者的委托，项目经理只是管理不确定性的代理人，对项目组织的界定不能仅局限于单独一方所属的组织，而应当将所有参建方视作一个整体（Wang and Huang，2006），其首要职责是以任务为导向，通过不确定性的降解实现整体项目利益，并不是组织发展（Turner and Müller，2003）；③项目任务具有独特性、不可重复性和高度不确定性（Flyvbjerg，2014）；④项目管理是基于情境的，需要不断根据环境变化进行权变（Söderholm，2008）。在高度不确定性情况下，参建方之间相互的支持和协同是影响合作质量的关键因素，其中，协同行为源自任务网络与项目管理之间的依存性和交互性，也具有权变特性（vom Brocke and Lippe，2015）。

2. 重大工程良性组织行为的情境依赖性特征

重大工程的情境特征不可避免地会影响参建方 MGOB 的表现形式，从而使其区别于已有文献中的维度体系。本章采用归纳与演绎相结合的方法探索性地研究了 MGOB 的实践现状，最终识别出 MGOB 的五个维度，见表 8.3。在重大工程情境因素的影响下，MGOB 的每个维度均一定程度上呈现出情境依赖性特征（图 8.2），具体主要体现在以下三个方面。

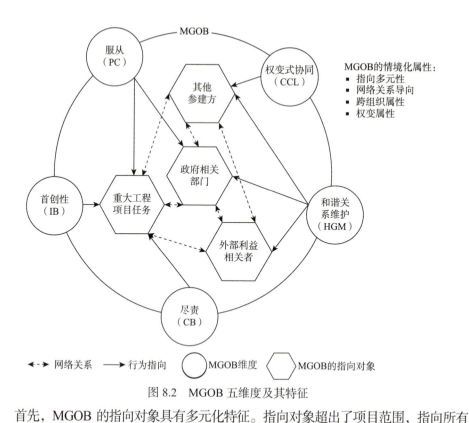

图 8.2　MGOB 五维度及其特征

　　首先，MGOB 的指向对象具有多元化特征。指向对象超出了项目范围，指向所有利益相关者构成的网络，具体包括重大工程项目任务、政府、其他参建方和外部利益相关者。项目任务与重大工程项目自身紧密相关，与其他两个指向对象——政府和参建方，均属于重大工程项目组织范畴，而外部利益相关者使MGOB的指向对象跨出项目组织，覆盖了整个重大工程项目利益相关者网络。其中，首创性和尽责行为均指向重大工程项目任务，服从行为的对象则指向重大工程项目任务和包括发起方政府与地方关联政府部门在内的政府，这一指向仍未超出重大工程项目组织网络，但已与一般项目中的良性组织行为仅指向项目有所不同。权变式协同主要发生在参建方之间，而不是任何一个参建方内部。和谐关系维护的指向对象涉及了其他参建方、政府相关部门和外部利益相关者及其基于相互间关系构成的跨组织网络。

　　其次，MGOB 具有跨组织网络特性和持续灵活的权变属性。行为主体和行为指向对象（除了项目任务）均来自重大工程网络中具有多样化专业背景的组织，这导致 MGOB 具有跨组织属性。政府和外部利益相关者的影响则导致整个利益相关者网络具有开放性和更高的不确定性，因此，MGOB 必须根据情境进行灵活的权变。

　　最后，MGOB 注重跨组织网络关系导向。和谐关系维护是关联指向对象最多的 MGOB 行为。这一类型的 MGOB 发生在参建方与政府部门、其他关联参建方及外部利益相关者之间，涵盖了重大工程跨组织网络中的所有组织。表 8.3 中的访谈专家普遍认为，和谐关系维护包含了大部分利益相关者之间正式与非正式的跨组织关联，已经成为参建方最为重要的行为内容。

8.1.5　重大工程良性组织行为的整体表现水平与测度工具

1. 重大工程良性组织行为的整体表现水平

根据行业调研数据，MGOB 中的五种行为现象的表现水平排序体现了不同角色对 MGOB 五个维度不同的重视程度。图 8.3 显示了业主方、施工方和设计方在各个维度上的表现水平，可以看出，服从行为是所有参建方表现水平均列第一的现象，这与基于事例观察的结果是一致的；还可以看出，尽管业主是重大工程责任与风险的主要承担者，但无论业主、施工方还是设计方在尽责行为上并不存在显著差异，都以同样负责的态度来完成建设任务。除了不同角色关于服从和首创性行为排序的一致性及其原因分析，这种差异化源自重大工程情境特征及不同参建方的任务、职责分工和角色的差异性。与发起方政府的特殊关系及传统的甲乙方关系使业主在众多参建方中拥有较大的权力和主导性，很多情况下，业主本身就是施工方和设计方关系维护的对象（Wang and Huang，2006），所以施工方和设计方对和谐关系维护的重视程度要高于业主；当前项目中合作行为的核心参与主体是施工方和业主（Wang and Huang，2006；Braun et al.，2012），同时业主和总包承担了大部分的协调工作（Winch and Leiringer，2016），导致业主和施工方对权变式协同行为更为重视，而目前项目设计阶段设计方并不希望业主和施工方的过多干预（Flyvbjerg，2014；Li and Taylor，2014），建设过程中仅有设计代表参与决策商议，对施工阶段的参与程度同样较低，导致设计在协同方面表现较弱。

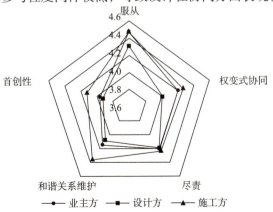

图 8.3　业主方、施工方、设计方在 MGOB 五个维度上的差异化特征

2. 重大工程良性组织行为测度的可靠性验证

基于行业调研数据，采用结构方程模型对形成的 MGOB 测度工具进行可靠性检验。其中，因子分析结果显示，MGOB 的克朗巴哈系数（Cronbach's α）大于0.7，满足内部一致性要求。根据因子载荷分析对问卷的题项进行净化，MGOB 的测度项删除了因子载荷低于 0.5 的题项 CB1。其中，服从、权变式协同、尽责、和谐关系维护和首创性维度的 Cronbach's α 分别为 0.870、0.805、0.848、0.746、0.833，显示各个维度具有良好的内部一致性。五个维度对 MGOB 的解释总方差为61%，达到统计要求。标准化因子载荷均处于大于 0.7 的控制水平（Hulland，1999），且 t 值均在最高水平（$t > 2.58$）上呈现显著性，不存在交叉因子载荷，表明构念具有良好的收敛效度（Hair et al.，2011；Ning and Ling，2013）；CR（composite reliability，组合信度）值均大于 0.7，表明每个构念的组成效度均在控制水平之上（Hair et al.，2011），且所有 AVE（average variance extracted，平均萃取方差）值都高于 0.5，每个构念的 AVE 平方根都高于它与其他构念之间相关系数的绝对值，表明构念具有良好的区分效度。

五个维度与 MGOB 之间的路径系数均大于 0.7 的判别值，且均在最高水平上显著（t 值均大于 26.02）（Henselev et al.，2009）。20 种行为现象与对应行为类型的因子载荷均大于 0.5 的判别值，均具有高度显著性（t 值均超过 15.30）。因此，MGOB 测度包含服从、权变式协同、尽责、和谐关系维护和首创性五个维度，20 个题项。

8.2 重大工程良性组织行为的效能涌现效应

MGOB 对重大工程项目管理效能的涌现作用体现了这种行为的重要价值。传统观点认为类似的无法在合约中进行清晰约定的良性组织行为仅能给项目带来象征性的意义，并不能给项目管理目标的实现带来实质性影响，因此忽略相关行为现象对项目管理效能涌现的重要价值。而在重大工程这一重要社会领域中，由于项目本身存在高度不确定性和复杂性，参建方主动实施的良性组织行为对减少效能损失有更为突出的意义，可能可以为当前重大工程项目管理低效提供新的解释。鉴于此，本节融合良性组织行为研究与组织效能理论的最新成果，结合重大工程的情境特征，基于行业实践对 MGOB 的效能涌现效应进行分析和验证。

8.2.1 重大工程良性组织行为效能涌现的影响因素

1. 重大工程良性组织行为对项目管理效能的影响

项目管理效能的定义源自组织效能。组织效能是指组织目标的实现程度，是组织理论研究的最终目标（Daft et al.，2010）。有别于绩效对客观量化指标的强调，效能评估基于绩效但又有一定的主观性，强调绩效对目标实现有价值的程度，是组织产出多个方面的综合评估（Matthews，2011）。

传统项目绩效研究侧重对铁三角指标的考察，缺乏对利益相关者多元化价值诉求的关注（Yang et al.，2010），也未考虑利益相关者的主观满意度（Shaw et al.，2011）。项目管理效能涌现即项目管理目标的实现是参建方实施 MGOB 的内部动机得以满足的前提，考虑到定义的综合性和重大工程利益相关者的影响，本章使用项目管理效能的概念来综合评估 MGOB 对重大工程项目管理的整体影响。重大工程项目管理效能是指项目管理目标实现的程度，综合了项目建设目标的实现和利益相关者的满意程度（Patanakul，2015）。理论上，良性组织行为的定义本身就以促进组织效能的提高为判定标准，包括可以促进任务完成所需情境因素的组织行为（Organ，1997）。在实证研究中，个体良性组织行为（组织公民行为）对组织效能的促进作用也得到了多个领域的验证，仅是影响的程度在不同领域存在差异（Podsakoff et al.，2014）。重大工程项目管理的目标是实现良好的项目交付，包括形象进度良好，项目实施过程中变更较少，较少发生质量事故，项目投资得到了有效的控制，较少发生安全事故，并在一定程度上实现了技术创新，最终得到发起方政府和各个利益相关者的满意评价。根据 MGOB 的识别结果，五种 MGOB 综合代表了参建方的整体积极性，分别指向项目任务、其他参建方、关联政府部门及外部利益相关者。参建方注重彼此之间的和谐关系维护，对任务实施尽职尽责，积极采纳先进的技术和管理手段，自觉服从项目管理和政府提出的相关要求与目标。为了应对不确定性，参建方之间灵活地保持协同和合作，实现"1+1>2"的涌现效果，因此，MGOB 整体上有助于项目管理目标的实现。由此提出假设：

H_{8-1}：MGOB 对重大工程项目管理效能存在积极影响。

2. 重大工程良性组织行为对参建方任务效率的影响

任何组织都需要合理塑造与其他组织的关系，以减少组织运行过程中的不确定性，进而促进自身任务的完成（Salancik and Pfeffer，1978）。MGOB 作为一种跨组织行为，强调跨组织社会网络的关系维护，不仅会影响重大工程整体项目管理效能，还会直接影响参建方的任务效率。同时，在重大工程中，相比于其他无形因素，项目任务的成本与进度等效率指标更为重要（Eweje et al.，2012）。具体来看，参建方的服从行为可以使项目管理和任务安排得以切实执行，项目要求得到合理甚至超出期望的满足。参建方对任务的尽责和首创性行为等积极行为可以使之最大限度地发挥自身优势，进行方案选择的优化和提高任务执行的准确性，减少变更，使原本在常规情况下无法完成的任务通过积极的 MGOB 得以完成，甚至得到超出项目预期的结果，任务压力得以缓解（Bright et al.，2006），特别是积极采纳先进的技术或管理手段可以大大缩短任务时间（Bakker et al.，2013）；与其他参建方之间的和谐关系则可以创造有利于自身任务实施的条件（Wang and Huang，2006；Anvuur and Kumaraswamy，2007），如在计划制订时充分考虑了任务执行过程中需要得到的支持，项目例会上向关系良好的关联参建方明确自身需求时就可以得到对方积极的响应；权变式协同则会使这种相互支持更多地以非正式的形式灵活出现，减少了交流和沟通的环节与时间成本，完成任务并实现项目目标期望成为参建方最重要的事情，避免了大量不必要的推诿扯皮和摩擦（Aronson and Lechler，2009）；与政府相关部门及外部利益相关者高质量的关系则可以及时缓解整合外部资源的压力，如获得来自绿色通道的政策支持、周边组织的协助、及时的居民拆迁等，缩短交付周期（Mok et al.，2015）。由此提出如下假设：

H$_{8-2}$：MGOB 可以正向促进参建方的任务效率的提高。

3. 重大工程良性组织行为对项目集成的影响

根据积极组织研究的观点，相互支持等积极力量的直接作用是可以在组织中形成积极的任务情境（Donaldson and Ko，2010）。重大工程项目建设目标的实现对满足 MGOB 内在价值诉求的重要意义使参建方之间的多样化目标被集成为统一的项目建设目标，在这一目标的指导下，一般项目管理中的冲突和纠纷都需要让位于建设目标的实现。参建方之间和谐关系的维护有利于彼此间建立信任（Wong et al.，2000），由于 MGOB 的价值需求指向未来，这种信任也不再局限在项目范围内，不是临时性的计算型信任，而是长期关系型信任。权变式协同可以保证参建方之间顺畅地沟通，一方需求可以第一时间得到关联参建方的响应，大大降低沟通成本，减少不必要的沟通路径和工序间的等待时间，使参建方的共同努力有效形成合力（Hu and Liden，2015）；同时相互利他的意识使参建方关注自身行为给关联参建方带来的影响，工序之间的协调程度加强，如设计方对可施工性的考虑、施工方利用自己的经验提出切实可行的设计修改方案等，可以减少不必要的后期变更和界面冲突，在出现冲突时目标的一致性可使冲突得以有效解决（Hu and Liden，2015）。对项目管理和相关政府要求的自觉服从可以使项目的任务分配、流程设计、会议开展等管理措施得以有效传达和落实，项目要求和期望得以充分表达和执行，参建方的目标与项目目标实现清晰、统一的整合（Pettigrew，1998）。MGOB 是跨组织行为，众多利益相关者之间形成了开放的跨组织社会网络，积极正向的力量易于在这种环境产生良性循环（Cameron et al.，2011），最终在网络中实现项目集成。由此提出如下假设：

H₈₋₃：MGOB 可以正向促成重大工程的项目集成。

4. 项目集成对重大工程项目管理效能的影响

积极组织研究认为，积极的情境可以在组织中形成合力和良性循环，从而为组织产出带来积极偏差，这种积极偏差是效能涌现的重要组成部分（Cameron，2007）。重大工程是一项系统工程，系统目标的实现需要多个利益相关者的共同努力，参建方之间的集成是影响项目管理效能涌现的重要因素（Patanakul，2015）。MGOB 塑造的集成项目环境中，参建方的需求和其他参建方的支持可以在多样化和差异化的群体间权变灵活地得到有效的匹配（Guenzi and Panzeri，2015），以此应对内外部环境导致的目标不确定性。作为一种跨组织行为，MGOB 带来的项目集成有利于强化多主体间的目标一致性导向，设计单位与施工单位、施工单位与监理单位、业主与总包单位等多个关联参建方之间形成统一的共识，每一方的首要目标均为促进任务目标的达成，而不是各自利益的暂时满足（Davies et al.，2016）。冲突的有效解决和良好的沟通过程可以降低项目管理中跨组织行为的内部消耗，促进整体效能涌现。因此，提出如下假设：

H₈₋₄：项目集成可以正向促进重大工程项目管理效能的涌现。

5. 参建方任务效率对重大工程项目管理效能的影响

对于重大工程而言，保证总体形象进度一直是管理的首要目标，是利益相关者满意的关键要素（Patanakul，2015）。参建方基于 MGOB 的任务效率改进可以显著加快重大工程的整体进度，确保在预定的关键节点上或工期内准时甚至提前交付让利益相关者满意的项目成果。在进度优于质量的传统项目管理目标体系中，任务效率更是确保任务质量等其他效能目标实现的前提（Eweje et al.，2012；Bakker et al.，2013）。时间压力是影响项目质量的关键因素，参建方只有在任务进度得到保证的前提下才有更多的精力来关注质量等其他效能指标（Bakker et al.，2013）。MGOB 带来的任务效率的提升可以解放出参建方的部分精力用以从事其他提升效能的工作，如与母公司或政府相关部门积极沟通，争取更多的人才、必要的资源支持项目建设，及时跟踪周围环境变化，积极响应外部利益相关者的需求，提高他们的满意度（Podsakoff et al., 2000; Aronson and Lechler, 2009）。因此，提出如下假设：

H~8-5~：参建方的任务效率可以正向促进重大工程项目管理效能的涌现。

根据上述 MGOB 效能涌现的影响因素及其之间的相互关联，构建项目管理效能涌现的理论模型，见图 8.4。

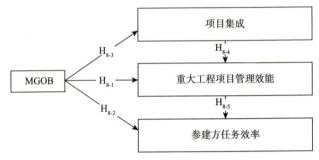

图 8.4　MGOB 效能涌现研究模型

8.2.2　重大工程良性组织行为效能涌现效应验证

通过分析 MGOB 对参建方自身任务效率提高、项目集成及重大工程项目管理效能涌现的促进作用和相互关系，揭示了 MGOB 的重大工程项目管理效能涌现效应。行业调研数据分析结果显示（图 8.5），MGOB、项目集成、参建方基于 MGOB 的任务效率三者之间的关系均得到了验证，但相关路径呈现复杂性特征。结合 MGOB 多重效果之间的关系分析可知，提高项目整体集成程度和改进参建方任务效率，是重大工程项目管理效能涌现的重要路径。上述结果是参建方积极行为的价值体现，有助于从积极组织研究出发揭示除技术因素之外实现重大工程项目管理效能涌现的积极动力，并可用于解释重大工程项目管理效能低下的潜在原因。

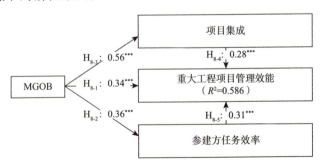

图 8.5　MGOB 效能涌现路径验证
***$p<0.001$

8.2.3 重大工程良性组织行为的效能涌现效应

参建方实施的 MGOB 可以显著促进重大工程项目管理目标实现。 MGOB 与重大工程项目管理效能涌现高度相关，即业主方、施工方和设计方基于主观能动性实施的积极行为可以在较大程度上促进重大工程项目管理目标的实现。

上述结论一方面肯定了参建方主观能动性的重要积极价值，有利于纠正传统建设领域中对技术或经济手段等物质投入的依赖，逐渐建立对参建方主观努力的信任和重视，另一方面也揭示了当前众多重大工程普遍在进行大规模的经济投入与实现高水平技术突破的同时，仍未能实现项目管理目标的原因之一可能在于，未能有效调动参建方的主观能动性并与项目管理目标切实关联。工商企业管理研究中已经将个体组织公民行为纳入企业管理的重要内容，并已渗透在人力资源管理、团队建设、对外合作等一系列活动中（Rose，2016）。当前重大工程项目管理应摒除意识偏见和功利性导向，以及"形式主义"，在确保物质投入的硬基础上，从意愿和行动上信任并重视 MGOB 这种"软"资源的重要工具价值，在管理中"软硬兼施"，通过机制设计将参建方的未来价值诉求与项目目标实现挂钩，通过满足参建方未来的价值诉求来提高参建方的建设热情，借助 MGOB 减少潜在的管理效能损失。部分项目已经充分意识到了这种"软"资源的重要作用。在接受现场调研的项目中，有部分项目表示为了冲刺阶段性目标或确保项目整体目标的实现，通过举办劳动竞赛和类似的评优活动来肯定参建方的服务、服从、协同、精益求精、团队合作等方面的重要价值，鼓励更多的 MGOB 行为，并将这种行为对项目目标的贡献作为参建方信誉评分的重要依据。经验丰富的访谈专家也指出，重大工程的目标往往在正常情况下无法完成，通过立功竞赛、评选先进等精神激励机制激发 MGOB，是很多重大工程实现项目管理目标的利器。但这类措施的关键在于不能仅仅停留在形式上或仅为"领导视察"所用，应与项目管理目标建立对应关系，制订有始有终、切实可行的实施方案，如上海世博会参加立功竞赛的参建方要提交竞赛方案，MGOB 事例通过台账进行记录，要求在安全、进度、质量、成本、服务、文明施工、干部优秀等七个指标上"见人、见物、见精神"，MGOB 与工程进展紧密关联。因此，MGOB 的价值得以直观体现和充分利用，同时也塑造了积极进取、和谐共赢的项目文化，参建方的潜力可以得到充分的发挥，并可以有效地将参建方的精力集中在统一的项目目标上，以大局为重，形成合力，往往可以得到超出想象的效果。

8.2.4 重大工程良性组织行为效能涌现的多重路径

根据 MGOB 与项目集成和参建方任务效率的关系，MGOB 与项目集成、项目集成与参建方任务效率的关系均得到了验证，且两者均可进一步显著促进项目管理效能的涌现，形成了 MGOB 实现效能涌现的两种路径，即 MGOB—项目集成—参建方任务效率—项目管理效能，以及 MGOB—项目集成—项目管理效能。项目集成作为 MGOB 的直接产出，可以直接促进项目管理目标的实现，同时还可以通过提升参建方任务效率来间接促进项目管理效能涌现。从具体过程来看，项目集成在 MGOB—参建方任务效率之间发挥了完全中介效应，但 MGOB 与参建方任务效率的直接关系并未得到验证，即 MGOB 完全依赖项目集成来影响参建方的任务效率，在缺乏项目集成的情况下，MGOB 并不能直接提高参建方的任务效率来实现项目管理目标。显然，项目集成是 MGOB 对实现项目管理目标发挥积极作用的关键必要条件。

在实际项目管理实践中，考虑到当前 DBB 模式等传统项目管理与交付模式对项目集成的制约（Bilbo et al.，2015），MGOB 这种积极的跨组织行为在促进参建方任务效率和整体项目效能提高的过程中对项目集成的依赖凸显了当前建设行业项目管理模式改进的必要性。从美国等发达国家的基础设施项目建设管理实践来看，许多项目已经意识到传统项目管理模式的弊端，积极推进 IPD 模式或参考 IPD 模式的相关思想来优化项目管理模式，结合自身特征尝试使用伙伴式商业模式（partnership pattern business model）等集成交付模式（Bilbo et al.，2015），这一点在本书作者对美国大型基础设施项目进行的访谈中也有提到。美国建筑业中已有操作性较强的实施方案来促进业主、施工方和设计方三方的协同与集成（Arizona Department of Transportation，2013）。从行业环境来看，AIA 已经可以提供适用于 IPD 模式等新兴项目交付模式的合同文本（And erson et al.，2018）。目前，国内仍然普遍使用 DBB 模式等传统的割裂式项目交付模式，施工方无法提前介入业主方和设计方的前期项目决策，设计方也缺乏参与项目实施的意愿和努力，很多业主自身并不具备相应的项目整合能力，制约了关键参建方在项目建设过程中的跨组织集成，进而在很大程度上影响 MGOB 这一跨组织积极行为对重大工程项目整体管理效能的涌现效应。我国仅有部分学者在努力尝试将美国 IPD 模式等先进模式和理念引入国内，但尚未看到相关的行业支持措施，实践中仅有上海中心等部分项目采用了类似 IPD 模式的项目交付模式，并积极采纳 BIM 技术等手段和工具来提高项目集成程度（何清华和刘晴，2016），而大部分的项目管理仍然沿用传统的 DB 或 DBB 模式，对 BIM 技术的应用大多停留在翻模或局部应用阶段，也无法实现项目的全面集成。随着重大工程项目管理中对合作、协同等 MGOB 相关跨组织行为的重视和提倡，尽快打造支持项目集成交付模式创新的行业环境，创造可以充分发挥 MGOB 积极作用的项目环境，已经越发必要和迫切。

实践中，尽管发起方政府对重大工程各个方面均有较高的要求，考虑项目成果的可展示性，很多项目往往片面地激励关键工序的首创性，忽略了图纸的可施工性、成本等任务界面和综合效能指标之间的交互影响；还有很多项目往往认为参建方建设项目的积极性主要应该体现在建设速度的提高方面，甚至采取单一的激励措施来鼓励参建方赶工，使 MGOB 的积极作用未能充分发挥，也导致很多项目因局部最优、全局次优的结果而饱受诟病。重大工程项目管理是一项系统工程，这些项目在鼓励 MGOB 的同时，要打破传统项目管理的思维定式，在提高建设效率等关键目标的同时，从项目全局出发，重视和发挥 MGOB 在参建方跨组织关系中的交互与渗透作用，全面提高项目管理效能，实现全局最优。

8.3　重大工程良性组织行为的双重驱动与培育策略

8.3.1　多元理论视角下重大工程良性组织行为的驱动机制分析

利他理论认为，在团队等高阶层次上，良性组织行为会同时受行为主体的内部动机与外部社会性因素的双重驱动（Salancik and Pfeffer，1978）。其中，关于良性组织行为内部驱动的研究已经形成了较为成熟的理论观点，并被很多学者采纳；而作为良性组织行为研究的新兴领域，关于良性组织行为外部驱动的研究尚缺乏系统的论证。制度理论的最新发展强调外部社会性因素对组织行为的同构作用，与利他理论共同形成了构建良性组织行为内外部驱动机制的多元理论基础。

关于内部驱动，利他理论认为，由于存在成本，参建方的 MGOB 不是完全自发的，必然由某种内在的动机来驱动，这些动机构成了 MGOB 的内部驱动（Li and Taylor，2014）。了解 MGOB 的内部驱动即动机是对其实施管理的重要前提。MGOB 的动机是赢得未来某种潜在的隐性价值和长期的成功（Organ，1988），具有利他属性（Li and Taylor，2014）。根据利他理论，团队等高阶主体的良性组织行为动机包括纯粹的利他和基于利己的利他两种（Li and Taylor，2014）。这种观点目前被用于解释复杂跨组织情境中的良性组织行为动机（Hu and Liden，2015），有助于理解重大工程参建方实施 MGOB 的内部驱动。

关于外部驱动，利他理论认为，主要是来自同行的压力、规范和强制等因素（Li and Taylor，2014）。根据制度理论可知，这些因素即制度环境中的同构要素（Scott，2012），且当前项目管理领域已有关于制度同构要素的实证研究，为本章研究外部社会性因素驱动参建方 MGOB 提供了更为直接的参考。制度理论认为，任何组织均处于广泛存在的制度环境中，制度环境通过同构过程对组织行为的传播和扩散产生至关重要的驱动作用，是从外部环境解释组织行为的关键要素（DiMaggio and Powell，1983）。项目管理领域中知名学者 Morris 出版的

Reconstructing Project Management（《再造项目管理》）一书认为，重大工程组织是一个复杂开放的社会网络和实践领域，从制度理论出发研究参建方的行为是再造项目管理理论的重要切入点（Morris，2013）。

8.3.2 基于利他理论的重大工程良性组织行为内部驱动机制

团队利他行为理论认为，团队层次的良性组织行为动机包括基于利己的利他和完全利他的双重动机。其中，基于利己的利他动机是指追求能够为自身企业发展或团队带来长期价值的行为动机，这种动机降低了行为主体动机的短期效用（Li and Taylor，2014），是一种互惠性的长期效用动机；完全利他动机是指团队努力做出完全利他行为的意愿（Hu and Liden，2015）。因此，评断参建方利他动机的一个关键标准就是这种行为降低行为主体短期利益的程度（Li and Taylor，2014）。

在重大工程中，参建方代表他们背后的企业采取行动（Smith et al.，1995；Turner and Müller，2003），这些企业在某些领域已经取得巨大的成功（Liu Y W et al.，2010），并不仅仅计算自我利益和短期经济收益，行为动机有显著的社会性和长期性（de Dreu，2004）。这类参建企业普遍存在追求为社会和大众带来收益的、完全利他的亲社会动机（Li and Liang，2015），通过实施 MGOB 对重大项目成功做出贡献是实现亲社会动机的重要手段（Chi et al.，2011）。因此，重大工程参建方普遍存在追求社会福利改善的社会价值（social value，SV）动机（Li and Taylor，2014；Li and Liang，2015）。基于利己的利他动机主要是指参建方为了自身的长远发展利益而放弃自己的短期利益、提高其他参建方或项目利益的动机（Li and Taylor，2014；Li and Liang，2015），如追求企业长远发展利益的企业发展（firm development，FD）动机。这类动机的主要特性在于"短期利他，长期利己"，具有突出的互惠性特征，因此，也称为互惠动机（reciprocity motivation）。

重大工程普遍由政府发起并主导项目建设，形成了突出的项目政府关联（project government connection，PGC），而参建方多为国企或与政府高度关联的成功企业（Liu Y M et al.，2010；Chi et al.，2011），很多项目管理人员在半官方的行业协会兼任职务等，形成参建方的政府关联（participating entities' government connection，EGC）。参与具有政府关联的重大工程项目建设是企业保持和加强政府关联，实现政治诉求（political appeal，PA）的重要渠道（Li and Taylor，2014），尤其是国有企业高管不仅可以通过参与重大工程建设获得政治升迁（Flyvbjerg，2014），还可以通过获得政府的内部消息、满意评价得到有利于自身的更高的合法性、更多的资源支持和市场准入权等，从而大幅提升市场竞争力（Li and Liang，2015）。因此，重大工程参建方还存在政治诉求动机，即获取政府资源、建立与政府的关系甚至得到政治升迁的动机。这种动机也有"短期利他、长期利己"的属性，因此也属于互惠动机。

因此，有别于对自身短期经济利益的追求，重大工程参建方实施良性组织行为的动机有：包含企业发展和政治诉求的互惠动机与社会价值动机，其均包含利他成分。MGOB 的利他动机模型见图 8.6。

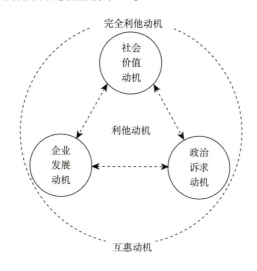

图 8.6　MGOB 的利他动机模型

8.3.3　基于制度理论的重大工程良性组织行为外部扩散机制

有别于资源依赖理论和权变理论强调大型基础设施工程建设项目研究对政府和规制系统的关注（Davies and Hobday，2005），制度理论强调同样重要的规范与文化认知系统，采用更加广泛的制度视角，研究对象不仅包括需要做出管理决策的组织，还包含更广泛的主体——政府、监督机构、消费者、社区成员及利益相关者团队（Scott et al.，2011）。因此，制度理论认为组织是一个开放系统，组织行为往往由外部环境中的规制、规范、文化-认知等制度性要素的同构和扩散作用所致（Scott，1995）。组织采取某种行为主要是为了在外部环境中获得认可，即合法性（Scott，2012），制度化的结果是某种组织行为的不断传播和扩散。组织行为的扩散和传播主要通过三种非正式的制度同构过程实现：强制性同构、规范性同构和模仿性同构（DiMaggio and Powell，1983）。这是从外部环境因素解释组织行为的关键要素（Galaskiewicz and Wasserman，1989），为制度要素如何建构组织行为提供了有力解释（Scott，1995），尤其在解释高度复杂情况下外部环境如何驱动组织行为的扩散时适用（Scott，2012；Powell and Bromley，2013；Morris，2013；Bresnen，2016）。大型基础设施等重大工程组织网络中各个层次的行为主体均会受到制度环境影响（Scott，1995；Bresnen，2016）。由于参建方实施MGOB时所追求的价值只是未来某种潜在的可能，是间接和不确定的（Organ，1997），而对此影响较大的外部环境却具有较大的不确定性和复杂性，这导致参建方不能仅仅根据自身任务和需求采取行动。相反，为了提高这种未来价值实现的可能性，参建方采取行动时在较大程度上需要参考该领域中类似团队的行为和考虑其他参建方的需求与意愿，并会受到来自发起方政府、母公司关联政府、地方政府相关部门、建筑行业协会、工会组织、社会公众和媒体等内外部利益相关者的影响（Anvuur and Kumaraswamy，2015；Anvuur et al.，2012；Mok et al.，2015）。

根据上述行为特征和行业实践特征，制度理论可以为外部社会环境因素驱动MGOB 的传播与扩散提供良好的理论解释。制度理论认为，强制、规范和模仿三种制度要素可以独立发挥作用（Scott，2012），但相比于强制，规范和模仿更体现了制度同构中行为主体的主动性和适应性，主要强调集体行为的协同和对工作投入的努力等方面（DiMaggio and Powell，1983；Powell and Bromley，2013；Bresnen，2016）。而利他理论认为，团队层次等高阶组织公民行为具有自组织特征，行为主体构成较为复杂，不能被强制执行（Li and Taylor，2014）。因此，仅依赖于规范性同构和模仿性同构是能够驱动参建方实施 MGOB 的。

参建方之间的信任是影响跨组织行为的重要因素（Cheung et al.，2011；Müller et al.，2014），因此也对驱动 MGOB 的传播具有重要影响。信任包括计算型信任、关系型信任和制度型信任，计算型信任是工作中基于合约建立的正式信任关系，关系型信任是基于合约外的人际关系建立的非正式信任关系，制度型信任是建立在系统的绩效和信念基础上的信任关系（Rousseau et al.，1998；Cheung et al.，2011）。由于高度的不确定性和复杂性，重大工程普遍存在关系网络现象（Lu et al.，2015），尤其是在我国市场不够规范的情况下，参建方较少基于合约采取行动，而重大工程的绩效也往往备受争议（Flyvbjerg，2017），导致基于合约的计算型信任和基于制度的制度型信任被弱化，参建方之间的信任很大程度上是建立在彼此非正式关系网络的基础上的（Cheung et al.，2011），如与政府之间的关联、与其他参建方之间以往的合作关系及非正式关系等（Müller et al.，2014）。这种关系在参与重大工程建设过程中不断得到强化，形成较为突出的关系型信任，且一般情况下，关系对信任的解释度高达 43%（Tsui and Farh，1997）。这种关系型信任对参建方的跨组织行为扩散和制度因素的同构作用产生重要影响（Galaskiewicz and Wasserman，1989）。因此，参建方之间的关系型信任可以调节制度要素对 MGOB 传播的驱动作用强度。

　　利他理论同时认为，利他行为的良性传播机制需要有一个起主导作用的行为主体来发起（Li and Taylor，2014）。访谈专家普遍指出，重大工程中，业主的态度和行为对其他参建方的行为决策有重要影响。理论上，作为序主体，业主对其他参建方的行为有重要的激活和引导作用（Wang and Huang，2006；Winch and Leiringer，2016）。因此，业主对 MGOB 的支持对制度要素驱动 MGOB 扩散可以起到引导作用，具体路径见图 8.7。

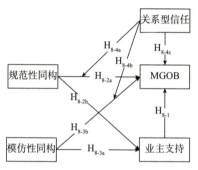

图 8.7　MGOB 的外部驱动机制

8.3.4　重大工程良性组织行为双重驱动机制验证

　　基于 MGOB 行业调研数据及上述测度模型的验证，采用层次回归分析对内外部驱动路径和机制进行检验，见图 8.8 和图 8.9。

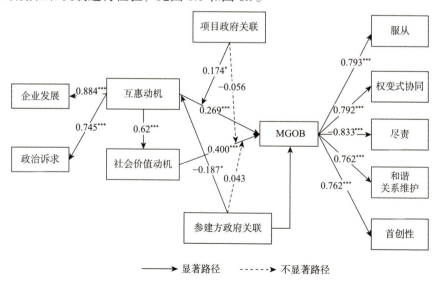

图 8.8　MGOB 内部驱动机制检验结果

*$p<0.05$；***$p<0.001$

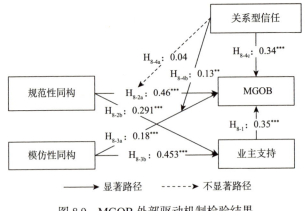

图 8.9　MGOB 外部驱动机制检验结果
p<0.01；*p<0.001

其中，关于图 8.9 中外部驱动机制的检验，鉴于检验将业主对 MGOB 的支持作为影响其他参建方 MGOB 的变量，为避免可能存在的回复偏差，分析过程并未考虑来自业主的问卷，研究对象仅包含施工方和设计方。

8.3.5　基于双重驱动的重大工程良性组织行为培育策略

1. 基于内部驱动的重大工程良性组织行为培育策略

清晰识别参建方的内在动机是提高参建方积极性的重要前提（Anvuur et al., 2012）。有别于传统建筑行业对消极行为及其功利性动机的关注，本节研究从组织行为学的利他行为动机视角出发，揭示重大工程参建方实施 MGOB 的内部驱动及其态转换特性，为重大工程培育参建方的良性组织行为提供全新的决策思路。

（1）业方主、施工方、设计方除了被经济或利己的利益驱动之外，普遍还会被关联参建方和项目整体利益及社会责任所驱动。在这种利他动机驱动下，参建方会自觉实现更好的项目交付，实施更多的 MGOB。因此，建筑行业应当摒除普遍存在的短期功利性和分裂的对抗性关系偏见（Bakker，2010；Anvuur and Kumaraswamy，2015），纠正项目管理中过多地基于利己的视角和方法采取的惩罚性和强迫性政策。例如，从完成任务出发，用短期经济利益杠杆去奖励合作行为，惩罚不合作行为，但一旦取消相关经济激励，合作行为也随之消失（Li and Taylor，2014）。应当在保证基本经济利益的前提下，综合采取积极的、长期价值导向的手段激发 MGOB 的长期价值诉求，引导参建方通过短期利他实现长期利己，使参建方的关系从对抗转变为共赢，形成正面积极的行业氛围，有效减少项目建设过程中的短期利己行为，提高项目管理效能。

（2）重大工程的政府关联是导致参建方行为及其动机复杂化的重要情境因素，尤其是在政府投资、国企参与的情况下，复杂的政府关系极易导致社会价值动机向互惠动机隐蔽转换的私有化趋势。而政界与商界合作建设重大工程则要比仅靠纯粹的市场经济手段或行政手段更能有效地实现各自的目标（Altshuler and Luberoff，2003），且民营参建方表现出的相关 MGOB 并不比国有企业低（Liu et al.，2011）。因此，在重大工程中，需要建立开放、规范、透明的市场环境，允许更多民营企业与国有企业通过公平竞争获得重大工程参建机会，降低项目实施对国有企业的依赖，使参建方的利他动机得以被清晰识别、合理保护和激励，避免社会价值动机向互惠动机隐蔽地转换，有效减少行为复杂性涌现，提高重大工程项目管理效能。

2. 基于外部驱动的重大工程良性组织行为培育策略

从外部环境出发，考察制度规范和模仿两要素的同构效应，揭示外部环境驱动 MGOB 传播的积极作用及业主、参建方之间的关系型信任等情境因素对上述作用的影响，通过外部环境（制度同构要素）— 重大工程组织（业主支持、参建方之间的信任等）— MGOB 的路径刻画 MGOB 这一积极行为的外部驱动，可为重大工程从外部视角培育参建方良性组织行为提供以下四个方面的启示。

首先，外部环境中的制度要素对驱动 MGOB 的传播与扩散有重要作用，相关制度要素可作为在特定重大工程乃至整个领域内更为广泛地提高参建方积极性的管理工具。在这一过程中，应重点借助发起方政府和社会公共机构建立和传播的相关行为规范，利用这一措施的可操作性和较为显著的效果，对参建方实施 MGOB 进行主动引导，并通过树立行为典范和效果展示增强参建方通过实施 MGOB 实现未来潜在价值的信心，借助参建方良性组织行为的相互模仿机制，形成良性循环，可以在较大范围内培育和普遍提高参建方实施 MGOB 的积极性，提高项目管理效能。

其次，业主支持在制度同构要素驱动 MGOB 的过程中可以发挥重要的传导媒介作用。因此，发起方政府或社会公共机构等组织制定或建议相关管理措施时应首先考虑业主的影响，尤其是发起方政府拥有特殊身份，作为首要利益相关者却并不直接参与项目建设，需要考虑将政府机构在建立 MGOB 规范方面的政治权威影响力与委托的业主紧密关联，如通过授权来提高决策效力（Müller et al.，2014），并引导业主加强与其他同类项目间的交流和与社会公共机构的接触，提高业主支持这一关键环节的有效性，在当前 MGOB 普遍不被信任且未来价值的实现面临较大风险的情况下，这一点是培育 MGOB 的关键。

再次，基于参建方关系型信任对 MGOB 和上述模仿性同构效应产生积极影响的分析，管理决策应当重视参建方之间模仿性同构效应的交互影响，这种交互可以借助施工方、设计方和业主方之间普遍存在非正式关系网络建立起来的信任不断放大。因此，在引导 MGOB 这一积极行为形成良性循环的过程中，应当积极培育参建方之间平等的伙伴式关系，如进行合理的风险分摊、避免低价中标等；培育高质量的信任关系，然后以关键参建方的 MGOB 为突破点，对其进行及时、权威、合理、公平的合法性认定和效果展示，借助关系网络中其他参建方对关键参建方的信任和模仿，形成 MGOB 培育的示范效应。

最后，对规范性同构效应和业主支持中介效应的综合分析表明，当前 MGOB 在重大工程领域并未受到重视。规范的行业组织，如建筑行业协会、咨询公司或 PMI 等国际知名项目管理机构中均缺乏对组织行为相关内容的关注。根据以往制度理论的成果可知，这大大弱化了外部制度环境对 MGOB 扩散的驱动作用。因此，未来这些组织应逐渐健全包含组织行为尤其是 MGOB 这类积极行为培育策略的项目管理体系，为整个领域形成良好氛围提供制度性保障。

8.4 重大工程良性环境行为的驱动机制、效能涌现与培育策略

作为社会经济高速发展的产物，重大工程的涌现对于区域经济发展、社会繁荣进步具有重要意义（乐云等，2016a）。但重大工程在"如火如荼"推进的同时，却屡因环境问题而饱受诟病，在强调可持续建设的背景下，如何改善重大工程的环境绩效成为项目管理层的关键任务与核心责任（Zeng et al.，2015）。2011 年，香港 66 岁的朱绮华提出港珠澳大桥项目并未评估臭氧、二氧化硫及悬浮微粒的影响，并因此就大桥香港段的环境评估报告申请司法复核，导致工程延误近 1 年，造成 54.6 亿元的直接经济损失（王平，2016）。在此背景下，重大工程环境管理的研究越来越关注项目的前期策划和设计阶段，强调通过系统的环境评估和绿色的方案设计，使最终的"建筑产品"能够在运营阶段达到节能、低碳的预期目标。然而，按照绿色标准规划和设计的重大工程是否能够实现"绿色建造"却依然存在疑问。例如，LEED、GBL（Green Building Label，绿色建筑标识）等绿色评估体系的要求能否在重大工程的施工阶段得到有效执行，来自业主、设计方、施工方、监理方等的项目成员能否对工程的环境方针和目标达成共识，对于环境突发事件各方能否做出及时一致的响应，这些相关的重大工程施工阶段的环境管理问题是亟待展开的研究方向。

案例 8-1：港珠澳大桥项目

港珠澳大桥项目共有超过 100 家建设单位、上万名建设者参与，要在近 3 000 个日夜的工期里，不能发生任何污染事故和施工海域白海豚伤亡，意味着每一个环节都必须严加控制。"为了减少开挖总量，我们对抓斗船施工工艺进行改良，安装抓斗装备摄像头，并在施工中采用电脑控制，提高开挖精度；此外，为了减少运输过程中挖泥溢出污染周边海域的情况，我们减小了每一层开挖厚度，降低了抓斗船的装斗率。"岛隧工程项目安全环保部部长黄维民介绍道。降低装斗率意味着增加运输次数，增加施工成本，但黄维民自豪的是，从岛隧工程疏浚现场运送到大万山南倾倒区抛卸倾倒区，4 000 多万立方米的挖泥总量，数万次的往返，7 年间，倾倒区水质从未出现过一次污染物超标。"作为施工方，遵守规则不是为了应对监督，而更多的是带着一种使命感，做得不好觉得对不住这个工程"，黄维民说（港珠澳大桥管理局，2017a）。

案例 8-2：南水北调项目

站在河南省鲁山县鲁山坡脚下遥看中国水利水电第九工程局（简称水电九局）承建的世界第一大渡槽工程第一个国家级重点项目——沙河渡槽第三标工地。若不是施工机械和施工人员施工时发出的响声及施工必要的场面，很难想象出这就是世界第一大渡槽工程施工工地。"要做就做第一，沙河渡槽是世界第一大渡槽工程，是水电九局开始承建国家级工程的一个新起点，也是我们今后投标类似大型工程的敲门砖，在与同行两个特级施工企业的竞争中，无论是工程施工、生产经营和工地绿化我们都要以精品工程展现在世人眼前，望大家为水电九局形象树立和业绩提升献计献策。"这是沙河三标项目经理黄厚农同志在 2010 年进场施工时在项目管理人员大会上的一段讲话，四年来沙河三标项目各方围绕着这一目标一直在努力（南水北调中线干线工程建设管理局，2014）。

案例 8-3：青藏铁路项目

中铁十七局集团第四工程有限公司担负青藏铁路地处唐古拉最高海拔越岭地段的 17 标段 8.5 千米管段的施工。面对"高寒缺氧"、"多年冻土"和"生态脆弱"三大世界性难题，公司总经理高洪丽、党委书记王志英提出了以项目管理为中心的"高认识强政治、高定位强管理、高质量强科技、高投入强健康、高控制强效益、高奉献强精神"的"六高六强"指导思想，确保实现"海拔最高管理最好，效益最佳、形象最佳和政治、经济必须双赢"的奋斗目标。公司副总经理兼项目经理李新月针对高原环保特点，将气候变化、植物习性、冻土扰动、水土保持、野生动物活动规律和环保法规等细目逐一列出，聘请中铁西北科学研究院专家进行全员培训，所有员工全部经由环保专项考试持证上岗。在施工现场、生活营区和动物迁徙通道，设置环保宣传栏和标志牌 26 处，职工把爱护一草一木变成一种自觉行为，无条件接受环保的理念已根深蒂固，形成了一个人人懂环保、要环保、宣传环保的"绿色职工"队伍（张天国和高宗成，2006）。

上述三项案例说明，在重大工程的实施过程中，环境管理措施的落实不仅需要有严格的合同制度保障，还依赖于全体项目成员自觉、自愿的行为支持。重大工程涉及的空间范围大、时间跨度长，其施工过程对于区域生态环境有着深刻、持久，甚至不可逆转的影响。例如，港珠澳大桥专门针对中华白海豚制定了完善的保护措施，包括设立专职领导小组、开展白海豚保护演练和培训班、设立水生野生动物保护科普宣传月等。重大工程在加强环境管理的过程中，面临的最大挑战在于将项目的相关政策转化为个体积极主动的行为（Wang et al.，2017a）。离开个体的有效参与，环境管理的政策和措施往往会沦为"一纸空文"和"面子工程"（Boiral，2009），更有甚者成为"漂绿"（green-washing）的工具（de Roeck and Delobbe，2012）。所谓"漂绿"是指组织仅仅是象征性地制定和采取环境保护措施，以赢得政府和社会的信任，而实际上并未能在其成员中真正贯彻所宣传的环境政策（李大元等，2015）。

需要注意的是，在重大工程的项目管理实践中，安全与环境保护是密不可分的重要目标（Flyvbjerg et al.，2003）。施工作业中个体的"不安全行为"一直是诱发安全事故的重要因素（He et al.，2016）。因此，"行为研究"在重大工程的安全管理领域一直受到高度重视。然而令人震惊的是，尽管个体积极主动的"绿色行为"（green behavior）对于项目环境管理绩效的改善意义显著，但其在重大工程的环境管理领域长期受到忽视（Wang et al.，2017a）。综上，如何提高个体的环境责任意识并激发其"绿色行为"积极性是重大工程环境管理面临的突出现实问题。

8.4.1　重大工程良性环境行为的内涵

Ones 和 Dilchert（2012）通过对美国和欧洲大范围的跨行业调查，发现组织内只有 13%~29%的员工"绿色行为"来自于职责内的工作任务分工。Boiral 等（2015）强调组织环境管理工作的成败很大程度上取决于员工自觉、自愿（非工作指派）的"绿色行为"。离开组织成员的积极参与和自觉行为，环境管理制度将变得"苍白无力"，相关措施难以执行到位，而技术手段会"大打折扣"（Raineri and Paillé，2016）。重大工程的环境管理工作也不例外，同样需要依靠项目员工的主人翁精神和奉献行为，如及时发现危险物质泄漏，从而避免环境污染；指出、纠正他人的环境不友好行为；积极献言献策，提出改善工作环境、防止环境事故发生的建议等（杨剑明，2016）。无论是跨部门的"非常规"协作行为，还是在部门日常工作中的自觉"绿色"行为，都蕴含着一种"公民意识"（a sense of citizenship），表明个体愿意在工作职责范围外为组织环境管理绩效的改善而贡献自己的力量（Boiral and Paillé，2012）。

良性环境行为的概念来源于 Boiral（2009）所提出的"环境公民行为"（organizational citizenship behaviors for the environment），其是指"未被组织正式职责分工所明确的、有利于改善组织环境管理绩效的自觉、自愿行为"。良性环境行为是 Organ（1988）所提出的组织公民行为概念在环境领域的延伸。与良性组织行为相类似，良性环境行为包括五大维度：帮助（helping）、运动员精神（sportsmanship）、组织忠诚（organizational loyalty）、个体主动性（individual initiative）、自我发展（self-development）。帮助是指组织成员或部门间的相互协助，如鼓励同事采取更多有利于环境的措施，或与其他部门协作解决环境问题等。运动员精神类似于一种"自我牺牲"的态度，如为环境措施的落实愿意承担额外的工作或面临更多的问题。组织忠诚是指成员对其所在组织的坚定支持，如全面贯彻组织的环境政策、积极参与组织的环境活动等。个体主动性是指组织成员创造力的体现，如针对减少污染和浪费提出个人建议、分享自身经验等。自我发展是指组织成员为改进环境保护意识或提升相关技能而进行的自主学习与知识积累。

重大工程组织是一个复杂巨系统，组织系统行为复杂性是其中的重要维度（Maylor et al.，2008）。国际复杂项目管理中心在 2011 年发布的《复杂项目管理：全球视角和2025年战略议程》中提出：传统项目管理方法中"可预见的、确定的、相对简单的和刚性规则的"模式已经无法适应于复杂项目，必须提高组织适应复杂项目的能力（Hayes，2012）。换言之，按照合同约定进行建设的常规模式难以保证建设目标的实现，应充分发挥项目组织中人的主观能动性，提升人的价值（何继善，2013），鼓励项目成员积极主动地组织公民行为。《国家自然科学基金"十三五"发展规划》中强调复杂工程与复杂运营管理是管理学部优先发展的领域，具体涉及复杂工程基本理论，复杂工程组织模式、组织行为与现场管理等内容。

随着重大工程建设的开放性、主体多元化及新技术运用等所造成的项目复杂性日益突出，中国重大工程的环境管理工作正面临着一系列前所未有的严峻挑战（Zeng et al.，2015）。重大工程的建设肩负着巨大的环境责任，同时也面临着外部制度压力。在上述背景下，"非正式"（informal）良性环境行为的涌现对于重大工程"正式"（formal）环境保护体系的运行及管理绩效的改善显得尤为重要。按照 Boiral（2009）的观点，良性环境行为是环境管理体系有效运行的"润滑剂"，在外部制度压力推动和内部环境管理绩效改善的过程中发挥着中介传导作用。为激发项目成员的良性环境行为，重大工程的管理者需要采取合适的领导策略。因此，本节所关注的问题包括以下几个方面：

（1）内部驱动因素：重大工程的内部环境责任会对项目成员的良性环境行为产生什么样的影响？

（2）外部驱动因素：重大工程所面临的外部制度压力会对项目成员的良性环境行为产生什么样的影响？

（3）绩效影响机制：在外部制度压力的影响下，重大工程的环境管理绩效会发生哪些变化？良性环境行为在上述影响机制中发挥着什么样的作用？良性环境行为的涌现会给重大工程的环境绩效带来显著影响吗？

（4）管理策略：如何激发项目成员的良性环境行为？哪种领导方式更适合良性环境行为的"培育"？

8.4.2 环境责任视角下重大工程良性环境行为的驱动机制

本小节通过提出和验证良性环境行为的驱动因素模型为重大工程管理的研究开辟新的视角。本小节的研究结论能够作为重大工程管理者推动良性环境行为涌现，进而改善项目环境绩效的参考指南。根据良性环境行为的相关文献，"如果个体意识到其所在组织非常重视环境持续，而且组织愿意支持环境责任实践，那么个体往往会表现出良性环境行为以回报组织"（Paillé and Raineri，2015；Raineri and Paillé，2016）。然而，组织的环境责任实践是如何影响其成员良性环境行为的尚不清楚（Paillé et al.，2014；de Roeck and Delobbe，2012）。环境承诺（environmental commitment）是个体对组织环境目标和价值观的认同和依附，能够作为连接组织环境责任实践和个体良性环境行为的桥梁（Raineri and Paillé，2016）。因此，本小节致力于实证研究重大工程环境责任实践和项目成员良性环境行为间的关系，并且考虑项目成员环境承诺的中介作用。

迄今为止，学者们不断从组织层面的实践视角分析个体层面良性环境行为的驱动因素，如环境管理实践（Paillé et al.，2013）、组织环境政策（Raineri and Paillé，2016；Paillé and Raineri，2015）及人力资源管理（Paillé et al.，2014）等。本小节基于上述研究及问卷数据，为重大工程中的管理良性环境行为提供指南。为分析项目层面的因素如何影响个体层面的良性环境行为，本小节通过对项目参与个体的问卷调查反映其对重大工程环境责任实践的认识情况。在问卷调查中，只有现场参与过重大工程环境责任实践的项目成员才被确定为目标对象。上述调查对象是参与重大工程环境管理的高级或专业人士，包括项目业主、承包商和咨询方三类群体。

本小节从利益相关者的视角对重大工程的环境责任实践进行界定，即"考虑不同利益相关者群体诉求的重大工程环境措施，涉及政府、业主、非业主方（承包商、咨询方、设计方和供应商）、周边社区及社会大众"（Zeng et al.，2015）。针对上述四类利益相关者群体的重大工程环境责任实践表现为完全不同的形式。为更好地分析良性环境行为的驱动因素，有必要区分上述四类利益相关者群体是如何理解重大工程环境责任实践的。

1. 重大工程环境责任实践的分类

环境责任是企业社会责任（corporate social responsibilities，CSR）的重要组成部分，是指组织所采取的、希望积极影响其内外部利益相关者的环境保护实践（Rahman and Post，2012）。重大工程的利益相关者是影响项目实践或被项目实践影响的各类群体，包括内部利益相关者（即政府、业主、承包商、咨询方、设计方及供应商）和外部利益相关者（即项目周边社区和其他社会大众）（Zeng et al.，2015）。

考虑到角色的差异性，内部利益相关者可以进一步划分为两类：第一是政府、业主（即项目的监管机构和业主）；第二是非业主方（即承包商、咨询方、设计方和供应商）。政府/业主通常是重大工程的发起人，因此其角色也是双重的，一方面依据法律法规对项目进行监管，另一方面依据合同管理和实施项目。政府、业主以外的其他参与方则仅负责按照合同实施项目。类似地，外部利益相关者也可以分为两类：第一是项目周边的社区；第二是其他社会大众。项目周边的社区直接受到重大工程实施过程的影响，如土地征收、房屋拆迁、居住环境的改变等。除此之外，其他外部利益相关者归入社会大众类别，如图 8.10 所示。

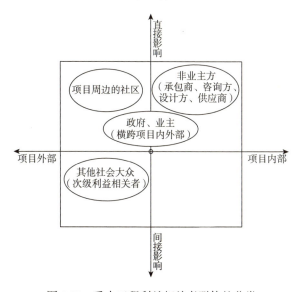

图 8.10　重大工程利益相关者群体的分类

2. 讨论

近年来，在大规模的城镇化进程中，中国涌现出一大批政府投资的重大工程。在重大工程的新建和改扩建过程中，越来越突出的环境问题引起重大工程管理者的高度重视。重大工程环境管理的成败取决于项目成员能否自觉和"始终如一"地支持环境管理工作。因此，良性环境行为，尤其是唤起项目成员的自觉环境承诺使之主动预防环境问题的发生，对于改进重大工程的环境管理实践具有重要的意义。

不同类型的重大工程环境责任实践对于良性环境行为有着截然不同的影响。针对非业主方的重大工程环境责任实践是环境公民行为最主要的驱动因素（如图8.11所示，路径系数为0.292）。如此显著的正向影响在研究设计之初就有所预计，因为针对非业主方的重大工程环境责任实践的测量题项与应答者的切身利益密切相关，如工作条件、培训机会及程序公平等。根据马斯洛的需求层次理论（Maslow's hierarchy of needs），针对非业主方的重大工程环境责任实践能够满足项目成员高层次的自我实现（self-actualization）需求。构建环境管理体系（如 ISO 14000 环境管理体系）和引入绿色技术等"硬"措施成为重大工程建设的一种"时髦之举"，而"软"领域（如人力资源）的投入却较为欠缺。本小节的实证结果表明：针对非业主方的重大工程环境责任实践，能够通过促进项目成员的良性环境行为改进项目的环境管理绩效。尽管在人力资本和培训方面的"花费"对重大工程的管理者来说缺乏吸引力，但持续的相关投入能够通过培养项目成员的环境责任感使项目的环境管理工作获得长期回报。

针对政府、业主的重大工程环境责任实践是良性环境行为的第二大驱动因素（如图8.11所示，路径系数为0.222）。有趣的是，上述结果与过去的相关研究并不一致。Turker（2009）发现针对政府的企业社会责任实践对其成员的组织承诺并无显著影响。Newman等（2015）指出针对政府的企业社会责任实践并不能有效激发其成员的组织公民行为。本小节与众不同的研究结果可能源于政府的双重角色。在中国，绝大多数的重大工程都是由中央或地方政府发起的，像环境监管部门（如环境保护部）往往也牵涉其中（Zeng et al.，2015）。因此，政府的角色从外部监管者部分转变为内部参与者（即项目业主）。针对政府的重大工程环境责任实践既包括满足法律法规的规定，又包括业主在项目合同内的要求。由于环境问题的复杂性和多样性，针对政府的重大工程环境责任实践往往被视为一项重要的成就。基于此也就不难解释，为什么项目成员会油然而生极大的成就感并形成对项目环境价值观的认同。

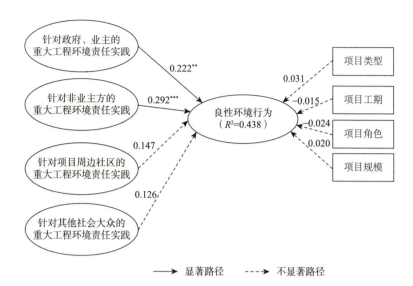

图 8.11　重大工程环境责任实践对良性环境行为影响实证模型的 PLS 分析结果
p<0.01；*p<0.001

　　针对项目外部利益相关者（即项目周边社区和其他社会大众）的重大工程环境责任实践是对良性环境行为影响并不显著的驱动因素。有趣的是，上述结果与过去的相关研究也不一致。Newman 等（2015）指出针对组织外部利益相关者（如社会大众）的社会责任实践对组织成员的良性环境行为有着显著的影响。而本节出乎意料的结果可能与重大工程的根本任务密切相关。重大工程致力于提供基本的公共服务，从而造福项目所在的地区以至整个国家。保护区域的生态环境是重大工程实施中的主要原则。因此，项目成员对此类环境责任实践越习以为常，其对项目成员的影响力越弱。综上，项目成员对针对项目内部利益相关者（即业主方和非业主方）的重大工程环境责任实践的反应积极性明显强于对针对项目外部利益相关者的相关实践的反应积极性。

　　尽管针对项目外部利益相关者的环境责任实践受到越来越多的关注，但重大工程的环境绩效并不理想。在与重大工程管理者的初步访谈中发现，部分受访者对针对周边社区或其他社会大众的环境责任实践表示质疑，认为它们很大程度上仅仅是一种口号，而并未实现预计的目标。例如，一位有着 15 年以上重大工程管理经验的受访者提到"绝大部分针对周边社区或社会大众的环境责任实践主要是为了获得良好的社会声誉，并不是为了真正改善环境绩效或提升项目成员的环境技能"。上述所谓的"漂绿"行为往往是为表象服务的，并未真正解决组织内部的环境问题（Testa et al.，2018）。由此，针对项目外部利益相关者的环境责任实践难以唤起项目成员的认同感并激发其良性环境行为。

3. 结论

良性环境行为是指能够显著改善组织环境绩效的自觉、自愿的个体行为。重大工程环境管理方面的既有研究往往忽视了良性环境行为的关键作用。然而，面临越来越严峻的环境管理挑战，如环境问题的复杂性（the complexity of environmental issues）、正式管理体系的缺陷（the deficiencies of formal management system）、考虑隐性知识的需要（the need to consider tacit knowledge）、帮助关系的重要性（the significance of helping relationships）、项目环境合法性的提升（the promotion of the environmental legitimacy of projects），重大工程的管理者已经开始意识到良性环境行为的重要性。在与日俱增的环境保护压力影响下，项目成员对于重大工程实施中的环境问题越来越敏感。

项目成员所感知的重大工程环境责任实践与其环境承诺关系密切，表明在环境责任实践方面的投入，特别是针对项目内部利益相关者的相关措施，将为重大工程带来巨大的"溢出价值"。本小节进一步阐述了项目成员对四类环境责任实践的感知是如何影响其良性环境行为的。如果想要得到项目成员广泛、积极的响应，则重大工程需要从内部入手"实实在在"地开展环境责任实践，而不能仅仅为"漂绿""摆摆样子"。因此，环境责任实践的内化是指将环境管理的原则真正地融入项目的日常工作中而不是只做漂亮的"表面文章"。

8.4.3 制度压力视角下重大工程良性环境行为的驱动机制

重大工程是以复杂性高、资源消耗大、环境影响深远等为特征的一类项目（Luo et al.，2016；van Marrewijk et al.，2008；Wang et al.，2017a）。重大工程的施工过程将消耗大量的自然资源，从而引发一系列的严重环境问题（Shen et al.，2011；Zeng et al.，2015）。源于施工活动的环境问题引发世界范围内的广泛关注，从而促使重大工程参建方进一步向着处理高效、响应及时的方向改进环境管理工作。

环境管理绩效的改进不仅依赖于正式的环境管理体系、措施或技术，还需要项目成员非正式的、积极主动的行为，如针对现场的污染防治主动提出意见或建议，公开质疑（举报）可能导致环境污染的施工活动，以及配合项目的环境管理部门推动绿色技术的实施，等等（Fuertes et al.，2013；Wang et al.，2017a；Yusof et al.，2016）。上述行为涉及一种"公民精神"，反映的是个体为组织的环境管理工作愿意付出额外努力的积极态度（Boiral，2009）。Boiral 和 Paillé（2012）将良性环境行为定义为"不能被正式管理体系明确界定的，但却有助于改善组织环境管理绩效的自觉个体行为"。在重大工程投入海量资源改善环境管理绩效的过程中，面临的关键挑战是如何激发项目成员支持环境工作的行为意愿，以使其积极主动地承担起预防和解决环境问题的责任。否则，环境管理体系将变得效率低下，措施难以有效施行，技术的推广也会"大打折扣"。

为培育个体积极主动的行为意愿，近期不断有研究将组织支持和良性环境行为相联系。然而，已有的良性环境行为研究相对零散，而且主要关注内部的组织支持，忽视了外部制度环境的影响。根据 DiMaggio 和 Powell（1983）的研究，制度环境表现为三类制度压力，包括强制压力（coercive pressures）、模仿压力（mimetic pressures）和规范压力（normative pressures），能够对个体的行为方式产生巨大的影响。具体而言，制度压力对于促进主动性的环境举措及鼓励绿色行为起到极为关键的作用（Liu X B et al., 2010；Testa et al., 2018）。但是，三类制度压力对良性环境行为到底带来何种程度的影响尚未可知。正如 Boiral 等（2015）所强调的"外部制度压力能够促使组织加强对环境管理的支持，并最终激发组织成员的良性环境行为；在新兴的良性环境行为领域和相对成熟的制度理论之间有着明显的研究缺口（research gap）"。

1. 讨论与启示

本小节的主要目标是研究重大工程中良性环境行为形成的制度-心理机制（institutional-psychological mechanism）。总体而言，实证结果表明内部的组织支持在制度压力和良性环境行为之间起到重要的桥梁（传导）作用。然而，值得注意的是，组织支持并不等同于引入环境管理体系或绿色技术，而且不同类型的制度压力对良性环境行为有着截然不同的影响，如图 8.12 所示。

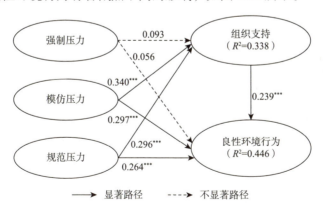

图 8.12　制度压力对良性环境行为影响的 PLS 分析结果（含中介变量）

$***p < 0.001$

实施环境管理体系（如 ISO 14000 环境管理体系）成为支持项目型组织

（project-based organizations）"绿色化"进程的有效途径（Zhang X L et al., 2015）。但是，如果项目成员的参与度不足，则环境管理体系将与日常的施工活动明显脱节，而且会沦为一种"面子工程"（Boiral et al., 2018；Wang et al., 2017a；Yusof et al., 2016）。例如，一位有着超过 15 年重大工程管理经验的受访者指出"对于部分项目而言，环境管理体系成为一种取悦政府的昂贵噱头；大量针对环境保护的组织支持措施仅仅停留在纸面上"。本小节为解释如"为什么有的重大工程似乎在环境管理工作中付出了巨大的努力但仍收效甚微"等问题提供了全新的视角。对于以上"事倍功半"的重大工程而言，环境管理体系的实施往往成为改善项目外部社会声誉的一种有效手段，而没有真正地改进项目内部的环境管理绩效——所谓的"漂绿"（de Roeck and Delobbe, 2012）。当重大工程实施环境管理体系的真实动机受到质疑时，项目成员往往不愿意参与到良性环境行为中。本节的研究结果进一步表明：培育项目成员良性环境行为最有效的方式是在重大工程的合同中明确环境管理工作的优先性。此外，环境管理战略导向的确立还需要与组织的具体支持性措施相结合（如培训和内部沟通等），从而向所有的项目成员发出重视环境保护的明确信号。

从组织支持的视角分析良性环境行为的驱动机制仅看到了问题的一面。由于环境可持续受到越来越多的重视，重大工程面临着外部不同利益相关者（如政府监管部门、行业协会）所带来的巨大环境保护压力（Wang et al., 2017b；Zeng et al., 2015）。项目实施的制度环境是塑造项目氛围并影响项目成员环境行为的重要因素（Yusof et al., 2016）。Boiral 等（2015）推测制度压力（政府环境规制、其他利益相关者的期望）对良性环境行为的涌现有积极的影响。有趣的是，本小节的结果证实了模仿压力和规范压力对良性环境行为的促进作用；然而，强制压力对良性环境行为的影响并不显著。

重大工程是大型、独特的项目，其中政府部门往往充当项目业主。因此重大工程往往处于监管的"真空地带"（Locatelli et al., 2017）。在中国，重大工程通常由中央或地方政府发起，相关的监管部门往往也牵涉其中。例如，国务院三峡工程建设委员会包括国务院副总理、重庆市市长、环境保护部副部长等。政府既是"运动员"也是"裁判员"。由政府完全主导的模式对于提升重大工程的实施效率具有重要的作用；然而，上述模式也带来巨大的隐性风险（如腐败），可能导致监管机制的失灵。在"强政府、弱监管"（strong government and weak regulations）的情境下（Zeng et al., 2015），强制压力难以有效增强项目成员参与重大工程环境实践的意愿。基于此，有必要引入独立的第三方监理（审计）以填补监管的空白，更重要的是指导和鼓励项目成员的环境管理实践。

除强制压力以外，模仿压力和规范压力均对良性环境行为有显著影响。值得注意的是，模仿压力是良性环境行为最强的外部驱动因素，这恰恰也印证了"示范效应"对良性环境行为的重要影响（Boiral et al.，2015）。其他"样板工程"的实际表现比所谓的规范文件更具有说服力。因此，为加强项目成员自觉参与环境责任实践的意愿，一种有效的途径是建立与"同行"项目的常规交流和沟通机制。换言之，重大工程的项目成员需要能够不断接触到最佳的行业环境责任实践。例如，上海市住房和城乡建设管理委员会在2016年发起上海市重点工程实事立功竞赛，通过对先进集体或个人的优秀事迹进行宣传和表彰，激发其他一线工程建设者的工作热情和奉献精神。良性环境行为的另一个外部驱动因素是规范压力。规范压力对良性环境行为的影响明显弱于模仿压力。在重大工程的实施中，行业协会在传播环境保护的相关政策，以及推广前沿的绿色技术过程中发挥着不容忽视的关键作用。然而，本书研究的访谈者曾经提到"行业协会（团体）在重大工程中的参与程度并不高"。这也部分解释了为什么规范压力对良性环境行为的影响并不是主导的。为解决上述问题，一种可能的途径是将来自行业协会的现场代表（如 LEED 认证的专业人员）引入重大工程的环境责任实践中。

2. 结论

在巨大的环境保护责任压力下，重大工程的施工过程从关注传统的铁三角指标（成本、质量和工期）转向环境可持续。大部分重大工程的环境可持续研究往往忽视良性环境行为对改进环境管理绩效的重要影响，而且项目成员良性环境行为形成的制度-心理机制尚不清晰。为填补上述研究空白，本小节从项目成员的个体层面分析了重大工程中良性环境行为的外部驱动因素。本小节的研究结论为运用制度压力提升重大工程的环境管理绩效提供了新的视角，对于正在实施大规模基础设施改造的国家（如中国、印度和巴西）可以有所启示。

尽管已有研究提出三种类型的制度压力是良性环境行为的外部驱动因素，但本节的探索性研究发现以上压力所产生的影响并不是单一的。其中，模仿压力是良性环境行为最重要的外部驱动因素，其次是规范压力。有趣的是，来自于政府部门的强制压力对良性环境行为的影响并不显著。未来有关良性环境行为外部驱动因素的研究不能仅仅用一个变量代表来自不同利益相关者的压力总和，因为上述方式会削弱制度压力视角的实证解释力。

此外，本小节还发现模仿压力和规范压力对良性环境行为既有直接影响也有间接影响，从而发现组织支持起到部分中介的结论。由此表明：将社会交换过程（项目组织和其成员的互惠性）和制度化过程（需求社会合法性）相结合能够有效增强重大工程项目成员的良性环境行为意识。

8.4.4　重大工程良性环境行为的效能涌现

当重大工程的管理体系不能有效保障公众的利益时，为维护多数人或弱势群体的权利，政府需要进行适当的调控。重大工程的"上马"往往会对区域生态环境造成巨大甚至是不可逆的影响（Zeng et al., 2015）。与其他领域"亡羊补牢"式的管理有所不同，重大工程的风险防范及环境规制具有高度的前瞻性。例如，2013 年国家发改委专门印发《国家发展改革委办公厅关于印发重大固定资产投资项目社会稳定风险分析篇章和评估报告编制大纲（试行）的通知》（余伟萍等，2016）。在行政指令和管理标准（说明）所组成的"预防式"环境规制体系内，重大工程环境管理绩效的改善与组织的制度化/合法化过程高度契合（林润辉等，2016）。因此，制度理论能够为重大工程环境管理的合法化提供合理的分析视角，但究竟制度压力在何种程度上促进项目环境管理绩效改善尚存疑问。与西方强调完全市场竞争的背景不同，中国重大工程的实施带有明显的"官方色彩"（白居等，2016）。在"政府-市场"二元制度背景的影响下，目前悬而未决的问题是"到底是政府的强制压力，还是建筑业的规范压力，抑或是市场竞争产生的模仿压力能够真正触动重大工程"。如果上述问题不能得到有效解决，那么就难以充分利用制度工具提升重大工程的环境管理绩效。

作为决定组织发展方向的核心群体，管理层对环境问题的重视程度是影响重大工程环境管理绩效的核心因素（Boiral et al., 2018）。B. Zhang 等（2015）提出管理层的"环境承诺"是连接外部制度压力与组织环境实践的"桥梁"。换言之，管理层对环境问题的重视程度，以及对环保实践的承诺是外部压力转换为内部驱动力进而推动组织改善环境管理绩效的关键"中介"因素。离开管理层的支持，来自外部利益相关者的压力就难以真正触动重大工程项目成员的环保意愿。但已有研究（Colwell and Joshi, 2013）往往过于关注管理层的"口头"承诺，而忽视其在日常工作中的实际行为表现。实际上，有些看似关注环境问题的管理者在日常工作中的行为表现是不称职的，并没有以身作则贯彻和执行相关的环保政策和规范。基于此，Boiral 等（2015）提出将"良性环境行为"作为"环境承诺"的替代变量，从而反映管理层对于环境问题的实际认识和关心程度。与一般意义上的良性组织行为类似，"良性环境行为"是工作角色外的一类利他（或利项目）的自觉行为，如纠正同事的环境不友好行为及为项目的环境管理实践"献言献策"等。目前，外部制度压力通过"良性环境行为"的中介改善环境管理绩效的观点仅仅停留在理论假设层面，尚缺乏实证研究的检验（Boiral et al., 2015）。与此同时，虽然"良性环境行为"对于改善环境管理绩效的重要意义受到越来越多的重视（Alt and Spitzeck,

2016），但在重大工程管理领域关于这一点的研究尚为空白。

综上，本小节旨在探索外部制度压力对重大工程环境管理绩效的影响机理"黑箱"，并进一步探讨"良性环境行为"在其中所起的"桥梁"中介作用，为有效借助制度工具加强管理层的环保意识，进而改善环境管理绩效提供理论指导和实践依据。工期拖延、预算超支、安全环境事故频发是重大工程管理所面临的"痼疾"。传统的基于事件或问题的被动管理模式难以适应重大工程复杂多变的管理情境，而强调管理者"主人翁"意识和个体主动性的人本化管理正成为重大工程管理的"新常态"（何清华等，2017）。基于"政府-市场"二元制度背景和中国本土化的管理情境，本小节在关于西方企业组织的"良性环境行为"的研究基础上，进一步结合重大工程环境管理实践的特点，探讨"良性环境行为"的概念内涵及其对环境管理绩效的作用机理，所得出的结论有助于启发中国情境下重大工程环境管理理论的构建。

1. 讨论

制定重大工程环境管理的诸多监管性法律、法规、指导文件及行业标准等规范的隐含前提是制度压力对重大工程环境管理具有正向作用，但尚未有实证研究证明其中的关系及作用机理。本小节旨在揭示外部制度环境中的三类压力如何影响重大工程管理层的态度及行为表现，进而改变项目整体的环境管理策略及实践效果。研究结果验证了制度压力对重大工程整体环境管理绩效的影响具有显著性，表明重大工程项目管理层的日常行为及管理举措与工程所嵌入的外部制度环境具有密切的联系。然而，强制压力、模仿压力及规范压力对环境管理绩效的具体作用效果存在明显的差异，如图 8.13 所示。

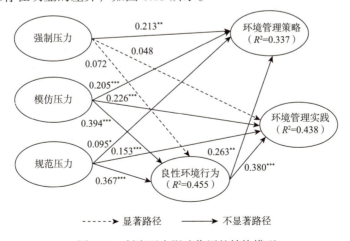

图 8.13　制度压力影响作用的结构模型

*p<0.05；**p<0.01；***p<0.001

1）强制压力的影响

强制压力对重大工程环境管理绩效两大维度的影响存在显著差异。强制压力对重大工程环境管理策略的影响是显著的；但样本数据并未能验证强制压力与环境管理实践的显著关系。上述反常结论可能与重大工程的特点及组织的"漂绿"行为有关。随着 PPP 模式的广泛推广，在中央和地方政府的共同推动下，中国在基础设施建设领域掀起一轮前所未有的重大工程建设热潮。截至 2016 年 2 月 29 日，中国共有 7 100 个项目纳入 PPP 综合信息平台系统，总投资约 8.3 万亿元，涉及能源、交通运输、水利建设、市政工程、片区开发等 19 个行业（张璐晶，2016）。在重大工程实施过程中，政府部门的角色是双重的，一方面是"裁判员"（外部监管方），另一方面是"运动员"（项目业主/融资方）（Wang et al.，2017a）。在此背景下，强制压力对重大工程的约束强度往往是有限的，甚至存在部分政府部门对项目的环境污染问题"睁一只眼闭一只眼"的情况。但是随着环境监理制度的强制实施和细化完善，上述情况正在发生改变。环境监理单位负责监督项目环境管理体系的运行，当资源投入不足或相关计划措施存在问题时，能够直接下达整改命令。由此，强制压力可以对重大工程的环境管理策略带来较为显著的影响。然而，从图 8.13 强制压力与良性环境行为的关系不难发现，自上而下的强制政策和要求并未能引起管理层自下而上的配合。强制压力的施行可能引发重大工程的"漂绿"行为。"漂绿"是指组织为将自己或项目包装成为环境友好型的企业或项目而"假装"重视环境管理的行为（李大元等，2015），如组织仅仅呼吁对环境污染的重视，或将 ISO14000 环境管理体系引入管理系统中，但在日常工作中并未兑现环保承诺或按照环境管理体系的要求严格执行。迫于强制压力的约束，重大工程一方面为维系环保的"面子"加大环境管理体系的投入，另一方面为"创效益""赶工期"对部分环保要求"选择性"忽略，从而出现上述结论。

2）模仿压力的影响

模仿压力对重大工程环境管理绩效两个维度的影响均是显著的，且管理层的"良性环境行为"在上述关系中发挥着部分中介作用。与强制压力和规范压力相比，模仿压力对环境管理策略和实践的影响效果更为显著。上述结果表明，随着私人资本越来越多地涌入基础设施建设领域，追求经济利益和保持竞争优势成为重大工程的核心目标。当同类型项目在环境管理实践中"大获全胜"并进而取得良好口碑和竞争优势时，重大工程的管理层会产生危机感，并采取相应追赶措施以改进本项目的环境管理绩效。重大工程的"上马"动辄耗资数十亿元，像三峡、南水北调等特大项目则以千亿计，不仅是投资的成倍增加，庞大的体量也为项目的质量、安全和环境管理带来巨大挑战，任何管理中的小纰漏在重大工程的实施中都可能得到指数级放大。重大工程深陷"大即脆弱"（big is fragile）的风险中（Flyvbjerg，2017），于是"模仿"和"复制"同类型项目的成功经验成为最"安全"的管理方式。此外，如 2016 年上海市重点工程实事立功竞赛等区域性活动的开展，不断在重大工程项目中营造出"比、学、赶、超"的竞争氛围，对于项目管理层环保意识的改善具有重要意义。弘扬工匠精神，打造精品工程，减少项目建设对城市环境的影响，是类似立功竞赛活动的主旨。上海市的轨道交通重点工程在立功竞赛中，争取少占路、早还路，并在加强施工现场的扬尘控制，以及督促运输企业减少渣土运输中的"跑、冒、滴、漏"等方面实现突破。因此，不难理解为什么模仿压力对环境管理绩效的影响是最为显著的。综上，模仿压力在加强重大工程管理层"环保危机意识"的同时也能够直接促进环境管理绩效的改善，从而与实证中得出的"良性环境行为"部分中介的结果相一致。

3）规范压力的影响

规范压力对重大工程环境管理绩效两个维度的影响均是显著的，但存在显著差异性；管理层的"良性环境行为"在上述关系中起到部分中介作用。业界专家、咨询公司和高校是重大工程管理层进行决策的重要智库和外部信息来源。专家论证会、行业研讨会等专题交流活动对于提升重大工程的决策质量和工作透明度具有重要意义。此外，规范压力作为行业约束和监督力量的体现，能够对重大工程管理层的日常行为产生潜移默化的影响，加强其对环境问题的认知，进而间接促进项目环境管理绩效的改善。但需要注意的是，中国重大工程的决策过程尚缺乏有效的规范约束机制，存在一定的盲目性和不透明性等问题（Flyvbjerg，2017）。由此，规范压力对环境管理策略的影响会明显弱化，从而出现作用路径显著性偏低的结果（路径系数为 0.095，$p<0.05$）。虽然对重大工程环境管理决策或策略的制定影响较小，但以行业经验、标准等为载体的规范压力能够发挥引领和示范作用，对于改进环境管理的实践具有重要指导意义，于是相应的作用路径显著性较高（路径系数为 0.367，$p<0.001$）。

2. 结论与启示

本小节将制度理论应用于重大工程的环境管理研究领域，基于 PLS 的实证研究在拓展对项目管理层环境承诺及行为规律的认识的同时，也对环境管理策略和实践绩效的改进提供管理启示。

首先，本小节的实证研究验证了制度压力对重大工程环境管理绩效整体影响的显著性，表明项目管理层的良性环境行为及环境管理策略的制定和落实与工程所内嵌的外部制度环境具有密切的联系。因此，制度工具可视为改进重大工程环境管理绩效的重要手段，但需要注意的是，政府机构应避免不合理的盲目施加压力以催生项目中的"漂绿"行为。当项目管理层并未真正认识到环境问题的重要性而仅仅迫于政府压力采取相应措施时，环境管理变成浮于表面的象征性工作，其真正目的变成了改善项目的"绿色"形象而不是提升环境绩效。

其次，本小节的实证研究结果显示项目管理层的良性环境行为在模仿和规范压力影响环境管理绩效的过程中发挥着重要的中介作用。与口头的"环境承诺"相比，良性环境行为能够更为真实地反映项目管理层的环保意识。政府机构、行业协会、专业咨询公司等各类组织或团体从外部施加压力时需要注意对项目管理层的影响并追踪其反馈，即更多关注制度压力的效度而不是强度。循序渐进的"稳压"政策可能比一锤子买卖的"高压"政策效果更好。

最后，本小节通过对不同类型制度压力的作用效果进行比较，发现模仿压力对环境管理绩效的影响最大，然后是规范压力，而强制压力对环境管理绩效的影响并不显著。业界专家、咨询公司和学术团体不但需要作为"外部智库"参与到项目的重大决策论证中，而且应进一步在重大工程的日常策略制定中发挥指导作用，从而对项目管理层施以更大的影响。此外，在运用制度工具改进环境管理绩效的过程中，需要避免对政策规制或行业规范的过度依赖，而更侧重于模范先锋项目的宣传，并通过设置更为多元化的行业奖项及组织各类竞赛活动，充分营造项目间的激烈竞争氛围。

8.4.5 重大工程良性环境行为的管理策略

"绿色化"是指组织激励成员的良性环境行为，改进环境管理绩效，并解决与外部利益相关者的环境纠纷的过程。在重大工程的"绿色化"进程中，项目管理者的领导力受到越来越多的重视。管理者的领导风格与行为表现是影响组织成员良性环境行为的关键所在。Afsar 等（2016）发现领导者通过将绿色发展的愿景融入制度和工作中，能够有效激发组织成员参与环境保护的热情（environmental passion）。Robertson 和 Barling（2013）认为强调营造共同愿景的变革型领导是促进组织成员良性环境行为涌现的重要因素。Graves 等（2013）进一步指出变革型领导是激发组织成员自主动机（autonomous motivation）进而影响其良性环境行为的关键驱动力。良性环境行为是一类工作角色外的自觉、创新（如献言献策）行为（Wang et al.，2017a）。与上述观点形成鲜明对比的是，Jaussi 和 Dionne（2003）及 Krause（2004）发现变革型领导对组织成员的自觉、创新行为影响并不显著，甚至会起到负面作用。因此，变革型领导是否真的对良性环境行为有利尚无定论，需要结合具体的管理情境加以讨论。

此外，值得注意的是，传统的交易型领导风格在关于良性环境行为的研究中尚较为鲜见。实际上，强调权变奖励（contingency reward）的交易型领导对组织成员的态度和行为有着较为积极的影响（Howell and Hall-Merenda，1999；Jung，2001；Bass et al.，2003；Walumbwa et al.，2004）。Nguni 等（2006）通过实证研究发现交易型领导对组织成员的良性环境行为有正向促进作用。与变革型领导相关研究相类似的是，围绕交易型领导的探讨中也有完全相反的观点。Pieterse 等（2010）认为交易型领导对组织成员的创新行为有着负面影响。Rank 等（2009）指出交易型领导与组织成员的任务绩效负相关。因此，交易型领导与良性环境行为的关系尚未可知，亟须实证研究予以检验。综上，已有的有关领导风格与良性环境行为关系的研究基本集中在永久性的企业组织上，缺乏基于临时性重大工程情境的实证研究。在重大工程中，究竟不同类型的领导风格（交易型和变革型）会对良性环境行为产生何种程度的影响依然存疑。

以指挥部为代表的管理体系来源于严谨的军事组织系统，即按照纵向关系逐级安排责、权的组织方式。等级严密的指挥部在提升重大工程决策执行力度的同时也可能引发一系列的问题（Li et al.，2011），如权责分配失衡、以权谋私、内部矛盾激化等政府作用的失灵现象（Chang，2013；Qian，2013；Tabish and Jha，2012）。而且，高权力距离的文化传统使得人们尊重等级，强调角色分工；在重大工程中则表现为认同并愿意接受领导与下属之间的权力分配不平等，习惯于遵照领导者下达的指令执行工作的模式（张燕和怀明云，2012）。

除高权力距离外，集体主义倾向也是中国文化的另一主要特征。在中西方文化的比较研究中，"集体主义"一直是中国文化的特有标签（黄光国和胡先缙，2010）。杨国枢（2004）将集体主义描述为"个体将自身视为一个或多个集体（家庭、同事或国家）中的一分子，彼此紧密相连，个体由于受到集体规范与责任的驱使，愿意将集体目标置于个人目标之上，而且重视与集体其他成员之间的联结关系"。在重大工程的建设过程中，集体赶工现象屡见不鲜。例如，"撸起袖子加油干！港珠澳大桥珠海口岸项目于 2017 年 7 月 13 日召开 9 月 30 日节点赶工动员会"（中建三局一公司华南公司，2017）。此外，重大工程往往通过举办劳动竞赛、创先争优等活动激发项目成员的集体责任感。例如，2016 年港珠澳大桥管理局开展以"争当明星员工、创建卓越团队"为主要内容的创先争优活动，其中交通工程部荣获 2016 年度 "卓越部门"称号。

组织管理者的"以身作则"（leading by example）是激发成员良性环境行为的关键因素（Boiral et al.，2015）。重大工程管理者在环境管理方面的重视和行为表现比"纸面上"的环境政策更有说服力，能够改变下属的环境责任意识，进而影响其日常工作中的行为（Boiral et al.，2018）。环境承诺是组织成员对工作中环境保护任务的一种责任意识和重视心理。值得注意的是，承诺本身反映的就是个体的一种信仰和态度。根据 TRA 和价值-信仰-规范理论（value-belief-norm theory），个体的态度倾向受到外部情境氛围的影响，并在很大程度上决定其行为表现。因此，从上述理论角度审视，当管理者的领导行为营造出重视环境保护的组织氛围时，组织成员的态度可能会发生一些转变，并最终体现在其行为表现上。综上，本小节的研究目的之二在于探讨两类领导风格是否通过环境承诺对不同权力距离或集体主义倾向下的下属产生影响。

1. 讨论

1）变革型领导的影响

在重大工程中，变革型领导能够增强项目成员的环境承诺的效力，激发其参与良性环境行为的积极性，这与 Robertson 和 Barling（2013）的研究结论相一致。相比于交易型领导，变革型领导对良性环境行为的影响力更强。具有变革型领导风格的重大工程管理者往往通过"身先士卒"为下属做出表率，从而激发项目成员的环境责任感和奉献精神，推动良性环境行为涌现的常态化。例如，港珠澳大桥环境管理工作的顺利实施就离不开一群甘当绿叶的 HSE（health safety environment，健康、安全、环境）团队（港珠澳大桥管理局，2016）。正是他们的"言传身教"使得港珠澳大桥建设形成人人重视环境保护的有利局面。在重大工程的具体实践中，变革型领导通过"价值传输"向下属强调环境保护的重要性，使所有项目成员首先从理念上达成共识。

中国传统社会是一个权力距离较高的社会。在以"权"为尊的文化价值取向下，组织成员恪守自己的职位等级，重视领导的特权影响（魏昕和张志学，2010）。重大工程在建设过程中通常沿用官僚制的指挥部模式，以行政指令的方式下达管理目标，强调下属对上级要求的有效执行，具有浓厚的"官本位"氛围（乐云等，2014，2016b）。由此，在重大工程中往往充斥着类似于政府部门的高权力距离氛围。但随着中国社会的现代化，高权力距离取向的基础已被严重削弱（谢俊等，2012）。重大工程建设过程中的中外合作已经常态化，如上海迪士尼等国际重大工程不断涌现，因此项目内部的文化氛围也越来越开放和多元化。在重大工程中，差异化的权力距离取向成为影响项目成员行为态度和表现的重要调节变量。本小节的研究结果表明：对于权力距离取向较低的项目组织中的成员而言，变革型领导与良性环境行为的正向关系更强；对于权力距离取向较高的项目组织中的成员而言，上述的正向影响关系并不明显。因此，在讨论变革型领导与良性环境行为之间的关系时，不能忽视项目组织的权力距离取向。项目组织的权力距离取向较低意味着成员在日常工作中更追求"人人平等"，具有较强的参与感，期望与管理者进行人际互动，在受到上级的激励时更易于表现出角色外的付出和奉献行为，愿意积极主动地配合项目的各项号召。而高权力距离取向强调成员在工作中"安分守己"，即使受到管理者的鼓舞和动员，也难以对任务角色外的事项"格外上心"。

在中西方文化的比较研究中，集体主义始终是中国文化的重要标志，相关文献也认为东方文化更强调集体主义（杨自伟，2015）。在以公有制为主体的经济体制内和传统的儒家文化背景下，强调国家和集体利益高于个人利益的观念深入人心（Leung，2012；Li and Liang，2015）。在国家或地方政府主导的重大工程中，集体主义精神得到了淋漓尽致的体现。上海洋山深水港工程致力于打造"项目利益高于一切"的洋山精神，为实现"建一流工程，创一流管理，育一流人才，出一流技术"保驾护航（彭瑞高，2011）。重大工程是对经济、社会和环境有重要影响的大型项目，其建设过程需要服从国家或地区的中长期需求和规划。在特殊情况下的集体赶工是对重大工程中集体主义精神的一种有力诠释。

由于重大工程的国际化趋势，越来越多的欧美公司参与到中国重大工程的设计和管理咨询过程中，中国的建筑企业也在不断走出去，重大工程中中西方文化的交融成为一种发展趋势，西方个人权利至上的思想对中国差序格局规范下的集体主义文化氛围造成巨大的冲击。于是在重大工程中，差异化的集体主义倾向成为影响项目成员行为态度和表现的重要调节变量。本小节的研究结果表明：对于低集体主义倾向的项目组织中的成员而言，变革型领导与良性环境行为的正向关系更强；对于高集体主义倾向的项目组织中的成员而言，上述的正向影响关系并不明显。因此，在考察变革型领导对良性环境行为的积极影响时，不能忽视项目组织的集体主义倾向。在项目组织的人际互动中，个体会学习和模仿其他项目成员的行为，但个体的表现存在一定的差异性（王震等，2012）。高集体主义倾向的项目组织中的个体更关注项目的其他成员，并试图与其保持一致。相反，低集体主义倾向的项目组织中的个体对项目其他成员的行为并不敏感。因此，在高集体主义倾向的项目组织中，成员之间存在相互关心、相互学习的和谐氛围和基础，变革型领导对下属合作意识和奉献精神的激励起到"锦上添花"的作用；而在低集体主义倾向的项目组织中，成员之间缺乏相互合作的意识和自我奉献的精神，变革型领导在激发下属公民行为的过程中发挥着"雪中送炭"的作用。

2）交易型领导的影响

交易型领导同样能够增强项目成员对重大工程环境目标的认同，并激发其良性环境行为。这表明变革型和交易型并非两类相互独立的领导风格，而是共存和互补的，其领导效能的好与坏还要受到管理情境（如文化氛围）的影响。与变革型领导相比，交易型领导更重视任务的完成，以及使下属获得相应的物质和精神上的回报。通过将领导-下属的交换条件明确化，能够有效减少中国传统"人治"模式的不规范问题及交易条款被歪曲的可能性，进而加强管理职能（刘晖，2013）。交易型领导风格理论上包括权变奖励和例外管理两个维度，其典型表现包括设置目标、监控产出（李秀娟和魏峰，2006）。具有交易型领导风格的重大工程管理者往往通过严格细致的问题监督和"纪律严明"的奖惩措施，增强项目成员的环境责任感，进而激发其参与良性环境行为的积极性。例如，港珠澳大桥环境管理目标的实现就离不开 HSE 团队"铁面无私"的管理体系。在重大工程的具体实践中，交易型领导通过对个人和团队的环境行为及活动进行奖励或处罚，可以有效提高项目成员的环境保护意识，更好地推动环境管理的规范化和制度化。

从过去的"三纲五常"到现代的"领导等级制"，权力距离始终是中国文化传统的重要组成部分（廖建桥等，2010）。重大工程通常由政府或国有大型企业主导，其建设过程的管理和控制主要由具有行政级别的管理委员会、指挥部或项目公司具体负责。项目的中高层管理者均采用行政命令的方式从政府部门或国有企业选聘，其典型特征是带有官员身份和行政级别（白居等，2016）。因此，重大工程内部的文化氛围具有"等级森严"的特征。在重大工程中，高权力距离取向的项目组织中的成员更加恪守与管理者之间的职位等级差距，对其上级的命令和决策更加盲从。本小节提出假设：权力距离的扩大能够加强交易型领导对良性环境行为的正向影响，即权力距离在交易型领导和良性环境行为之间发挥着正向调节作用。然而，上述假设并未通过验证。交易型领导对低权力距离取向和高权力距离取向的项目组织中的成员有着近乎同等程度的正向影响，其间并不存在明显的差异，随着交易型领导风格越来越突出，两种权力距离取向下的良性环境行为会产生类似的正向变化。上述结论也印证了交易型领导对高权力距离取向下个体影响的有效性。正如陈文晶和时勘（2014）所强调的"交易型领导方式可能更符合中国的客观现实"。与西方强调伙伴或平等关系的文化氛围有所区别，在中国的差序格局规范下，上下级之间存在较大的权力距离，对于带有半官方色彩的重大工程而言尤为如此。

正如访谈中专家所指出的"环境保护应该是个系统工程，不能只喊口号"，尽管管理者的呼吁和号召能够提高项目成员的环境保护意识，但是只喊口号是远远不够的，正如黄桂（2010）所指出的"总在强调'奉献'的国企往往并不能真正如愿以偿"。与国企相类似，重大工程同样有着强调成员"奉献"的传统（杨德磊，2017），也面临着"要求成员奉献却可能收获苦涩的困境"。实际上，重大工程环境管理的软肋并不完全在于管理者自身的"魅力"和行为表现不佳，而是在于激励机制的不足，即交易型领导所强调的权变奖励并未得到制度上的有效保障。宣称项目成员是主人翁的重大工程（何清华等，2017），恰恰存在较为浓厚的"官僚组织"氛围，上下级之间存在较大的权力距离。综上，仅仅寄希望于管理者的个人魅力以提高项目成员环境保护意识的做法并不可靠，重大工程还需要加强奖惩机制的建设以激发项目成员参与环境管理工作的积极性。

集体主义是强调以集体为核心的理念。具有集体主义倾向的个体会强化其自身对组织的认同和承诺，从而更加积极地为团队做出贡献（刘松博和李育辉，2014）。重大工程带有明显的国企"烙印"，国家和集体利益高于一切是其最重要的信条。在重大工程的建设过程中，涌现出一大批先进团体。例如，港珠澳大桥共有25个先进团队获得全国工人先锋号的奖励，包括港珠澳大桥管理局计划合同部、中交一航局一公司港珠澳大桥西人工岛项目部、中交一航局二公局港珠澳大桥 CB03 标项目部二工区等。上述先进事例正是重大工程集体主义的缩影。然而随着 PPP 模式的推广，市场化的浪潮也在改变重大工程的管理文化。港珠澳大桥项目甚至也曝出部分唯利是图的承包商涉嫌伪造混凝土测试报告的丑闻（澎湃新闻网，2017a）。上述问题的出现一方面来源于制度层面"硬约束"的漏洞，另一方面也与国企领导的专制领导方式有关（黄桂，2010）。凡事都要过问的领导既是交易型领导也是专制型领导。对于中国的重大工程而言，专权和威权是一把双刃剑，一方面能够提高项目的推进效率，另一方面也可能影响成员的工作投入，引发其抵制情绪，导致领导无法顾及的任务其责任难以落实。

在文化价值观日益多元化的背景下，集体主义倾向成为影响交易型领导有效性的重要因素。本小节的研究结果表明：对于高集体主义倾向的项目成员而言，交易型领导与良性环境行为的正向关系更强；对于低集体主义倾向的项目成员而言，上述的正向影响关系并不明显。具有高集体主义倾向的个体，进入工作团队后，更倾向于将自己视为团队的一分子，并按照团队领导的期望行事（周倩等，2016）。因此，高集体主义倾向个体的工作表现会更符合团队的要求，获得更高的评价和奖励，做出更多对团队有利的行为。在此情境下，强调过程监控及权变奖励的交易型领导能够充分发挥其效力。相反，低集体主义倾向的个体更在意切身利益的得失，加之交易型领导又是以规则和目标为导向的，因此，项目成员往往关注于分内工作的完成情况，不愿触及可能为自己带来不良影响的分外事情，如指出、纠正他人的环境不友好行为等。

2. 结论与启示

影响重大工程环境绩效的关键因素之一就是项目成员的"环境承诺"。由于重大工程的时间跨度大、项目范围广，"无死角"的环境监管难度大，日常环境管理工作的顺利开展取决于项目成员的环境责任意识和自觉、自愿的良性环境行为。例如，对于港珠澳大桥的环境管理工作而言，"最难的不是制度和技术的更新，而是对这100多家建设单位、5万多名建设者环保观念的改变"（港珠澳大桥管理局，2017a）。与交易型领导相比，变革型领导对项目成员环境承诺的正向影响更显著，进而能够更为有效地激发良性环境行为的涌现。上述结论也与Nguni 等（2006）及 Deichmann 和 Stam（2015）的研究相一致。与工程岗位不同，环保工作关乎的不是某一项技术或某一个专业团队，而是建设过程中各个阶段的每位参与者（港珠澳大桥管理局，2017a）。因此，转变观念是关键。重大工程的管理者需要将环保理念注入项目文化，而项目文化是由价值观等观念形态积淀而成的，是项目建设过程中形成的较为稳定的工作理念和风格，包括项目独特的指导思想、建设战略、价值观念及组织氛围等（刘晖，2013）。重大工程"绿色"文化的塑造需要项目的中基层管理者自身率先垂范，成为有魅力的变革型领导者。新生代的重大工程建设者重视领导的个人修养和魅力，因此项目的管理者们应当寻找机会鼓励那些体现重大工程环保精神的优秀行为，以愿景激励、鼓舞项目的建设者；明确 HSE 管理体系推广所需要的项目文化，并详尽规划，以推动重大工程环保理念的变革。例如，港珠澳大桥项目管理者努力营造了关爱中华白海豚的项目文化，举办了一系列的白海豚保护专项培训班、水生野生动物保护宣传月、水下爆破作业与中华白海豚保护监管工作交流会等活动。只有在富有责任感的项目环保文化中，重大工程的 HSE 管理体系才能够有效发挥作用。

黄桂（2010）指出，奖惩机制的不健全和专制式领导是阻碍国企成员发挥工作积极性的主要原因。重大工程通常沿用传统的指挥部模式进行管理，强调行政指令式的专制领导方式，带有浓厚的官僚组织色彩。以行政为主导的重大工程管理模式，在提高建设效率的同时，也引发权责分配失衡、违反工作程序、贪污腐败，甚至内部矛盾激化等问题。组织投入是员工投入的前提条件，激励机制，尤其是交易型领导的权变奖励是促使员工积极回报组织投入的保障。在重大工程的环保实践中，管理者应注重激励机制的建设及执行。对良性环境行为产生影响的不仅是所谓强调奉献的"口号"和精神，还包括赏罚分明的领导体系。因为良性环境行为建立在互惠原则的基础上（Paillé et al.，2013），而交易型领导正是通过设置清晰的工作目标及奖惩措施的引导，加强领导与下属高质量的交换互惠，进而激发项目成员参与良性环境行为的热情。例如，上海迪士尼项目分配一定数量的特制纪念币给经过专门培训的环境监督管理者，当他们在现场日常检查的过程中发现员工的优秀环保行为时，会把若干纪念币奖励给员工，当员工收集到一定数量的纪念币后，可以兑换成相应的奖品（杨剑明，2016）。因此，提倡愿景和领导魅力的变革型领导作用的发挥需要建立在交易型领导的基础上，否则就成为空中楼阁，难以对项目成员的行为起到积极的引导作用。重大工程需要进一步规范环保奖励制度，为鼓励项目成员积极投入环保工作中，即使在资金有限的情况下，也要专门设置奖励基金。例如，鼓励项目成员献言献策，及时提出改善工作环境、防止环境事故发生的建议，如果建议被采纳后在实际工作中取得明显效果，将根据效果情况确定奖励额度；鼓励施工班组开展自主环境管理，对做到月度无污染事故、具有良好环保意识、实施众多优秀环保行为的班组进行奖励。

建筑业属于劳动密集型产业，重大工程一线工程建设者的文化素质普遍不高。对于一线建设者而言，基层班组长是其直接管理者和接触者。但由于基层班组长往往存在管理方式上简单、粗糙等问题（赵红丹和彭正龙，2011），一线建设者往往与其缺乏沟通和信任，加之中国高权力距离的文化氛围，造成人际关系紧张及工作压力大等问题频发。在此背景下，一线建设者参与良性环境行为的积极性明显降低。面对数量众多、岗位固定、文化水平和需求层次较低的一线建设者，基层主管的领导手段不应仅是激励和交换，还需要加强个性化关怀，尤其要关注一线建设者们的能力成长及情感诉求，为其在环保知识、技能上的持续发展及相互间的交流沟通创造机会。例如，上海世博会的劳动竞赛"世博杯"金点子工程的实施在为一线建设者提供切磋交流平台的同时，也在节能降耗、提高工程质量等方面取得显著成效（杨德磊，2017）。无论是变革型还是交易型领导方式，只要能让一线建设者的工作价值观和成就偏好得到满足，感受到环保工作的意义，就符合积极有效的领导标准。重大工程的基层主管可以通过树立学习标杆、打造优秀集体的方式，进一步激发一线建设者的成就动机。例如，港珠澳大桥项目管理局专门打造了"HSE明星"和它背后的"婆婆嘴团队"。

本小节在研究领导风格和项目成员良性环境行为之间的关系时，选择环境承诺作为中介变量；然而实证结果表明环境承诺起到的是部分中介作用，因此可能存在其他潜在中介变量。未来的研究可以将影响领导-下属交换的组织情境变量，如项目认同、程序公平、信任等，引入实证模型中。此外，值得注意的是，领导风格的有效性与组织所处的文化情境密切相关。未来还可以加强中西方文化情境下的横向比较研究，进一步深入考察不同领导风格在多种情境和模式下的影响力和差异性，为良性环境行为领导理论的发展奠定基础。

8.5　本章小结

本章融合了组织行为学、积极组织研究、利他理论、制度主义、组织效能和环境可持续等相关理论视角，首先识别了 MGOB 的五个维度，即权变式协同、尽责、首创性、和谐关系维护和服从行为；其次揭示了良性组织行为对于重大工程项目管理效能提升的重要价值，以及实现该价值的关键环节和路径；再次探索了良性组织行为的内外部驱动因素和培育策略，从利他动机出发分析了行为的内部驱动及政府关联导致的动机复杂性，从制度环境的同构作用出发探讨了行为的外部驱动；最后结合我国重大工程的特点，从环境保护的视角进一步挖掘了良性组织行为的内涵与外延，厘清了重大工程良性环境行为的表现形式及内外部逻辑，在揭示良性环境行为对于环境管理体系有效运转的作用机理的同时，也发现了领导风格有效性的权变机制和边界条件，为良性环境行为的培育提供了新的视角。

参 考 文 献

白居，李永奎，卢昱杰，等.2016. 基于改进 CBR 的重大基础设施工程高层管理团队构建方法及验证. 系统管理学报，25（2）：272-281.

陈文晶，时勘.2014. 中国管理者交易型领导的结构与测量. 管理学报，11（10）：1453-1459，1513.

邓小聪.2011. 南水北调工程建设管理激励机制研究. 水利经济，29（1）：47-49，60.

丁镇棠，程书萍，刘小峰.2011. 大型公共工程环境审计研究. 审计研究，（6）：51-58.

港珠澳大桥管理局. 2014-06-11. 港珠澳大桥建设创新劳动竞赛方式. http://www.hzmb.org/cn/bencandy.asp?id=2210.

港珠澳大桥管理局.2016-08-09. "HSE明星"和它背后的"婆婆嘴团队". http://www.hzmb.org/cn/bencandy. asp?id=3029.

港珠澳大桥管理局. 2017-07-17a. 环保无死角 绿色入梦来. http://www.hzmb.org/cn/bencandy. asp?id=3270.

港珠澳大桥管理局. 2017-07-17b. 港珠澳大桥建设者保护中华白海豚的故事. http://www.hzmb.org/cn/bencandy. asp?id=3273.

何继善.2013. 论工程管理理论核心. 中国工程科学，15（11）：4-11，18.

何清华，刘晴.2016. 集成项目交付（IPD）典型模式合同治理研究. 建设监理，（2）：20-22, 54.

何清华，陈震，李永奎.2017. 我国重大基础设施工程员工心理所有权对项目绩效的影响—— 基于员工组织主人翁行为的中介. 系统管理学报，26（1）：54-62.

黄光国，胡先缙.2010. 人情与面子：中国人的权力游戏. 北京：中国人民大学出版社.

黄桂.2010. 强调"奉献"的企业为何不能如愿以偿?——基于国企组织与员工交换关系的思考. 管理世界，（11）：105-113，153.

乐云，张云霞，李永奎.2014. 政府投资重大工程建设指挥部模式的形成、演化及发展趋势研究. 项目管理技术，12（9）：9-13.

乐云，白居，韩冰，等.2016a. 重大工程高管团队的行为整合、战略决策与工程绩效. 中国科技论坛，（12）：98-104.

乐云，白居，李永奎，等.2016b. 中国重大工程高层管理者获取政治激励的影响因素与作用机制研究. 管理学报，13（8）：1164-1173.

李大元，贾晓琳，辛琳娜.2015. 企业漂绿行为研究述评与展望. 外国经济与管理，37（12）：86-96.

李秀娟，魏峰.2006. 打开领导有效性的黑箱：领导行为和领导下属关系研究. 管理世界，（9）：87-93，128.

廖建桥，赵君，张永军.2010. 权力距离对中国领导行为的影响研究. 管理学报，7（7）：988-992.

林润辉，谢宗晓，王兴起，等.2016. 制度压力、信息安全合法化与组织绩效——基于中国企业的实证研究. 管理世界，（2）：112-127，188.

刘晖.2013. 交易型领导和变革型领导对员工行为影响研究. 辽宁大学博士学位论文.

刘松博，李育辉.2014. 员工跨界行为的作用机制：网络中心性和集体主义的作用. 心理学报，

46（6）：852-863.

南水北调 PCCP 管道工程办公室. 2008-01-17. PCCP 管线上的"突击队". http://www.nsbd.cn/jszwz/jszfca/5376.html.

南水北调中线干线工程建设管理局. 2014-05-16. 青山绿水与施工同行. http://www.nsbd.cn/jszwz/jszsj/26967.html.

彭瑞高. 2011. 巨变——洋山深水港. 上海：中西书局.

澎湃新闻网. 2017-05-23a. 港珠澳大桥混凝土测试报告涉嫌造假，港廉政公署启动贪污调查. https://www.thepaper.cn/ newsDetail_forward_1692151.

澎湃新闻网. 2017-09-11b. "一带一路"迄今投资了哪些项目和领域. https://www.thepaper.cn/newsDetail_forward_1684984.

任宏. 2012. 巨项目管理. 北京：科学出版社.

上海市总工会，上海世博会事务协调局. 2012. 崛起的世博园. 上海：上海文化出版社.

盛昭瀚，游庆仲，陈国华，等. 2009. 大型工程综合集成管理——苏通大桥工程管理理论的探索与思考. 北京：科学出版社.

唐涛，万金波，张锐. 2013. 浅谈南水北调中线干线工程开展劳动竞赛活动的做法和体会. 南水北调与水利科技，11（1）：174-176.

王歌，何清华，白居，等. 2017. 高管团队演化对重大工程绩效的影响——基于南宁火车东站项目的纵贯数据研究. 中国科技论坛，（10）：160-167.

王平. 2016-01-27. 港珠澳大桥深陷"拉布"泥潭. 人民日报海外版，第 3 版.

王震，孙健敏，张瑞娟. 2012. 管理者核心自我评价对下属组织公民行为的影响：道德式领导和集体主义导向的作用. 心理学报，44（9）：1231-1243.

魏昕，张志学. 2010. 组织中为什么缺乏抑制性进言？管理世界，（10）：99-109，121.

谢俊，储小平，汪林. 2012. 效忠主管与员工工作绩效的关系：反馈寻求行为和权力距离的影响. 南开管理评论，15（2）：31-38，58.

杨德磊. 2017. 重大工程组织公民行为识别、驱动因素与效能涌现研究. 同济大学博士学位论文.

杨国枢. 2004. 中国人的心理与行为：本土化研究. 北京：中国人民大学出版社.

杨剑明. 2016. 重大工程项目建设的环境管理. 上海：华东理工大学出版社

杨自伟. 2015. 华人集体主义再思考——差序格局规范下的集体主义认知与行为倾向. 中国人力资源开发，（9）：49-55.

余伟萍，祖旭，孟彦君. 2016. 重大工程环境污染的社会风险诱因与管理机制构建——基于项目全寿命周期视角. 吉林大学社会科学学报，56（4）：38-46，189.

张璐晶. 2016. 财政部"全国 PPP 综合信息平台"首次披露大数据. 中国经济周刊，（9）：18-20.

张天国，高宗成. 2006. 筑梦——中铁十七局集团四公司青藏铁路最高点施工管理纪实. 建筑，（16）：6-11，4.

张燕，怀明云. 2012. 威权式领导行为对下属组织公民行为的影响研究——下属权力距离的调节作用. 管理评论，24（11）：97-105.

赵红丹，彭正龙. 2011. 哪种领导行为会让一线员工更愿意付出？经济管理，33（7）：61-68.

中国经济网. 2017-01-22. 国家统计局五位司长解读 2016 年中国经济"年报". http://www.ce.cn/macro/more/201701/22/t20170122_19799319.shtml.

中国证券报. 2016-12-05. 工业综合：行业增速拐点向上 荐 10 股. http://www.cs.com.cn/gppd/hyyj/201612/ t20161205_5111242.html.

中建三局一公司华南公司. 2017-08-01. 【聚焦口岸】打响最后"攻坚战"——港珠澳大桥珠海口岸项目赶工纪实. http://www.sohu.com/a/161300971_773723.

周倩，刘伟国，魏薇，等. 2016. 集体主义倾向一定带来卓越表现吗——论领导成员交换和角色清晰度的调节作用. 武汉理工大学学报（社会科学版），29（3）：410-418.

Afsar B, Badir Y, Kiani U S. 2016. Linking spiritual leadership and employee pro-environmental behavior: the influence of workplace spirituality, intrinsic motivation, and environmental passion. Journal of Environmental Psychology, 45: 79-88.

Alt E, Spitzeck H. 2016. Improving environmental performance through unit-level organizational citizenship behaviors for the environment: a capability perspective. Journal of Environmental Management, 182: 48-58.

Altshuler A A, Luberoff D. 2003. Mega-projects: The Changing Politics of Urban Public Investment. Washington D.C: Brookings Institution Press.

Anderson J. 2018-04-18. CMAR—What does it mean? http://sh-architecture.com/2013/architecture/cmar-what-does-it-mean.

Anvuur A M, Kumaraswamy M M. 2007. Conceptual model of partnering and alliancing0 Journal of Construction Engineering and Management, 133 (3): 225-234.

Anvuur A M, Kumaraswamy M M. 2015. Effects of teamwork climate on cooperation in crossfunctional temporary multi-organization workgroups. Journal of Construction Engineering and Management, 142 (1): 04015054.

Anvuur A M, Kumaraswamy M M, Fellows R. 2012. Perceptions of status and TMO workgroup cooperation: implications for project governance. Construction Management and Economics, 30 (9): 719-737.

Arizona Department of Transportation (ADOT). 2013-05-22. CMAR method is beneficial for certain projects. https://www.azdot.gov/media/blog/posts/2013/05/22/cmar-method-is-beneficial-for-certain-projects.

Aronson Z H, Lechler T G. 2009. Contributing beyond the call of duty: examining the role of culture in fostering citizenship behavior and success in project-based work. R&D Management, 39 (5): 444-460.

Ashforth B E, Mael F. 1989. Social identity theory and the organization. Academy of Management Review, 14 (1): 20-39.

Bakker R M. 2010. Taking stock of temporary organizational forms: a systematic review and research agenda. International Journal of Management Reviews, 12 (4): 466-486.

Bakker R M, Boroş S, Kenis P, et al. 2013. It's only temporary: time frame and the dynamics of creative project teams. British Journal of Management, 24 (3): 383-397.

Barnard C I. 1938. The Functions of the Executive. Cambridge: Harvard University Press.

Bass B M, Avolio B J, Jung D I, et al. 2003. Predicting unit performance by assessing transformational and transactional leadership. Journal of Applied Psychology, 88 (2): 207-218.

Bilbo D, Bigelow B, Escamilla E, et al. 2015. Comparison of construction manager at risk and integrated project delivery performance on healthcare projects: a comparative case study. International Journal of Construction Education and Research, 11 (1): 40-53.

Blatt R. 2008. Organizational citizenship behavior of temporary knowledge employees. Organization Studies, 29 (6): 849-866.

Boateng P, Chen Z, Ogunlana S O. 2015. An analytical network process model for risks prioritisation in megaprojects. International Journal of Project Management, 33 (8): 1795-1811.

Boiral O. 2009. Greening the corporation through organizational citizenship behaviors. Journal of Business Ethics, 87 (2): 221-236.

Boiral O, Paillé P. 2012. Organizational citizenship behaviour for the environment: measurement and validation. Journal of Business Ethics, 109 (4): 431-445.

Boiral O, Talbot D, Paillé P. 2015. Leading by example: a model of organizational citizenship behavior for the environment. Business Strategy and the Environment, 24（6）: 532-550.

Boiral O, Raineri N, Talbot D. 2018. Managers' citizenship behaviors for the environment: a developmental perspective. Journal of Business Ethics, 149（2）: 395-409.

Braun T, Müller-Seitz G, Sydow J. 2012. Project citizenship behavior? —An explorative analysis at the project-network-nexus. Scandinavian Journal of Management, 28（4）: 271-284.

Braun T, Ferreira A I, Sydow J. 2013. Citizenship behavior and effectiveness in temporary organizations. International Journal of Project Management, 31（6）: 862-876.

Bresnen M. 2016. Institutional development, divergence and change in the discipline of project management. International Journal of Project Management, 34（2）: 328-338.

Bright D S, Cameron K S, Caza A. 2006. The amplifying and buffering effects of virtuousness in downsized organizations. Journal of Business Ethics, 64（3）: 249-269.

Cameron K. 2007. Organizational effectiveness: its demise and re-emergence through positive organizational scholarship//Smith K G, Hitt M A. Great Minds in Management: The Process of Theory Development. New York: Oxford University Press.

Cameron K, Mora C, Leutscher T, et al. 2011. Effects of positive practices on organizational effectiveness. Journal of Applied Behavioral Science, 47（3）: 266-308.

Chang C L. 2013. The relationship among power types, political games, game players, and information system project outcomes—a multiple-case study. International Journal of Project Management, 31（1）: 57-67.

Chen X P, Lam S S K, Naumann S E, et al. 2005. Group citizenship behaviour: conceptualization and preliminary tests of its antecedents and consequences. Management and Organization Review, 1（2）: 273-300.

Cheung S O, Wei K W, Yiu T W, et al. 2011. Developing a trust inventory for construction contracting. International Journal of Project Management, 29（2）: 184-196.

Chi C S F, Ruuska I, Levitt R, et al. 2011. A relational governance approach for megaprojects: case studies of Beijing T3 and Bird's Nest projects in China. Engineering Project Organizations Conference, Estes Park Colorado, USA.

Clarke N. 2010. Emotional intelligence and its relationship to transformational leadership and key project manager competences. Project Management Journal, 41（2）: 5-20.

Colwell S R, Joshi A W. 2013. Corporate ecological responsiveness: antecedent effects of institutional pressure and top management commitment and their impact on organizational performance. Business Strategy and the Environment, 22（2）: 73-91.

Daft R L, Murphy J, Willmott H. 2010. Organization Theory and Design: An International Perspective. 10th ed. Boston: Cengage Learning.

Daily B F, Bishop J W, Govindarajulu N. 2009. A conceptual model for organizational citizenship behavior directed toward the environment. Business & Society, 48（2）: 243-256.

Davies A, Hobday M. 2005. The Business of Projects: Managing Innovation in Complex Products and Systems. Cambridge: Cambridge University Press.

Davies A, Dodgson M, Gann D. 2016. Dynamic capabilities in complex projects: the case of London Heathrow Terminal 5. Project Management Journal, 47（2）: 26-46.

de Dreu C K W. 2004. Rational self-interest and other orientation in organizational behavior: a critical appraisal and extension of Meglino and Korsgaard. Journal of Applied Psychology, 91（6）: 1245-1252.

de Roeck K, Delobbe N. 2012. Do environmental CSR initiatives serve organizations' legitimacy in the oil industry? Exploring employees' reactions through organizational identification theory. Journal of Business Ethics, 110（4）: 397-412.

Deichmann D, Stam D. 2015. Leveraging transformational and transactional leadership to cultivate the generation of organization-focused ideas. The Leadership Quarterly, 26（2）: 204-219.

DiMaggio P J, Powell W W. 1983. The iron cage revisited: institutional isomorphism and collective rationality in organizational fields. American Sociological Review, 48（2）: 147-160.

Ding X, Li Q, Zhang H B, et al. 2017. Linking transformational leadership and work outcomes in temporary organizations: a social identity approach. International Journal of Project Management, 35（4）: 543-556.

Dipaola M F, Hoy W K. 2005. Organizational citizenship of faculty and achievement of high school students. The High School Journal, 88（3）: 35-44.

Donaldson S I, Ko I. 2010. Positive organizational psychology, behavior, and scholarship: a review of the emerging literature and evidence base. The Journal of Positive Psychology, 5（3）: 177-191.

Dyne L V, Graham J W, Dienesch R M. 1994. Organizational citizenship behavior: construct redefinition, measurement, and validation. Academy of Management Journal, 37（4）: 765-802.

Eweje J, Turner R, Müller R. 2012. Maximizing strategic value from megaprojects: the influence of information-feed on decision-making by the project manager. International Journal of Project Management, 30（6）: 639-651.

Farh J L, Zhong C B, Organ D W. 2004. Organizational citizenship behavior in the People's Republic of China. Organization Science, 15（2）: 241-253.

Ferreira A I, Braun T, Sydow J. 2013. Citizenship behavior in project-based organizing: comparing German and Portuguese project managers. The International Journal of Human Resource Management, 24（20）: 3772-3793.

Flyvbjerg B. 2014. What you should know about megaprojects and why: an overview. Project Management Journal, 45（2）: 6-19.

Flyvbjerg B. 2017. The Oxford Handbook of Megaproject Management. Oxford: Oxford University Press.

Flyvbjerg B, Bruzelius N, Rothengatter W. 2003. Megaprojects and Risk: An Anatomy of Ambition. Cambridge: Cambridge University Press.

Fuertes A, Casals M, Gangolells M, et al. 2013. An environmental impact causal model for improving the environmental performance of construction processes. Journal of Cleaner Production, 52: 425-437.

Galaskiewicz J, Wasserman S. 1989. Mimetic processes within an interorganizational field: an empirical test. Administrative Science Quarterly, 34（3）: 454-479.

George J M, Brief A P. 1992. Feeling good-doing good: a conceptual analysis of the mood at work-organizational spontaneity relationship. Psychological Bulletin, 112（2）: 310-329.

George J M, Jones G R. 1997. Organizational Spontaneity in Context. Human Performance, 10: 153-170.

Graham J W. 1991. An essay on organizational citizenship behavior. Employee Responsibilities and Rights Journal, 4（4）: 249-270.

Graves L M, Sarkis J, Zhu Q H. 2013. How transformational leadership and employee motivation combine to predict employee proenvironmental behaviors in China. Journal of Environmental Psychology, 35: 81-91.

Guenzi P, Panzeri F. 2015. How salespeople see organizational citizenship behaviors: an exploratory study using the laddering technique. Journal of Business & Industrial Marketing, 30（2）: 218-232.

Hair J F, Ringle C M, Sarstedt M. 2011. PLS-SEM: indeed a silver bullert. Journal of Marketing Theory and Practice, 19（2）: 139-152.

Hanisch B, Wald A. 2014. Effects of complexity on the success of temporary organizations: relationship quality and transparency as substitutes for formal coordination mechanisms. Scandinavian Journal of Management, 30（2）: 197-213.

Hayes S. 2012. Complex Project Management Global Perspectives and the Strategic Agenda to 2025//International Centre for Complex Project Management. The Task Force Report. https//iccpm.com/sites/default/files/kcfinder/files/Resources/ICCPM%20Resources/iccpm_the_task_fo rce_report.pdf.

He Q H, Yang D L, Li Y K, et al. 2015. Research on multidimensional connotations of megaproject construction organization citizenship behavior. Frontiers of Engineering Management, 2（2）: 148-153.

He Q H, Dong S, Rose T, et al. 2016. Systematic impact of institutional pressures on safety climate in the construction industry. Accident Analysis & Prevention, 93: 230-239.

Henselev J, Ringle C M, Sinkovics R R. 2009. The use of partial least squares path modeling in international marketing. Advances in International Marketing, 20: 277-319.

Hinkin T R. 1998. A brief tutorial on the development of measures for use in survey questionnaires. Organizational Research Methods, 1（1）: 104-121.

Hofman P S, Newman A. 2014. The impact of perceived corporate social responsibility on organizational commitment and the moderating role of collectivism and masculinity: evidence from China. The International Journal of Human Resource Management, 25（5）: 631-652.

Howell J M, Hall-Merenda K E. 1999. The ties that bind: the impact of leader-member exchange, transformational and transactional leadership, and distance on predicting follower performance. Journal of Applied Psychology, 84（5）: 680-694.

Hu J, Liden R. 2015. Making a difference in the teamwork: linking team prosocial motivation to team processes and effectiveness. Academy of Management Journal, 58（4）: 1102-1127.

Hu Y, Chan A P C, Le Y. 2015. Understanding the determinants of program organization for construction megaproject success: case study of the Shanghai Expo construction. Journal of Management in Engineering, 31（5）: 05014019.

Hulland J. 1999. Use of Partial lest squares（PLS）in strategic management research: a review of four recent studies. Strategic Management Journal, 20（2）: 195-204.

Jackson C L, Colquitt J A, Wesson M J, et al. 2006. Psychological collectivism: a measurement validation and linkage to group member performance. Journal of Applied Psychology, 91（4）: 884-899.

Jaussi K S, Dionne S D. 2003. Leading for creativity: the role of unconventional leader behavior. The Leadership Quarterly, 14（4~5）: 475-498.

Jung D I. 2001. Transformational and transactional leadership and their effects on creativity in groups. Creativity Research Journal, 13（2）: 185-195.

Katz D, Kahn R L. 1978. The social psychology of organizations. 2nd ed. New York: Wiley.

Kissi J, Dainty A, Tuuli M. 2013. Examining the role of transformational leadership of portfolio managers in project performance. International Journal of Project Management, 31（4）: 485-497.

Krause D E. 2004. Influence-based leadership as a determinant of the inclination to innovate and of innovation-related behaviors: an empirical investigation. The Leadership Quarterly, 15 (1) : 79-102.

Lee C, Pillutla M, Law K S. 2000. Power-distance, gender and organizational justice. Journal of Management, 26 (4) : 685-704.

Leung K. 2012. Theorizing about Chinese organizational behavior: the role of cultural and social forces//Huang X, Bond M H. Handbook of Chinese Organizational Behavior: Integrating Theory, Research and Practice. Northampton, Massachusetts: Edward Elgar Publishing.

Li N, Kirkman B L, Porter C. 2014. Toward a model of work team altruism. Academy of Management Review, 39 (4) : 541-565.

Li X H, Liang X. 2015. A confucian social model of political appointments among Chinese private-firm entrepreneurs. Academy of Management Journal, 58 (2) : 592-617.

Li Y, Taylor T R B. 2014. Modeling the impact of design rework on transportation infrastructure construction project performance. Journal of Construction Engineering and Management, 140 (9) : 04014044.

Li Y, Lu Y, Kwak Y H, et al. 2011. Social network analysis and organizational control in complex projects: construction of Expo 2010 in China. Engineering Project Organization Journal, 1 (4) : 223-237.

Liu A M M, Fellows R, Tuuli M M. 2011. The role of corporate citizenship values in promoting corporate social performance: towards a conceptual model and a research agenda. Construction Management and Economics, 29 (2) : 173-183.

Liu X B, Liu B B, Shishime T, et al. 2010. An empirical study on the driving mechanism of proactive corporate environmental management in China. Journal of Environmental Management, 91 (8) : 1707-1717.

Liu Y W, Zhao G F, Wang S Q. 2010. Many hands, much politics, multiple risks—the case of the 2008 Beijing Olympics Stadium. Australian Journal of Public Administration, 69 (S1) : S85-S98.

Locatelli G, Mancini M. 2012. A framework for the selection of the right nuclear power plant. International Journal of Production Research, 50 (17) : 4753-4766.

Locatelli G, Mariani G, Sainati T, et al. 2017. Corruption in public projects and megaprojects: there is an elephant in the room! International Journal of Project Management, 35 (3) : 252-268.

Luo L, He Q H, Xie J X, et al. 2016. Investigating the relationship between project complexity and success in complex construction projects. Journal of Management in Engineering, 33 (2) : 04016036.

Luthans F. 2002. The need for and meaning of positive organizational behavior. Journal of Organizational Behavior, 23 (6) : 695-706.

Maier E R, Branzei O. 2014. "On time and on budget": harnessing creativity in large scale projects. International Journal of Project Management, 32 (7) : 1123-1133.

Matthews J R. 2011. Assessing organizational effectiveness: the role of performance measures. The Library, 81 (1) : 83-110.

Maylor H, Vidgen R, Carve S. 2008. Managerial complexity in project-based operations: a grounded model and its implications for practice. Project Management Journal, 39 (1) : 15-26.

Mazur A K, Pisarski A. 2015. Major project managers' internal and external stakeholder relationships: the development and validation of measurement scales. International Journal of

Project Management, 33（8）: 1680-1691.

Mok K Y, Shen G Q, Yang J. 2015. Stakeholder management studies in mega construction projects: a review and future directions. International Journal of Project Management, 33（2）: 446-457.

Moorman R H, Blakely G L. 1995. Individualism-collectivism as an individual difference predictor of organizational citizenship behavior. Journal of Organizational Behavior, 16（2）: 127-142.

Morris M H, Davis D L, Allen J W. 1994. Fostering corporate entrepreneurship: cross-cultural comparisons of the importance of individualism versus collectivism. Journal of International Business Studies, 25（1）: 65-89.

Morris P W G. 2013. Reconstructing Project Management. New York: Wiley-Blackwell.

Müller R, Turner R, Andersen E S, et al. 2014. Ethics, trust, and governance in temporary organizations. Project Management Journal, 45（4）: 39-54.

Nauman S, Khan A M, Ehsan N. 2010. Patterns of empowerment and leadership style in project environment. International Journal of Project Management, 28（7）: 638-649.

Newman A, Nielsen I, Miao Q. 2015. The impact of employee perceptions of organizational corporate social responsibility practices on job performance and organizational citizenship behavior: evidence from the Chinese private sector. The International Journal of Human Resource Management, 26（9）: 1226-1242.

Nguni S, Sleegers P, Denessen E. 2006. Transformational and transactional leadership effects on teachers' job satisfaction, organizational commitment, and organizational citizenship behavior in primary schools: the Tanzanian case. School Effectiveness and School Improvement, 17（2）: 145-177.

Ning Y, Ling F Y Y. 2013. Reducing hindrances to adoption of relational behaviors in public construction projects. Journal of Construction Engineering and Management, 139（11）: 04013017.

Ones D S, Dilchert S. 2012. Environmental sustainability at work: a call to action. Industrial and Organizational Psychology, 5（4）: 444-466.

Organ D W. 1988. Organizational Citizenship Behavior: The Good Soldier Syndrome. Lexington: Lexington Books.

Organ D W. 1997. Organizational citizenship behavior: it's construct clean-up time. Human Performance, 10（2）: 85-97.

Paillé P, Raineri N. 2015. Linking perceived corporate environmental policies and employees eco-initiatives: the influence of perceived organizational support and psychological contract breach. Journal of Business Research, 68（11）: 2404-2411.

Paillé P, Boiral O, Chen Y. 2013. Linking environmental management practices and organizational citizenship behaviour for the environment: a social exchange perspective. The International Journal of Human Resource Management, 24（18）: 3552-3575.

Paillé P, Chen Y, Boiral O, et al. 2014. The impact of human resource management on environmental performance: an employee-level study. Journal of Business Ethics, 121（3）: 451-466.

Patanakul P. 2015. Key attributes of effectiveness in managing project portfolio. International Journal of Project Management, 33（5）: 1084-1097.

Patanakul P, Kwak Y H, Zwikael O, et al. 2016. What impacts the performance of large-scale government projects? International Journal of Project Management, 34（3）: 452-466.

Pettigrew T F. 1998. Intergroup contact theory. Annual Review of Psychology, 49（1）: 65-85.

Pieterse A N, van Knippenberg D, Schippers M, et al. 2010. Transformational and transactional leadership and innovative behavior: the moderating role of psychological empowerment. Journal of Organizational Behavior, 31（4）: 609-623.

Podsakoff N P, Podsakoff P M, MacKenzie S B, et al. 2014. Consequences of unit-level organizational citizenship behaviors: a review and recommendations for future research. Journal of Organizational Behavior, 35（S1）: S87-S119.

Podsakoff P M, MacKenzie S B, Paine J B, et al. 2000. Organizational citizenship behaviors: a critical review of the theoretical and empirical literature and suggestions for future research. Journal of Management, 26（3）: 513-563.

Powell W W, Bromley P. 2013. New institutionalism in the analysis of complex organizations// Wright J D. International Encyclopedia of the Social & Behavioral Sciences. 2nd ed. Amsterdam: Elsevier.

Provan K G, Sydow J, Podsakoff N P. 2014. Network citizenship behavior: toward a behavioral perspective on multi-organizational networks. Academy of Management,（1）: 11520.

Qian Z. 2013. Master plan, plan adjustment and urban development reality under China's market transition: a case study of Nanjing. Cities, 30: 77-88.

Qiu J. 2007. Environment: riding on the roof of the world. Nature, 449: 398-402.

Rahman N, Post C. 2012. Measurement issues in environmental corporate social responsibility （ECSR）: toward a transparent, reliable, and construct valid instrument. Journal of Business Ethics, 105（3）: 307-319.

Raineri N, Paillé P. 2016. Linking corporate policy and supervisory support with environmental citizenship behaviors: the role of employee environmental beliefs and commitment. Journal of Business Ethics, 137（1）: 129-148.

Rank J, Nelson N E, Allen T D, et al. 2009. Leadership predictors of innovation and task performance: subordinates' self-esteem and self-presentation as moderators. Journal of Occupational and Organizational Psychology, 82（3）: 465-489.

Robertson J L, Barling J. 2013. Greening organizations through leaders' influence on employees' pro-environmental behaviors. Journal of Organizational Behavior, 34（2）: 176-194.

Rose K. 2016. Examining organizational citizenship behavior in the context of human resource development an integrative review of the literature. Human Resource Development Review, 15（3）: 295-316.

Rousseau D M, Sitkin S B, Burt R S, et al. 1998. Not so different after all: a cross-discipline view of trust. Academy of Management Review, 23（3）: 393-404.

Rubin R S, Dierdorff E C, Bachrach D G. 2013. Boundaries of citizenship behavior: curvilinearity and context in the citizenship and task performance relationship. Personnel Psychology, 66（2）: 377-406.

Sadeh A, Dvir D, Malach-Pines A. 2006. Projects and project managers: the relationship between project managers' personality, project types, and project success. Project Management Journal, 37（5）: 36-48.

Salancik G R, Pfeffer J. 1978. A social information processing approach to job attitudes and task design. Administrative Science Quarterly, 23（2）: 224-253.

Scott W R. 1995. Institutions and Organizations. Thousand Oaks: Sage Publications.

Scott W R. 2012. The institutional environment of global project organizations. Engineering Project Organization Journal, 2（1~2）: 27-35.

Scott W R, Levitt R E, Orr R J. 2011. Global Projects: Institutional and Political Challenges. Cambridge: Cambridge University Press.

Shao J, Turner J R. 2010. The program manager's leadership competence and program success: a qualitative study. PMI Research Conference: Defining the Future of Project Management, Washington D.C.

Shaw J D, Zhu J, Duffy M K, et al. 2011. A contingency model of conflict and team effectiveness. Journal of Applied Psychology, 96（2）: 391-400.

Shen L Y, Shi Q. 2015. Management of infrastructure projects for urbanization in China. International Journal of Project Management, 33（3）: 481-482.

Shen L Y, Wu Y Z, Zhang X L. 2011. Key assessment indicators for the sustainability of infrastructure projects. Journal of Construction Engineering and Management, 137（6）: 441-451.

Smith C A, Organ D W, Near J P. 1983. Organizational citizenship behavior: its nature and antecedents. Journal of Applied Psychology, 68（4）: 653-663.

Smith K G, Carroll S J, Ashford S J. 1995. Intra-and interorganizational cooperation: toward a research agenda. Academic of Management Journal, 38（1）: 7-23.

Söderholm A. 2008. Project management of unexpected events. International Journal of Project Management, 26（1）: 80-86.

Sotiriou D, Wittmer D. 2001. Influence methods of project managers: perceptions of team members and project managers. Project Management Journal, 32（3）: 12-20.

Tabish S Z S, Jha K N. 2012. The impact of anti-corruption strategies on corruption free performance in public construction projects. Construction Management and Economics, 30（1）: 21-35.

Testa F, Boiral O, Rialto F. 2018. Internalization of environmental practices and institutional complexity: can stakeholders pressures encourage greenwashing? Journal of Business Ethics, 147（2）: 287-307.

Tsui A S, Farh J L L. 1997. Where guanxi matters: relational demography and guanxi in the Chinese context. Work and Occupations, 24（1）: 56-79.

Turker D. 2009. How corporate social responsibility influences organizational commitment. Journal of Business Ethics, 89（2）: 189-204.

Turner J R, Müller R. 2003. On the nature of the project as a temporary organization. International Journal of Project Management, 21（1）: 1-8.

Tyssen A K, Wald A, Spieth P. 2014. The challenge of transactional and transformational leadership in projects. International Journal of Project Management, 32（3）: 365-375.

Uhl-Bien M, Marion R. 2009. Complexity leadership in bureaucratic forms of organizing: a meso model. The Leadership Quarterly, 20（4）: 631-650.

van Marrewijk A, Clegg S R, Pitsis T S, et al. 2008. Managing public-private megaprojects: paradoxes, complexity, and project design. International Journal of Project Management, 26（6）: 591-600.

Van Scotter J R, Motowidlo S J. 1996. Interpersonal facilitation and job dedication as separate facets of contextual performance. Journal of Applied Psychology, 81（5）: 525.

vom Brocke J, Lippe S. 2015. Managing collaborative research projects: a synthesis of project management literature and directives for future research. International Journal of Project Management, 33（5）: 1022-1039.

Walumbwa F D, Wu C, Ojode L A. 2004. Gender and instructional outcomes: the mediating role of leadership style. Journal of Management Development, 23（2）: 124-140.

Walumbwa F O, Wu C, Orwa B. 2008. Contingent reward transactional leadership, work attitudes, and organizational citizenship behavior: the role of procedural justice climate perceptions and strength. The Leadership Quarterly, 19（3）: 251-265.

Wang G, He Q H, Meng X H, et al. 2017a. Exploring the impact of megaproject environmental responsibility on organizational citizenship behaviors for the environment: a social identity perspective. International Journal of Project Management, 35（7）: 1402-1414.

Wang G, He Q, Locatelli G, et al. 2017b. The effects of institutional pressures on organizational citizenship behaviors for the environment in managing megaprojects//Engineering Project Organization Society. Proceedings of the EPOC-MW Conference. http://www.epossociety.org/EPOC2017/papers/Wang_He_Locatelli_Yan_Yu.pdf.

Wang X J, Huang J. 2006. The relationships between key stakeholders' project performance and project success: perceptions of Chinese construction supervising engineers. International Journal of Project Management, 24（3）: 253-260.

Winch G, Leiringer R. 2016. Owner project capabilities for infrastructure development: a review and development of the "strong owner" concept. International Journal of Project Management, 34（2）: 271-281.

Wong E S, Then D, Skitmore M. 2000. Antecedents of trust in intra-organizational relationships within three Singapore public sector construction project management agencies. Construction Management and Economics, 18（7）: 797-806.

Xue X L, Shen Q P, Ren Z M. 2010. Critical review of collaborative working in construction projects: business environment and human behaviors. Journal of Management in Engineering, 26（4）: 196-208.

Yang H, Yeung J F Y, Chan A P C, et al. 2010. A critical review of performance measurement in construction. Journal of Facilities Management, 8（4）: 269-284.

Yusof N, Abidin N Z, Zailani S, et al. 2016. Linking the environmental practice of construction firms and the environmental behaviour of practitioners in construction projects. Journal of Cleaner Production, 121: 64-71.

Zeng S X, Ma H Y, Lin H, et al. 2015. Social responsibility of major infrastructure projects in China. International Journal of Project Management, 33（3）: 537-548.

Zhang B, Wang Z H, Lai K H. 2015. Mediating effect of managers' environmental concern: bridge between external pressures and firms' practices of energy conservation in China. Journal of Environmental Psychology, 43: 203-215.

Zhang X L, Wu Y Z, Shen L Y. 2015. Embedding "green" in project-based organizations: the way ahead in the construction industry? Journal of Cleaner Production, 107: 420-427.

第9章　重大工程异化行为及其治理

重大工程具有规模庞大、投资巨大、结构复杂等特点，这直接给其项目管理带来了极大的困难和挑战，"超投资、超工期、低收益"等工程失序问题已成为重大工程中的"铁律"。与此同时，重大工程所暴露的由项目复杂性所导致的交叉合作行为异化问题日益成为重大工程项目管理不可逾越的难题与热点，在一些发展中国家，重大工程异化行为甚至引发了政治危机和政权更迭。作为最大的发展中国家，我国每年的重大工程异化行为导致了大量的投资损失和腐败行为等。

9.1　重大工程异化行为界定与类型学分析

"异化"是指从自身分离出来的一种力量或素质逐渐和自身疏远，进而成为异己的、统治和支配自身的力量或素质（秦晓，2000），"异化"概念通常用于哲学领域。在重大工程研究中，"异化行为"主要是指在重大工程项目管理过程中，一些违反契约精神或通行游戏规则的不当行为。由于委托代理层级多、利益相关范围广、专业性强及监管困难等，部分项目利益相关者可能为了私利或其他"关系"主体的利益，行使控制权、管理权或者利用信息不对称的优势，不当转移重大工程项目利益。

9.1.1　重大工程异化行为的概念

重大工程是一个复杂系统，具有公共性、信息不对称性、链长环节多及利益相关者多样性等特征，这导致了重大工程项目在决策、投资、建设、管理等方面面临着一系列问题，如审批立项、贷款融资、土地征用拆迁、招投标及工程实施等环节中均存在有法不依、违法不究和权力寻租等问题，并可能使某些职能领域出现"潜规则"和"程序空转"等失灵现象，甚至诱发重大工程项目的严重质量安全问题，这些问题超越了一般项目管理范畴。本书将这些重大工程项目利益相关方在完成项目目标实现的过程中，由于信息不对称、契约不健全和权力寻租等，会通过正当或不正当手段进行各种侵蚀项目利益或公共利益的"自利"行为统称为"异化行为"，作为业主和监管主体的政府及其相关部门与项目实施主体侵害重大工程项目利益的行为即重大工程异化行为。具体如图9.1所示。

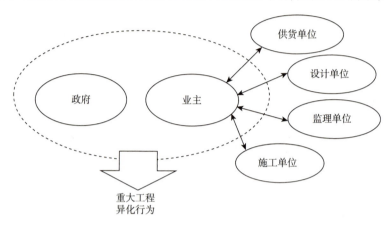

图 9.1　重大工程异化行为示意图

异化行为的核心是通过隐蔽的手段实现利益的转移，这些行为不完全是违法行为。例如，在上海世博会重大专项建设中，上海静安区胶州路公寓大楼"11·15"特别重大火灾事故（简称上海"11·15"特大火灾事故）暴露了建设单位上海市静安区建设和交通委员会（简称静安区建交委）与其下属公司上海申城人才交流服务中心的子公司上海市静安建设工程监理有限公司（简称静安监理公司）之间存在隶属关系，尽管符合法律要求，但由于在整个监理过程中监理公司不能尽职，造成了公共利益的损害。另外，在重大工程建设中，建设项目监管者、委托人和代理人可能利用制度缺陷、监管漏洞、信息不对称等实施工程腐败等异化行为，这种异化行为不仅项目主管部门、业主可以实施，所有的利益相关方都可以实施。在这种情况下，每个利益相关者都可能成为其他工程利益相关者的异化行为牺牲品，最后导致整个社会公共利益受损。与此同时，重大工程异化行为有着严格界定依据，主要包括以下几个方面：

（1）时间。异化行为可能发生在项目建设前期、决策阶段、设计阶段、项目建设期，也可能发生在项目运营期，即工程建设项目的全生命周期。

（2）行为条件。行为条件主要是指实施异化行为的主体具有决策权、管理权或占据信息不对称优势。另外，行为主体为资产的代理人，即资产的管理权与所有权分离，或者管理权范围大于主体有所有权部分的资产范围。

（3）行为。行为指的是重大工程异化行为方式，或者说表象特征，这是工程异化行为的必要组成要件。

（4）结果。异化行为的结果是发生了资产的不当转移，这是异化行为的本质特征。所谓资产的不当转移是指因为受到干预，资产并没有流向原先处于正常市场调控或者适当政策调控下应流向的地方，而是流向了某些本不应当获得这些资产的主体，使这些主体获得额外收益。

（5）危害。异化行为本身或者其引发的一系列连锁反应，一定会对其他项目参与方、公众或者国家造成危害，或者行为的结果弊大于利，所以政府应进行监督控制，尤其是在公共领域利用行政、经济手段进行适当的市场调控。但一般的工程建设干预，尽管可能会诱发资产转移，但并不属于异化行为范畴，因为政府进行适当市场干预的出发点是希望能在市场调节失灵的公共领域进行引导，目的是保障公众和国家利益。

9.1.2 重大工程异化行为的表现形式

在重大工程项目中，不同利益相关者的利益并不完全一致，有时甚至会产生冲突，这类现象不但在不同利益相关者之间存在，而且在利益相关者内部也存在。因此，重大工程异化行为是项目组织中存在的问题，既与组织结构形式有关，也与组织中利益相关者的行为结构和行为过程有关；重大工程异化行为既可以发生在组织内部，也能够存在于重大工程项目利益相关者之间，既可以是双边异化行为，也可以是多边异化行为。双边异化行为如业主与总承包商异化行为，多边异化行为则包含了更多的利益相关方并显示出更丰富的利益相关者异化行为特征，如总承包商与工程监理合谋侵蚀项目业主利益，业主既可以对承包单位、设计单位等实施异化行为，反过来这些单位也可以利用自身的优势对业主实施异化行为。

可以看出，重大工程异化行为过程中存在着两条主线，一条为依靠组织权力进行异化行为，另一条则是依靠信息优势进行异化行为，图 9.2 显示了重大工程异化行为的作用路径。通过组织的权力进行异化行为是重大工程项目组织管理权力金字塔自上向下实施的，拥有权力的部门与个人利用权力实施寻租等异化行为，如重大工程决策部门利用拥有的决定权和审批权实施异化行为，监督者利用监督权或惩罚权实施异化行为，重大工程项目的执行者利用招投标和施工过程管理权实施异化行为。重大工程中信息流更多表现为逆权力流向，代理人比委托人拥有更多的信息资源和信息优势，依靠信息优势进行异化行为，如施工单位、供应部门利用业主专业化水平不足，项目设计深度不够，管理体系存在缺陷，侵蚀业主利益。

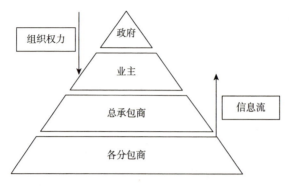

图 9.2　重大工程组织权力与信息流金字塔

　　鉴于重大工程异化行为可以发生在各个行为主体的各个环节，重大工程项目业主与总承包商的权力异化行为和信息优势异化行为是重要形式。业主权力异化行为表现在作为项目的实际代理人，业主在管理实施项目过程中利用掌握的招投标、项目管理、费用支付、进度控制等权力对总承包商、设计单位、监理部门等实施异化行为；业主信息优势异化行为则多体现为委托人即政府通过隐瞒工程质量、采购伪劣建材等手段进行异化行为。总承包商作为项目实施者，利用对工程项目的管理实施权、质量管理权、进度管理权与成本管理权等对分包商等进行克扣工程款、违法转包项目等方式进行权力异化行为；总承包商信息优势异化行为则是利用对工程实际实施中的信息控制权对业主、政府及公众进行隐瞒工程质量、以次充好、偷工减料等行为。这些异化行为的具体表现形式如表 9.1 所示。

表 9.1　基于行为主体角度的重大工程异化行为典型表现举例

行为主体	涉及阶段	典型表现
政府部门	决策、项目前期	为了获得私利或者给"关系户"开便车，上不必要的项目或"政绩工程""形象工程"，或者故意不选择最佳方案；违规干预工程建设以谋取私利；擅自改变土地用途、提高建筑容积率
	项目结束	滥用监管职权，以权谋私；对"关系户"的违规行为视而不见
建设单位	决策、项目前期	为获得土地、贷款，与相关部门合谋进行暗箱操作；违规征地拆迁，获得私利；等等
	设计	为私利变更设计方案，增加不必要的功能或减少必需功能等
	招投标	暗中指定中标单位，虚假招标、围标、串标、规避招标、转包和违法分包等；一些招标代理机构违规操作等
	施工	恶意拖付、克扣或拒付工程款，获取非法收益
	项目结束	验收时因私未履行责任，存在质量安全问题
总承包商	招投标	先低价中标，再通过变更索赔获得高额利润；串标、围标、违法分包、转包
	施工	因私故意采购并使用伪劣建材、设备，偷工减料；质量安全措施不落实；等等
	项目结束	与质量监管部门合谋以让有质量问题的工程获得验收
各分包商	招投标	通过不正当竞争获得合同，谋取私利
	施工	使用伪劣建材、设备，偷工减料；克扣工人工资；等等

续表

行为主体	涉及阶段	典型表现
设计单位	决策、项目前期	与甲方负责人串通以获得设计合同、不正当竞争等
	设计	与甲方合谋恶意变更设计等；在立项、设计时增加不必要的功能，以获取隐蔽利益的机会；因私在设计中指定供应商等造成不正当竞争
监理单位	决策、项目前期	合谋以获得监理合同
	施工	和乙方串通、疏于监理
	项目结束	对质量问题视而不见

9.1.3　重大工程异化行为的发生机理

重大工程异化行为是指拥有异化行为能力的利益相关者，在具有异化行为意愿的情况下，通过异化行为事件实施异化行为，因此重大工程异化行为必须具备主客观因素，即异化行为选项和真实异化行为（表9.2）。异化行为的选项表明利益相关者具备从事异化行为的能力，而真实异化行为表示利益相关者不但具有实施异化行为的动机，并且已经实施或完成了异化行为。

表 9.2　重大工程异化行为分析模型

异化行为选项（能力）	真实异化行为（行为）
法定地位 权力配置	一般因素 • 法律防范 • 项目氛围 情境因素 • 激励情境 • 心理倾向

异化行为选项代表重大工程项目利益相关者实施异化行为的能力，这种能力由法律地位和权力配置两种因素决定，重大工程业主代表政府对项目进行管理，掌握着项目资源的配置权，但由于缺乏项目剩余的索取权，易产生权力寻租问题，侵蚀项目利益；而项目总承包商在项目中居于结构洞位置，具有上通下达的能力，上可以通过串标、欺诈等手段侵蚀业主利益，下可以利用对项目总体管理的权力侵占分包商利益。异化行为实际发生既与异化行为选项有关，也与相应的制度和情境有关，良好的管理制度和治理结构将抑制异化行为，一旦制度或管理存在漏洞，则一定会滋生异化行为。真实异化行为表明在一定情况下，具有异化行为选项的利益相关者进行的异化行为，当且仅当利益相关者利用自己的异化行为选项实施真实异化行为并且这种行为侵害其他利益相关者时才发生，行为人是否进行真实异化行为及侵害程度取决于一般因素和情境因素的作用情况。

1. 异化行为选项

异化行为选项是指重大工程项目中利益相关方具有的实施异化行为的能力，异化行为选项取决于行为人所处的法律地位，法律地位取决于在项目招标和实施过程中的权力配置，异化行为选项受到各种法律法规和工程契约的约束。利益相关者法律地位取决于适用法律规定的权利和责任，法律作为国家制定和执行的社会行为规则，对维持社会秩序和推动社会进步具有重要的作用。

我国重大工程项目相关法律制度日臻完善，通过实施《中华人民共和国招标投标法》《中华人民共和国建筑法》等法律规范，重大工程项目的可行性研究、招标投标、施工管理与工程预决算等环节基本做到了有法可依，项目交易和管理规则初步建立。但由于社会规范，非法律规则才是社会秩序的主要支撑力量，重大工程项目相关法律是国家强力部门制定的必须执行的规范，具有强制性，而重大工程项目中的社会规范是在实践过程中长期演化形成的，当社会规范与法律相抵触时，行为人倾向于社会规范。部分重大工程项目存在着"承接工程难，做工程更难"现象，工程实施中各种潜规则让项目从业者疲于应付，这些潜规则没有明文规定却约定俗成，重大工程项目利益相关者掌握着各种必要资源，潜规则必须遵循，无法回避，这些潜规则大多是行为人通过实施异化行为来寻求不正当利益。因此在重大工程异化行为中，行为人的异化行为倾向为更多的和更明确的权利与模糊的责任。

2. 真实异化行为

重大工程异化行为当且仅当行为人利用自己的异化行为选项实施异化行为，并且通过这种行为侵蚀其他利益相关者的利益时才发生，行为人是否实施异化行为及如何实施异化行为取决于一般因素和情境因素的作用情况。

1）一般因素

重大工程项目异化行为的一般因素包括不同利益相关者的风险防范和项目治理氛围。重大工程利益相关者的风险防范更多体现在法律规范的保护程度上。利益相关者实施异化行为时，首先要考虑自身利益范围受到法律保护的程度，法律防范是指行为人通过一定的机制、手段来发现、预防不利结果，这决定了其权力位置和异化行为选项。例如，《中华人民共和国建筑法》等法律明确了相关违法违规行为的处罚措施，各级政府颁布的各项条例和办法也在建设项目决策行为、招标投标行为、工程建设实施和工程质量管理、物资采购和资金安排使用、建设项目信息公开和诚信体系建设等方面进一步明确规定，这些从法律层面保证了制度供给。但法律防范取决于众多因素，包括防范的可行性、利用这些法律对抗异化行为的可操作性，以及法律对异化行为的约束性。建筑业中存在大量的潜规则和程序空转现象，重大工程项目尤甚，这一定程度削弱了重大工程项目中的法律防范。

重大工程项目治理氛围包含信念、习俗和社会文化等因素，其中最重要的因素是社会对异化行为的态度，这与社会规范相对应，包含重大工程项目利益相关方的社会责任及其道德观。"透明国际"的调查表明，长久以来部分政府和公司对工程腐败持容忍甚至鼓励态度，这助长了重大工程项目利益相关方实施异化行为的风气。大量腐败案例暴露出来重大工程建设项目在招投标环节中存在串标、陪标、明招暗定等行为，施工过程中存在违法分包、转包、以次充好等潜规则，这些行为和潜规则大大降低了工程质量，侵害了工程利益相关者和公众的利益，这些隐性社会规范默许甚至纵容了异化行为。

2）情境因素

情境因素对异化行为产生影响，包括异化行为中具体行为者的环境激励和个人心理倾向，这主要从微观角度考察行为主体受个体自身能力和外部环境刺激而产生异化行为的可能程度。

在环境激励方面，由于利益相关者之间存在严重信息不对称及利益不一致等问题，重大工程项目承包商或其他利益主体可能会做出不道德行为，并会通过信号传递机制激励这种行为。例如，为实现公司利益的最大化，施工单位在制定制度时默许或鼓励在施工过程中压榨和侵占分包商利益的行为。重大工程项目利益相关者个人心理倾向决定了其对异化行为的态度和是否实施异化行为的选择，并且随着时间的变化个人异化行为倾向会发生变化。很多工程腐败者在项目开始时严格遵守法律制度，工作努力，但当取得一定成绩后，面对诱惑，其对工程中异化行为的态度会由杜绝到默许甚至主动进行。

一般因素表明行为人面临的社会宏观因素，而情境因素表明行为人所在利益相关者团体和自身的心理倾向，这些因素共同决定异化行为是否发生及后果的严重程度。利益转移是异化行为的本质，为减少异化行为的负面影响，所有利益相关者应致力于消除异化行为选项和行为人的异化行为风险，在完善重大工程项目管理法律的同时，对项目的软环境进行治理，消除各种潜规则。

9.2　重大工程异化行为的诱因分析

重大工程所暴露的异化行为问题主要由政治风险、建设风险、合同风险、金融风险等造成，特别是重大工程项目界面的复杂性，导致了交叉合作与组织协调面临着不可控的腐败问题，这日益成为重大工程项目治理的关键难题。在我国，

《法制晚报》指出统计超过 40%的省部官员腐败涉及重大工程。张兵（2015）认为，项目规模、项目的独特性、政府参与、合同关系复杂、环节多、项目复杂性、缺乏透明度、隐蔽工程多、保密文化、缺乏单独的行业监管机构、缺乏"尽职调查"及廉政成本高等，是导致工程腐败产生的客观原因。Le 等（2014a）也指出，重大工程项目领域存在着 12 种不同形式的腐败，包括行贿、欺诈、合谋、围标、挪用（侵占）、回扣、利益冲突、失信和不公平行为、勒索、过失、皮包公司和裙带关系等。

9.2.1　重大工程异化行为诱因的研究现状

重大工程腐败是一个世界性难题，导致了极大的危害，产生了大量低质量的公共基础设施项目。我国作为全球最大的建筑市场，也面临着十分严重的重大工程腐败问题（李永奎等，2013）。特别是在招投标阶段，高额的招投标腐败产生了大量工程腐败问题，如包括重大工程在内的招投标腐败成本约为 8 000 亿元人民币，占采购总价值的 8%，最高人民检察院反贪污贿赂总局在 2009~2012 年共报告公共建设行业腐败 21 766 起，招标过程中发生了 3 305 起案件，占报告案件的 15.2%。同时，在北京，招标过程每年都有 65%的施工腐败案件发生（赵丽，2012）。

重大工程项目涉及多方、不同阶段的工作和大量投入，所有参与者都可能参与腐败行为，包括政府官员、项目业主、承包商、工程顾问和供应商，甚至是行业协会等（Bowen et al.，2012），并且腐败的形式也是多样的，最常被提及的是滥用权力、贿赂、欺诈、串通（Zarkada-Fraser and Skitmore，1997，2000；Zarkada-Fraser et al.，1998；Zarkada-Fraser，2000）、投标索贿、贪污、回扣、利益冲突。特别是由于重大工程项目的获取有时需要依靠与官员的关系来获得竞争优势（Alutu，2007），重大工程项目在招投标过程中存在着各种各样的政商（business to government，B2G）腐败形式。B2G 关系腐败发生在企业和政府官员之间，B2G 关系腐败对招标活动的影响特别严重，因为这决定哪些企业赢得建设项目。

在重大工程项目中，对基础设施部门的管制放松、大量公共资金流动、竞争激烈、项目缺乏透明的选择标准、政治干预和酌处权、服务提供的垄断性质等都可以诱发腐败（Rodriguez et al.，2005；Sohail and Cavill，2008；de Jong et al.，2009；Gunduz and Önder，2013）。此外，建筑项目的性质，如复杂的合同结构、技能的多样性及获得官方批准和许可的官僚机构的数量大、级别高等有助于重大工程腐败，并且这些腐败是难以发现和防止的（krishnan，2009）。与此同时，在我国，建筑市场不完善，贸易垄断和地区保护主义多，政府官员无限制地干预公共建设项目（Ren and Sun，2005），建筑市场缺乏监管制度、缺乏积极的制度环境均容易诱发腐败行为（Le et al.，2014b）。

另外，腐败往往被视为一个文化问题，特别是在广大发展中国家。中国是典型的发展中国家，中国的关系是指促进人们之间交流的非正式的个人关系（Bian，1997；Lovett et al.，1999；Leung et al.，2005），它已经深深地融入了文化。关系是分析和理解中国行为的关键，它提供了一种"润滑剂"（Standifird and Marshall，2000；Hui and Graen，1997；Gold et al.，2002），甚至被称为"关系资本"（Lu et al.，2008）。然而，就像一个硬币的两面，关系有好有坏（Warren et al.，2004），许多学者将关系与官僚腐败和贿赂相比较（Smeltzer and Jennings，1998；Steidlmeier，1999；Su and Littlefield，2001；Su et al.，2003；Sanyal，2005）。与政府官员保持良好关系意味着优先考虑赢取重大工程项目，因为良好的关系表明政府信任你更有能力完成任务（Guo and Miller，2010）。通过关系取得建设项目已成为中国重大工程建设的一个潜在规则（任宇波，2012）。因此，关系为腐败提供了一个肥沃的土壤（Hoskisson et al.，2000；Tsui et al.，2004）。表 9.3 为从文献综述中确定的 15 个建设项目腐败的根本原因，包括法律法规因素、市场因素、项目因素和个人因素。

表 9.3　建设项目腐败的原因

序号	原因	Bowen 等（2012）	Zarkada-Fraser 和 Skitmore（2000）	Le 等（2014b）	Sohail 和 Cavill（2008）	Zou（2006）	Zhang 等（2015）
1	有缺陷的管理体系	X	X	X	X	X	X
2	地方保护	—	—	—	—	—	X
3	滥用权力	X	—	—	X	X	—
4	缺少处罚	—	X	—	—	—	—
5	缺乏严格的监督	—	—	X	—	X	—
6	缺乏积极的气氛	X	X	X	—	—	—
7	缺乏透明	—	—	—	X	—	—
8	激烈的竞争	—	X	X	—	—	X
9	复杂的市场	—	—	—	X	X	—
10	投资巨大	—	—	—	X	—	—
11	利润率高	—	—	—	—	—	X
12	生存压力	X	—	—	—	—	X
13	个人贪欲	X	X	X	—	X	—
14	职业守则	—	X	X	X	X	—
15	关系影响	X	—	—	X	—	X

注：　"X"表示该文献中涉及某题项，"—"表示该文献中未涉及某题项

9.2.2　重大工程异化行为诱因的实验结果分析

研究过程由三个步骤组成：首先，进行了充分的文献综述，确定了重大工程项目腐败的 15 个原因的初步清单；其次，通过访谈选定的从业人员确定了进一步的原因；最后，利用问卷调查对这些原因进行排序和归类。为了确保结果的可靠性，研究人员与从业者进行了半结构化访谈。访谈对象的选择标准为：①在建筑行业至少有 10 年工作经验；②在组织中担任高级职务；③具有较高的教育程度。最终选取 9 名从业人员，他们都在建筑行业工作十余年，并经常参与重大工程项目的建设活动。每个半结构化的访谈约半小时，访谈开始前 15 个原因清单被提交给受访者，并要求受访者根据自己的经验，参考给定的原因来确定 B2G 关系腐败的原因。采访后使用内容分析确定涉及的原因，最终共确定 24 个 B2G 关系腐败的原因（表 9.4）。

在此基础上制定了调查问卷，按照利克特七点量表来评价每个原因的重要性（1=不重要，7=重要）。为了最大限度地增加受访者的数量，研究人员向上海市建设工程咨询行业协会和同济大学复杂工程管理研究院寻求帮助，这两个机构与各类建筑企业有广泛接触。为了确保调查结果的质量，所有受访者及其企业在 2012~2015 年的三年中均参与了一些重大工程建设项目。另外，鉴于腐败是一个敏感话题，本书研究的目标受访者来自建筑企业。通过电子邮件和现场分发共发送了 211 份问卷，142 份有效答复（67%答复率）被记录并用于分析。

经分析，问卷的 Cronbach's α 为 0.936，远远高于要求可靠性的 0.6 的阈值，15 个原因的重要性的均值和标准差如表 9.4 所示。当两个或多个原因具有相同的均值时，具有较低标准差的因素被认为更重要，所有原因的均值均超过 5.0，表明所有这些都被认为是重要的。另外，一系列 t 检验有助于找到最重要的原因。用第一大和第二大的平均值 5.803 和 5.746 进行 t 检验，t 检验（单尾）p=0.274，以此类推，最重要的原因包括列表中的前 7 个。

表 9.4　B2G 关系腐败原因排名

腐败原因	均值	标准差	p 值				
			工作年限	职位	教育	组织	所有制
不建立关系将导致企业在竞争中处于劣势	5.803	1.119	0.697	0.947	0.549	0.079	0.703
招投标活动中存在大量的场外操作	5.746	1.133	0.533	0.969	0.399	0.037*	0.324
政府官员权力过大	5.739	1.122	0.971	0.707	0.453	0.035*	0.063
重大工程项目资金有保障	5.718	1.006	0.840	0.336	0.500	0.133	0.444
招投标活动中行政部门监督不力	5.718	1.181	0.135	0.004*	0.569	0.963	0.804
关系交易具有隐秘性	5.711	1.069	0.912	0.619	0.385	0.244	0.364

续表

腐败原因	均值	标准差	p 值				
			工作年限	职位	教育	组织	所有制
寻租成本低，暗箱操作盛行	5.662	1.058	0.803	0.041*	0.410	0.667	0.106
降低市场和竞争风险	5.641	1.100	0.961	0.952	0.364	0.051	0.602
招投标活动中缺乏社会监督	5.627	1.218	0.465	0.100	0.633	0.262	0.995
政府官员缺乏行为守则	5.592	1.295	0.649	0.111	0.691	0.990	0.139
没有关系无法实现长期收益	5.556	1.164	0.937	0.677	0.831	0.097	0.896
腐败交易通过文化习俗形式实现	5.549	1.102	0.496	0.214	0.288	0.109	0.058
通过正常合法渠道获得工程项目太困难	5.500	1.213	0.261	0.924	0.182	0.006*	0.146
招投标活动中存在恶性竞争	5.415	1.106	0.681	0.133	0.036*	0.825	0.947
招投标活动中存在垄断和分割市场的行为	5.408	1.162	0.920	0.376	0.670	0.003*	0.831
政府公权力运作不规范	5.380	1.281	0.833	0.705	0.194	0.166	0.716
重大工程项目利润率较高	5.345	1.130	0.719	0.073	0.910	0.237	0.868
招投标法制不健全	5.324	1.345	0.815	0.018*	0.001*	0.480	0.002*
通过关系获取中标投入小、收益高	5.310	1.118	0.692	0.093	0.882	0.510	0.814
重大工程项目决策存在问题	5.268	1.231	0.552	0.834	0.104	0.575	0.804
建设工程领域诚信缺失	5.254	1.274	0.763	0.776	0.276	0.067	0.143
招投标活动流于形式	5.246	1.267	0.817	0.189	0.031*	0.258	0.044*
职业道德教育缺乏	5.225	1.431	0.504	0.512	0.429	0.068	0.005*
招投标活动透明度较低，信息不公开	5.056	1.341	0.715	0.177	0.035*	0.562	0.244

*表示 $p < 0.05$

9.2.3　异化行为诱因的因子分析

表 9.5 列出了 KMO（Kaiser-Meyer-Olkin）检验和 Bartlett 球体检验测试的结果，其中 KMO 值为 0.901，Bartlett 球体检验为 0.000，Kaiser（1974）指出测试的 KMO 指数值应大于 0.5。因此相关矩阵不是单位矩阵，变量之间的相关性很强，适宜做因子分析。

表 9.5　KMO 检验和 Bartlett 球体检验测试的结果

	参数	值
	KMO 值	0.901
Bartlett 球体检验	近似卡方	2 008.338
	自由度	276
	显著性	0.000

使用主成分分析、因子分析产生特征值大于 1.0 的六个因子，占总方差的 70.55%，满足特征值应大于 1.0 的标准，超过总方差的 60%。为了更好地了解因子载荷矩阵，使用因子旋转，并根据系数的大小对因子载荷进行排序。表 9.6 显示了最终因子及其负荷。每个因子通过将其变量的含义与最高的交叉因子载荷相结合来命名，并消除载荷小于 0.4 的因子。

表 9.6　B2G 关系腐败的因素

B2G 腐败的详细因子	因子载荷	解释方差
因子 1：规制缺陷	—	14.114%
招投标活动中行政部门监督不力	0.808	—
政府官员权力过大	0.730	—
招投标活动中缺乏社会监督	0.692	—
招投标法制不健全	0.675	—
重大工程项目决策存在问题	0.473	—
政府公权力运作不规范	0.447	—
因子 2：负向激励	—	12.658%
通过正常合法渠道获得工程项目太困难	0.722	—
不建立关系将导致企业在竞争中处于劣势	0.655	—
招投标活动中存在大量的场外操作	0.631	—
没有关系无法实现长期收益	0.546	—
招投标活动流于形式	0.523	—
因子 3：职业道德与行为规范缺失	—	12.195%
职业道德教育缺乏	0.866	—
建设工程领域诚信缺失	0.806	—
政府官员缺乏行为守则	0.708	—
因子 4：不正当利益诉求	—	12.171%
重大工程项目利润率较高	0.805	—
通过关系获取中标投入小、收益高	0.763	—
重大工程项目资金有保障	0.750	—
降低市场和竞争风险	0.608	—
因子 5：存在不公平竞争	—	11.174%
招投标活动透明度较低，信息不公开	0.810	—
招投标活动中存在垄断和分割市场的行为	0.647	—
寻租成本低，暗箱操作盛行	0.615	—
招投标活动中存在恶性竞争	0.578	—
因子 6：关系作用机制	—	8.233%
腐败交易通过文化习俗形式实现	0.714	—
关系交易具有隐秘性	0.679	—

9.2.4　异化行为诱因的讨论分析

根据对 142 名中国建筑行业从业人员的调查，揭示了六个潜在因素，包括规制缺陷、负向激励、职业道德与行为规范缺失、不正当利益诉求、存在不公平竞争及关系作用机制。

1）规制缺陷

"有缺陷的监管制度"因素占总方差的 14.11%，占比最高。这证实了这样的结论：规制缺陷是招标过程中 B2G 腐败的主要原因，正如 Kagan（1989）指出，这些规定本身就会诱发腐败、欺诈等行为。在我国，尽管政府积极实施了多部反腐法规，但反腐法律制度建设不强（Ko and Weng，2012；Chen and Wu，2011），法规依然不发达和存在缺陷。

2）负向激励

B2G 关系腐败是应对不断变化的经济和法律环境所引起的挑战的消极反应，如资格预审标准的模糊性，业主故意将大型项目分解为较小的项目、投标等（Huang and Rice，2012）。通过 B2G 腐败关系等替代正常的官僚渠道以取得公共建设项目，在这种情况下，建设企业不得不通过 B2G 关系渠道贿赂政府官员来赢得项目。此时 B2G 关系腐败被开发成为一种防御性方法来遏制积极的行业氛围，因此，尽管为了建立和维护 B2G 关系耗费大量的资金和能源，但 B2G 腐败关系由于其长期利益将变得更具吸引力（Luo，2005）。另外，鉴于腐败现象很普遍，没有 B2G 腐败关系将导致承包商处于劣势，众多企业往往会强化 B2G 腐败关系来承接重大工程项目。

3）职业道德与行为规范缺失

建设行业的复杂性和异质性使得难以在个人层面上监督行为，因此行为守则成为实践变革的最佳途径。作为处理腐败工具的行为准则包含三个不同的部分，即计划、实施和执行。但是，鉴于政府官员还没有明确的行为准则，另外由于存在实践困难，现行准则容易造成认知失调。此外，腐败行为是道德问题，缺乏职业道德导致了腐败的蔓延，但马朝霞（2015）发现中国工程类学生的职业道德教育很少，导致缺乏可信赖性和责任感。与此同时，低水平的信任会促进腐败，这往往造成一定程度的对腐败的宽容，并培养对这种行为的期望。同时，不信任也会形成对腐败宽容或默许的恶性循环，提高了腐败的社会认可程度，并进一步推动这种行为的蔓延。

4）不正当利益诉求

在招标过程中，腐败的利益动机影响决策者，包括事前利益和事后利益诉求。事前利益是企业赢得建设项目，通过事前腐败，投标人数可以减少。B2G 关系腐败行为中，政府官员滥用政府权力来指定投标人。实际上，很多企业通过借用资质，不经招标程序获得了超越其建设能力的建设项目。对于事后利益，腐败可以带来可观的收益，公共投资项目的净收益超过 20%，有时甚至超过 50%，而整个建筑行业的平均水平约为 3%。因此，随着公共建设项目的利润越来越高，许多建筑企业试图通过 B2G 关系的腐败来赢得这些项目。

5）存在不公平竞争

C. Stansbury 和 N. Stansbury（2006）指出，提高透明程度增加了隐藏腐败的难度。在招投标中，由于招标信息的不透明，建筑行业至今仍然是一个典型的不完整信息市场，信息不正确、信息不规范、信息披露少、甄选标准透明度不高等造成信息严重不对称。例如，虽然招投标法规定了审查投标人资格的标准和投标方法，但近 90%的招标文件没有详细说明其相应的内容。

在这种情况下，披露机密信息可创造寻租空间，进而为政府官员带来好处。另外，由于政府官员和建筑企业的租金成本低，很容易对其他弱势群体造成不公平和不公正的伤害。并且由于涉及巨额的财政税收，建筑行业的地方保护主义泛滥，国务院发展研究中心的调查显示，建筑业地方保护主义现象严重程度在 36 个工业部门中排名第四。在这种情况下，相对于外地建筑工程企业，本地的建设企业会受到当地的庇护，进行不公平竞争，因此，外地企业必须依靠 B2G 关系腐败来克服进入区域市场的壁垒。与此同时，为了保持竞争优势和从区域市场中提取更多的租金，当地企业也必须保持与政府官员的腐败行为。由于地区保护主义缺乏透明度和竞争力，政府官员的价值和控制力正在得到某种程度的增加。

6）关系作用机制

中国式关系是可接受的文化价值观，滥用可能会导致不道德的做法，如不诚实、贿赂、腐败。因此，关系为腐败提供了一个肥沃的土壤。首先，关系本身是隐蔽的，通过利用关系中的社会互惠和赠送习惯实施腐败行为。腐败就是以这样的一种"默契"，减少风险。其次，关系是一种中国传统，部分非法行为根植于、嵌入于个体之间的关系中，B2G 关系腐败深深地嵌入我国的社会文化情境中，通过虚假地遵循某些人际规则和行为准则掩盖非法目的。因此，关系有助于消除腐败过程中道德认知障碍。

9.2.5 结论

本节研究的重点是探讨重大工程项目 B2G 关系腐败的根本原因。通过将文献回顾和半结构化访谈相结合，共确定了 24 个因素。研究结论为防止重大工程项目

B2G 关系腐败提供了一些借鉴。本节研究的结果再次表明，重大工程招投标 B2G 关系腐败的原因相当复杂多变。鉴于对重大工程 B2G 关系腐败影响最大的是规制缺陷，因此要优化招投标环境，包括修改招投标法、加强监督、加大惩罚力度和监管力度。反 B2G 关系腐败的另一个重要因素就是建立和完善统一有序的公平竞争建设市场体系，使投标人更多凭自身专业能力获得建设项目。

9.3　重大工程异化行为的结构特征解读

重大工程是一个动态、复合、开放的大系统，行为主体是多元的，要素之间的作用是网络的，并呈现出复杂动态网络化趋势。重大工程组织的网络关系非常复杂。然而由于这种网络具有临时性和一次性，以及主体行为具有不确定性，大量的异化行为也是通过网络进行和发展的，这些行为可被视为"网络侵犯"（network offence）。

9.3.1　重大工程异化行为结构研究假设

Zarkada-Fraser 和 Skitmore（2000）认为建筑业合谋已经深深地植根于社会的土壤中，呈现持久性和制度化特征，并且一些已经发展成行业标准。荷兰国会调查委员会认为建筑业合谋是 Kollusion，即网络犯罪，并从网络角度揭示了他们共同拥有的特殊利益。蒋神州（2010）指出在我国由于存在关系型交易，更是增加了合谋防范的难度。Yang（1994）认为中国作为一个传统的关系型社会，社会网络在决定人们社会经济地位上具有举足轻重的影响力。张缨（2001）指出，随着市场经济的发展，市场观念下的功利思想深入人心，导致依托社会强关系网络获取资源仍然要以回报为基础，特殊主义的"工具性关系"占据着越来越重要的位置。Lin（2001）分析表明合谋是社会网络问题，Everett 和 Borgatti（1999）认为从社会资本与社会关系网络视角看，封闭的社会关系网络是导致合谋关系的直接原因。

1）中心性假设

Bavelas（1948）最先对中心度的形式特征进行了开创性研究，认为行动者越处于网络的中心位置，其影响力越大，另外在社会网络中，中心位置描述的是"谁"在这个团体中为最主要的中心"人物"，且处于中心位置的行动者在网络中具有一个最主要的地位。李怀斌（2008）认为，网络中的成员按其在网络中位置的不同有差别地占有资源和结构性地分配资源，核心成员或关键要素是网络中心，网络的中心位置是一种关键位置，处于中心位置的成员拥有更多的信息来源。

当前我国基本建设项目管理体制是以项目法人责任制为主体，形成了以业主为主的工程发包体系，业主通过招投标方式选择实施单位，在国有投资建设项目中，业主处于项目管理的核心。由于业主单位是建设工程项目实施过程的总集成者，即人力资源、物质资源和知识的集成，业主单位是建设工程项目生产过程的总组织者，因此对于一个建设工程项目而言，业主单位的项目管理往往是该项目的项目管理核心。杨耀红和汪应洛（2006）认为大型建设工程中项目业主是工程项目建设主体，如果业主不参与合谋，则合谋行为不会发生。周红等（2005）认为在总承包关系中，业主仅面对一个总承包企业，总承包企业居于整个合同与组织关系的核心，统一组织设计和施工等。南非竞争委员会通过调查也发现在世界杯和 Gautrain 城市高铁项目中，合谋的关键行为人召开会议进行合谋布置和监督这些合谋参与者，并发现自 2006 年以来合谋的主要行为人秘密聚会和密谋从基础设施的建设中获取非正常利益。研究和案例表明合谋网络存在核心行为人，一般由合谋的发起人联系组成合谋网络。因此，提出第一个假设：

H_{9-1}：合谋关系网存在中心性，中心为项目业主方和发起方。

2）一致性假设

Lin 等（2008）认为权力、财富和声望等嵌入个人社会网络中的社会资源，并不为个人所直接占有，而是通过个人直接或间接的社会关系来获取，人们的社会地位越高，摄取社会资源的机会越多；在社会网络中的资源对社会网络中的核心个体和边缘个体的开放程度要高于此网络外的个体及群体，网络中拥有掌握优势性力量的个体和群体，具有较多的社会资源；当公共权力的掌握者把公共权力与掌握金钱的行为者进行交换的时候，权力实现了资本化，并成为可用来交易的资源。

建筑工程领域是一个资金密集、权力集中且影响重大的领域，工程领域的特点是资金密集、权力集中。中共中央纪律检查委员会等公布的工程建设领域 20 起典型案件中，领导干部违规插手干预工程项目建设、收受贿赂、进行权钱交易的案件占多数。郑少午（2008）认为我国交通建设项目领域权钱交易突出，涉案金额大，贯穿于工程全过程，问题集中在手握决策权的几个关键人物身上。由于处于工程网络权力中心和关系中心位置的行为者在土地审批和招标投标等环节具有决策权力，通过权力寻租等形式可以将权力变现为个人利益。张朝勇和王卓甫（2007）认为工程总承包企业作为承包主体，拥有分割准租金的控制权，能够获得"最大准租金"。

合谋关系网络具有类似的特征，处于合谋关系网络中心位置的行为人主导项目网络，能够通过收取建桥费和过桥费等实现权力的变现，获得个人好处，处于结构洞和中间人位置的网络核心行为人更是可以利用在网络中的特殊位置谋取利益。因此，提出第二个假设：

H$_{9-2}$：合谋关系中心与利益中心存在一致性。

9.3.2　典型案例选取

合谋具有隐秘性，它们的侦测需要进行外部公共调查，合谋通过招投标活动中的异常和合谋者为了获得宽大处理交出合谋协议而曝光，因此合谋的关系网络及相关数据难以获得，且公开的数据具有非连续性。

2010 年 11 月 15 日正在进行外墙整体节能保温改造工程的上海静安区胶州路728 号教师公寓发生特别重大火灾事故，最终导致 58 人遇难、71 人受伤，造成直接经济损失 1.58 亿元，26 人被追究刑事责任，28 名责任人受到党纪、政纪处分。国务院上海市静安区胶州路公寓大楼"11·15"特别重大火灾事故调查组调查报告认为事故间接原因之一是建设单位、投标企业、招标代理机构相互勾结、虚假招标和转包、违法分包。上海"11·15"特大火灾事故将上海重大工程建筑市场的混乱现象和监管不力等问题暴露无遗，类似问题和漏洞也并非上海独有，因此上海"11·15"特大火灾事故中的合谋关系具有典型性和代表性，通过此次案例分析能够揭示重大工程合谋关系的特征和特点。因此，本书研究以上海"11·15"特大火灾事故暴露出的重大工程项目中合谋关系网络为分析样本，分析工程合谋中的社会网络关系。案例资料来源于国务院上海市静安区胶州路公寓大楼"11·15"特别重大火灾事故调查组《上海市静安区胶州路公寓大楼"11·15"特别重大火灾事故调查报告》以及《中国经营报》、《南方周末》和《新世纪周刊》等公开渠道的报道。

本节研究的焦点是个人之间的合谋。荷兰国会调查委员会认为建筑业中个人层面的合谋是建筑企业向公职人员行贿，如宴请权力部门公职人员，这种合谋与组织没有关系，属于个人行为。但由于我国正处于经济转轨时期，相较于发达工业国家的完善体制，制度仍存在不完善之处，个人合谋与组织合谋的界限不是十分清晰，个人之间的合谋往往披上组织合法的外衣。因而在分析本案例的合谋时，首先根据单位对合谋者进行分类，然后再根据合谋者在单位中的职务对合谋者进行区分。为便于分析，首先对参与合谋人员及其所处的单位进行编码，建设单位、实际总包单位、分包单位、陪标单位、名义总包单位和招标代理机构代号分别用 A、B、C、D、E 和 F 表示。选取 20 个参与主体，建设单位四位、实际总包单位两位、分包单位十位、陪标单位两位、名义总包单位和招标代理机构各一位，具体如表 9.7 所示。

表 9.7 合谋参与主体编码列表

单位类型	合谋参与主体
建设单位	A01 静安区建交委主任、A02 静安区建交委副主任
	A03 静安区建交委科长、A04 教师公寓经办人
实际总包单位	B01 上海佳艺建筑装饰工程公司总经理
	B02 上海佳艺建筑装饰工程公司副总经理
分包单位	C01 上海一雄实业有限公司、C02 上海闸北城市建设有限公司、C03 和 C04 上海迪姆物业管理有限公司（挂靠）
	C05 上海亮迪化工科技有限公司（挂靠）、C06 上海中航铝门窗有限公司（挂靠）
	C07 上海烽权建筑装饰工程有限公司、C08 上海永林实业有限公司
	C09 上海沪巢建筑装饰工程有限公司、C10 上海市金山区添益建材经营部
陪标单位	D01 上海龙宇建设股份有限公司
	D02 上海星宇建设集团有限公司
名义总包单位	E01 上海市静安区建设总公司
招标代理机构	F01 上海富达工程管理咨询有限公司

　　上海佳艺建筑装饰工程公司（简称上海佳艺）为上海市静安区建设总公司（简称静安建总）的二级子公司，静安建总为静安区建交委直属企业。2010 年 5 月份，上海佳艺总经理 B01 在得知静安区实施教师公寓节能保温改造工程信息后，向 A01 提出要承建教师公寓节能改造工程，B01 与 A01 曾是同事，A01 答应将工程交给 B01。2010 年 6 月 1 日，静安区建交委召开讨论"教师公寓与邻近地块的矛盾问题"主任办公会，A01~A04 参加会议，会议决定以"节能减排项目"作为补偿换取居民支持，将胶州路教师公寓列入 2010 年既有建筑节能减排改造项目。

　　由于该项目没有在上海市科学技术委员会立项，也非 2010 年静安区既有建筑节能改造计划中项目，并无财政拨款，是一个"无计划、无立项、无资金"的三无项目。为顺利通过该项目，会前 A01 与 A02 相互通气，商定由 A02 提出对教师公寓实施节能改造，A01 拍板同意。在会上，A01 提出"我认为虽然没有立项，没有审批，没有资金，但教师公寓项目还要上"，该项目遂通过，A01 提议将工程交给上海佳艺，A04 提出上海佳艺不具备一级资质，A01 即提出由静安建总出面承接项目后再整体转包给上海佳艺。

　　由于静安建总并非 2010 年节能减排入围单位，A01 提出重新进行一次招投标流程，招投标采取邀请招标的方式，A02 与 A03 同意，并安排 A04 负责教师公寓具体招投标事务办理。为确保静安建总中标，静安区建交委、静安建总和上海佳艺三方开始合谋串标。F01 建议将三幢教师公寓中的一幢进行公开招标，因为上海佳艺是二级资质，按照《建筑装饰装修工程设计与施工资质标准》最高承担 1 200 万元的工程项目，可以通过将一个项目以 1 200 万元发包出去实现让上海佳艺中标的目的。根据 A04 安排，B01 邀请 D01、D02 和 E01 三家具有一级资质的企业参与招投标，并向静安建总提出通过招投标形式助其承接工程。三家单位标书均由上海佳艺编制，投标也由 B01 安排上海佳艺员工参加。A03 是评委委员会成员，知道投标人都是上海佳艺的员工，将静安建总打了最高分。

静安建总最后以 1 144 万元中标，静安区建交委与 E01 签订施工合同，合同标的为教师公寓三幢楼的施工，合同总价 3 000 万元。其后 E01 以"分包"的名义将全部工程转包给上海佳艺，约定分包价为 1 200 万元。静安建总收取 5% 的项目管理费，代扣税金，另外收取安全保证金和技术质量保证金 3%。另外 1 800 万元形式上由静安建总用于向政府指定供应商采购门窗、保温材料及搭建脚手架等，但所有采购分包实际由上海佳艺负责。

上海佳艺没有自己的施工队伍，人员编制只有 9 人，接到项目后一般转包出去，按工程量收取 18% 的管理费。在接到静安区教师公寓节能改造工程后，B01 和 B02 合谋将项目——分包转包，C03 和 C04 与 B01 和 B02 相熟，找上二人希望承接部分工程，并向 B02 行贿 5 万元，B02 告知承包者要求具有脚手架搭建一级资质，C03 和 C04 最后借用 C04 的资质签订施工合同；C05 借用上海亮迪资质参与静安区建交委外墙保温材料招标，A03 与 A04 将公开招标改为邀请招标，要求 C05 组织 5 家单位参与招标，最后 C05 所投的上海亮迪顺利中标，二人授意 B01 协助 C05 承接教师公寓项目。

2010 年静安区建交委进行门窗项目招标，A03 与 A04 事先将信息告诉 C06，C10 与 A04 相熟，C10 与 C06 签订合同以"业务费"名义收取 10% 的提成以帮助 C06 中标，在 A04 和 C10 帮助下 C06 顺利中标，A03、A04 与 C10 共分"业务费"。其他分包人也通过与 B01 和 B02 合谋形式获得工程。最后上海佳艺将工程拆分成建筑保温、窗户改建、脚手架搭建、拆除窗户、外墙整修和门厅粉刷、线管整理等，分别分包给 7 家施工单位，B01 与 B02 在分包过程中分别获得了相应的经济利益。

综上所述，该项目在实际操作过程中存在如下合谋问题：

（1）在项目招标决策阶段，特定承包商中标，A01~A04 在办公会议上合谋确定上海佳艺为项目承包商，将公开招标改为邀请招标，甚至不惜决定重新组织招投标的形式让 E01 入围节能施工单位，从而可以将项目发包给上海佳艺。

（2）在具体招标过程中，A04、B01 在 F01 的建议下，合谋将三幢楼的招标改为一幢，其他两幢一并发包进行招标，招标过程充满了虚假与合谋，D01、D02 和 E01 三家单位通过虚假要求招标实现 E01 中标，保温材料通过 C05 组织的 5 家单位合谋从而让 C05 中标，招投标只是形式，结果在组织招投标之初即合谋完毕。

（3）工程转包分包过程中，A03、A04、B01 与 B02 利用各自的关系，网罗分包单位，分别获得利益，各分包单位通过拉关系、行贿等手段获得项目，而行政主管官员和总承包商也实现了各自利益。

9.3.3 重大工程异化行为社会网络分析

1）数据模型及整体网络特征

为简化模型，规定若上述几方中存在合谋关系或利益输送关系，则定为"1"，否则为"0"，节点表示项目利益相关各方的参与者和实施者。本小节首先分析合谋关系网，并分析其产生的利益关系网。将合谋关系网的数据输入UCINET 6.0 软件，模型计算整体网络结果如表 9.8 所示。

表 9.8　整体网络概况表

整体密度	标准差	总节点	平均距离	凝聚力指数
0.174	0.379	66	2.221	0.524

表 9.8 表明重大工程合谋关系网中的整体网络密度较低，整体网络中各点之间的平均距离超过 2，建立在"距离"基础之上的凝聚力指数为 0.524。一般来说密度在 0~0.25 时关系密度较低，为稀疏连接。因此本合谋关系网行为参与者之间关系为低密度，而凝聚力指数也表明合谋关系网整体较为分散，节点之间关系比较稀疏，凝聚力较弱。根据结构洞理论，分散的、低密度的网络更有利于行动者获得异质的信息和发展机会。

2）合谋关系中心度

经计算，该合谋关系网络中的中间中心度为 C_{ABi}=51.52%，接近中心度为 C_{APi}^{-1}=51.60%，表 9.9 为合谋关系网中处于控制优势的部分行为人中间中心度和接近中心度的计算结果。

表 9.9　合谋关系网中心度计算值

中心度	B01	A04	A01	B02	A03	C05	C07
C_{ABi}	95.30	46.30	37.67	25.83	19.53	5.13	1.40
C_{APi}^{-1}	27.00	31.00	33.00	37.00	32.00	40.00	39.00

对于中间中心度，B01、A04、A01、B02 和 A03 五人的中间中心度为较高值，表明五人在合谋网络中拥有最强的控制优势，处于网络的核心，对网络拥有很大的权力。接近中心度也表明 B01、A04、A01、B02 和 A03 受到他人控制的能力较弱，是网络的核心。A01、B02 与 A03 的中间中心度排序与接近中心度排序并非完全对应，A01 中间中心度较高但接近中心度较低，表明在合谋网络中 A01

一方面对网络具有很强的控制优势，另一方面对网络支配能力较低。图 9.3 也表明合谋关系网中 B01、A04、A01、B02 和 A03 居于核心地位。

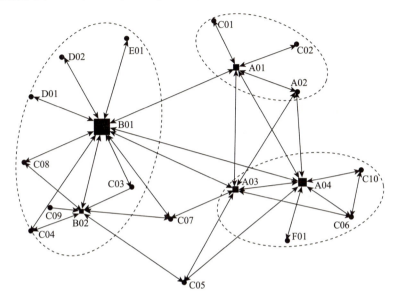

图 9.3　合谋关系网中心度测度图

上述分析表明网络中形成了以 A01、A03、A04、B01、B02 五人为核心的合谋关系，合谋网络形成了围绕业主和总承包商的两大类权力中心。A01 是工程的建设单位业主和职能部门负责人，在项目中拥有最高的权力，是重大工程项目的指令发送方，其关系主要体现在对自身单位和总承包单位两个方面，除了本项目的非正常合谋关系网，还与其他项目的主体存在合谋关系。

A03 和 A04 是该项目的具体政府部门和业主具体负责人员，在项目上负责具体项目的决策执行和事项办理，与总承包单位、分包单位和招标环节的单位均存在关系，对项目的事项具有一定决定权，上通下达。B01 为该工程的实际总承包单位负责人，在该案例中联系最为广泛，为了获取项目与业主负责人和具体承办人建立合谋关系，和公司副总 B02 一起与分包单位建立合谋关系网络和合谋利益网络，形成"总包-分包"利益链。

整体网络分析验证了 H_{9-1}，在合谋关系网络中，A01 在合谋网络中拥有项目决策权，A03 和 A04 作为业主方办事人员协调处理招投标过程中的各项具体事务，而 B01 与 B02 是合谋的发起方和实际总承包方，掌管着项目的分包权，五人在合谋网络中网络中间中心度数值最高，大幅度超过其他行为人的网络中间中心度数值，在图 9.3 中也可看出五人的合谋关系数众多，联结广泛，因此五人对合谋关系网络拥有控制能力。

3）核心边缘分析

"核心-边缘"结构理论目前还没有给出相应的具体分析方法，本节利用 UCINET 的"Core/Periphery"中的"Continuous"功能模块进行探索，初始相关系数为 0.574，经过 1 000 次迭代后，相关系数为 0.584，核心度均值为 0.210，标准方差为 0.078。具体计算结果见表 9.10。

表 9.10　合谋关系网核心边缘分析

序号	节点	核心度	结构划分
5	B01	0.422	核心结构
4	A04	0.337	
3	A03	0.326	
1	A01	0.284	
6	B02	0.279	
13	C07	0.218	边缘结构
2	A02	0.209	
11	C05	0.208	
12	C06	0.195	
10	C04	0.182	
14	C08	0.181	
9	C03	0.181	
16	C10	0.163	
19	E01	0.151	
18	D02	0.151	
17	D01	0.151	
20	F01	0.142	
8	C02	0.137	
7	C01	0.137	
15	C09	0.136	

本节将合谋关系网中的节点分为核心结构节点和边缘结构节点两种。根据上文分析结果，本节规定核心结构的节点关系数目最少高于四条，将 B01、A04、A01、A03 和 B02 五人定为核心结构。其余节点如 C05、C07 与 A02 等定为边缘结构节点，共计 15 个节点。

B01、A04、A01、A03 和 B02 五人的核心度最高，是合谋关系网中的关键节点，B01 为合谋的发起人，在合谋关系网中拥有最多的关系；B02 作为实际总承包人协助 B01 办理项目分包事情；而 A01、A03 与 A04 代表重大工程项目业主与政府行政管理部门，是项目的组织权力中心。核心度中心与关系网中心度中心存在高度一致。一般认为高核心度的行动者比处于边缘的行动者拥有更多的联结，并且处于核心位置能够带来较大的权力和丰富的社会资源。实际上 A01 拥有项目的决策权，A03 和 A04 作为业主具体负责项目实施，B01 和 B02 作为实际总承包商负责人拥有项目的指定分包商权力，这些权力都可以为其合谋带来收益。因此核心结构行为人可以划分为政府主管部门和总承包商两部分。

边缘结构节点依附于合谋关系网络，这类行为人主要是为合谋网络提供帮助或从合谋关系中获得收益，结合合谋关系网将该类节点分为三大类。第一类在合谋关系网中联系众多，该类行为人在关系网络中联系广泛，既与核心结构存在联系，又与其他边缘结构节点存在联系，上通下达，利用关系网络为自身谋取利益，如 C05~C07。C06 在合谋关系网络中与多人构建起经济利益关系，向 A03 行贿 6.5 万元，向 B01 行贿 12 万多元，向 B02 行贿超过 20 万元，在这些利益输送下，顺利承揽教师公寓等项目。C05 与 C07 也有相似行为，与 A03 和 A04 合谋获得政府重大工程采购的材料供应权，并依靠他们分包教师公寓项目。这类行为人在合谋关系中关系联系较多，对合谋产生"润滑剂"作用，一般关系网络规模也较大。

第二类为合谋提供帮助，自身并不主动参与合谋活动，合谋关系网中包括 D01、D02、E01、F01 和 A02。F01 作为管理咨询单位负责人向 A04 与 B01 提供合谋智力支持，创造性地提出"示范点"招标方式，规避了招投标中的二级承包商资质限制问题；D01、D02 和 E01 在投标阶段，帮助上海佳艺成功实现了项目围标；A02 作为静安区建交委副主任，对项目决策具有一定权力，靠近权力中心，协助 A01、A03 和 A04 一起合谋将教师公寓项目合谋确定实施。这些行为人主要是在工程合谋的决策和招投标阶段出现，主要作用是规避国家法律规定和提供决策支持。

第三类为从合谋关系中获得收益，这些合谋单位主要与项目主管业主和实际总承包商发生合谋关系，包括剩下的分包单位。C01 和 C02 与静安区建交委主任 A01 存在经济利益关系，A01 授意 B01 帮助 C01 和 C02 承接工程项目；C03、C04 与 C05 等通过向上海佳艺的负责人 B01 和 B02 行贿分别承接相应工程。这类行为人依附于合谋网络而生存，属于合谋的寄生者，主要是众多分包单位，本节中的众多分包单位均属于此类。

"核心-边缘"结构理论揭示出在合谋关系网络中各个行为人之间存在不平等性，核心群体主导着合谋关系网络，边缘结构的行为人从属于网络，属于从属地位，由分包商与为合谋提供帮助及合谋关系的活跃参与者的三类人组成。处于核心结构的行为人则是项目中拥有控制权的参与者，核心边缘分析也再次验证了 B01、A04、A01、A03 和 B02 五人处于合谋网络中心位置，也验证了 H_{9-1} 是正确的。

4）结构洞测度

结构洞通常用有效规模、效率、限制性等进行测度，有效规模用个体网规模减去网络的冗余度；效率表示该点的有效规模和实际规模之比；限制性表示此人在网络中拥有运用结构洞的能力，值越大表明受到的限制性越强，限制性指标是最重要的指标。个网中心性表明限制性在多大程度上集中在一个行为人上，若某个行为人的每个联络人的限制性都是一样的，该测度达到最小值 0；反之当所有限制集中到一个人身上时，该值达到最大值 1，即个网中心性越大，受到的限制越大。表 9.11 为合谋关系网的结构洞指标测量结果。

表 9.11　合谋关系网的结构洞指标测量结果

节点	有效规模	效率	限制性	个网中心性
B01	9.545	0.868	0.219	0.107
A04	6.000	0.750	0.341	0.099
B02	5.857	0.837	0.342	0.222
A01	4.333	0.722	0.385	0.066
A03	4.714	0.673	0.430	0.114
C05	2.333	0.778	0.611	0.052
C06	1.667	0.556	0.840	0.074
C07	1.667	0.556	0.840	0.074
A02	1.000	0.333	0.926	0.000
C01	1.000	1.000	1.000	1.000
C02	1.000	1.000	1.000	1.000
C09	1.000	1.000	1.000	1.000
D01	1.000	1.000	1.000	1.000
D02	1.000	1.000	1.000	1.000
E01	1.000	1.000	1.000	1.000
F01	1.000	1.000	1.000	1.000
C03	1.000	0.500	1.125	1.000
C04	1.000	0.500	1.125	1.000
C08	1.000	0.500	1.125	1.000
C10	1.000	0.500	1.125	1.000

表 9.11 表明 B01、B02 限制性较小，个网中心性较小，受到的限制性较少，在网络中存在着广泛的关系，拥有信息优势和控制利益机会，二者有效规模较大，非冗余信息较高，处于结构洞位置，结构洞位置为二者带来了社会资本。因为合谋关系网为封闭性网络，结构洞的社会资本主要通过网络提供的经纪机会来获得价值，即总承包商通过与建设单位合谋获得工程，并通过分包获得佣金。A01、A04、A03 三者限制性和个网中心性与总承包商相似，个网中心性较小，有效规模均较大，非冗余信息也相对较高，均为建设单位成员，处于项目的权力中

心，因此也处于结构洞位置。而其他分包商和其他参与主体在整体网络中有效规模最小但限制性最高，对业主和总承包单位存在依附性。

5）诚实中间人指数

诚实中间人指数用 HBI0 和 HBI2 两个指标测度，HBI0 表示纯中介，表明中间人所联络的任何两个行为人之间不存在关系；HBI2 代表非中介，表明中间人所联络的任何两个行为人之间均存在双向关系。表 9.12 为合谋关系网的部分诚实中间人指数计算结果，其中 Size 表示行为人的中介次数，Pairs 表示联络的关系对数。

表 9.12　合谋关系网的部分诚实中间人指数计算结果

指标	A01	A03	A04	B01	B02
Size	6	7	8	11	7
Pairs	15	21	28	55	21
HBI0	10	13	20	47	17
HBI2	5	8	8	8	4

结果表明，A04 与 B01 的中介次数最多，联络的关系对数最多，且纯中介的对数是最多的，在合谋关系中的非中介对数也是最多的，因此为网络中重要的中间人，同样 A01、A03 也为业务网络中重要的中间人。而 B02 虽然中介次数、联络的关系对数、纯中介对数较高，但非中介最小，表明 B02 所在的网络中网络成员不存在双向联系，成员仅能通过他与其他行为人取得关系，因此为合谋关系网的关键中间人。

根据搭桥、建桥理论，由于 B02 属于网络中的关键中间人，非中介数最小，其他行为人需要通过 B02 与其他行为人建立联系，这些行为人不得不主动与 B02 建立桥连接，因而 B02 可以通过建桥过程收取建桥费；对于 A01、A03、A04 和 B01，行为人可以通过其他渠道与之建立联系从而获得相应资源和渠道，因为可以通过多种渠道获得联系，处于中间人位置的行为人无法通过建桥而收取建桥费，转而利用已有的关系收取过桥费（或搭桥费）。

6）利益关系网分析

在分析合谋中的利益关系网络时，两点之间发生金钱等利益关系则在矩阵中取值为"1"，否则为"0"，利益关系网中心度计算结果如表 9.13 所示。

表 9.13　利益关系网中心度计算结果

中心度	B02	A04	C05	C07	A03	C08
C_{ABi}	33.33	18.00	17.33	9.33	6.83	2.33
C_{APi}^{-1}	178.00	183.00	180.00	181.00	183.00	186.00

合谋利益关系网的中间中心度为 C_{ABi} =17.78%，表9.13为合谋利益关系网中处于控制优势的部分行为人中间中心度和接近中心度的计算结果。B02 与 A04 的中间中心度和接近中心度均为最高值，二者在合谋中的收益最大，在合谋收益网络中拥有最强的控制优势；接近中心度也表明 B02 受到他人控制的能力最弱，在合谋利益关系网中 B02 为获得最高收益的行为人。中间人分析表明 B02 扮演关键中间人角色，通过收取建桥费获得最高收益，而A01、A03、A04 和B01 可以通过收取过桥费获得收益，但相较 B02 逊色，说明了合谋关系中的建桥费高于搭桥费。而 A04 在合谋网络中还分别与 C05 和 C10 合谋，让 C05 与 C10 获取分包工程并分成。其他几个代表性主体控制优势与受他人控制较为一致。图 9.4 为合谋利益网络中心度测量图。

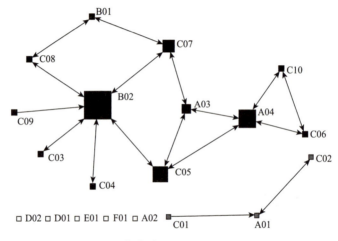

图 9.4　合谋利益网络中心度测量图

图9.4说明了每个行为人在利益关系网中的中心程度。B02 为实际总承包单位副总，为关键中间人，处于网络的核心，与其存在利益关系的均为分包商，而B01、A04 并不是网络的关键中间人，在利益关系网中并不处于中心位置。C01、C02是以 A01 为中心的利益输送链上的节点。A02、D01、D02、E01、F01 在本项目中仅仅存在合谋关系，未产生利益关系，而这些行为人为合谋关系网的边缘结构节点，说明在合谋关系网中，边缘结构节点在网络中并不一定产生利益关系。

图 9.4 中除孤立点外产生了两个子网络，以 A01 为代表的子网络形成一个封闭网络，网络参与者数量较少，A01 的利益来源均非本项目合谋关系，说明某些行为人的合谋关系跨项目，产生的合谋收益也具有跨项目特征，另外 A01 为合谋的核心结构节点，因此可以判断合谋的核心结构节点的行为人获得的合谋收益具有跨项目特征，其合谋收益不一定仅仅来源于单个项目合谋网络。合谋的半边缘结构节点的行为人在利益关系网中均产生利益关系（除 E01 无法判断外）。上述分析说明核心与半边缘结构节点的行为人在合谋关系中一般会产生相应的利益关

系，而边缘节点的行为人不一定在合谋过程中产生直接的利益关系。

诚实中间人分析表明网络的非核心节点由于自身处于网络特殊位置能够获得比核心节点位置的行为人更多的利益，这与 $H_{9\cdot2}$ 并不相符，说明在合谋关系中，合谋中心位置仅代表行为人处于关系和权力的中心，与具体的利益输送并不一定存在完全一致的关系，利益关系输送取决于关系的非中介性。

重大工程项目合谋关系网络是利益相关主体进行合谋的关系基础，不同行为人在网络中具有不同的位置和控制力，案例分析表明重大工程项目业主与总承包单位在合谋关系中居于主导地位，建设单位与总承包单位居于结构洞位置，作为合谋的发起人，总承包单位与建设单位一起主导合谋网络，处于核心结构，合谋的边缘行为人主要包括三类，居于合谋关系的末梢，主要是为合谋提供帮助和依附合谋网络生存的行为人。最后通过利益关系网络分析得出工程合谋关系网络和利益关系网络具有不一致性，两者的中心度并不相同。合谋的关系中心与实际获得利益的中心并不重合，处于结构洞位置的主体会利用其网络优势获得收益，但结构洞主体与社会网络中心存在不一致性，同样处于结构洞位置的行为人，关键中间人利用关系的非中介性，通过让他人与自己建立桥而收取建桥费，而其他结构洞位置的中间人利用自己的关系网络收取搭桥费，且建桥费高于搭桥费。且参与合谋的行为人不一定具有直接的利益诉求，存在为合谋提供帮助的行为人，这些人几乎没有直接利益诉求。合谋核心结构位置的行为人的合谋行为及其利益关系网络具有跨项目的特性。

9.3.4　结论

本节以上海"11·15"特大火灾事故为例，利用社会网络分析方法研究事故背后隐藏的重大工程项目合谋关系，表明重大工程项目中政府管理部门或业主与总承包商在合谋中居于核心位置，权力扭曲和利益交织诱发了合谋行为及其相应网络的生成。

分析结果与目前得出的业主与总承包商在项目中的位置相符。合谋关系网络分析也揭示了重大工程项目存在合谋行为深刻的社会背景，政府及政府主管部门运用行政手段，不惜违反法律法规，安排下属企业获得项目中标，而下属企业在获得中标的同时，向上输送利益，并通过分包等形式获得经济利益，从而形成了利益共同体。

合谋利益共同体通过政府行政手段达到了对建筑市场的行政垄断，政府行政主管部门及其下属机构实现官商一体化，正如本案例所揭示的政府为了实现项目税收和利润仍留在本地区，不惜要求主管部门下属企业公然违反国家法律法规，默许和容忍下属企业承担的项目可以是名义上的，只向其他分包单位收取管理费。这造成了重大工程项目高度垄断在政府主管部门及其所属的国有企业中，严重破坏了市场公平竞争环境，而广大分包单位和外地公司不得不通过这些国有企业获得分包项目。此时项目正常管理受到了严重影响，各种问题及事故的出现因此并非出于偶然。

9.4　重大工程异化行为的监管治理策略

重大工程异化行为监管的主体包括政府及直接参与各方和社会公众等，其中社会公众作为项目监管主体常是虚设的，主要通过选举权执行，他们是重大工程项目多级委托代理链的下游。项目监管的客体为重大工程项目参建各方直接作用和影响的监管行为，具体包括投资主体、建设单位（业主）、代建单位（如果是代建制模式）、勘察单位、设计单位、监理单位、施工单位（包括总包和分包单位）、材料供应商等在项目建设过程中的各项活动。另外，从重大工程监管模式上可划分为内部监管和外部监管两种形式。内部监管由重大工程项目各参建单位之间的合同约束来实现，外部监管主要是政府相关部门（发改委、财政、审计及质量安全监察等部门）和社会舆论的监管。本节所指的监管和监管人均指的是外部监管和外部监管人——政府。

9.4.1　业主-监管人博弈模型的建立

一般来说，重大工程项目的业主处于项目主体网络的核心位置，如图 9.5 所示。据社会网络理论，该点拥有很高的点度中心度、中间中心度。这说明该点拥有较大的权力优势、信息优势。业主有可能利用这些优势实施"异化行为"，为其或者其"关系户"谋取私利。鉴于项目业主是整个项目利益相关群体的序主体，重大工程项目异化行为的监管治理重点聚焦于项目业主与监管人之间的博弈。

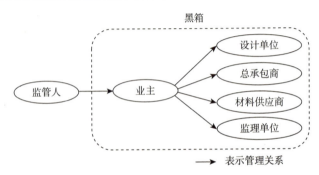

图 9.5　重大工程项目主体网络关系图

与此同时，业主的"异化行为"手段极其隐蔽和复杂，其监管博弈影响因素众多。为方便研究，本节首先考察业主与监管人之间的完全信息静态博弈，按期望收益最大准则进行选择，再进一步放宽条件研究双方的完全信息动态博弈和不完全信息条件下的博弈。在本监管博弈模型中，业主所考虑的是在考虑"异化行为"直接实施成本的情况下，通过建设项目实施"异化行为"最大化自身利益；而监管人考虑的是在监督成本的约束下，怎样减少业主的"异化行为"，从而最大化项目利益，肃清建筑市场。

因此，重大工程"业主-监管人"博弈模型首先需要分析重大工程中实施"异化行为"的行为主体在外部存在监管的情况下的策略选择机理；其次，因为当前的监管主要是通过事后审计的模式，通过建模可以看出如果监管滞后于行为主体决策，会给双方的决策造成什么影响，并且可以看出监管的力度等因素对双方策略选择的影响；最后，由于重大工程存在多级委托代理链，同时项目制度较松散，具有明显的信息不对称性，通过博弈建模研究信息的不对称性会给博弈双方的行为策略造成影响。为便于研究，做出如下基本假设：

H_{9-3}：假设监管人和业主之间没有合谋。

H_{9-4}：本节主要考虑业主和监管人之间的博弈，不考虑承包商、设计单位、供应商等背着业主实施的"异化行为"。博弈过程均不考虑业主内部的自然人的行为，而是将业主和监管人看作一个整体来考虑。

1. 业主和监管人的策略分析

不少研究工程监管的博弈模型假设策略是离散的，即监管或不监管、欺骗或不欺骗。但是实际上，业主的"异化行为"和监管人的监管强度应该是连续变量，即不论是实施"异化行为"还是监管的强度都有变化区间，而不仅仅是"实施'异化行为'"和"不实施'异化行为'"、"监管"和"不监管"。本模型建立的是连续策略集，也就是有区间的无限集。

（1）业主的策略集。A 表示业主（Player1，P1）所有可能的行动组合，$a \in A$ 表示业主的一个特定行动。a 表示业主在整个重大工程中实施"异化行为"的总量，包含其"异化行为"数量和程度两个方面的综合变量。$a=0$ 表示业主完全尽责，没有任何"异化行为"，所以 $a \in [0, \infty)$。

（2）政府的策略集。B 表示监管人（Player2，P2）所有可能的行动组合，$b \in B$ 表示监管人对业主的监督力度，即 P2 实施监督的综合强度，是监督投入等因素的综合变量。$b=0$ 表示不监督，b 值越大表示监督力度越强，即 $b \in [0, \infty)$。

2. 业主和监管人的收益函数

1）业主的收益函数

业主的目标是最大化自身利益。业主的收益来源包括重大工程项目的合法所得和"异化行为"净收益（即业主为私利或其"关系户"的利益而转移走项目利益扣除实施"异化行为"的直接成本），但其"异化行为"被发现后会受到监管人的惩罚。用 W 表示业主的合法所得，$W>0$。用 T_i 表示业主实施"异化行为"而获得的净收益。用 P_i 表示业主"异化行为"被发现后所付出代价的货币价值。用 p 表示监管人发现业主"异化行为"的概率。所以业主的收益函数 J_1 可以表示为

$$J_1 = W + T_i - P_t \bullet p \tag{9.1}$$

设

$$T_i = g \bullet a \tag{9.2}$$

其中，g 为"异化行为"的净收益系数，$g>0$。设 P_t 在 $[0, \infty)$ 上连续可导可微，随着 a 变大，P1 的"异化行为"被发现后，所需要付出的代价越大，边际惩罚匀速增加，即 P1 的风险随 a 增大而匀速增大。可知指数函数符合以上条件，而边际惩罚匀速增加就是要 $\partial^2 P_t / \partial a^2$ 等于常数。所以设

$$P_t = \beta a^2 \tag{9.3}$$

其中，β 为惩罚系数，$\beta>0$。

设发现概率 p 随着监管人监督强度 b 增大而增大，但是其边际成功率Δp 会逐渐降低；又因为 p 是发现概率，所以有 $0 \leqslant p < 1$；当且仅当 $b=0$，即监管人不采取任何监督措施时 $p=0$。基于以上分析，可以将 P 设为双曲线函数，随着 b 的增大，p 无限趋近 1，如图 9.6 所示。

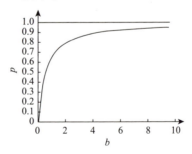

图 9.6　监管发现概率曲线

$$p = \frac{b}{\varepsilon + b} \tag{9.4}$$

其中，ε 指外部制度环境，会影响发现概率的曲率，ε 越大，函数 p 的曲率越小；特殊地，当 $\varepsilon \to \infty$ 时，p 变成直线。

因此，式（9.1）整理得

$$J_1 = W + g \bullet a - \beta a^2 \bullet \frac{b}{\varepsilon + b} \tag{9.5}$$

2）监管人的收益函数

监管人希望在监督成本的约束下最大化项目利益。用 V 表示业主履行职责条件下的项目利益，T_e 表示业主实施"异化行为"所造成的利益流失，$\gamma \bullet b$ 表示监督的成本，$P_t \bullet p$ 与式（9.1）中含义相同，乘积则表示监督作用的直接回收收益。所以监管人的收益函数 J_2 可以表示为

$$J_2 = V - T_e - \gamma \bullet b + P_t \bullet p$$

其中，γ 为监督成本投入系数。

设

$$T_e = \delta \bullet a \tag{9.6}$$

其中，δ 为"异化行为"损失系数。

因此，式（9.6）整理得

$$J_2 = V - \delta \bullet a - \gamma \bullet b + \beta a^2 \bullet \frac{b}{\varepsilon + b} \tag{9.7}$$

9.4.2　完全信息条件下的静态和动态监督博弈

除了满足 H_{9-3} 和 H_{9-4} 之外，本小节增加一个 H_{9-5}，即双方的信息是完全的。因此，本节建立的博弈是完全信息条件下的静态博弈模型和完全信息条件下的动态博弈模型。

1）完全信息静态博弈下的均衡解

依据研究静态连续策略的 Cournot 模型的解法，业主和监管人的静态博弈纳什均衡为 $\partial J_1 / \partial a = 0$ 和 $\partial J_2 / \partial a = 0$ 的交点，具体如图 9.7 所示。由一阶条件，令 $\partial J_2 / \partial a = 0$ 得

$$b = a\sqrt{\frac{\beta \varepsilon}{\gamma}} - \varepsilon \tag{9.8}$$

又 $\partial^2 J_2 / \partial b^2 = -2(\varepsilon + b)\varepsilon \beta a^2 / (\varepsilon + b)^4 < 0$，满足二阶条件。同样地，令 $\partial J_1 / \partial a = g - 2\beta ab / (\varepsilon + b) = 0$，且有 $\partial^2 J_1 / \partial a^2 = -2\beta b / (\varepsilon + b) < 0$，满足二阶条件。解得：

业主最优策略：

$$a_1^* = \frac{g + 2\sqrt{\beta \varepsilon \gamma}}{2\beta} \tag{9.9}$$

监管人最优策略：

$$b_1^* = \frac{g}{2}\sqrt{\frac{\varepsilon}{\beta\gamma}} \qquad (9.10)$$

业主最优收益：

$$J_1^* = W + \frac{g\left(g + 2\sqrt{\beta\varepsilon\gamma}\right)}{4\beta} \qquad (9.11)$$

监管人最优收益：

$$J_2^* = V - \frac{\left(g + 2\sqrt{\beta\varepsilon\gamma}\right)(2\delta - g)}{4\beta} - \frac{g}{2}\sqrt{\frac{\varepsilon\gamma}{\beta}} \qquad (9.12)$$

从式（9.11）可以看出，业主实施"异化行为"的收益 $J_1^* = W + \left(g^2 + 2g\sqrt{\beta\varepsilon\gamma}\right)/(4\beta)$ 要大于不实施的收益 W，这从博弈的角度解释了为什么国内重大工"异化行为"普遍存在，且屡禁不止。

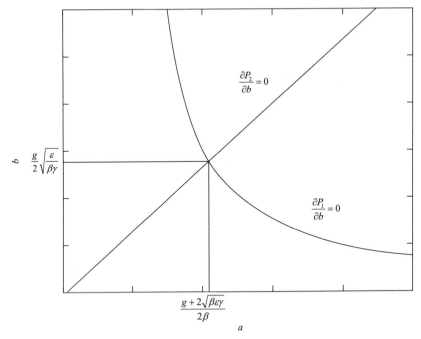

图 9.7　静态博弈的均衡点

从式（9.12）可以看出，因为业主的"异化行为"，监管人所损失的利益为 $\left[\left(g + 2\sqrt{\beta\varepsilon\gamma}\right)(2\delta - g)\right]/(4\beta) + \frac{g}{2}\sqrt{\varepsilon\gamma/\beta}$。而给项目带来的损失要远大于其利己

的收益，即 δ 远大于 g。所以重大工程项目中少量"异化行为"都可能会给整个项目的利益造成巨大流失。

2）完全信息动态博弈下的均衡解

实际工程采购中，业主实施"异化行为"和监管人监督不是同时决策的，现今工程审计通常都是事后监督，审计人员很难在早期就介入投标过程，所以业主和监管人的策略选择有先后次序。在此动态博弈中，假设业主先行动，是领导者；监管人后行动，是跟随者。

动态博弈的收益函数跟静态博弈的收益函数相同，为了区分，记为 J_{d1} 和 J_{d2}。依据研究动态连续策略的 Stackelberg 模型，监管人的最优策略 $R_{d2}(a)$ 就是对于每一个 $J_{d1}(a,b)$ 的策略 a，找出最大化 $J_{d2}(a,b)$ 收益函数的策略 b。所以业主 P1 选择最优策略的过程可以表示为 $\max\limits_{a \geqslant 0} J_{d1}$ s.t. $(\partial P_{d2}/\partial b)=0$，如图 9.8 所示。

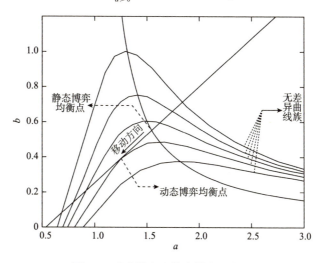

图 9.8　动态博弈和静态博弈均衡点

图 9.8 为给定一组具体参量值后，用 Matlab 软件所画出的动态博弈和静态博弈均衡点及其运动情况。最终求解得：

业主最优策略：

$$a^*_{\mathrm{II}} = \frac{g+\sqrt{\beta\varepsilon\gamma}}{2\beta} \tag{9.13}$$

监管人最优策略：

$$b^*_{\mathrm{II}} = \frac{g}{2}\sqrt{\frac{\varepsilon}{\beta\gamma}} - \frac{\varepsilon}{2} \tag{9.14}$$

业主最优收益：

$$J_{d1}^{*} = W + \frac{\left(g + \sqrt{\beta\varepsilon\gamma}\right)^{2}}{4\beta} \tag{9.15}$$

监管人最优收益：

$$J_{d2}^{*} = V - \frac{\left(g + \sqrt{\beta\varepsilon\gamma}\right)\left(2\delta - g + \sqrt{\beta\varepsilon\gamma}\right)}{4\beta} - \left(\frac{g}{2}\sqrt{\frac{\varepsilon\gamma}{\beta}} - \frac{\varepsilon\gamma}{2}\right) \tag{9.16}$$

3）完全信息下博弈均衡解的解读分析

归纳完全信息条件下静态博弈和动态博弈的均衡结果，如表 9.14 所示。

表 9.14　完全信息博弈均衡结果对比

项目	完全信息静态博弈	完全信息动态博弈
业主最优策略	$a_{1}^{*} = \dfrac{g + 2\sqrt{\beta\varepsilon\gamma}}{2\beta}$	$a_{\mathrm{II}}^{*} = \dfrac{g + \sqrt{\beta\varepsilon\gamma}}{2\beta}$
监管人最优策略	$b_{1}^{*} = \dfrac{g}{2}\sqrt{\dfrac{\varepsilon}{\beta\gamma}}$	$b_{\mathrm{II}}^{*} = \dfrac{g}{2}\sqrt{\dfrac{\varepsilon}{\beta\gamma}} - \dfrac{\varepsilon}{2}$
业主最优收益	$J_{1}^{*} = W + \dfrac{g\left(g + 2\sqrt{\beta\varepsilon\gamma}\right)}{4\beta}$	$J_{d1}^{*} = W + \dfrac{\left(g + \sqrt{\beta\varepsilon\gamma}\right)^{2}}{4\beta}$
监管人最优收益	$J_{2}^{*} = V - \dfrac{\left(g + 2\sqrt{\beta\varepsilon\gamma}\right)\left(2\delta - g\right)}{4\beta} - \dfrac{g}{2}\sqrt{\dfrac{\varepsilon\gamma}{\beta}}$	$J_{d2}^{*} = V - \dfrac{\left(g + \sqrt{\beta\varepsilon\gamma}\right)\left(2\delta - g + \sqrt{\beta\varepsilon\gamma}\right)}{4\beta} - \left(\dfrac{g}{2}\sqrt{\dfrac{\varepsilon\gamma}{\beta}} - \dfrac{\varepsilon\gamma}{2}\right)$

（1）对比式（9.9）和式（9.13）、式（9.10）和式（9.14）可知，$a_{1}^{*} = \left(g + 2\sqrt{\beta\varepsilon\gamma}\right)/(2\beta) > a_{d}^{*} = \left(g + \sqrt{\beta\varepsilon\gamma}\right)/(2\beta)$，$b_{1}^{*} = (g/2)\sqrt{\varepsilon/(\beta\gamma)} > b_{\mathrm{II}}^{*} = (g/2)\sqrt{\varepsilon/(\beta\gamma)} - \varepsilon/2$，均衡点沿 $\partial J_{2}/\partial b = 0$ 向下移动，如图 9.8 所示。业主的"异化行为"减少了，而监管人执行的监管强度也减弱了。可见在收益函数相同的情况下，业主和监管人博弈由同时博弈变成顺序博弈，可以优化博弈结果。而且 a、b 明显减少，即优化效果较显著。这是因为业主选择策略时考虑到了将来监管人对其的监管，考虑了远期收益，所以不再像静态博弈的时候那样肆无忌惮地实施"异化行为"，而监管人所要执行的监管强度也可以降低。

（2）对比式（9.11）和式（9.15），易知 $J_{1}^{*} < J_{d1}^{*}$。对比式（9.12）和式（9.16）：$J_{2}^{*} - J_{d2}^{*} = \sqrt{\beta\varepsilon\gamma}\left(\sqrt{\beta\varepsilon\gamma} + 2g - 2\delta\right)/4\beta + g\sqrt{\varepsilon\gamma}\left(\sqrt{2 - \beta} - \sqrt{2}\right)/\sqrt{8\beta}$，由前面的分析可知，"异化行为"的损失系数 δ 要远大于业主"异化行为"的收益系数 g，所以 $J_{2}^{*} - J_{d2}^{*} < 0$。可见优化之后，双方的最优收益都提高了。所以双方都有动力从原来的策略 a_{1}^{*}、b_{1}^{*} 换到新的均衡点 a_{II}^{*}、b_{II}^{*}，并维持新的均衡而不改变策略。

综合上述两条分析，实施让业主考虑将来利益的制度可以一定程度上减少业主"异化行为"，具有一定理论合理性，如实施事后监管或者业主终身责任制（不因项目的结束等而解除业主的责任）等。

（3）从 $a_{\mathrm{I}}^{*}=\left(g+2\sqrt{\beta\varepsilon\gamma}\right)/(2\beta), a_{\mathrm{II}}^{*}=\left(g+\sqrt{\beta\varepsilon\gamma}\right)/(2\beta)$，$b_{\mathrm{I}}^{*}=(g/2)\sqrt{\varepsilon/(\beta\gamma)}$，$b_{\mathrm{II}}^{*}=(g/2)\sqrt{\varepsilon/(\beta\gamma)-\varepsilon/2}$ 可以看出，惩罚系数 β 是一个影响博弈双方策略选择和收益情况的重要参量。β 高不但可以减少业主的"异化行为"而且可以减少监管人的监督投入。所以应当提高 β，也就是要严惩"异化行为"，一次性惩罚力度越强，监督的效果越好。

（4）从监管人行为 $b_{\mathrm{I}}^{*}=(g/2)\sqrt{\varepsilon/(\beta\gamma)}$，$b_{\mathrm{II}}^{*}=(g/2)\sqrt{\varepsilon/(\beta\gamma)-\varepsilon/2}$ 可以看出，监督投入成本系数 γ，即监管人进行监督或者工程审计的边际成本，会使业主愿意冒惩罚的风险去实施"异化行为"，因为 γ 也代表了监管人监管的阻力系数。监督阻力 γ 是工程监督难以在重大工程项目中发挥其应有效用的原因之一。

本节从博弈的角度说明了监管对打击重大工程项目中业主的"异化行为"的作用。建议在制定治理办法、监管制度和工程合同时，将让业主考虑其将来的利益作为制定原则之一，如事后监管制度、业主终身责任制等有利于优化均衡解和双方的收益。另外，对于任何"异化行为"应当严惩不贷，单次惩罚力度加重有利于规范建筑市场。最后，关于重大工程项目中的"异化行为"的内容和治理问题的研究依然不足，需要进一步探索。

9.4.3　不完全信息条件下的静态和动态监督博弈

前面的博弈建立在双方信息完全的基础上，即业主和监管人清楚地知道双方可能选择的行动，也了解行动的结果，但是实际上由于业主是项目的直接参与者，其实施的"异化行为"具有隐蔽性，所以监管人往往很难清楚地了解到所有的信息，并且在实际工程项目中，正是信息的不对称性给了项目参与人实施"异化行为"获取私利的"空子"，所以必须考虑在信息不对称情况下双方的博弈情况。

1）不完全信息下的静态博弈解

在不完全信息博弈模型中，双方不能像完全信息中那样清楚地知道相互的收益函数。例如，监管人可以清楚地知道自己的监管成本投入系数 γ 等信息，却很难了解业主实施"异化行为"的净收益系数 g。根据前面的分析可知，净收益系数 g 越大，业主受利益驱使实施"异化行为"的可能性和程度越大，政府应当加大监管的需求也越高。而由于净收益系数 g 往往只能被当事人如业主知道，所以项目的实际参与人业主拥有信息优势。"异化行为"的净收益系数 g 可能是高收益率 g_{H}，也可能是低收益率 g_{L}，净收益系数 g 的情况跟项目具体情况有关。虽然监管人不能清楚地知道"异化行为"的净收益系数 g，但是监管人可以依据项目的情况，如规模等外部因素进行推算，假设监管人知道 g_L 的概率为 θ，g_H 的概率为 $1-\theta$。

根据 Harsanyi（1967）提出的不完全信息博弈模型解法，可以假设一个虚拟的博弈方，称为自然（Player3，P3），自然在双方行动之前，先确定了净收益系数 g 的类型，P1 知道净收益系数 g 是 g_L 还是 g_H，但是只有 P1 能观察到自然 P3 的行动，但是 P2 可以知道自然 P3 的行为的联合概率。要进行有效分析，我们假设虽然一方并不知另一方类型，但是所有类型出现的联合概率分布是共同认识。我们称这个联合概率分布为先验分布（prior distribution），即在无任何信息获取时对整个博弈可能出现类型组合的一个最初看法。给定一个先验分布，P2 会根据自身观察到的私人信息，形成对对手类型认识的条件分布，我们称之为后验分布（posterior distribution）。于是收益函数的不确定性，转变成对自然 P3 行动的不确定性。

例如，业主 P1 的净收益系数 g 有可能是 g_L 或者 g_H，所以业主有两种类型：$T_1=\{g_{1L},g_{1H}\}$；假如监督投入成本系数 γ 是一定的，也就是 $T_2=\{\gamma_2\}$。并且假设每个参与主体都知道自己的系数的类型。由此可知，$t_1\in T_1$ 且 $t_2\in T_2$，所以双方的心理概率 $p_1(t_2|t_1)$ 和 $p_2(t_1|t_2)$ 可以由贝叶斯公式进行计算：

$$p_1(t_2|t_1)=\frac{p(t_2,t_1)}{p(t_1)} \tag{9.17}$$

$$p_2(t_1|t_2)=\frac{p(t_1,t_2)}{p(t_2)} \tag{9.18}$$

其中，$p(t_1,t_2)$ 表示双方都知道。

在不完全信息的条件下，P1 的收益函数如下：

$$\hat{J}_{1L}\left[\sigma(t_1),\sigma(t_2)\right]=J_{1L}(a_L,b)p_1(\gamma|g_L)=J_{1L}(a_L,b) \tag{9.19}$$

$$\hat{J}_{1H}\left[\sigma(t_1),\sigma(t_2)\right]=J_{1H}(a_H,b)p_1(\gamma|g_H)=J_{1H}(a_H,b) \tag{9.20}$$

其中，$J_{1L}(q_{1L},q_2)$，$J_{1H}(q_{1H},q_2)$ 为业主 P1 在实施少量"异化行为"和大量"异化行为"时 P1 的期望收益，其概率 $p_1(\gamma_2|g_{1L})=p_1(\gamma_2|g_{1H})=1$。

2）博弈均衡分析

因为信息不对称，监管人在选择其行为时必须考虑 P1 实施两种"异化行为"的可能性，显然当 P1 实施"异化行为"多时，P2 应当加大打击力度，遏制建筑市场中的"异化行为"，从而保全项目利益；但是当 P1 只实施很少量的"异化行为"时，P2 如果过度进行监督投入，只会浪费国家监督资源，总体效益反而降低。由于"异化行为"具有隐蔽性，故 P2 不能准确地预知 P1 的行为，但是可以对其进行推断。所以，在不完全信息条件下，P2 的收益函数为

$$\hat{J}_2\left[\sigma(t_1),\sigma(t_2)\right]=J_2\left(a_L,b\right)p_2\left(g_L\left|\gamma\right.\right)+J_2\left(a_H,b\right)p_2\left(g_H\left|\gamma\right.\right)$$

即

$$\hat{J}_2\left[\sigma(t_1),\sigma(t_2)\right]=\theta J_2\left(a_L,b\right)+(1-\theta)J_2\left(a_H,b\right) \tag{9.21}$$

其中，θ 为监管人认为 g_L 发生的概率，$0\leqslant\theta\leqslant1$。$J_2\left(a_{1L},b_2\right)$，$J_2\left(a_{1H},b_2\right)$ 为业主 P1 在实施少量"异化行为"和大量"异化行为"时的 P2 的期望收益。通常来说，可以先假设 $\theta_1=1/2$。

业主的贝叶斯纳什均衡策略是，当净收益系数 g 有可能是 g_L 或者 g_H 时都能最大化自身的收益，也就是当净收益系数 g 是 g_L 时，最大化 $\hat{J}_{1L}\left[\sigma(t_1),\sigma(t_2)\right]$，或者当净收益系数 g 是 g_H 时，最大化 $\hat{J}_{1H}\left[\sigma(t_1),\sigma(t_2)\right]$。而对于监管人来说，则是要最大化 $\hat{J}_2\left[\sigma(t_1),\sigma(t_2)\right]$。由一阶条件可得

$$\frac{\partial}{\partial a_L}\hat{J}_{1L}\left[\sigma_1(t_1),\sigma_2(t_2)\right]=\frac{\partial}{\partial a_L}J_{1L}\left(a_L,b\right)=0$$

$$\frac{\partial}{\partial a_H}\hat{J}_{1H}\left[\sigma_1(t_1),\sigma_2(t_2)\right]=\frac{\partial}{\partial a_H}J_{1H}\left(a_H,b\right)=0$$

$$\frac{\partial}{\partial a_b}\hat{J}_2\left[\sigma_1(t_1),\sigma_2(t_2)\right]=\frac{\partial}{\partial a_b}\left[\theta J_2\left(a_L,b\right)+(1-\theta)J_2\left(a_L,b\right)\right]=0$$

将求导符号进行简化，即 $\partial J_{1L}/\partial a_L=I_{1L}\left(a_L,b\right)$，$\partial J_{1H}/\partial a_H=I_{1H}\left(a_H,b\right)$，$\partial J_2/\partial b=I_2\left(a,b\right)$。所以不完全信息条件下的静态博弈贝叶斯纳什均衡可以简化为

$$J_{1L}\left(a_L,b\right)=0 \tag{9.22}$$

$$I_{1H}\left(a_H,b\right)=0 \tag{9.23}$$

$$\theta I_2\left(a_L,b\right)+(1-\theta)I_2\left(a_H,b\right)=0 \tag{9.24}$$

从一阶条件的三个方程，即式（9.22）~式（9.24）可以解出 a_L，a_H 和 b 这三个未知量，也就是不完全信息条件下的贝叶斯纳什均衡点。所以：

$$I_{1L}\left(a_L,b\right)=\frac{\partial\left(W+g_L\bullet a_L-\beta a_L^2\dfrac{b}{\varepsilon+b}\right)}{\partial a_L}=g_L-2\beta a_L\frac{b}{\varepsilon+b}=0$$

$$I_{1H}\left(a_H,b\right)=\frac{\partial\left(W+g_H\bullet a_H-\beta a_H^2\dfrac{b}{\varepsilon+b}\right)}{\partial a_H}=g_H-2\beta a_H\frac{b}{\varepsilon+b}=0$$

由此可得

$$a_L=\frac{g_L\left(\varepsilon+b\right)}{2\beta b} \tag{9.25}$$

$$a_{\mathrm{H}} = \frac{g_{\mathrm{H}}(\varepsilon + b)}{2\beta b} \qquad (9.26)$$

对于监管人，有

$$\theta_1 I_1(a_{\mathrm{L}}, b) + (1 - \theta_1) I_2(a_{\mathrm{H}}, b) = \theta_1 \left[-\gamma + \beta a_{\mathrm{L}}^2 \frac{\varepsilon}{(\varepsilon + b)^2} \right] + (1 - \theta_1) \left[-\gamma + \beta a_{\mathrm{H}}^2 \frac{\varepsilon}{(\varepsilon + b)^2} \right]$$

代入 $a_{\mathrm{L}} = \left[g_{\mathrm{L}}(\varepsilon + b) \right] / (2\beta b)$ 和 $a_{\mathrm{H}} = \left[g_{\mathrm{H}}(\varepsilon + b) \right] / (2\beta b)$ 得

$$\frac{\theta \varepsilon g_{\mathrm{L}}^2 + (1 - \theta) \varepsilon g_{\mathrm{H}}^2}{4\beta} - \gamma b^2 = 0$$

即

$$b_{\mathrm{III}}^* = \sqrt{\frac{\theta \varepsilon g_{\mathrm{L}}^2 + (1 - \theta) \varepsilon g_{\mathrm{H}}^2}{4\beta\gamma}} = \sqrt{\frac{\varepsilon}{4\beta\gamma} \left[\theta g_{\mathrm{L}}^2 + (1 - \theta) g_{\mathrm{H}}^2 \right]} \qquad (9.27)$$

将式（9.27）代入式（9.25）和式（9.26）计算得

当 g 是 g_{L} 时，

$$a_{\mathrm{III L}}^* = \frac{\dfrac{g_{\mathrm{L}}}{\sqrt{\theta g_{\mathrm{L}}^2 + (1 - \theta) g_{\mathrm{H}}^2}} 2\sqrt{\beta\gamma\varepsilon} + g_{\mathrm{L}}}{2\beta} \qquad (9.28)$$

当 g 是 g_{H} 时，

$$a_{\mathrm{III H}}^* = \frac{\dfrac{g_{\mathrm{H}}}{\sqrt{\theta g_{\mathrm{L}}^2 + (1 - \theta) g_{\mathrm{H}}^2}} 2\sqrt{\beta\gamma\varepsilon} + g_{\mathrm{H}}}{2\beta} \qquad (9.29)$$

将 b_{III}^*、$a_{\mathrm{III L}}^*$ 和 $a_{\mathrm{III H}}^*$ 代入式（9.5）得

$$J_{\mathrm{1L}}^* = W + \frac{\dfrac{g_{\mathrm{L}}^2}{\sqrt{\theta g_{\mathrm{L}}^2 + (1 - \theta) g_{\mathrm{H}}^2}} 2\sqrt{\beta\gamma\varepsilon} + g_{\mathrm{L}}^2}{4\beta} \qquad (9.30)$$

$$J_{\mathrm{1H}}^* = W + \frac{\dfrac{g_{\mathrm{H}}^2}{\sqrt{\theta g_{\mathrm{L}}^2 + (1 - \theta) g_{\mathrm{H}}^2}} 2\sqrt{\beta\gamma\varepsilon} + g_{\mathrm{H}}^2}{4\beta} \qquad (9.31)$$

将 b_{III}^*、$a_{\mathrm{III L}}^*$ 和 $a_{\mathrm{III H}}^*$ 代入式（9.7）得

$$J_2^*(a_{\mathrm{L}}, b) = V - \frac{\dfrac{g_{\mathrm{L}}}{\sqrt{\theta g_{\mathrm{L}}^2 + (1 - \theta) g_{\mathrm{H}}^2}} \delta\sqrt{4\beta\gamma\varepsilon} + \delta g_{\mathrm{L}}}{2\beta} - \sqrt{\frac{\varepsilon\gamma}{4\beta} \left[\theta g_{\mathrm{L}}^2 + (1 - \theta) g_{\mathrm{H}}^2 \right]}$$

$$+\beta\left[\cfrac{\cfrac{g_L}{\sqrt{\theta g_L^2+(1-\theta)g_H^2}}\sqrt{4\beta\gamma\varepsilon}+g_L}{2\beta}\right]^2\cdot\cfrac{\sqrt{\cfrac{\varepsilon}{4\beta\gamma}\left[\theta g_L^2+(1-\theta)g_H^2\right]}}{\varepsilon+\sqrt{\cfrac{\varepsilon}{4\beta\gamma}\left[\theta g_L^2+(1-\theta)g_H^2\right]}}$$

$$J_2^*(a_L,b)=V-\cfrac{\left(\sqrt{4\beta\varepsilon\gamma}+\sqrt{\theta g_L^2+(1-\theta)g_H^2}\right)\left(2\delta g_L-g_L^2\right)}{4\beta\sqrt{\theta g_L^2+(1-\theta)g_H^2}}$$

$$-\sqrt{\cfrac{\varepsilon\gamma}{4\beta}\left[\theta g_L^2+(1-\theta)g_H^2\right]}\tag{9.32}$$

$$J_2^*(a_H,b)=V-\cfrac{\left(\sqrt{4\beta\varepsilon\gamma}+\sqrt{\theta g_L^2+(1-\theta)g_H^2}\right)\left(2\delta g_H-g_H^2\right)}{4\beta\sqrt{\theta g_L^2+(1-\theta)g_H^2}}$$

$$-\sqrt{\cfrac{\varepsilon\gamma}{4\beta}\left[\theta g_L^2+(1-\theta)g_H^2\right]}\tag{9.33}$$

又因为 $\hat{J}_2\left[\sigma(t_1),\sigma(t_2)\right]=\theta J_2(a_L,b)+(1-\theta)J_2(a_H,b)$，所以有

$$\theta\bullet J_2^*=\theta\bullet\left[V-\cfrac{\left(\sqrt{4\beta\varepsilon\gamma}+\sqrt{\theta g_L^2+(1-\theta)g_H^2}\right)\left(2\delta g_L-g_L^2\right)}{4\beta\sqrt{\theta g_L^2+(1-\theta)g_H^2}}-\sqrt{\cfrac{\varepsilon\gamma}{4\beta}\left[\theta g_L^2+(1-\theta)g_H^2\right]}\right]$$

$$(1-\theta)\bullet J_2^*=(1-\theta)\bullet\left[V-\cfrac{\left(\sqrt{4\beta\varepsilon\gamma}+\sqrt{\theta g_L^2+(1-\theta)g_H^2}\right)\left(2\delta g_H-g_H^2\right)}{4\beta\sqrt{\theta g_L^2+(1-\theta)g_H^2}}\right.$$

$$\left.-\sqrt{\cfrac{\varepsilon\gamma}{4\beta}\left[\theta g_L^2+(1-\theta)g_H^2\right]}\right]$$

由此可以得出

$$J_2^*=\theta\bullet\left\{V-\cfrac{\left[\sqrt{4\beta\varepsilon\gamma}+\sqrt{\theta g_L^2+(1-\theta)g_H^2}\right]\left(2\delta g_L-g_L^2\right)}{4\beta\sqrt{\theta g_L^2+(1-\theta)g_H^2}}-\sqrt{\cfrac{\varepsilon\gamma}{4\beta}\left[\theta g_L^2+(1-\theta)g_H^2\right]}\right\}$$

$$+(1-\theta)$$

$$\bullet\left\{V-\cfrac{\left[\sqrt{4\beta\varepsilon\gamma}+\sqrt{\theta g_L^2+(1-\theta)g_H^2}\right]\left(2\delta g_H-g_H^2\right)}{4\beta\sqrt{\theta g_L^2+(1-\theta)g_H^2}}-\sqrt{\cfrac{\varepsilon\gamma}{4\beta}\left[\theta g_L^2+(1-\theta)g_H^2\right]}\right\}$$

计算得

$$J_2^* = V - \frac{\left[\sqrt{4\beta\varepsilon\gamma} + \sqrt{\theta g_L^2 + (1-\theta)g_H^2}\right]\left\{2\delta\left[\theta g_L + (1-\theta)g_H^2\right] - \left[\theta g_L^2 + (1-\theta)g_H^2\right]\right\}}{4\beta\sqrt{\theta g_L^2 + (1-\theta)g_H^2}}$$

$$- \sqrt{\frac{\varepsilon\gamma}{4\beta}\left[\theta g_L^2 + (1-\theta)g_H^2\right]}$$

（9.34）

综上所述，不完全信息条件下静态博弈的贝叶斯纳什均衡点如下：

当 g 是 g_L 时，业主最优策略为

$$a_{\mathrm{III}L}^* = \frac{\dfrac{g_L}{\sqrt{\theta g_L^2 + (1-\theta)g_H^2}}2\sqrt{\beta\gamma\varepsilon} + g_L}{2\beta}$$

（9.35）

当 g 是 g_H 时，业主最优策略为

$$a_{\mathrm{III}H}^* = \frac{\dfrac{g_H}{\sqrt{\theta g_L^2 + (1-\theta)g_H^2}}2\sqrt{\beta\gamma\varepsilon} + g_H}{2\beta}$$

（9.36）

监管人最优策略为

$$b_{\mathrm{III}}^* = \sqrt{\frac{\varepsilon}{4\beta\gamma}\left[\theta g_L^2 + (1-\theta)g_H^2\right]}$$

（9.37）

当 g 是 g_L 时，业主最优收益为

$$J_{1L}^* = W + \frac{\dfrac{g_L^2}{\sqrt{\theta g_L^2 + (1-\theta)g_H^2}}2\sqrt{\beta\varepsilon\gamma} + g_L^2}{4\beta}$$

（9.38）

当 g 是 g_H 时，业主最优收益为

$$J_{1H}^* = W + \frac{\dfrac{g_H^2}{\sqrt{\theta g_L^2 + (1-\theta)g_H^2}}2\sqrt{\beta\varepsilon\gamma} + g_H^2}{4\beta}$$

（9.39）

监管人最优收益为

$$J_2^* = V - \frac{\left[\sqrt{4\beta\varepsilon\gamma} + \sqrt{\theta g_L^2 + (1-\theta)g_H^2}\right]\left\{2\delta\left[\theta g_L + (1-\theta)g_H\right] - \left[\theta g_L^2 + (1-\theta)g_H^2\right]\right\}}{4\beta\sqrt{\theta g_L^2 + (1-\theta)g_H^2}}$$

$$- \sqrt{\frac{\varepsilon\gamma}{4\beta}\left[\theta g_L^2 + (1-\theta)g_H^2\right]}$$

（9.40）

为了更好地讨论信息不确定性对"异化行为"实施主体和监管的影响，理论

上应当同时讨论不完全信息动态博弈模型，并对比结果。但是不完全信息条件下的动态博弈还没有较公认的解法，所以在此不讨论不完全信息条件下的动态博弈，可以将其作为将来拓展研究的方向。

9.4.4　监管治理模型结果判断

三次博弈均衡结果汇总如表 9.15 所示，对比完全信息静态博弈和不完全信息静态博弈的均衡结果。

表 9.15　三次博弈均衡结果汇总

项目	完全信息静态博弈	完全信息动态博弈
业主最优策略	$a_1^* = \dfrac{g + 2\sqrt{\beta\varepsilon\gamma}}{2\beta}$	$a_{\text{II}}^* = \dfrac{g + \sqrt{\beta\varepsilon\gamma}}{2\beta}$
监管人最优策略	$b_1^* = \dfrac{g}{2}\sqrt{\dfrac{\varepsilon}{\beta\gamma}}$	$b_{\text{II}}^* = \dfrac{g}{2}\sqrt{\dfrac{\varepsilon}{\beta\gamma}} - \dfrac{\varepsilon}{2}$
业主最优收益	$J_1^* = W + \dfrac{g\left(g + 2\sqrt{\beta\varepsilon\gamma}\right)}{4\beta}$	$J_{d1}^* = W + \dfrac{\left(g + \sqrt{\beta\varepsilon\gamma}\right)^2}{4\beta}$
监管人最优收益	$J_2^* = V - \dfrac{\left(g + 2\sqrt{\beta\varepsilon\gamma}\right)(2\delta - g)}{4\beta} - \dfrac{g}{2}\sqrt{\dfrac{\varepsilon\gamma}{\beta}}$	$J_{d2}^* = V - \dfrac{\left(g + \sqrt{\beta\varepsilon\gamma}\right)\left(2\delta - g + \sqrt{\beta\varepsilon\gamma}\right)}{4\beta}$ $- \left(\dfrac{g}{2}\sqrt{\dfrac{\varepsilon\gamma}{\beta}} - \dfrac{\varepsilon\gamma}{2}\right)$

项目	不完全信息静态博弈
业主最优策略	当 g 是 g_L 时，$a_{\text{IIIL}}^* = \dfrac{\dfrac{g_L}{\sqrt{\theta g_L^2 + (1-\theta) g_H^2}} 2\sqrt{\beta\gamma\varepsilon} + g_L}{2\beta}$ 当 g 是 g_H 时，$a_{\text{IIIH}}^* = \dfrac{\dfrac{g_H}{\sqrt{\theta g_L^2 + (1-\theta) g_H^2}} 2\sqrt{\beta\gamma\varepsilon} + g_H}{2\beta}$
监管人最优策略	$b_{\text{III}}^* = \sqrt{\dfrac{\varepsilon}{4\beta\gamma}\left[\theta g_L^2 + (1-\theta) g_H^2\right]}$
业主最优收益	当 g 是 g_L 时，$J_{1L}^* = W + \dfrac{\dfrac{g_L^2}{\sqrt{\theta g_L^2 + (1-\theta) g_H^2}} 2\sqrt{\beta\varepsilon\gamma} + g_L^2}{4\beta}$ 当 g 是 g_H 时，$J_{1H}^* = W + \dfrac{\dfrac{g_H^2}{\sqrt{\theta g_L^2 + (1-\theta) g_H^2}} 2\sqrt{\beta\varepsilon\gamma} + g_H^2}{4\beta}$

项目	不完全信息静态博弈
监管人最优收益	$J_2^* = V - \dfrac{\left[\sqrt{4\beta\varepsilon\gamma} + \sqrt{\theta g_L^2 + (1-\theta) g_H^2}\right]\left\{2\delta\left[\theta g_L + (1-\theta) g_H\right] - \left[\theta g_L^2 + (1-\theta) g_H^2\right]\right\}}{4\beta\sqrt{\theta g_L^2 + (1-\theta) g_H^2}}$ $- \sqrt{\dfrac{\varepsilon\gamma}{4\beta}}\left[\theta g_L^2 + (1-\theta) g_H^2\right]$

（1）业主的最优策略。对比完全信息静态博弈和不完全信息静态博弈下业主的最优策略，可以明显看出在相同的分母的 $2\sqrt{\beta\gamma\varepsilon}$ 部分，不完全信息多了一个系数 $g_L \big/ \sqrt{\theta g_L^2 + (1-\theta) g_H^2}$ 或者 $g_H \big/ \sqrt{\theta g_L^2 + (1-\theta) g_H^2}$ 。这个系数的分母 $\sqrt{\theta g_L^2 + (1-\theta) g_H^2}$ 相当于取 g_L 和 g_H 的加权平均，并且跟 θ 相关，因为有 $g_H > g_L$ ，所以一定有 $g_H > \sqrt{\theta g_L^2 + (1-\theta) g_H^2} > g_L$ ，并且不论 θ 为何值一定有： $g_L \big/ \sqrt{\theta g_L^2 + (1-\theta) g_H^2} < 1$ 和 $g_H \big/ \sqrt{\theta g_L^2 + (1-\theta) g_H^2} > 1$ 。由此可以看出，因为不完全信息的存在，会使掌握信息优势的一方（P1）进一步优化自己的决策，在业主实施"异化行为"的净收益系数 g 较高的时候，业主会更愿意铤而走险实施更多"异化行为"。

（2）监管人最优策略。对比完全信息和不完全信息条件下的两个静态博弈均衡点——监管人的最优策略，即从 $b_{\mathrm{I}}^* = (g/2)\sqrt{\varepsilon/(\beta\gamma)}$ 到 $b_{\mathrm{III}}^* = \sqrt{\left[\varepsilon/(4\beta\gamma)\right]\left[\theta g_L^2 + (1-\theta) g_H^2\right]}$ 。可以看出，监管人的最优策略多加了一个因子 $\sqrt{\theta g_L^2 + (1-\theta) g_H^2}$ ， b_{III}^* 显然受到 θ 的影响。因为信息的不确定性，监管人实施监管的力度会依据自己的信念进行调整，由前文可知 θ 为监管人认为 g_L 的发生概率，这是一个先验概率，也是监管人依据自己经验进行的主观判断。由此可以得出，由于不完全信息的存在，处于相对信息弱势的监管人只能依据自己对业主"异化行为"的预测来实施监管，这会直接导致监管人的反应具有很强的滞后性。

（3）业主最优收益。业主收益从完全信息条件的 $J_1^* = W + g\left(g + 2\sqrt{\beta\varepsilon\gamma}\right)\big/4\beta$ 到不完全信息条件下的 $J_{1L}^* = W + g_L^2\left(2\sqrt{\beta\varepsilon\gamma} + g_L^2\right)\big/\left(4\beta\sqrt{\theta g_L^2 + (1-\theta) g_H^2}\right)$ 或者 $J_{1H}^* = W + \dfrac{\dfrac{g_H^2}{\sqrt{\theta g_L^2 + (1-\theta) g_H^2}} 2\sqrt{\beta\varepsilon\gamma} + g_H^2}{4\beta}$ 。由于已经分析过业主会利用自己手中的信息优势进一步优化自己的行为，而监管人只能通过主观推测得到业主所掌握的信息，所以业主可以根据不同情境主动调节"异化行为"，以获取相

应 的 最 大 收 益 。 同 （ 1 ） 中 的 分 析 ， 因 为 $g_L\big/\sqrt{\theta g_L^2 + (1-\theta)g_H^2} < 1$ 和 $g_H\big/\sqrt{\theta g_L^2 + (1-\theta)g_H^2} > 1$ ，可以看出当业主实施"异化行为"的收益较低的时候，即 $g = g_L$ 时，业主会选择减少"异化行为"，所以收益会进一步缩小，多乘以一个系数 $g_L\big/\sqrt{\theta g_L^2 + (1-\theta)g_H^2}$ 。而当业主实施"异化行为"的收益很高的时候，即 $g = g_H$ 时，业主会选择进一步增加"异化行为"，收益也会进一步放大，也就是多乘以一个系数 $g_H\big/\sqrt{\theta g_L^2 + (1-\theta)g_H^2}$ 。由此可以看出，业主会选择进一步优化自己的行为，从而优化自己的收益，在不对称信息条件下，拥有信息优势的业主不会在实施"异化行为"收益不大的时候去冒险，而在收益大的时候更愿意铤而走险，是典型的利益驱动型行为主体。

（4）监管人最优收益。完全信息条件下的监管人最优收益是 $J_2^* = V - \big[\big(g + 2\sqrt{\beta\gamma}\big)(2\delta - g)\big]\big/(4\beta) - (g/2)\sqrt{\varepsilon\gamma/\beta}$ ；由于不完全信息的存在，监管人的最优收益变成

$$
\begin{aligned}
J_2^* &= V - \frac{\left[\sqrt{4\beta\varepsilon\gamma} + \sqrt{\theta g_L^2 + (1-\theta)g_H^2}\right]\left\{2\delta\left[\theta g_L + (1-\theta)g_H\right] - \left[\theta g_L^2 + (1-\theta)g_H^2\right]\right\}}{4\beta\sqrt{\theta g_L^2 + (1-\theta)g_H^2}} \\
&\quad - \sqrt{\varepsilon\gamma/(4\beta)\left[\theta g_L^2 + (1-\theta)g_H^2\right]} \\
&= V - \frac{\left(\sqrt{4\beta\varepsilon\gamma} + \sqrt{\theta g_L^2 + (1-\theta)g_H^2}\right)\left\{2\delta - \dfrac{\theta g_L + (1-\theta)g_H}{\sqrt{\theta g_L^2 + (1-\theta)g_H^2}} - \left[\theta g_L^2 + (1-\theta)g_H^2\right]\right\}}{4\beta} \\
&\quad - \sqrt{\varepsilon\gamma/(4\beta)\left[\theta g_L^2 + (1-\theta)g_H^2\right]}
\end{aligned}
$$

需要先讨论 $\left[\theta g_L + (1-\theta)g_H\right]\big/\sqrt{\theta g_L^2 + (1-\theta)g_H^2}$ 的大小。由于分子和分母显然大于 0 ，所以将分子和分母分别平方，即比较 $\left[\theta^2 g_L^2 + (1-\theta)g_H^2 + \theta(1-\theta)g_H(2g_L - g_H)\right]\big/\left[\theta g_L^2 + (1-\theta)g_H^2\right]$ 的大小，将分子减去分母得到 $\theta(1-\theta)g_H(2g_L - g_H)$ ，因此数值与实施异化行为之间的差值程度有关。而 $\sqrt{\theta g_L^2 + (1-\theta)g_H^2}$ 相当于净收益系数 g 的加权平均数，数值与 θ 有关。其他部分的讨论结果类似，由此可以看出因为不完全信息条件的存在，处于相对弱势地位的监管人其收益进一步降低了。

综上所述，因为建筑市场存在明显的信息不对称性，直接参与项目的核心参与方——业主能够利用自己手中的有效信息，进一步优化自己的决策，而处于相对信息弱势地位的监管人会比信息对称的时候更为被动。由于信息的不对称性，追求利润最大化的业主会在有利条件下（实施"异化行为"带来的回报较高），

愿意承担更多风险，铤而走险实施更多"异化行为"；同时，直接参与项目的业主比监管人更加灵活，能更好地依据手上的信息调整自己的策略；由于信息的不对称性，即使不考虑政策制定的滞后性，从博弈的角度看监管人的策略也会具有明显滞后性；信息不对称的结果是放大了业主方的利益，而进一步降低了监管人的策略的灵活性。

由此可以看出，信息不对称性是监管人进行有效监管的阻力，信息不对称会使"异化行为"的实施主体更加猖獗，也会使监管的有效性降低。增强建设市场的透明化、市场化，尽量减轻信息不对称带来的危害对于进一步肃清市场，遏制"异化行为"至关重要。

业主-监管人博弈模型虽然主要是针对业主的"异化行为"的监管问题建立的，实际上也适用于项目中其他主体的监管的问题。建模意在分析重大工程项目中"异化行为"的行为主体和监管人的利益博弈问题，模型分析的是一类主体异化行为的监管问题，但对于其他主体"异化行为"的监管问题，本模型也同样适用，得出的结论具有一定的普适性。

9.5　本章小结

重大工程异化行为是指项目利益相关方在完成项目目标实现的过程中，由于信息不对称、权力寻租和交易成本转移、契约不完全及委托代理等，会通过正当或不正当手段进行侵蚀项目利益或公共利益等的行为。首先，本章从腐败诱因和合谋网络两个方面对重大工程异化行为的两种重要形式进行剖析；其次，在此基础上利用博弈分析模型探讨监管治理措施。

在腐败诱因方面，考虑到 B2G 关系腐败的原因相当复杂多变，通过文献回顾和半结构化访谈相结合，共确定了 24 个因素，利用因子分析法析出了规制缺陷、负向激励、职业道德与行为规范缺失、不正当利益诉求、存在不公平竞争及关系作用机制等 6 大潜在要素。在合谋方面，考虑到重大工程合谋行为是典型的"网络侵犯"，基于典型案例采用社会网络分析方法探讨合谋网络结构形式，发现重大工程项目业主与总承包单位在合谋关系中居于主导地位，建设单位与总承包单位居于结构洞位置，并且重大工程合谋关系网络和利益关系网络的中心度并不一致。

最后，根据委托代理理论和博弈论建立了重大工程"业主-监管人"博弈模型，先后分析了完全信息条件下的静态博弈模型、完全信息条件下的动态博弈模型，以及不完全信息条件下的静态博弈模型，分析结果表明增强市场的透明化、市场化，降低信息不对称性对于进一步肃清市场、遏制重大工程异化行为至关重要。

参 考 文 献

伯特 R S. 2008. 结构洞：竞争的社会结构. 任敏，李璐，林虹译. 上海：上海人民出版社.

冯立威. 2004. 博弈论与信息经济学. 中国信息导报，（8）：29-30.

蒋神州. 2010. 泛家文化、差序格局与公司治理的合谋防范. 社会科学家，（7）：62-65.

李怀斌. 2008. 经济组织的社会嵌入与社会形塑——企业社会嵌入及其对企业范式形成的自组织机制. 中国工业经济，（7）：16-25.

李永奎，乐云，张兵，等. 2013. 权力和行为特征对工程腐败严重程度的影响——基于 148 个典型案例的实证. 管理评论，25（8）：21-31.

马朝霞. 2015. 建筑类专业应用型人才培养中的职业道德教育研究. 农村经济与科技，（11）：245-246.

秦晓. 2000. 金融业的"异化"和金融市场中的"虚拟经济". 改革，（1）：74-90.

任宇波. 2012-09-21. 遏制工程腐败须把好招标关口. 人民日报，第 10 版.

杨耀红，汪应洛. 2006. 大型基建工程项目业主等方合谋的博弈分析. 管理工程学报，20（2）：126-129.

张兵. 2015. 政府投资项目招投标腐败网络的模型构建与仿真分析. 上海：同济大学出版社.

张朝勇，王卓甫. 2007. 工程总承包模式的制度经济学思考. 煤炭工程，（10）：130-132.

张缨. 2001. 中国转型期企业间经济活动"低信任"违约现象的社会学解释. 安徽大学学报（哲学社会科学版），25（3）：76-81.

赵丽. 2012. 检察官披露工程腐败案背后捞钱伎俩. 决策探索（上半月），（9）：78-79.

郑少午. 2008. 交通建设过程中职务犯罪若干问题的研究. 复旦大学硕士学位论文.

周红，吴九明，王贵虎，等. 2005. 论建筑工程总承包企业的管理. 建筑技术，36（1）：66-69.

Alutu O E. 2007. Unethical practices in Nigerian construction industry: prospective engineers' viewpoint. Journal of Professional Issues in Engineering Education and Practice, 133（2）: 84-88.

Bavelas A. 1948. A mathematical model for group structures. Applied Anthropology, 7（3）: 16-30.

Bian Y J. 1997. Bringing strong ties back in: indirect ties, network bridges, and job searches in China. American Sociological Review, 62（3）: 366-385.

Bowen P A, Edwards P J, Cattell K. 2012. Corruption in the South African construction industry: a thematic analysis of verbatim comments from survey participants. Construction Management and Economics, 30（10）: 885-901.

Chen X Y, Wu J. 2011. Do different guanxi types affect capability building differently? A contingency view. Industrial Marketing Management, 40（4）: 581-592.

de Jong M, Henry W P, Stansbury N. 2009. Eliminating corruption in our engineering/construction industry. Leadership and Management in Engineering, 9（3）: 105-111.

Everett M G, Borgatti S P. 1999. The centrality of groups and classes. The Journal of Mathematical Sociology, 23（3）: 181-201.

George J M, Jones G R. 1997. Organizational spontaneity in context. Human Performance, 10: 153-170.

Gold T, Guthrie D, Wank D. 2002. Social Connections in China: Institutions, Culture, and the Changing Nature of Guanxi. Cambridge: Cambridge University Press.

Gunduz M, Önder O. 2013. Corruption and internal fraud in the Turkish construction industry. Science and Engineering Ethics, 19 (2): 505-528.

Guo C, Miller J K. 2010. Guanxi dynamics and entrepreneurial firm creation and development in China. Management and Organization Review, 6 (2): 267-291.

Harsanyi J C. 1967. Games with incomplete information played by "bayesian" players, I-Ⅲ. Management Science, 14 (3): 159-182.

Heuvel G V D. 2005. The parliamentary enquiry on fraud in the Dutch construction industry collusion as concept between corruption and state-corporate crime. Crime, Law and Social Change, 44 (2): 133-151.

Hoskisson R E, Eden L, Lau C M, et al. 2000. Strategy in emerging economies. Academy of Management Journal, 43 (3): 249-267.

Huang F, Rice J. 2012. Firm networking and bribery in China: assessing some potential negative consequences of firm openness. Journal of Business Ethics, 107 (4): 533-545.

Hui C, Graen G. 1997. Guanxi and professional leadership in contemporary Sino-American joint ventures in Mainland China. The Leadership Quarterly, 8 (4): 451-465.

Kagan R A. 1989. Editor's introduction: understanding regulatory enforcement. Law & Policy, 11 (2): 89-119.

Kaiser H F. 1974. An index of factorial simplicity. Psychometrika, 39 (1): 31-36.

Ko K, Weng C. 2012. Structural changes in Chinese corruption. The China Quarterly, 211: 718-740.

Koo A Y C, Obst N P. 2014. Dual-track and mandatory quota in China's price reform//Brada J C, Wachtel P, Yang D T. China's Economic Development. London: Palgrave Macmillan.

Krishnan C. 2009. Combating corruption in the construction and engineering sector: the role of transparency international. Leadership and Management in Engineering, 9 (3): 112-114.

Le Y, Shan M, Chan A P C, et al. 2014a. Investigating the causal relationships between causes of and vulnerabilities to corruption in the Chinese public construction sector. Journal of Construction Engineering and Management, 140 (9): 05014007.

Le Y, Shan M, Chan A P C, et al. 2014b. Overview of corruption research in construction. Journal of Management in Engineering, 30 (4): 02514001.

Leung T K P, Lai K H, Chan R Y K, et al. 2005. The roles of xinyong and guanxi in Chinese relationship marketing. European Journal of Marketing, 39 (5~6): 528-559.

Li J J, Sheng S B. 2011. When does guanxi bolster or damage firm profitability? The contingent effects of firm-and market-level characteristics. Industrial Marketing Management, 40 (4): 561-568.

Li X. 2009. Present situation and countermeasures of vocational ethnics of construction vocational institution students. Jinan: Master's Degree Thesis of Shandong Normal University.

Lin N. 2001. A social capital: contending paradigms and empirical evidence. Hong Kong Journal of Sociology, 2: 1-38.

Lin W S, Zhao H V, Liu K J R. 2008. Fairness dynamics in multimedia colluders' social networks. San Diego: 2008 15th IEEE International Conference on Image Processing.

Lovett S, Simmons L C, Kali R. 1999. Guanxi versus the market: ethics and efficiency. Journal of International Business Studies, 30 (2): 231-247.

Lu H L, Trienekens J H, Omta S W F, et al. 2008. The value of guanxi for small vegetable farmers in China. British Food Journal, 110 (4~5): 412-429.

Luo Y D. 2005. An organizational perspective of corruption. Management and Organization Review, 1 (1): 119-154.

Ren J M, Sun H. 2005. Systematic prevention is the fundamental strategy of anti-corruption of civil engineering. Journal of the National Procurators College, 13（5）: 145-151.

Rodriguez D, Waite G, Wolfe T. 2005. Global corruption report 2005. London: Transparency International.

Sanyal R. 2005. Determinants of bribery in international business: the cultural and economic factors. Journal of Business Ethics, 59（1~2）: 139-145.

Smeltzer L R, Jennings M M. 1998. Why an international code of business ethics would be good for business. Journal of Business Ethics, 17（1）: 57-66.

Sohail M, Cavill S. 2008. Accountability to prevent corruption in construction projects. Journal of Construction Engineering and Management, 134（9）: 729-738.

Standifird S S, Marshall R S. 2000. The transaction cost advantage of guanxi-based business practices. Journal of World Business, 35（1）: 21-42.

Stansbury C, Stansbury N. 2006. Preventing Corruption on Construction Projects: Risk Assessment and Proposed Actions for Funders Proceedings of the Report. London: Transparency International and United Kingdom Anticorruption Forum.

Stansbury C, Stansbury N. 2008. Anti-Corruption Training Manual: Infrastructure, Construction and Engineering Sectors. International Version. London: Transparency International.

Steidlmeier P. 1999. Gift giving, bribery and corruption: ethical management of business relationships in China. Journal of Business Ethics, 20（2）: 121-132.

Su C T, Littlefield J E. 2001. Entering guanxi: a business ethical dilemma in Mainland China? Journal of Business Ethics, 33（3）: 199-210.

Su C T, Sirgy M J, Littlefield J E. 2003. Is guanxi orientation bad, ethically speaking? A study of Chinese enterprises. Journal of Business Ethics, 44（4）: 303-312.

Tsui A S, Schoonhoven C B, Meyer M W, et al. 2004. Organization and management in the midst of societal transformation: the People's Republic of China. Organization Science, 15（2）: 133-144.

Warren D E, Dunfee T W, Li N. 2004. Social exchange in China: the double-edged sword of guanxi. Journal of Business Ethics, 55（4）: 355-372.

Yang M M H. 1994. Gifts, Favors, and Banquets: The Art of Social Relationships in China. New York: Cornell University Press.

Zarkada-Fraser A. 2000. A classification of factors influencing participating in collusive tendering agreements. Journal of Business Ethics, 23（3）: 269-282.

Zarkada-Fraser A, Skitmore M. 1997. Factors affecting marketing decision making with an ethical content: collusive tendering in the construction contract market. The Australia New Zealand Marketing Educators' Conference.

Zarkada-Fraser A, Skitmore M. 2000. Decisions with moral content: collusion. Construction Management and Economics, 18（1）: 101-111.

Zarkada-Fraser A, Skitmore M, Runeson G. 1998.Construction management students'perceptions of ethics in tendering. The International Council for Building Research Studies and Documentation （CIB-W89）Building Education and Research（BEAR98）Conference, Brisbane.

Zhang B, Le Y, Wang Y H, et al. 2015. Tendering and bidding corruption research based on B2G guanxi—based on 90 typical cases. Journal of Public Administration, 8（1）: 141-163.

Zou P X W. 2006. Strategies for minimizing corruption in the construction industry in China. Journal of Construction in Developing Countries, 11（2）: 15-29.

第10章 重大工程组织 "结构–流程–行为" 计算模型

　　工程组织是指为完成特定的工程任务，工程的所有者、工程任务的承担者按照一定的规则或规律构成的整体，是工程的行为主体构成的系统。重大工程组织涉及政府机构、投资主体、建设单位、勘察设计单位、承包商、管理咨询单位、供货商等，其通过交易合同联系在一起，形成一种临时性组织。传统的工程组织设计是一种基于项目管理视角的定性设计，组织的设计与任务流程的规划相对分离，并不能系统分析组织与任务流程之间的复杂交互关系，也无法系统考虑工程参与方的组织行为，以及交易治理对项目实施效率的影响。计算机技术的发展，尤其是 Agent 建模与仿真技术的出现，能够捕捉复杂系统中的高度非线性交互，为组织设计的可计算提供了有效的方法论。本章从项目交易治理的视角，基于信息处理理论、交易治理相关理论开发了重大工程项目组织计算平台，并给出具体案例的应用。

10.1　工程项目组织设计概述

　　组织理论是项目管理学的发端，为工程项目组织设计提供了理论基础。计算组织理论的出现则实现了基于组织计算实验的工程项目组织设计。

10.1.1　组织理论的发展

　　组织存在于社会生活的方方面面，人们依靠各种组织来实现社会运转的功能。如何构建组织历来是管理者和学者关心的话题。早在国家形成之初，就有人开始研究建立合适的官僚行政组织。对组织学系统的研究始于西方社会工业革命，组织理论的发展经历了传统组织理论、行为科学组织理论、系统管理理论、权变理论、计算组织理论等阶段。

传统组织理论盛行于 20 世纪 10~30 年代。它着重分析组织的结构和组织管理的一般原则，研究内容主要涉及组织的目标、分工、协调、权力关系、责任、组织效率、授权、管理幅度和层次、集权和分权等，代表人物有提出官僚制度理论的韦伯，提出行政程序理论的法约尔和提出科学管理理论的泰勒。尽管泰勒的科学管理理论主要适用于企业组织，但其组织管理思想深刻地影响了行政组织管理和行政理论的研究。此外，英国学者厄威克及时综合和传播了传统组织理论者的观点和主张，扩大了传统组织理论的影响。

行为科学组织理论的研究发端于 20 世纪 30 年代后产生的以人际关系为研究重点的组织理论。该理论一反传统组织理论的静态研究方法，着重研究人和组织的活动过程，如群体和个体行为，人和组织的关系、沟通、参与、激励、领导艺术等。美国学者梅奥等主持的霍桑实验、巴纳德的均衡理论、西蒙的行政决策理论、马斯洛的需求层次理论、麦格雷戈的 X 理论和 Y 理论、赫茨伯格的双因素理论等都是具有代表性的行为科学的组织理论。

系统管理理论是综合早期传统组织理论和行为科学组织理论的成果，并以系统观点来分析组织的一种理论，其特点在于把组织看成一个系统，从系统的互相作用和系统同环境的互相作用中考察组织的生存和发展。目的是通过研究寻求组织在这种互相作用中取得平衡的方法。美国学者巴纳德首先用封闭系统的观点来考虑组织；帕森斯、卡斯特、罗森茨韦克则把组织看成一个开放系统，即组织系统除了要维持本身的平衡外，还要维持与环境的平衡。

权变理论出现于 20 世纪 60 年代后期。权变理论反对一般管理原则，主张相机行事的理论。其代表人物有英国的伍德沃德及美国的劳伦斯、洛奇和菲德勒等。权变理论的核心在于将组织看成一个有机的"系统"。一个系统通常由子系统来组成，而其本身又是一个更大系统的子系统。系统的能力有赖于每一个子系统的能力，并且大系统的任何变化都会要求子系统做出相应变化。因此，一个组织的结构和职能必须以组织所处的外部环境或内部的环境因素为基础，因基础的变化而变化，组织管理者应重视并适应这种变化，相机行事，权衡应变处理。

计算组织理论（或称计算组织数学理论）是 20 世纪 90 年代初 Carley 和 Prietula（1994）在多 Agent 系统研究的基础上提出的，成为组织科学研究的一个新的领域。计算组织理论作为计算机科学与组织科学的交叉，采用计算和数学的方法对复杂的组织行为与过程进行深入和精细的研究并形成理论体系，组织研究从现实中的管理实践拓展到计算机上的计算实验模拟研究，也将组织设计从定性化分析推进到定量化的计算设计。

10.1.2　工程项目组织设计研究

1. 工程项目组织设计内容

一个工程项目在决策阶段、实施阶段和运营阶段的组织系统不仅包括建设单位本身的组织系统，还包括项目各参与单位（设计单位、工程管理咨询单位、施工单位、供货单位等）共同或分别建立的针对该工程项目的组织系统，如项目结构、项目管理的组织结构、工作任务分工、管理职能分工、工作流程组织等，可归结为组织结构模式、组织分工、工作流程组织三个方面。

1）组织结构模式

组织结构反映了组织系统中各组织部门（组成元素）间的组织关系。对于工程项目组织来说，它涉及项目结构、组织结构和合同结构，它们都可以用图来表示。项目结构图，又称为工作分解结构图，对项目的结构逐层分解以反映组成该项目的所有工作任务（该项目的组织部分）。组织结构是指实施项目的组织构成及其关系，它不仅包括了业主方管理的组织结构，也包括了各项目实施单位及其之间的关系。合同结构则反映了项目任务的承发包关系。

2）组织分工

组织分工既包括项目发包模式，也包括管理任务分工和管理职能分工。项目发包模式反映了组织层面的项目任务分工，体现出不同的合同结构。管理任务分工则是指项目参与各方在项目实施的各阶段的费用（投资或成本）控制、进度控制、质量控制、合同管理、信息管理和组织与协调等管理任务进行详细分解的基础上，定义各管理工作主管部门或主管人员的工作任务。管理职能分工是指各管理环节（或称职能）由不同部门承担。

3）工作流程组织

工作流程组织既包括项目任务基本流程规划和安排，也包括管理工作流程组织、信息处理工作流程组织和物质流程组织。项目任务基本流程规划和安排是对项目任务的实施进行整体规划。管理工作流程组织则是负责投资控制、进度控制、合同管理、付款和设计变更等工作的流程组织；信息处理工作流程组织是负责与生产月度、年度进度报告有关的数据处理等工作的流程组织；物质流程组织是负责钢结构深化设计、外立面施工等工作的流程组织。

2. 工程项目组织设计方法

工程项目的组织结构、组织分工和工作流程是工程组织系统的不同方面。它们相互关联、交互作用，最终涌现项目绩效。长期以来，工程项目的组织结构、组织分工、流程的设计和规划相对分离。例如，项目管理领域主要借助于关键路线法、计划评审技术对项目任务基本流程规划和安排，利用项目组织结构图来设计项目组织，利用定性方法、多属性决策方法等来设计项目发包模式。计算机技术的发展，尤其是 Agent 仿真技术，实现了基于组织计算实验的工程项目组织设计。

10.1.3　基于计算实验方法的项目组织设计研究

1. 组织计算

组织计算采用计算和数学的方法对复杂的组织行为与过程进行深入和精细的研究。组织计算的研究重点是以正式的模型来发展和测试理论，研究者大多采用计算和数学方法来研究组织。计算体现于仿真模拟、专家系统、计算机辅助数据分析等，数学体现于形式逻辑、矩阵代数、网络分析、图论，以及离散和连续性的研究在模型中的运用。

组织计算研究涉及网络组织、虚拟企业、敏捷制造和适应性指挥控制系统等领域，并已经成为研究热点。从目前的研究来看，组织设计和组织学习是组织计算研究的重点，组织设计研究最为丰富，组织学习次之，组织设计的最大难题在于需要整合多个学科领域的知识、理论和方法，包括心理学、认知科学、行为理论、组织理论、管理学、经济学、社会学、复杂性理论、Agent 仿真技术、人工智能、计算机技术等。另外，组织适应性、组织变化与革新、组织与信息技术也得到学者们的关注。

从组织计算的建模方法来说，有一般组织模型、分布式人工智能模型、组织工程模型、社会网络模型、逻辑模型五种。一般组织模型关注组织的一般原则和过程，基本上是为"理想型"Agent、组织或组织网络而建立的，Agent、任务和组织的复杂特征被抽象掉了；分布式人工智能模型应用性强，执行非常特定的、程式化的任务；组织工程模型包含大量的细节以表示组织、任务，以及对目标组织或行业特征的关注；社会网络模型通过个体和组织之间的关系形式来表示组织和组织的集合；逻辑模型使用技术和规范形式来表示组织和组织过程。

2. 工程项目组织计算

组织计算实验方法应用到工程项目研究领域的案例还相对较少。南京大学社会科学计算实验中心盛昭瀚教授等基于多 Agent 建模方法开展了工程合谋治理等组织问题的研究。李迁等（2013）基于多 Agent 建模方法研究了工程承发包模式选择机理。斯坦福大学 Levitt 教授团队开发了虚拟设计团队（virtual design team,

VDT）模型用以设计项目组织与流程。同济大学复杂工程管理研究院的工程组织仿真研究团队基于中国情境开发了可计算项目组织与流程（computational project organization and process，CPOP）模型。

10.2 重大工程项目组织计算实验研究

10.2.1 重大工程项目组织计算实验

重大工程项目组织计算实验是指在计算机上对重大工程项目的组织结构、任务流程进行建模，模拟组织中的人与人、人与任务之间交互的组织行为，涌现出项目绩效并据此评估组织设计方案，进而选择组织设计方案或是优化组织。

计算（实验）模型包括模型输入、模拟机理和模型输出。模型输入是指对组织系统要素及属性的抽象概括，可以对任务及流程、项目组织、交易等进行建模表达；模拟机理是指仿真系统中各要素之间的作用关系；模拟输出为各要素交互作用涌现的宏观项目绩效结果，包括工期、成本、质量风险等。模型输入、模拟机理和模型输出构建于信息处理理论、协调理论等相关理论。基于不同的理论基础和研究假设，项目组织计算实验模型涉及不同的建模要素、属性、变量、变量交互关系及其输出结果。VDT 模型和 CPOP 模型是两个最具有代表性的工程项目组织计算模型，它们都基于项目组织的科层假设，用以设计项目组织与流程。实际上项目组织是一种临时性关系，交易合同将项目各方组织起来共同实施项目，交易治理是项目成功的关键因素之一。为此，我们在基于科层假设的工程项目组织计算实验模型的基础上，从项目交易治理视角进一步研究了重大工程组织"结构–流程–行为"计算模型。

10.2.2 重大工程项目组织"结构–流程–行为"计算的理论基础

组织的信息处理观、协调理论、交易治理理论为项目组织"结构–流程–行为"计算（包括模型输入、模拟机理和模型输出）提供了理论基石。

1）组织的信息处理观

这里的"信息处理"是个专用术语，它将参与者看作信息的处理器，而组织则包含了参与者所处理的信息。"信息处理"的关键在于参与者的信息处理速度，以及影响这一速度的因素，包括人的技能水平和经验、任务的复杂性、任务的不确定性等。

来自卡内基梅隆大学的 March 和 Simon（1993）提出了信息处理的基本概念，Galbraith 在 20 世纪 70 年代初将这一概念理论化。Galbraith（1974）指出"组织是信息处理的网络，组织过程就是降低与组织结构相关的不确定性的过程，组织行为就是具体的信息处理过程"。

组织的信息处理观为组织结构与任务流程的交互计算提供了最基本的理论基础。

2）协调理论

协调理论最早是由 Malone 和 Croswton 在 1994 年提出的，他们从强调活动之间的依赖关系出发，把协调定义为对活动之间的相互依赖性的管理。他们提出了四种协调方式，即层级（上下级）、市场、对等伙伴、代理。

（1）层级。协调活动的参与者中有一个知道如何管理活动间的相关性，并且具有能使其他人接受的解决方法。

（2）市场。协调活动的参与者中有一个人知道如何管理活动间的相关性，他将解决方法发布给其他参与者，如果大家同意，就采用这个解决方法。这个协调方法称为市场，即每个参与者提出方案，其他人选择是否接受。

（3）对等伙伴。参与者之间通过协商找到解决问题的方法。

（4）代理。所有的参与者同意由一个代理来决定最好的解决方法，这通常是在对等伙伴经过多次协调不能达成一致意见的情况下，由代理来完成方案的选择。

协调理论是项目组织计算的另一个理论基础。

3）交易治理理论

交易这个概念的提出是用以区分生产的。威廉姆森将交易定义为"一件商品或一项服务转移越过一个技术意义下的分割界面"，界定了生产过程中的"原子"。当前已经发展出众多的交易治理理论，如交易成本经济学、代理理论等。当前有众多的交易治理理论，如交易成本经济学、代理理论等。

交易成本经济学有两个基本假设，即人的有限理性和机会主义行为（March and Simon，1993）。这两个因素必然地产生了经济系统的运行成本，即交易成本。有限理性是指由于个体在知识、预见、技能和时间等方面的限制，交易双方无法预知未来所有可能发生的事件，也不能对可预见事件做出周详而且恰当的应对计划。此外，也不存在为交易提供上诉帮助的、准确且廉价的解决协议纠纷的全知全能的第三方。虽然说合作对于整个交易有利，但是由于所有的交易都有潜在利益冲突，加上每个交易者都希望获得最大利益导致的机会主义倾向，如背信弃义、欺诈、逃避责任、规避法律、钻空子等，使得交易的潜在收益可能无法实现（Williamson，1975）。机会主义行为的代价是昂贵的。首先，"敲竹杠"行为加上对方的反击，直接消耗了资源。此外，如果没有达成协议或是没有采用应有的行动，有利可图的交易机会便不能实现。对于机会主义的防范，无论是事前精心安排缜密的合同条款，还是事后进行严格的监督检查，都不可避免地对有限理性提出了额外要求。其结果便是，交易者在设计和选择组织的时候，始终面临着"有限理性困境"与"机会主义威胁"之间的冲突。

代理理论发端于对委托代理关系中的交互行为的研究。该理论假定了一个委托代理困境，即委托人希望利润最大化，代理人则希望以最小努力获得最大报酬。代理人为了自身利益会歪曲自身努力的信息，为了保证代理人的行为符合委托人的最大利益而产生代理成本。该理论解决的核心问题是利益冲突、不对称信息下的隐藏行为问题，或称道德风险问题。代理理论常用来分析不确定性和不同绩效度量难度情况下的合同支付方式选择问题。不同于交易成本经济学将企业看作具有生产功能的黑箱，代理理论为分析生产活动提供了理论分析框架。在解释一些组织现象时，代理理论也要优于一般的微观经济学理论。

交易成本经济学和代理理论都假定了人的机会主义行为，存在社会化不足的问题（Ghoshal and Moran，1996）。嵌入性理论认为看待人的行为应将其嵌入人际网络关系之中。这一视角避免了主流社会学和经济学理论过度社会化和不充分社会化的极端视角，为研究机会主义规避、市场和科层制等问题提供了新的理解思路（Granovetter，1985，1992）。

10.2.3　基于科层假设的工程项目组织计算实验模型概述

1. 基于科层假设的工程项目组织计算实验模型

VDT 模型和 CPOP 模型是两个基于项目组织的科层假设，且具有代表性的工程项目组织计算实验模型。VDT 模型是基于美国情境下的组织行为开发的，而 CPOP 模型是基于中国情境下的组织行为开发的，其对 VDT 模型进行了相应的拓展。

VDT 模型以权变理论和信息处理观为基础，聚焦于组织中信息流的计算。在模型中，项目组织被定义为一个信息传递的网络，信息在节点处（如代表项目参与者的 Agent）进行处理，并且不同的组织和不同的工作流程需要处理不同数量的信息，不同的信息（如例外情况、决策、信息交换等）又通过不同的渠道或工具进行传递。模型通过分析活动之间的相互依存关系来明确协调需求，分析组织设计的改变方式以提高团队的协调能力与项目绩效，其长远目标是开发计算工具来分析计划制订和沟通行为，从而支持真正的项目组织执行过程。

VDT 模型将工作任务视为需要花费时间来处理的同质信息，这与实际情况不太吻合。因为在现实工程中，当出现大量返工或工期延误时，相应的管理任务会被触发，以及时调整计划采取措施控制偏差。CPOP 模型是在 VDT 模型的基础上，考虑了返工、工期延误及其管理问题，基于中国情境下的个体与组织行为开发的工程项目组织计算实验模型。

CPOP 模型基于信息处理观和协调理论：①将项目任务分为基础性工作、返工、程序性协调、非程序性协调四类；②将 Agent 执行任务模拟成信息处理过程，用工作量来定量表示任务的信息处理需求，用处理速度定量表示 Agent 的信息处理能力；③将项目流程模拟成基于任务之间依赖关系的信息处理需求；④将项目组织模拟成由 Agent 构成的、具有特定协调结构的信息处理体；⑤将 Agent 看作具有有限理性和有限信息处理能力的主体，需要沟通和协调，并受协调结构的制约。通过显性工作、项目组织和 Agent 的建模输入，模拟项目组织和 Agent 的任务执行及协调，最后输出各种定量结果来反映项目运行状况，CPOP 概念模型如图 10.1 所示（陆云波等，2013）。

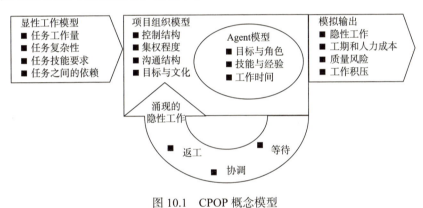

图 10.1　CPOP 概念模型

2. 基于科层假设的工程项目组织计算实验模型应用

针对项目面临的现实问题，工程项目组织计算实验模型可以从组织与流程上进行方案建模、模拟分析各种方案可能的项目绩效（包括质量、成本、进度等）、比较方案优劣并进行方案选择或是方案优化。针对项目组织管理中的不同问题，可以有针对性地进行项目组织与流程建模。该模型既可以综合分析组织设计与项目绩效（包括质量、成本、进度）中的问题，也可以针对组织管理中的一个问题（如进度管理问题）进行分析。对于前者来说，建模需要更加全面的信息，现实中往往很难准确获得相关信息，建模难度大；后者需要的建模信息则要少很多，信息获取也相对容易，建模难度要小一些。下面介绍工程项目组织计算实验模型 CPOP 模型在进度管理中的应用及其优势。

1）基于 CPOP 模型制订项目进度计划基本方法

基于 CPOP 模型制订项目进度计划的基本步骤包括基模构建与分析、模型现实化、模型优化。

（1）基模构建与分析。基模是指一个假设所有的项目工作人员在不产生失误、没有沟通交流或其他干扰的情境下全速工作的模型。首先，根据项目劳动力计划表和工作分解结构建立基本模型，输入全职当量、任务工作量、一周工作时间等数据，把职位与所分配的任务相连。通过模型模拟的项目计划结束时间，确认模型的有效性。

（2）模型现实化。为了突破基于 CPM 传统计划管理方法忽视经验、技能、文化、任务复杂性和不确定性等现实工程实施过程中隐性因素的局限，在对模型进行优化之前，我们先对基模进行现实化处理。具体步骤是，在仿真平台中，基于基模复制一个新的情境，并将其命名为"现实化"。现实化包括模型中添加返工链、交流链、会议，以及设置交流强度、干扰度、职能性失误、项目性失误、组织文化（包括团队经验、集权化、规范化、矩阵强度）等参数，添加组织部门和人员，并设置其技能和经验水平参数。通过现实化，运行模型可以发现被忽略掉的隐性工作及其相关风险。

（3）模型优化。现实化模型可以帮助项目管理者认识到影响项目目标的各类隐性因素。经过模型现实化过程以后，就会发现进度目标将大大突破原计划工期。同时，隐性工作的存在造成工作积压，甚至会对工程施工质量与成本造成影响。为保证项目进度目标的实现，并揭示工程施工质量与成本的风险所在，需要对模型进行优化，通过各种途径降低风险因素的影响，缩短额外工期、控制成本、实现质量目标。优化措施包括快速路径法、给职位增加人员、选配更强技能的人员等。

2）应用 CPOP 模型进行进度管理的优势

基于 CPOP 模型的组织计算实验方法在进度优化方面与传统的 CPM 进度优化技术相比，具有以下优势。

（1）不同于传统的进度计划方法将组织与工作流程割裂为两个孤立的维度，将人仅仅作为等同于设备、工具或材料的"硬性"施工资源，基于 CPOP 模型的组织计算实验方法将工作流程与项目组织还原为一个密不可分的整体，并充分考虑组织及组织中人的"软性"因素，赋予人的社会性行为属性，使进度模拟更加符合现实世界的实际状况。

（2）基于 CPOP 模型的组织计算实验方法考虑了任务复杂性与不确定性，任务间的复杂依赖关系，组织与个人的文化、技能、经验和行为等隐性因素导致的额外返工、沟通协调和决策等待等隐性工作对进度的影响并将其作为优化的重点。

（3）基于 CPOP 模型的组织计算实验方法在整合了几十年工程行业经验的基础上，提供了一种可视化建模手段，能定量地对项目组织与流程进行直觉式建模，尤其是能科学地考虑隐性因素，借助智能化行为引擎模拟涌现出的隐性工作，科学预测隐性工作给项目造成的工期延误、质量缺陷、工作积压、成本异常等各类风险，从而为管理者优化项目提供具体的、可操作的指导意见。

（4）基于 CPOP 模型的组织计算实验方法充分利用计算机的运算能力，结合工程项目与工程组织的实际状况，对不同情境下各种参数进行快速调整，并实时模拟和测试项目实施方案的可靠性和风险，并不断迭代优化，大大缩短了传统网络计划技术、进度优化的时间。

10.3　重大工程项目组织 "结构–流程–行为" 计算实验模型：基于项目交易治理视角

10.3.1　概念模型

CPOP 模型是 CPTG（computational project transaction governance，可计算项目交易治理）模型的研究基础。CPOP 模型基于项目组织的科层假设，将组织活动分为生产活动和生产协调活动、交易活动，并模拟分析组织与任务流程的交互来设计项目组织。CPTG 模型对 CPOP 模型进行拓展，从项目交易治理视角构建交易模型、项目任务与流程模型、项目组织模型、Agent 模型，模拟分析项目交易治理安排下项目组织与任务流程交互的生产和生产协调活动，以及交易活动来设计项目交易治理模式。

交易治理理论研究如何在交易不确定、信息不对称、利益冲突情境下做出适当的治理安排，激励和约束代理人的生产行为，防范生产活动中的道德风险和事后议价过程中的敲竹杠风险，降低生产协调成本、交易成本，以保证生产和交易效率。其中，代理理论基于完全合同假设从合同支付方式和合同监管角度分析了它们对生产行为的激励和约束作用（Puddicombe，2009）；交易成本经济学基于不完全合同假设从交易成本视角分析了生产协调行为是置于组织内还是跨组织间。嵌入性理论和关系合同理论指出并不能简单地认为人的行为具有机会主义倾向，而应注意到关系对行为的影响，这一认识修正了代理理论和交易成本经济学关于人的机会主义行为假设所带来的社会化不足的问题的认识。交易成本经济学、代理理论、嵌入性理论和关系合同理论为 CPTG 模型提供了理论基础。

（1）拓展 CPOP 模型关于项目活动的基本分类，将项目活动分为基本生产工作、返工、程序性生产协调（包括组织内和跨组织的沟通交流和生产方案协调）、非程序性生产协调（包括组织内和跨组织的技术错误处理）、基本交易活动（合同签订和基本合同监管）、事后议价（包括合同未约定部分的议价活动和非代理人技术错误处理相关的议价活动）。前四类为生产及生产协调活动，后两类是交易活动，如表 10.1 所示。

表 10.1 项目活动分类

活动类型	显性活动	隐性活动	跨组织（是/否）
生产	基本生产工作	返工	否
	—	返工	是
生产协调	程序性生产协调（组织内沟通交流、生产方案协调）	非程序性生产协调（组织内技术错误处理）	否
	程序性生产协调（跨组织沟通交流、生产方案协调）	非程序性生产协调（跨组织技术错误处理）	是
交易	—		否
	基本交易活动（合同签订、基本合同监管）	事后议价	是

（2）将 Agent 执行任务、参与生产协调活动、处理交易活动模拟成基于能力和（或）决策偏好的信息处理过程和决策过程，用工作量、沟通交流概率、方案协调、议价概率来定量表示任务的信息处理和决策需求，用处理速度来表示 Agent 的信息处理能力，用角色、合同安排、关系安排来表示 Agent 的决策偏好。

（3）将项目任务与流程模拟成具有依赖关系的任务的信息处理需求和决策需求；将项目组织模拟成由 Agent 构成的基于交易治理和项目组织治理结构的信息处理能力和决策偏好。

（4）Agent 具有有限理性、有限信息处理能力和自利性，会出现技术错误，以及沟通交流、方案协调和议价需求，这些异常和活动的出现和处理方式受到交易、项目任务与流程、项目组织这几方面治理安排的制约。

CPTG 模型总体架构见图 10.2。交易模型、项目任务与流程模型、项目组织模型与 Agent 模型为初始输入，刻画了项目生产交易系统及其治理的关键要素和变量；行为模拟刻画组织（中的 Agent）与任务、组织（中的 Agent）与组织（中的 Agent）之间的交互关系，它们交互涌现的活动既是动态输入也是动态输出，最后输出各种定量结果来反映项目交易治理效果。

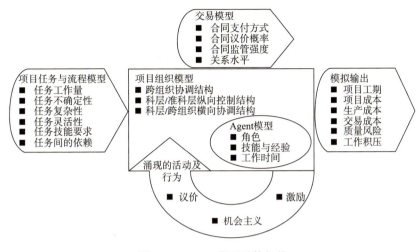

图 10.2　CPTG 模型总体架构

10.3.2　模型输入与模拟

1. 模型输入

模型输入包括交易子模型、项目任务与流程子模型、项目组织子模型、Agent 子模型。

1）交易子模型

交易子模型刻画了对具体项目交易的治理安排。基于代理理论、嵌入性理论和关系合同理论，CPTG 模型界定了交易治理的四个方面，即合同议价概率、合同支付方式、合同监管强度和关系水平，以及四类合同支付方式，即固定价格合同、单价合同、成本补偿合同和奖励合同。合同议价概率刻画了项目合同的不完备性安排，界定了项目任务实施过程中的议价异常涌现的特质。合同支付方式界定了代理人的报酬计算方式，其对任务的实施具有激励作用。合同监管可以防范代理人的道德风险，合同监管强度界定了代理人的道德风险特质，体现在代理人质量机会主义行为偏好，以及技术错误处理方式上。交易双方关系水平和监管关系水平（特指第三方管理咨询和代理人关系水平）共同界定了关系水平，界定了代理人的行为偏好。

2）项目任务与流程子模型

项目任务与流程刻画了项目交易治理模式下的基本生产工作和生产协调活动安排。

CPTG 模型定义了基本生产工作的五个关键属性，即工程量、复杂性、不确定性、灵活性和技能要求。工作量是指 Agent 所要花费的平均标准时间；复杂性、不确定性和技能要求表示工作难度造成的 Agent 处理时间波动；基本生产工作作为交易合同发包的内容，其实施受到合同支付方式的激励作用，灵活性表示受到合同激励 Agent 所要花费标准时间的波动。

CPOP 模型基于协调理论从科层视角界定了任务的依赖关系，包括顺序依赖、沟通依赖、返工依赖等，CPTG 模型从协调是否跨越组织边界，进一步将沟通依赖区分为组织内和跨组织的沟通依赖。

3）项目组织子模型

组织结构是所有将劳动分解成不同任务和协调这些被分解的任务的途径之和。项目组织作为一种兼具市场和科层特征的混合治理结构，生产与协调活动是在市场交易的框架下完成的。协调既包括生产协调，即基于科层/准科层的纵向控制结构和基于科层/跨组织的横向沟通结构进行的协调，也包括交易协调，即基于事前不完全市场合同的交易协调和基于事后协商议价的交易协调。在 CPTG 模型中，任务协调是通过事前的市场交易合同和事后的项目组织间互动共同实现的。CPTG 模型将项目组织结构定义为处理生产协调的科层/准科层纵向控制结构和科层/跨组织横向协调结构，以及处理交易协调的跨组织协商关系的混合结构。

科层/准科层纵向控制结构被定义为 Agent 之间的监督和汇报关系。当生产性异常发生后，该结构决定 Agent 应向谁汇报。合同监管强度越高，生产异常越有可能汇报给管理咨询/业主。

科层/跨组织横向协调结构被定义为哪两个 Agent 需要就工作进行信息交换。当两个任务之间存在横向协调依赖时，对应的 Agent 需要进行沟通和交流。科层关系越可能基于共同的目标参与沟通和交流，跨组织关系越会出现较多不参与沟通和交流的情况。

跨组织协调结构被定义为 Agent 之间就交易价格的平等协商关系，包括承包商与业主、承包商与管理咨询的平等协商关系。当议价需求发生时，该结构决定由哪几个 Agent 进行协商。关系水平影响了议价的协商方式。当关系水平高时，以更加合作的方式进行协商，协商周期长，达成的价格对于各方来说都比较公平合理；当关系水平低时，代理人更可能会"敲竹杠"，议价容易发生套牢问题，协调周期短，最终达成的价格要远高于原合同价格水平。

4）Agent 子模型

CPTG 模型基于项目组织成员特质和有限理论，界定了 Agent 的基本特质。将技能、经验和工作时间定义为 Agent 的信息处理和基本协调能力特质。将角色定义为 Agent 的基本行为及决策偏好特质，即是否做出方案选择、是否采取质量机会主义行为、是否返工、是否参与沟通、是否向管理咨询/业主汇报等。角色包括项目组织角色和岗位角色。项目组织角色包括业主、管理咨询和承包商，岗位角色包括项目经理、团队领导和团队成员。这里的承包商承担设计、施工或是设计-施工工作。

Agent 的行为和决策偏好不仅取决于 Agent 的基本特质，还受到交易治理的影响，包括合同支付方式、合同监管强度和关系水平的影响。

2. 行为模拟

行为模拟刻画组织（中的 Agent）与任务、组织（中的 Agent）与组织（中的 Agent）之间的互动关系。交易子模型、项目任务与流程子模型、项目组织子模型和 Agent 子模型共同界定了项目特征及项目交易治理模式，界定了组织（中的 Agent）与任务、组织（中的 Agent）与组织（中的 Agent）互动要素的属性。

不同于 CPOP 模型对显性生产工作、程序性生产协调、生产异常及其处理的模拟，CPTG 模型基于有限理性理论、交易成本经济学、代理理论、嵌入性理论和关系合同理论设计 Agent 的行为，模拟项目交易治理对生产工作、程序性生产协调、生产异常的影响，以及交易合同的不完全安排带来的议价活动及"敲竹杠"风险，具体表现为模拟交易治理对生产的激励与约束、模拟组织内和跨组织生产沟通与协调、模拟生产交易工作异常及处理。

1）模拟交易治理对生产活动的激励与约束

在 CPTG 模型中，激励与约束具体是指通过合同支付方式、合同监管、关系安排对缩减成本和确保质量行为的激励，以及对质量机会主义行为的约束。

（1）激励模拟。承包商在执行任务时，受到合同支付方式的激励，其实际工作量存在差异。在总价合同和激励合同下，代理人有降低成本的动机，更有可能使工作量减小；而在成本补偿合同下，代理人缺乏降低成本的动机，工作量可能增加。承包商在处理技术失误时，报酬计算方式的差异会影响处理行为。相较于其他支付方式，成本补偿合同在技术失误处理上会获得补偿，代理人更有可能处理技术失误，有利于项目质量。

（2）约束模拟。承包商在执行任务时，基于自身利益的考虑会采取偷工减料行为，即主动性技术失误；在处理客观性技术失误时，会倾向于忽略或是修正处理。监管作为一种基于正式合同的控制手段，关系作为一种非正式的社会控制手段，对这些行为产生约束，减少了主动性技术失误，增加了客观性技术失误的返工处理，从而有利于提高项目质量。

2）模拟组织内和跨组织生产沟通与协调

生产沟通与协调包括决策信息提供与获取及实施方案协调一致。在 CPTG 模型中，具体为横向沟通和生产协调会议。

根据横向沟通交流主体之间的关系，横向沟通分为组织内（或科层式）横向沟通和跨组织横向沟通。不同于基于共同的目标或是职权的组织内横向沟通交流，项目组织中的子组织来自不同的企业，是跨组织关系，它们具有不同的目标，缺乏合作动机，更可能不参与沟通交流，从而增加技术错误概率。生产协调会议就相互依赖任务的生产方案进行协调，跨组织关系目标和利益的不一致会使他们在生产协调会议上更倾向于为了获得一个对自己有利的生产方案隐藏不利于自己的信息，这花费了更长的协调时间，最终的方案也不是最好的。

3）模拟生产交易工作异常及处理

由于有限理性，项目生产交易活动会产生异常，CPTG 模型将项目组织看作一个异常处理机器。在 CPTG 模型中生产交易异常分为技术错误和议价。

（1）模拟技术错误及处理。技术错误为生产性异常，会引发一系列的异常工作和决策程序，以及一定的返工来确保质量。根据产生的原因及是否造成他人技术错误，技术错误可分为职能失误和项目失误。职能失误是由自己的原因造成的，并且不影响其他人；项目失误则是由别人的原因造成的，可能会导致别人产生技术错误。项目失误会引发一定的索赔程序。

技术错误的产生可能源于技术人员的客观性错误，受到个人因素（如能力、经验）的影响；也可能源于代理人的主动性机会主义行为，即代理风险，受到合同监管强度和关系水平的影响。

技术错误自我处理还是向上汇报，取决于合同监管强度。技术错误的处理包括忽略、修正或是返工，采取何种处理方式取决于 Agent 的自我利益诉求，受到 Agent 角色、合同支付方式、关系水平的影响。业主更倾向于返工，成本补偿合同下代理人更可能返工，关系水平高的情况下代理人更可能返工。

（2）模拟议价及处理。议价属于交易异常，源于合同的不完备性及非代理人原因造成的技术错误的处理（即项目失误处理）。由于交易的锁定效应、信息不对称和利益冲突，代理人可能会"敲竹杠"，如索赔价格明显高于合同价格水平，为了迫使委托人就范采用先议价后干的策略，这不仅增加了项目成本，还影响项目的顺利推进。关系影响了代理人的"敲竹杠"行为，表现为议价是以更加合作还是更加竞争的方式展开。关系水平高，协商更加合作，价格更加合理，协商周期更短，越倾向于先干后协商，对工期影响小；关系水平低，协商更加竞争，价格更可能偏高，协商周期会更长，越可能是先议价后干，对工期影响较大。

（3）模拟结果输出。宏观绩效是模拟的结果，CPTG 模型输出六种基本定量预测，即项目工期、项目成本、生产成本、交易成本、质量风险和工作积压。

项目工期、项目成本、质量风险是检验项目交易模式治理效果的最基本的效率指标。项目工期为任务、项目、项目群的时间跨度。项目成本包括生产成本和交易成本。生产成本为设计和施工等合同的结算价格。交易成本为业主在招标、签约、合同监管、处理议价时的人力资源投入和管理咨询成本之和。质量风险是指技术错误被忽略的比例，技术错误既可能是不可避免的客观性错误，也可能是具有主动性的机会主义行为，恰当的项目交易治理模式对规避主动性技术错误和有效处理客观性技术错误有积极影响。工作积压为某一时间点上 Agent 处理箱中的工作量之和。工作积压会影响其他相关工作的进展，同时会带来事件处理的优先级，选中质量异常的概率将偏低，质量风险高。

3. 模拟效果分析与讨论

模型的有效性分析是仿真研究的一个核心问题（North and Macal, 2007）。对于组织计算实验模型来说，还没有比较完美的方法来校核和验证模型。对于 CPTG 模型，我们设计实验（即构建模型）表达不同的工程项目交易治理策略，运行仿真程序，不断调整初始行为矩阵，确保仿真结果符合工程项目交易治理相关理论、实践和经验数据，以及专家判断。

CPTG 模型涉及的行为矩阵包括生产异常、交易异常、关系、监管、合同支付方式、议价概率的行为矩阵。通过设计的细小模型实验来验证合同不完备性、支付方式、关系、监管与项目绩效之间的关系，图 10.3 和图 10.4 是细小实验的可视化模型。通过设计综合模型来验证项目交易模式与项目绩效的关系。

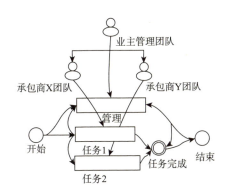

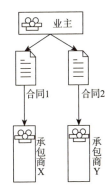

图 10.3　项目任务与流程、项目组织和 Agent 模型　　　　图 10.4　交易模型

经过多次迭代验证，最后得到了符合所有细小实验参照系的行为矩阵设置。我们这里以合同不完备性与生产成本关系的验证为例进行相关说明。实验 1.1~实验 1.4 分别代表完全合同、合同完备性高、合同完备性中、合同完备性低与生产成本关系的四种情境。实验 1.1 的完全合同是实验比较的基准，通过调整行为矩阵，最终获得实验预测值、实验预测值比较和专家预测范围

值，如表 10.2 所示，实验预测值都在专家预测范围之内，我们认为模型通过了有效性验证。

表 10.2 实验 1.1~实验 1.4 的最终验证和校核结果

实验	实验预测值	实验预测值比较	专家预测范围值
实验 1.1	2 992.860	基准	基准
实验 1.2	3 078.504	+2.9%	[+2%，+4%]
实验 1.3	3 157.844	+5.5%	[+3%，+8%]
实验 1.4	3 217.882	+7.5%	[+6%，+12%]

对于综合实验模型来说，构建了四种工程项目交易模式，即平行发包模式、CM 模式、DB 模式、施工总承包模式。每种工程项目交易模式都有多种变种，不具有唯一性，我们在实验中针对一个共同项目情境构建模型表达四种工程项目交易模式的基本安排，综合实验验证的参照系来自于文献研究结论。通过文献分析发现，工程项目交易模式在成本、进度、质量绩效上的比较结论并不完全一致。一致性结论包括：在成本方面，DB 模式成本比风险型 CM 模式要低；在进度方面，CM 模式比平行发包模式和施工总承包模式要快，DB 模式比 CM 模式、平行发包模式和施工总承包模式要快；在质量方面，CM 模式的质量要比 DB 的模式质量好。对于不一致性结论，我们认为原因可能在于不同的项目具有不同的项目特征、不同的项目参与方具有不同的能力特征等。也就是说，它们其实并不具有共同的比较基础，因此，结论不同在所难免。我们对具有共同比较基础的综合模型进行模拟，得到结果如表 10.3 所示，其结果符合一致性结论，因此，我们认为 CPTG 模型是有效的。

表 10.3 综合实验模型模拟结果对比

模式	平行发包模式	CM 模式	DB 模式	施工总承包模式
项目成本	5 532.342	5 304.829	5 105.202	4 817.38
工期	436.5	423.2	400.4	466
质量风险	0.699	0.435	0.521	0.454

通过细小实验和综合实验，我们对 CPTG 模型进行了初步验证。值得一提的是，组织计算模型的验证并不是一蹴而就的，而是一个不断迭代的过程。在细小实验模型验证中，我们还需要对更大范围的专家进行访谈，以提高模型的准确性，另外，综合实验验证属于大尺度验证，不够细致，将来还需要追踪一个案例进行验证。

10.3.3　案例应用分析

1. 基于 CPTG 平台的项目交易治理设计的基本方法

基于 CPTG 平台的项目交易治理设计方法是根据项目情境设计发包方案，通过在 CPTG 平台上进行建模、模拟、分析、比较、优化确定工程项目交易治理方案的计算实验方法。该方法的基本步骤包括：项目基本情况梳理；拟订工程项目交易治理备选方案；方案建模；模拟、分析与初选方案；初选方案进一步优化。

（1）项目基本情况梳理。该步骤对项目基本情况进行梳理，梳理内容主要包括项目基本特征、市场特征、业主自身特征、业主基本项目目标和目标偏好。

（2）拟订工程项目交易治理备选方案。根据项目基本情况，通过专家研讨初步拟订工程项目交易治理备选方案。

（3）方案建模。对备选方案进行建模。方案建模项目包括在 Process 模块构建任务与流程模型、项目组织模型和 Agent 模型，在 Contract 模块构建交易模型。建模包括三个基本步骤。

步骤一，在 Process 模块构建任务与流程模型、项目组织模型和 Agent 模型，包括四小步。

首先，提炼工程项目交易治理建模的关键要素，包括任务、项目参与方和交易。

其次，项目任务与流程基模建模。进行备选治理方案在设计和施工任务流程的顺次与搭接的基本安排，设置任务基本参数工作量，包括基模 1、基模 2……基模 n。

再次，项目组织和 Agent 建模。在基模 n 的基础上新建情境，添加项目组织结构，包括项目组织岗位、岗位上下级的关系（跨组织关系或是组织内关系）和监管强度、岗位（即 Agent）参数设置。

最后，完善任务流程建模。添加发包任务、管理任务；添加会议；添加任务执行关系、会议参会关系；添加设计与施工的沟通依赖、返工依赖及协调会议依赖、设计–施工方案依赖；添加职能失误概率、项目失误概率、沟通交流强度。

步骤二，在 Contract 模块构建交易模型，包括交易合同的承发包方、合同的支付方式、合同的议价概率、合同的监管强度及关系水平参数设置。

步骤三，根据具体交易模式，设置任务的部分属性，包括复杂性、不确定性、灵活性、合同单价、需要议价的工作包大小、任务类型。

（4）模拟、分析与初选方案。对各方案模型启动模拟开关，引擎根据设定的参数自动运行，运行结束后的数据以图表形式呈现。根据各方案的模拟结果进行分析比较，结合业主基本目标和目标偏好初选方案。

（5）初选方案进一步优化。通常来说，拟订的备选方案是较宏观的设计，对细节设计不足，在初选方案后，在 CPTG 平台上对方案细节进行优化。

2. 案例

本节选择的案例是某地方政府建设的科技交流中心工程。该项目为大型综合性公共建筑，主要包括影剧院及附属配套设施、科技园区业绩展厅、规划展示厅、艺术作品展厅等，项目总建筑面积约为 36 483 平方米。项目初步设计完成后，概算工程费用为 3.96 亿元人民币。

对该项目的特征、市场情况、业主自身特征、业主基本目标情况进行分析后拟订了工程项目交易治理备选方案，包括施工总承包模式、平行发包模式和CM 模式。

提炼各种模式下的关键建模要素，包括主要的和关键的任务和组织岗位。通过 CPTG 平台进行建模，主要流程如下。

1）任务流程基模构建

先建立两个基本任务流程基模，包括设计-施工顺次的任务流程和设计-施工搭接的任务流程，对工作量进行估计和输入。在设计-施工顺次的任务流程的基础上新建情境"施工总承包模式"，构建施工总承包模式模型。在设计-施工搭接的任务流程的基础上新建情境"平行发包模式"和"CM 模式"，分别构建平行发包模式模型和CM 模式模型。

2）构建项目组织模型

在模型"施工总承包模式"、"平行发包模式"和"CM 模式"中，分别结合关键建模要素分析，构建项目组织模型，包括项目组织岗位、岗位上下级的关系（跨组织关系或是组织内关系）和监管强度、岗位（即 Agent）的构建及参数设置。

3）完善任务流程模型

在模型"施工总承包模式"、"平行发包模式"和"CM 模式"中，分别根据不同模式所涉及的合同添加招标工作，提炼和区分管理工作为设计管理和施工管理，并添加管理工作。

添加岗位-任务的执行关系。

设置设计协调会议和施工协调会议，添加会议参与链条；比较治理模式，添加方案链条，调整设计和施工工作量。

设置任务返工链：主要设置具有强依赖关系的设计与施工、施工与施工之间任务返工链，包括主体设计-土建主体施工、舞台系统设计-舞台系统安装、智能化设计-智能化施工、照明系统设计-照明系统施工、室内装饰施工-水电安装。并根据不同模式设置返工概率。

设置沟通交流链：包括主体设计-舞台系统设计、室内装饰-水电安装、照明安装-室内装饰等，并根据组织模式设置沟通交流方式是跨组织沟通交流还是组织内沟通交流。

4）构建交易模型

在模型"施工总承包模式"、"平行发包模式"和"CM 模式"中，分别在Contract 模块构建交易模型，在合同上设置支付方式、关系水平、监管关系、监管强度、议价概率，以及合同所包括的任务。

5）进一步设置任务属性

在模型"施工总承包模式"、"平行发包模式"和"CM 模式"中，分别根据具体交易治理，设置任务的部分属性，包括复杂性、不确定性、灵活性、合同单价、需要议价的工作包的大小、任务类型。

对模型进行模拟、分析和初选方案。在模型"施工总承包模式"、"平行发包模式"和"CM 模式"中，分别启动模拟开关，模拟引擎根据设定的参数自动运行，运行结束后的数据以图表形式呈现。三种治理方案模拟的项目成本和工期结果对比如图 10.5 和图 10.6 所示。

图 10.5　成本比较

模式	持续时间/天	开始日期	结束日期
施工总承包模式	1 812.0	2007-07-01	2012-06-16
平行发包模式	1 299.8	2007-07-01	2011-01-20
CM模式	1 243.7	2007-07-01	2010-11-25

图 10.6　工期比较

图 10.6 中 CM 模式持续时间、结束日期与图 10.10 优化前的持续时间和结束日期是完全相同的，但是图中数据略有差异，分别为 1 243.7，2010-11-25 和 1 242.3，2010-11-24。造成该数据略有差异的原因是计算实验结果的不确定性和多次运算。文中有三个方案比较，由于软件的原因无法同时运算进行比较，只能两两运算进行比较，从而导致多次运算，进而造成图中结果不完全相符的问题。图 10.8 中 CM 模式产品质量风险与图 10.11 中优化前产品质量风险的数值差异也是由此原因造成的

在项目成本方面，施工总承包模式成本最小，约为 3.54 亿元；CM 模式次之，约为3.75 亿元；平行发包模式成本最高，约为4.03 亿元。在项目工期方面，CM 模式工期最短，为1 244 天；平行发包模式次之，为1 300 天；施工总承包模式工期最长，为1 812 天。

施工总承包模式成本最小主要是由于设计完成后再进行施工发包，一方面设计得到了优化使施工成本降低，另一方面施工合同完备性高，合同价格基本通过市场竞争确定，事后议价少，"敲竹杠"风险较小。采用这种模式的项目价格最低，项目工期最长。平行发包模式下，设计分阶段出图，设计-施工搭接，大幅度减少了工期。但是由于设计缺乏优化，造成了工程造价高。另外，设计不完全和设计错误多导致了更多的事后议价，面临的"敲竹杠"风险大，这两个方面的原因使采用平行发包模式的项目成本最高。CM 模式下业主借助 CM 承包商的经验对设计进行干预和优化，大幅度降低了项目成本，工期较平行发包模式也有所缩减。

项目交易治理模式的选择是一个多目标决策，包括工期目标、成本目标和质量目标。该项目的业主偏好于工期和成本目标。首先，根据图 10.7 中的工期-成本效用无差异曲线可以判断出 CM 模式优于平行发包模式，平行发包模式优于施工总承包模式。再对比 CM 模式和平行发包模式的质量风险，发现 CM 模式要优于平行发包模式，如图 10.8 所示。因此，CM 模式是恰当的项目交易治理模式。

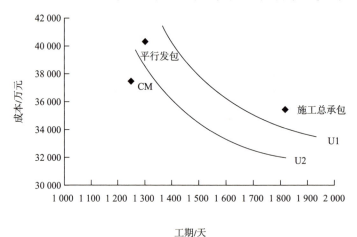

图 10.7　工期-成本效用无差异曲线

图 10.8　CM 模式与平行发包模式的产品质量风险比较

最后进行初选方案优化。上述三个模型均根据基本项目交易治理模式进行构建，在初选 CM 模式后业主结合项目特征及自身实际情况对其进行了优化，优化措施包括：主要设计合同采用激励合同代替成本补偿合同；选择具有良好合作关系的分包商。优化前后成本、工期和质量对比分别如图 10.9~图 10.11 所示。激励合同以一定的奖励成本鼓励设计人员优化设计方案，虽然单位支付成本有所增加，但是降低了总工程量，成本降低了约 314 万元，约占优化前总成本的 0.8%。由于采取了激励合同和选择了部分与业主具有良好合作关系的分包商，工期有所缩减，质量风险有所降低。

图 10.9　优化前和优化后的成本对比

持续时间/天	开始	结束	
1 242.3	2007-07-01	2010-11-24	优化前
1 237.1	2007-07-01	2010-11-19	优化后

图 10.10　优化前和优化后的工期对比

图 10.11　优化前和优化后的质量风险对比

3. 小结

当前，工程项目交易治理设计与选择主要基于经验判断、简单定性分析、多属性决策分析等方法，且只能单独分析工程项目交易治理的宏观层面（如发包方式），或是微观层面（如支付方式）的治理设计。这些方法不能给出一个完整性的治理方案，也不能系统分析与治理模式相关的激励、道德风险，以及"敲竹杠"风险对项目绩效的影响，因而存在较大的应用局限性。基于 Agent 仿真技术开发的 CPTG 平台，实现了工程项目交易治理设计的可计算，将治理-微观行为-宏观绩效结合起来，可以对一个整体性的治理方案进行综合分析与设计，包括宏观层面的发包方式和管理方式，以及微观层面的合同完备性、合同支付方式、合同监管与关系安排。该方法增强了工程项目组织设计的科学性和有效性。

10.4　重大工程项目组织计算实验的发展趋势与方向

当前，计算实验方法应用已经相当广泛，包括社会、金融、生态、交通、军事等领域。在计算实验方法应用中，计算模型体现了典型的异质性与整体性。异质性是指计算模型中个体行为之间的差异，整体性是指从全局的角度对个体间的互动及环境与个体间的互动进行描述。这些特性将微观行为和宏观现象联系起来，有利于对人和社会复杂行为的描述，这也使得计算实验方法表现出很强的跨学科性。虽然计算实验方法在诸多领域得到应用，但是，其在计算实验模型和计算实验设计方面还存在着很多问题与挑战。例如，计算实验中的模型种类多样，计算模型之间很难相互比较与验证；目前还没有通用的计算实验设计方法；等等。针对不同的应用领域，需要寻找计算实验之间的共性并将其抽象化，设计更加通用的实验设计与分析方法。

在重大工程项目组织研究领域，虽然已经应用计算实验方法进行了相关研究，但是研究的深度和广度还不够。例如，当前的重大工程组织计算研究聚焦于项目设计和施工阶段的工程项目实施组织。政府作为重大工程实施的最重要的推动者，其在重大工程上的政府治理设计对重大工程实施的整个过程都具有深远影响，因此，重大工程中的政府治理是重大工程组织计算研究的一个重要方向。另外，在重大工程实践中，涉及大量的项目参与方，它们之间可能具有一定的关系基础，也可能没有，组织关系水平会随着交往过程中争议和冲突解决方式方法的变化而发生演变，并影响下一阶段的行为选择。项目参与各方之间还进行大量的工程信息交换，组织人员会通过自我学习来提升自身技术能力。关系演化和组织学习都对项目绩效产生了显著的影响，但是，当前的重大工程组织计算模型中还并未考虑这些因素。因此，关系演化和组织学习也是重大工程组织计算的研究方向。

10.5　本章小结

重大工程组织设计涉及项目结构、组织结构、合同结构、任务分工、流程等多个方面，传统的项目组织设计相对分离，本章研究基于 Agent 仿真技术、组织的信息处理观、协调理论和交易治理相关理论，从项目交易治理视角开发了 CPTG 模型，可以对重大工程组织"结构-流程-行为"进行计算模拟，对项目实施效果进行评估，并据此进行方案选择或是组织优化，这对增强工程项目组织设计的科学性和有效性具有重要的现实意义。

参 考 文 献

丁士昭. 2014. 工程项目管理. 北京：中国建筑工业出版社.

丁翔，盛昭瀚，程书萍. 2014. 基于计算实验的大型工程合谋治理机制研究. 软科学，28（8）：26-31.

阚洪生，陆云波，乐云，等. 2017. 基于 Agent 的项目交易治理计算模型研究. 系统工程理论与实践，37（4）：972-981.

乐云，谢坚勋，翟墨. 2013. 建设工程项目管理. 北京：科学出版社.

李迁，丁翔，于文. 2013. 基于计算实验的工程承发包模式选择机理分析. 华东经济管理，27（8）：165-170.

陆云波，张欣，王红丽，等. 2013. 基于 Agent 的项目组织和流程模型. 系统工程理论与实践，33（5）：1225-1230.

王晓州. 2004. 建设项目委托代理关系的经济学分析及激励与约束机制设计. 中国软科学，（6）：77-82.

杨其静. 2003. 从完全合同理论到不完全合同理论. 教学与研究，（7）：27-33.

Carley K M, Prietula M J. 1994. ACTS Theory: Extending the Model of Bounded Rationality. Hillsdale: Lawrence Erlbaum Associates.

Eisenhardt K M. 1989. Agency theory: an assessment and review. Academy of Management Review, 14（1）：57-74.

Galbraith J R. 1974. Organization design: an information processing view. Interfaces, 4（3）：28-36.

Ghoshal S, Moran P. 1996. Bad for practice: a critique of the transaction cost theory. Academy of Management Review, 21（1）：13-47.

Granovetter M. 1985. Economic action and social structure: the problem of embeddedness. American Journal of Sociology, 91（3）：481-510.

Granovetter M. 1992. Economic institutions as social constructions: a framework for analysis. Acta Sociologica, 35（1）：3-11.

Kujala J, Murtoaro J, Artto K. 2007. A negotiation approach to project sales and implementation. Project Management Journal, 38（4）：33-44.

Levitt R E, Thomsen J, Christiansen T R, et al. 1999. Simulating project work processes and organizations : toward a micro-contingency theory of organizational design. Management Science, 45（11）：1479-1495.

Malone T W, Croswton K. 1994. The interdisciplinary study of coordination. ACM Computing Surverys, 26（1）：87-119.

March J G, Simon H A. 1993. Organizations. 2nd ed. Cambridge: Blackwell Publishers.

North M J, Macal C M. 2007. Managing Business Complexity: Discovering Strategic Solutions with Agent-Based Modeling and Simulation. New York: Oxford University Press.

Puddicombe M S. 2009. Why contracts: evidence. Journal of Construction Engineering and Management, 135（8）：675-682.

Stinchcombe A L. 1985. Contracts as hierarchical documents // Mango A W. Organization Theory and Project Management. Bergen: Norweigian University Press.

Turner J R. 2004. Farsighted project contract management: incomplete in its entirety. Construction Management and Economics, 22（1）：75-83.

Williamson O E. 1975. Markets and Hierarchies: Analysis and Antitrust Implications. New York: Free Press.

Xue X L, Shen Q P, Ren Z M. 2010. Critical review of collaborative working in construction projects: business environment and human behaviors. Journal of Management in Engineering, 26（4）：196-208.